WOLFGANG TREES

Krieg ohne Sieg

Schicksale in Europa 1935-1945

ISBN 3-92 16 91-03-6

1. Auflage, 1.-15. Tausend, April 1978

Gedruckt bei M. Brimberg, Aachen

Anschrift des Verfassers: 5100 Aachen 1, Purweiderweg 5

Meinen Vätern gewidmet,
dem leiblichen
und den geistigen.

Vorwort

An die Zeit von damals denke ich mit Wehmut zurück. Wir waren so guten Willens und voller Idealismus, aber was ist daraus geworden? Das Menschliche ist letzten Endes doch auf der Strecke geblieben.

(Eine Interviewpartnerin)

„Wehe den Besiegten" klingt es durch die Jahrtausende. Vielleicht begann es bei jenen Verfluchungen ähnlichen Drohungen, die Assurnasirpal II. 884 vor Christus ausstieß [1]), setzte sich bei den Römern im berühmt gewordenen Wort des gallischen Siegers fort [2]), um schließlich in der fast lautlos funktionierenden Maschinerie deutscher Konzentrationslager und dem darauf folgenden publizistisch aufgedonnerten Echo der Nürnberger Prozesse (k)ein Ende zu finden. Zugleich und seitdem ist in Asien und Afrika, in Lateinamerika und anderswo das Wehe den Besiegten millionenfach besiegelt worden. Ein Ende ist nicht abzusehen und wir in Europa sind nur ein kleiner Ausschnitt. Denn dieses Leiden ist eine erdumfassende Erscheinung. Wie eine eiserne Pflugschar gräbt sie sich durch Köpfe, Herzen und Körper. Solche Spuren im Schicksal einiger Menschen sind in diesem Buche nachgezeichnet. Ob es hilft, daran zu erinnern?

*

Ich selbst erlebte den Krieg kaum noch. Zwar saß ich mitten drin, in einem Keller in der Evakuierung in Stromberg auf dem Schoß von Onkel Johann, dem eine Bombe dort den Kopf vom Rumpf trennte, ohne daß mir

etwas passiert ist. Zwar wurde mein lieber Vater viel zu jung ein Opfer jener widrigen Umstände, die damals die Jugend mehr als einer Generation zerstört und verschlungen haben. Aber für mich ist die erste greifbare Erinnerung des Nach-Krieges trotzdem nur der „blaue Heinrich" [3]) auf dem Schulhof gewesen. Es war in einer jener schönen, ländlichen Schulen in der damals noch ruhigen Aachener Soers, die man auch als „Zwergschule" schlecht gemacht hat. Als ob wir, die wir nicht nur Lesen, Rechnen und Schreiben, sondern auch die Blumen im Paulinenwäldchen [4]) lieben lernten, dort dem geistigen Zwergentum anheimgefallen wären!

*

Ludwig Erhard hatte mir das Vorwort zu diesem Buch fest zugesagt. Leider ist er während des Entstehens gestorben. Es wäre mir unrecht erschienen, danach noch einen anderen jener prominenten Väter der Bundesrepublik um diese Gunst zu bitten.

Die Idee zu diesem Buch verdanke ich Dr. Konrad Simons, bis zum 31. März 1978 Chefredakteur der Aachener Volkszeitung. Genau am 1. November 1975, die Arbeit an „Die Amis sind da! / Wie Aachen 1944 erobert wurde" war zwei Tage zuvor abgeschlossen, lag auf meinem Schreibtisch einer jener berühmten grünen Zettel mit der tatenfrohen Krackelschrift des Chefredakteurs — manchmal lästig, meistens anregend. Diesmal stand darauf ganz lapidar: „Trees. Wehe den Besiegten. Besatzungswillkür, Hunger, Schwarzmarkt, Nazi, Ent-Nazi, Wiederaufbau, Kollaborateure, Gefangenschaft, erste Demokraten, Spione. Bitte Rücksprache, Simons."

Dies war die Geburtsstunde für dieses Buch. Achtzig Schicksale hatte ich schließlich gesammelt, vierzig ausgesucht, fünfundzwanzig habe ich notiert. Achtzehn stehen in diesem Buch. Berge von Material habe ich für ein weiteres Buch noch aufzuarbeiten. All' diesen Menschen und ihren Schicksalen im Europa vor, im und nach dem Zweiten Weltkrieg ist eines gemeinsam: sie erlebten einen „Krieg ohne Sieg". Über sie ging ein physisches Erdbeben hinweg, das bis heute nachschwingt.

Bei den Recherchen hatte ich Begegnungen und Erlebnisse, die ich nicht vergessen werde. Nirgendwo und niemals während der langen Stunden der Interviews und der stets am Rande geführten Hintergrundgespräche, die sich erst zum Gesamtbild fügen, fand ich Haßgefühle. Im Gegenteil. Hartgesottene Männer weinten, aber schimpften nicht. Die „Sieger" wie die „Besiegten", so meine wichtigste Erkenntnis, sind auf immer aneinander gekettet. Geradezu schicksalhaft sind sie miteinander verbunden, wenn der aktuelle Schmerz und Haß erst einmal verklungen ist. Krieg, wo ist dein Sieg?

*

Ich habe versucht, mit dem Stilmittel der Reportage Vergangenes gegenwärtig zu machen und über die Gräben der deutschen, der Dreiländereckgeschichte zwischen Deutschland, Belgien und den Niederlanden sowie über jene in der europäischen Historie hinweg Geschichte „mit Hilfe von Geschichten" zu erzählen. Wer alles liest, möge mit mir darüber staunen, wie sehr auch diese hier geschilderten Schicksale untereinander miteinander verwoben sind. Wie oft kreuzten sich die Wege dieser Menschen!

Der Historiker Raymond Cartier meint, „daß man nicht abwarten muß, bis sich der Staub der Jahrhunderte in den Archiven angesammelt hat, ehe man darangehen kann, Geschichte zu schreiben." Den Anspruch, „Geschichte zu schreiben", erhebe ich nicht. Aber es wurden Geschichten, die mit der Zeitgeschichte meiner Heimat dies- und jenseits der europäischen Grenzen zu tun haben. Dabei war es von Anfang an mein Wunsch, gerade dieses Buch meinem 1948 verstorbenen Vater zu widmen. Daß diese Widmung zu gleichem Teil auch einigen hervorragenden Männern gelten muß, die mir nach ihm Vorbild waren, wurde mir während der zweieinhalb Jahre klar, die ich an diesem Buch gearbeitet habe.

Aachen, im März 1978 W. T.

---

1) „600 ihrer Kriegsführer werde ich mit dem Schwert durchbohren lassen. Dreitausend Gefangene werde ich in die Flammen werfen und ich werde nicht einen einzigen von ihnen am Leben lassen, damit er Dienst als Geisel tun kann. Den einen werde ich die Finger und Hände abschneiden, den anderen Nasen und Ohren und vielen anderen werde ich die Augen ausstechen. Schon viele junge Männer und Mädchen ließ ich in die Flammen werfen. Aber den schon genannten Hulai werde ich mir eigenhändig vorknüpfen. Ich werde ihm bei lebendigem Leibe die Haut abziehen und diese an eine Mauer nageln!"

2) Vae victis. Ausführliches Zitat siehe Seite 281 (Kap. 17).

3) Mit Wasser verdünnte Milch, damals als Schulspeisung gereicht, nimmt leicht bläuliche Farbe an.

4) Siehe Seite 179.

Inhaltsverzeichnis

Berni Etschenberg, Aachen

1

Soldaten sind Soldaten – brauchen keine Advokaten.
(Lied aus dem Dritten Reich)

Zehn Jahre: tot für eine Büchse Erbsen ...

Wie Berni hinterrücks erschossen wird – Eingesperrt als „Werwolf-partisan" – Der Munitionsfund im Aachener Steinbruch – Verhör im Keller eines Bauernhofes: Wieder und wieder Schläge und Ohrfeigen – Erfolgsmeldung vom Sender Werwolf – „Nix Nazi - Bahnmann!" – Arrestzelle 20 und 21 im Lager Brand – Zwei Konservenbüchsen von den Amerikanern – Beerdigt auf dem Friedhof Aachen-Brand – Die Eltern erfuhren die Wahrheit niemals

Es ist ein Haus am Weg nach Stolberg. Im Vorgarten treffe ich einen Mann im dünnen Pullover, der mit der Sense das Gras abmäht. Es ist genau derselbe Stadtteil, in dem der 46jährige Maurer vor 33 Jahren mit einem beschädigten Gewehr im Wald spielte ...
Damals wurde er mitsamt seiner Familie verhaftet, als „Werwolf" eingesperrt – und sein zehnjähriger Bruder fand den Tod dabei. Das geschah in Aachen, 1944!

*

Es ist Dienstag, der 24. Oktober 1944. Drei Tage zuvor, am Samstag, hat in Aachen Kampfkommandant Oberst Gerhard Wilck die alte Kaiserstadt als erste große Stadt im deutschen Westen den Amerikanern übergeben müssen [1]. Die Bewoh-

Im Gefängnishof in Aachen-Brand: Wilhelm Etschenberg, 14 Jahre alt und als „Heckenschütze" in der alliierten Presse geschildert.

[1] Vergleiche hierzu die ausführliche Schilderung in: Wolfgang Trees/Charles Whiting: Die Amis sind da — Wie Aachen 1944 erobert wurde sowie den ergänzenden Bildband, Wolfgang Trees: Schlachtfeld Rheinland — Das Ende des Krieges zwischen Maas und Rhein, Sept. 44 bis März 45 in Bilddokumenten. Beide Bücher im Zeitungsverlag Aachen, Postfach 110, 5100 Aachen.

Die angeblichen „Werwölfe" und „Scharfschützen" im Lager Aachen-Brand: Von links Wilhelm Etschenberg (14), Berni Etschenberg (10), der kurz nach dieser Aufnahme von Amerikanern erschossen wird, Hubert Heinrichs (10) und Viktor Etschenberg (8).

ner Aachens, die in der Stadt ausgeharrt haben, müssen zu Fuß in die Außenbezirke gehen oder werden mit einem Lastwagen in das neu eingerichtete Lager in Aachen-Brand gebracht.
Wilhelm Etschenberg ist damals vierzehn Jahre alt. Zusammen mit seinem Bruder Berni, zehn Jahre, und dem gemeinsamen Freund Hubert Heinrichs spielen sie im alten Steinbruch in Freund, wo sie schon häufiger waren. Diesmal ist es etwas ganz Besonderes: Sie haben nicht nur Haufen von Munition, sondern sogar eine richtige amerikanische Waffe gefunden: ein Schnellfeuergewehr! Also spielen sie das, was sie in den letzten Monaten mehr als hautnah mitgemacht haben: Krieg! Der Lauf des Gewehres ist vorne aufgeplatzt. Richtig zielen und treffen kann man damit nicht mehr – aber ballern. Und das tun sie auch. Alles, was sie haben, die Taschen dicke voll, knallen sie in die Luft. Zwei halten das Gewehr fest. Der dritte braucht nur abzudrücken.
Sie haben nicht allzu lange geschossen, da ist auch schon eine amerikanische Streife in der Nähe. Fünf amerikanische Soldaten richten die Maschinenpistolen auf die drei Kinder.
„Hände hoch, Gewehr weg!"
Wilhelm, der älteste, bekommt es mit der Angst zu tun. „Jetzt ist alles aus mit uns!" denkt er noch, bevor er die tödlichen Schüsse erwartet. Aber die Amerikaner drücken nicht

ab. Sie sehen ja, daß es noch Kinder sind, die da hinter dem Gewehr im Steinbruch stehen.
„Mitkommen!"

*

Die Fahrt geht per Jeep zu der Einheit der fünf Soldaten. Es sind Artilleristen, die an der Ellermühle stationiert sind. Von dort aus werden die drei nach Brand gebracht. Im Keller eines Bauernhofes werden sie eingesperrt. Wenig später beginnt das erste von vielen Verhören. Unter den Amerikanern ist einer, der den Jungen Böses will. „Der ist richtig fies zu uns", sagt Wilhelm zu den beiden anderen, „der will uns sicher an den Kragen!" Der Soldat ist etwa 35 Jahre alt. Er spricht nur Englisch, ein Dolmetscher muß alles übersetzen.
„Ihr habt auf amerikanische Soldaten geschossen!" – „Nein", sagt der Wilhelm als der Sprecher von den dreien, „das stimmt nicht!"
Und dann hagelt es wieder und wieder Schläge und Ohrfeigen . . .
Der Amerikaner ist mehr als streng – und ängstlich. Überall im noch nicht geschlagenen Deutschen Reich vermuten die Amerikaner Spione, Heckenschützen, Saboteure – Werwölfe! Denn die deutsche Propaganda hat ein Phantom aufgebaut. Wo immer die Amerikaner auf deutschem Reichsgebiet auftauchen, da werden in ihrem Rücken die „Werwölfe" auftauchen und Amerikaner erschießen. Gibt nicht „Radio Werwolf" in regelmäßigen Abständen „Erfolgsmeldungen" durch, die von den Alliierten, auch in den Hauptstädten der kriegführenden Mächte, ernst genommen werden?
Der vierzehnjährige Wilhelm hat andererseits nicht die leiseste Ahnung, was die englische und amerikanische Presse bereits über ihn

GERMAN SCHOOLBOYS FIRE ON ALLIED TROOPS

Four German boys opened fire on American troops of a heavy weapon unit who were mopping-up near Aachen. They are Willy, aged 14, Bernhard, aged ten, and Victor Etschenburg, aged eight, brothers; and Hubert Heinrichs, aged ten, who were captured in a position from which they had been firing two rifles, one German, one American. Too heavy for the boys to handle, the arms rested on a wooden support. The young franc tireurs, with their parents, are in custody in the barracks where evacuees from Aachen are billeted. It is likely that the parents will be held responsible for the action of their children.
PHOTO SHOWS:- The four young Nazis, left to right. Willy Etschenburg, aged 14, a member of the Hitler Youth movement; Bernhard Etschenburg, aged ten; Hubert Heinrichs, aged ten; and Victor Etschenburg, aged eight.
769 Pool Lopez Oct. 24 1944 PN
Censor No. 367033

Der alliierten Presse gelten die mit Munition in Aachen spielenden Kinder als „Nazis" und Werwölfe, wie diese Originalbeschriftung eines Pressefotos aus dem Jahr 1945 beweist.

und seine beiden Spielkameraden schreibt. Da heißt es zum Beispiel: „Junge deutsche Nazi-Scharfschützen in Aachen verhaftet. Sie haben eine Einheit mit schweren Waffen, die gegen Aachen vorrückte, aus zwei Gewehren beschossen, einem amerikanischen und einem deutschen. Da die Waffen für die Zehn- bis Vierzehnjährigen zu schwer waren, haben sie diese auf einer hölzernen Unterlage aufgestützt. Die Jungen haben erzählt, daß man ihnen bei der Hitlerjugend beigebracht hat, als Heckenschützen aufzutreten."

*

Mittwoch, 25. Oktober 1944. Gegen Mittag öffnet sich die Tür des Kellers für die drei. Die Fahrt geht nach Hause. Beide Eltern sind in großer Sorge. Doch als die begleitenden Amerikaner umständlich die Lage erklären, wird der Vater böse, vor allem auf den Wilhelm: „Hab' ich euch nicht oft genug gesagt, ihr

Zu Fuß durch eine zerstörte Stadt: Aachen am 21. Oktober 1944, nach der Kapitulation. Soldaten führen die in den Bunkern und Kellern der Stadt gebliebenen Zivilisten in das Internierungslager in Aachen-Brand.

Frauen und Kinder sowie alte Männer dürfen auf Lastwagen ins Lager Brand — die Bunker Aachens haben sich geleert. Im Hintergrund ein Möbelwagen der Firma Lauffs.

sollt nicht nach Munition und Waffen suchen?!" Wilhelm fürchtet, was ihm blüht: eine „Abreibung"!
Doch so weit kommt es erst gar nicht. Denn der Amerikaner sagt plötzlich, wie aus heiterem Himmel: „Alle mitkommen! Sie müssen ins Gefängnis." Der Lastwagen zum Abtransport steht schon bereit. Nur das Haus muß noch durchsucht werden.
Diese Sonderaufgabe hat der Amerikaner übernommen, der Wilhelm bei den Verhören immer geschlagen hat . . .
Inzwischen sind die beiden Familien Etschenberg und Heinrichs bereits auf den Lastwagen geklettert. Es ist ein Dreiachser. Darauf sitzen die sechs Etschenberg-Kinder und ihre beiden Eltern, also acht Personen sowie Hubert Heinrichs mit seiner

Anstehen im Lager Brand: Erinnerung für viele Aachener.

Auf einem Dachboden im Lager Brand hat Familie Etschenberg sich eingerichtet. Das gezeigte Foto stammt aus dem Lager Brand, 1944. Es handelt sich hier jedoch nicht um Familie Etschenberg.

Schwester und den Eltern, insgesamt vier. Leise unterhalten sich die Erwachsenen darüber, was die Amerikaner wohl mit ihnen vorhaben.

Da stürmt plötzlich der im Haus gewesene Amerikaner aus der Türe, laut schreiend, triumphierend: „Nazi! Nazi!" ruft er immer wieder, und er schwenkt eine Uniform. Es ist die Eisenbahnerjacke und die Hose von Vater Etschenberg. Freudestrahlend hält der Amerikaner seine „Entdeckung" den Kameraden immer wieder unter die Nase. Aber der Dolmetscher ist anständig. Er klärt den Sachverhalt auf: „Nix Nazi! – Bahnmann!" Enttäuscht muß der übereifrige Nazi-Fahnder die Uniform wieder ins Haus bringen.

Die Fahrt kann abgehen – ins Lager Brand.

Nahrungsmittel werden ins Lager Brand geschafft: Hier hat man die in Aachen zurückgebliebenen Bewohner zusammengebracht.

In der Kaserne an der Trierer Straße werden die zwölf Personen in zwei Arrestzellen gesteckt. Es sind die Nummern zwanzig und einundzwanzig. Jede Familie erhält eine Zelle. Acht Tage lang sitzen sie hier. Immer wieder müssen sie sich zwischendurch der amerikanischen und britischen Presse stellen.

Sie müssen in den Hof gehen, rechts und links zwei Amerikaner mit geschultertem Gewehr, dann geht das Fotografieren los . . . Endlich, am achten Tag, werden die Eltern zur Anhörung des Urteils gerufen. Über Dolmetscher wird ihnen mitgeteilt: „Alles ist untersucht, aber es ist nichts gefunden worden. Es ist ja bei der Angelegenheit niemand verletzt worden. Sie, Herr Etschenberg, erhalten eine ernsthafte Verwarnung! Sie und ihre Familie sind frei. Sie dürfen die Zelle, aber nicht das Lager Brand verlassen!"

Sie packen ihre paar Sachen, verlassen die Gefängniszellen und richten sich auf einem Dachboden des Lagers notdürftig ein. Aber große Sorgen haben die Familien immer noch. Denn ihre Wohnung und die Kühe sind allein in Brand zurückgeblieben. Nur ein Onkel durfte bei den Tieren bleiben. Er wird die Arbeit kaum schaffen können . . .

Schließlich wenden sie sich an Kaplan Lukas, der als katholischer Priester die Leute im Internierungslager betreut. Der Kaplan hört sich die Sorgen an und spricht mit den Behörden des Lagers. Auch beim Kommandanten setzt er sich für die beiden Familien nachdrücklich ein.

Endlich ist es dann soweit: Sie dürfen das Lager verlassen! Freudestrahlend halten sie die Passierscheine in den Händen: Es geht wieder nach Hause!

Der Onkel hat sich mit den Kühen ganz gut retten können. Auch im Haus ist nichts geplündert worden. Das Leben im eroberten Aachen nimmt wieder seinen „normalen" Gang. Und die drei Jungen fangen wieder an, wie vorher in der Gegend herumzustromern.

Eines Tages finden sie in einem amerikanischen Kanonschlepper eine Kiste voller Büchsen Erbsen und Möhrchen. Der Fund ist viel zu verlockend. So etwas hat es schon lange nicht mehr gegeben. Also: Schnell her damit. Zwei Büchsen holen sie aus der Kiste und machen, daß sie wegkommen.

Die Amerikaner, die inzwischen etwas gemerkt haben, verfolgen die drei Jungen. Sie laufen, so schnell sie nur können. Und die Amerikaner fangen an zu schießen! Weit kommen sie nicht, da erwischt es den kleinen Berni. Die Kugel trifft

Im Gefängnishof des Internierungslagers Aachen-Brand, im Oktober 1944: Die Familie Etschenberg, deren halbwüchsige Kinder als „Werwölfe“ verdächtigt werden, weil sie im Steinbruch mit einem gefundenen Gewehr herumgeballert haben. Sie sitzen in den Zellen 20 und 21 und werden der alliierten Presse vorgeführt. Wenig später ist der zehnjährige Berni (fünfter von links) tot: Schuß in den Rücken, wegen einer Büchse Erbsen!

Die Goebbelsche Werwolf-Propaganda hatte ihren Zweck erreicht: Die Amerikaner waren übervorsichtig geworden. Nur vor dem Hintergrund dieser Stimmung ist ein Bild wie dieses verständlich.

den Zehnjährigen im Rücken und tritt vorne am Hals wieder aus. Er ist sofort tot. Es sind die Soldaten der gleichen Einheit, die am 24. Oktober die Jungen mit dem Gewehr in dem Steinbruch gestellt haben . . .

*

Wilhelm Etschenberg begreift erst gar nicht. Der Berni ist tot! Der Vierzehnjährige weiß nicht mehr, ob die Amerikaner sich schämen, ein Kind totgeschossen zu haben. Es ist Krieg – wer fragt danach?
Und dann müssen sie nach Hause! Wilhelm wagt es nicht, den Eltern die Wahrheit ins Gesicht zu sagen. Er benutzt eine Notlüge, um die grausame Wahrheit vor Vater und Mutter zu verbergen. Er erzählt ihnen: „Da haben plötzlich Granaten

Bernhard Etschenberg, 1934–1944: Der Grabstein des Zehnjährigen in Aachen-Brand.

Wilhelm Etschenberg heute, 33 Jahre nach den Schüssen auf seinen Bruder. Sein Vater, der den toten Berni fand, tut ihm noch heute leid.

eingeschlagen. Wir sind gerannt – und dann haben wir den Kleinen nicht mehr gesehen."
Sein Vater, er tut ihm noch heute leid, läuft hin und findet das Brüderchen. Der Junge wird auf dem Friedhof in Brand beerdigt. Zwei Amerikaner von derselben Artillerieeinheit sind bei dem Begräbnis dabei. Sie sind mit der Familie näher bekannt, weil sie dort immer ihre Wäsche waschen lassen. Ihr Mitgefühl gehört den Etschenbergs! Aber weder der Vater noch die Mutvon Berni Etschenberg sollen jemals erfahren, wie ihr Kind hinterrücks erschossen worden ist.

*

Der Vater stirbt drei Jahre später, 1947. 1967 ist auch die Mutter tot.

Eduard van Zuid, Den Haag

Jede Geschichte hat drei Seiten: Deine, meine und die Wahrheit. (Leopold Trepper, Chef des kommunistischen Spionageringes „Die rote Kapelle“ während des Zweiten Weltkrieges)

2

Eduard van Zuid, der Spion aus Maastricht

Ein Kind von der Grenze – Kampf gegen Südlimburgs Rauschgiftbanden – Als Gast bei der Kripo in Aachen – Sonderauftrag vom Generalstab in Den Bosch: Spionage am Westwall und bei Marja Jäger – Blonde Haare, blaue Augen: Ein Mädchen wie im Bilderbuch! – Der Wolf und das Rotkäppchen ... – Nach dem Tanzabend der erste Kuß – Geheimes aus dem Offizierskasino – Die „Hochzeitsnacht“ in Jülich – Monschau-Besuch mit Zwischenfall – Kontakt mit dem Sicherheitsdienst in Maastricht – Ein Abschied mit Tränen in Aachen-Vaalserquartier

Ich bin in einer feinen Gegend in Den Haag, Mitte Juli 1977. Solche Villen wie hier, so denke ich, gibt es auch im Millionärs-Wohnort Wassenaar. Zweite Etage, ein bellender Hirtenhund. Drinnen samtweich eine Siamkatze auf dem Sofa. Gediegene holländische Möbel. Im Haus, so sehe ich am Frühstückstisch (es ist acht Uhr früh), wird typisch Holländisches getrunken: „een kopje thee“, ein Täßchen Tee.

Vor mir sitzt ein Mann mit grauen Haaren, buschigen Augenbrauen, hellgrauer Uni-Krawatte, Siegelring. Eduard van Zuid ist 69 Jahre alt. Damals, 1937, war er Spion für die Niederländer mit Auftrag in Aachen und am Westwall. Er verführte die Aachenerin Marja, verliebte sich in sie, nahm 1940 Abschied – und sah sie bis heute nicht wieder. „Im Juni“, so berichtet er mir, „hab' ich beim Einwohnermeldeamt in Aachen angefragt – nichts zu finden! Ich würde sie sehr gerne wiedersehen ...“

*

September 1937. Bei der Polizei am Vrijthof in Maastricht hat ein junger Beamter angefangen. Er heißt Eduard van Zuid, ist 29 Jahre alt, ist in Lixhe sur Meuse unweit Maas-

Der Spion aus Maastricht heute: Eduard van Zuid, der sich in Marja aus Aachen verliebt, die er eigentlich nur ausspionieren soll.

Hier arbeitet van Zuid, während er im Grenzraum Aachen auskundschaftet: Das Polizeibüro in Maastricht am „Vrijthof". Es steht heute wie damals an derselben Stelle.

trichts geboren, jedoch auf der belgischen Seite. Sein Vater ist Niederländer und Angestellter bei einer der zahlreichen Zementfabriken dort. 1914, sechs Jahre alt, hat der kleine Eduard mit seinem Vater und Bruder vom südlimburgischen Hochplateau an der Maas aus beobachtet, wie das deutsche Heer in Belgien einmarschiert ist. Der Erste Weltkrieg hat begonnen! Die Mutter seines Vaters ist Belgierin, Tochter der Disière de Rival, Vicomtesse de Brimont, von einem Schloß in Dinant. Die Familie ist nicht unvermögend. Eduards Vater ist als jüngerer Mann weit in der Welt herumgekommen, in Britisch-Borneo und in Arabien, und hat ein Vermögen gemacht. Später kann er gut von seinen Zinsen leben.

Die Schule hat der junge Eduard ab 1914 in Maastricht besucht, in der Brusselse Straat, nicht weit vom Polizeibüro, in dem er 1937 arbeitet. 1919 zieht die Familie van Zuid nach Österreich. Eduard lernt fließend Deutsch mit der Dialektfärbung von Wien. Er lernt das Walzertanzen exzellent, und er besucht die Technische Hochschule, wo er mit dem Chemiestudium beginnt. Zwischendurch schickt der Vater ihn zur Erfüllung seiner Dienstpflicht in die Niederlande. In Breda besteht er seine Fähnrichsprüfung.

1930 kann Eduard durch Fürsprache eines Onkels zur Gemeindepolizei in Maastricht als Anfänger vermittelt werden. Er wird bei der Kriminalpolizei ausgebildet. Zweimal ist er während der Ausbildungszeit für jeweils ein halbes Jahr bei der Pariser „Sureté", wo er einem Kurs im Bekämpfen des Rauschmittel-Schmuggels folgt. Auch lernt er dort, wie man Straßengefechte taktisch günstig anlegt, wie man sich gegen Messerstechereien verteidigt und wie man im Nahkampf bestehen kann.

Von 1933 bis 1937 ist er im Kampf gegen den südlimburgischen Rauschgift- und Narkotika-Schmuggel eingesetzt. Absatzlinien der Schmuggler verlaufen von Geleen, Heerlen und Vaals nach Aachen und von Maastricht aus über Lüttich nach Südfrankreich. Da die Banden international operieren, ist Eduard van Zuid auch häufig im Ausland. In Frankreich, Belgien und vor allem in Deutschland wird er hin und wieder für längere Zeit an die benachbarten Polizeidienststellen „ausgeliehen", damit er laufende Fälle jeweils abschließen kann.

1937 wird der niederländische Generalstab wegen der guten Erfolge des Eduard van Zuid bei der Schmuggelbekämpfung auf den Kriminalpolizisten aufmerksam. Van Zuid ist vor allem auch deswegen interessant, weil er als Mann, der gut Deutsch spricht, mit der deutschen Abwehr und der Gestapo sowie mit dem Sicherheitsdienst als Verbindungsoffizier zusammenarbeitet. Das Polizeibüro ist damals (wie heute) am „Vrijthof" in Maastricht. Regelmäßig besucht Eduard van Zuid von dort aus die Kriminalpolizei in Aachen, Köln, Bonn und Düsseldorf.

Deshalb also läßt der niederländische Generalstab ihn zu einer Besprechung kommen. Eduard van Zuid fährt zum Generalstaatsanwalt in Den Bosch, dem höchsten Beamten für die Polizeiverwaltung. Den Beginn des Gespräches verfolgt vom Nebenzimmer aus, ohne daß der junge van Zuid dies weiß, Major Rooseboom vom niederländischen militärischen Nachrichtendienst. Der Generalstaatsanwalt, ein strenger Katholik, ist eigentlich mit der Mission für van Zuid nicht einverstanden – ein junger Mann, ein Polizeioffizier, Junggeselle dazu, soll einen so unmoralischen Auftrag durchführen?

Trotzdem weiht er van Zuid in seine Aufgabe ein: „Sie sollen in Aachen einen General beschatten, der mit seinem Stab für die Organisation Todt den Bau der Westwall-Bunker und der Höckerlinie organisiert. Über die Stieftochter des Generals können Sie an ihn herankommen. Das Mädchen ist 26 Jahre alt, heißt Marja Jäger und arbeitet in Aachen. Alles weitere erfahren Sie von Major Rooseboom!"

Während Rooseboom hereinkommt, um mit van Zuid in ein anderes Zimmer zu gehen, ruft der Generalstaatsanwalt van Zuid noch einmal zurück: „Sagen Sie keinem Ihrer Maastrichter Kollegen etwas von Ihrem Auftrag! Sie werden einen Führungsoffizier erhalten, der von selbst auf Sie zukommt. Mit ihm können Sie alle Probleme und jeweiligen Details besprechen! Von dort aus werden Sie auch genügend Geld für die ‚Mata-Hari-Operation' erhalten.
Viel Glück!"

Eduard van Zuid, der sich in Marja verliebt: Der erste Kuß in einem Hauseingang an der Jülicher Straße in Aachen, nach einem Abend im Tanzlokal.

Major Rooseboom weiht ihn ausführlich in die Sache ein. Schon einmal hat man einen Geheimdienstoffizier auf die schöne junge Marja angesetzt – aber sie hat ihn heftig abgewiesen. Er war ihr wohl nicht sympathisch. Also wird ein zweiter Versuch unternommen. Van Zuid

Marja Jäger, das Mannequin: Zwischenfall beim Autoausflug nach Monschau.

ist dazu ausersehen worden. Er läßt sich alles erklären. Zum Schluß übergibt Rooseboom ihm ein paar Fotos, die Marja bei Modevorführungen zeigen. Sie ist Mannequin.

*

Marja Jäger ist ein hübsches Mädchen: 26 Jahre alt, gute Figur, hellblonde Haare, blaue Augen, erstklassige Beine, ein etwas weicher, sinnlicher Mund. Froh, intelligent und höflich – ein Mädchen wie aus dem Bilderbuch! Während des ersten Weltkrieges hat ihr Vater seinem Kompaniechef einmal das Leben gerettet, indem er den Verwundeten zurück zu den eigenen Linien trug. Deshalb kümmert sich der Hauptmann, später zum General aufgestiegen, etwas um Marja, als deren Eltern beide früh gestorben sind.

Während der Besetzung des Rheinlandes ist Marja als Schulmädchen einmal von Soldaten der französischen Armee, Marokkanern, auf dem Heimweg vergewaltigt worden. Auch der General versucht einmal, zudringlich zu werden, als seine Tochter und Frau außer Haus auf einem Fest sind. Sie erleidet zum zweitenmal einen schweren Schock, schaltet einen Priester ein, der mit dem General spricht. Seitdem wird er ihr nie wieder lästig, sondern sorgt wirklich wie ein Vater für sie.

Marja ist Chef-Mannequin bei einer Organisation, die ihre Mädchen überall in Deutschland „ausleiht". Wann immer sie kann, wohnt sie jedoch bei ihrem Onkel und der Tante in Aachen, unweit der Jülicher Straße. Es trifft sich gut, daß der General durch den Auftrag am Westwall häufig in Aachen ist. Weitere Einsatzorte seines Stabes sind Köln, Koblenz und Karlsruhe. Major Rooseboom glaubt, daß Marja die Mätresse des Generals und das „Maskottchen" seines Stabes ist.

Aber das stimmt nicht, so wird Eduard van Zuid erfahren.

Mitte Juni 1937 macht er sich auf den Weg nach Aachen, um das Mädchen kennenzulernen. Er weiß auch, daß Marja, die einmal kurz in einer Bar gearbeitet hat, von einem Freund sitzengelassen worden ist, als ein Töchterchen aus der Verbindung entstand. Dieses Kind ist drei Jahre alt. Es hat genau so schöne blonde Haare wie die Mutter . . .

*

Eduard van Zuid kommt per Auto nach Aachen. In jenen Junitagen des Jahres 1937 hat seine Tante ihn gebeten, ihm doch in der Stadt Karls des Großen einen Mantel mit Pelzbesatz für den kommenden Winter zu bestellen. Die Tante hatte etwas Modisches bei einer Bekannten gesehen, die den Mantel aus Aachen hatte. Damit hat Eduard das Alibi, das Damenbekleidungsgeschäft in Aachen zu besuchen, in dem Marja arbeitet.

Er parkt im Zentrum, unweit des Domes. Als er das Geschäft betritt, wird er gleich von einer älteren Dame bedient. Und tatsächlich, im Hintergrund sieht er sie stehen: Marja Jäger! Sie führt einer Kundin gerade ein Kleid vor.

Während er das Passende für seine Tante bestellt, macht er die ältere Verkäuferin darauf aufmerksam, daß „die junge Frau da hinten" genau die Figur seiner Tante besitzt. Die Frau könnte den Mantel ja einmal vorführen!

Gesagt, getan. Marja trägt ein rotes Käppchen auf dem Kopf. Als sie beide kurz alleine sind, wagt van Zuid den ersten Annäherungsversuch: „Fräulein, ich würde gern den Wolf bei Rotkäppchen spielen! Darf ich Sie einmal zum Ausgehen einladen?"

„Was denken Sie von mir? Ich gehe niemals mit der Kundschaft aus! Kaufen Sie doch die rote Kappe und lassen Sie dann die Dame, für die dieser Mantel bestimmt ist, das Rotkäppchen spielen!"

„Ich bin noch Junggeselle. Der Mantel hier soll für meine Tante sein!"

„Ja, ja, diese Töne kennen wir!"

Van Zuid gibt auf. Aber zwei Wochen später, als der Mantel fertig ist, nimmt er wohlweislich seine Tante mit nach Aachen. Marja führt den fertigen Mantel vor. Sie beginnt ihm zu glauben. Diesmal gelingt dem Niederländer eine Verabredung. Die beiden treffen sich in einem Aachener Café. Die Tante erledigt währenddessen noch ein paar Einkäufe.

Van Zuid denkt auch an seine „Legende" als Geheimdienstler. Deshalb hat er den Tag so arrangiert, daß er sich nach dem Treffen mit Marja noch zusammen mit seiner Tante mit seinem Gesprächspartner bei der Aachener Kriminalpolizei in der Bahnhofsgaststätte trifft. Und begeistert erklärt er der Tante und dem Kriminalkommissar Dr. Heinz Labitke, was für ein „tolles Mädchen" er in Aachen kennengelernt hat: „Grazie liegt in all ihren Bewegungen. Sie hat Temperament, ist beherrscht, intelligent und immer fröhlich, Herr Kollege!"

Van Zuid schwärmt bewußt so übertrieben, damit der Aachener Kripo-Mann sich später noch daran erinnert, daß die Bekanntschaft van Zuids mit Marja eine ganz normale Sache ist. Die Geschichte ist damit „sauber" geworden.

Endlich läuft der Zug aus Maastricht in Aachen-Hauptbahnhof ein. Die Tante kehrt mit ihm nach Maastricht zurück, die beiden Kripoleute gehen noch einmal ins Polizeipräsidium, um einige Dinge in Ruhe zu besprechen.

Die nächste Verabredung mit Marja ist wieder in einer Konditorei. Anschließend gehen die beiden noch in ein Restaurant. Zum guten Schluß gibt es Sekt, den van Zuid von dem Geheimdienstgeld (wie auch das Essen) bezahlt. Später gehen sie noch häufiger abends miteinander aus. Er überläßt Marja jeweils die Wahl der Lokale. Van Zuid hofft, daß sie solche Eßgelegenheiten aussucht, wo man dem Stab des Generals und ihren Aachener Bekannten möglichst wenig begegnet. Und das tut Marja auch in der Tat.

Beim Treffen danach verabreden sie sich in einem Tanzlokal. Als sie das Haus betreten, schaut sie an der Garderobe wohlgefällig in den Spiegel. Und sie sagt zu Eduard: „Na, Ed, sind wir beide nicht ein nettes Paar?!"

In der Tat! Eduard ist 1,83 Meter groß, Marja 1,75. Auch Eduard ist hellblond – bewundernde Blicke folgen den „reinrassisch germanischen“ Menschenkindern! Hinzu kommt Eduards Ausbildung im Walzer in den Wiener Jahren. Sogar den „Fleckerl“ beherrscht er makellos ...

Nach dem schönen Abend miteinander will Eduard seine Marja auch nach Hause bringen. Aber sie möchte nicht, daß er sie ganz bis vor die Haustüre begleitet.

Schämt sie sich der ärmlichen Verhältnisse zu Hause bei Tante und Onkel?

An der Jülicher Straße nehmen die beiden Abschied – in einem Hauseingang. Zum erstenmal darf er die Marja küssen! Aber der „Sieg“ macht ihn nicht ganz froh, denn während er sie küßt, denkt er voll Eifersucht, daß diesen schönen Mund morgen abend vielleicht schon ein deutscher General der Wehrmacht küssen wird!

Eduard weiß nämlich noch nicht, wie Marjas Verhältnis zum väterlichen Freund in Wirklichkeit ist. Noch hat er nur Roosebooms Version von der „Generalsmätresse“ in Erinnerung. Außerdem hat van Zuid auch etwas Angst. Wenn der General etwas erfährt – mit einem eifersüchtigen Mann in dieser Stellung wird wohl nicht zu spaßen sein! Beim nächsten Mal gehen die beiden wieder tanzen. Später schlendern sie in Richtung Hauptbahnhof. Marja weiß, daß Eduard noch den Zug nach Maastricht nehmen muß. Dauernd denkt der Kripomann über Marja nach.

„Ist sie ehrlich zu mir oder arbeitet sie etwa für die Gestapo und soll mich in Wirklichkeit auch nur beschatten?“ Er ahnt nicht, daß sein Verdacht sich bald nur noch verstärken wird!

Während sie so zum Bahnhof hin gehen, untergehakt, kommen sie an einem Nachtlokal vorbei.

„Eduard, laß uns hier noch etwas trinken, ja?“ Van Zuid ist einverstanden. Marja geht vor, es ist eine Drehtür. Kaum sind sie innen im Saal, da kommt freudestrahlend jemand auf die Marja zu.

„Mensch, Marja! Da bist du ja wieder! Ich hab' dich aber lange nicht mehr gesehen!“ Herzlich umarmt der Mann das Mädchen. Van Zuid, noch im Hintergrund und etwas im Halbdunkel, erstarrt wie von einem elektrischen Schlag getroffen.

Der Mann, der Marja da so herzlich umarmt, trägt die Uniform eines SS-Sturmführers!

Marja hat bemerkt, daß Eduard sich so sehr zurückhält. Schon bald dreht sie sich um und sagt: „Komm, wir gehen wieder. Laß uns in der Bahnhofsgaststätte noch etwas trinken!“

Draußen bleibt Eduard still. Er ist bedrückt. Hat sich sein Verdacht also doch bestätigt?! Marja merkt auch, daß er niedergeschlagen ist. Dann fragt der Niederländer: „War das dein Mann?“ – „Nein“, antwortet sie, „wie kommst du denn darauf? Das ist doch mein Neffe, bei dessen Eltern ich jetzt wohne!“. Am Bahnhof sprechen die beiden nur noch wenig miteinander. Marja meint, das sei eine lange Geschichte mit komplizierten Erklärungen – „das geht hier am Bahnhof nicht. Aber in vierzehn Tagen können wir uns in Heerlen treffen. Da habe ich eine Modenschau für die Damen der Grubenverwaltung und der Direktion zu machen. Komm doch einfach dahin!“

Vierzehn Tage später. Eduard ist in Heerlen. Vor der Villa unweit des Bahnhofes fahren schwere Autos vor, denen elegante Damen entsteigen. Chauffeure halten ihnen die Türen auf. Nach Ablauf der Modenschau, die Marja als Chefin von ein paar anderen Mannequins leitet, kommt sie zu Eduard ins Restaurant. Und sie erzählt ihm die Geschichte mit dem Neffen.

„Du weißt doch, was mir damals mit den Marokkanern passiert ist! Der Neffe hat doch nur den Auftrag, mich zu schützen, wenn es nötig ist!" Eduard glaubt ihren Worten. Er zweifelt inzwischen auch nicht mehr daran, daß Marja es ehrlich meint. Sie ist arglos. Sie arbeitet sicherlich nicht für den SD! Aber er kann sie andererseits niemals direkt nach ihren Kontakten zu den deutschen Soldaten fragen. Dabei ist sie als „Glücksbringerin" für den Stab des Generals praktisch immer im Kasino mit dabei, wenn allerhand besprochen wird.

Eduard erfährt nach und nach von den Avancen, die Marja von den Offizieren gemacht werden. Das ist für ihn die Gelegenheit: Er spielt den eifersüchtigen Liebhaber, der alles ganz genau wissen will. So erfährt er von einem Pionieroffizier, der bei dieser Einheit ist, und zwar nur mit einer Tarnaufgabe. Sein eigentlicher Auftrag ist es, an den Befestigungen des Albertkanals und bei Eben Emael [1] zu spionieren. Der deutsche Offizier stellt auch Karten des Geländes her.

Einmal erzählt Marja ihm von einem Streit, den ein Artillerie-Oberst mit einem Oberstleutnant der Pioniere hat. Es geht um die genaue Dicke von Wänden, die Artilleriegeschützen noch standhalten können. Der eifersüchtige Liebhaber bohrt nach und erfährt von Marja: „Ja, wir haben ein Übungsgelände auf der Lüneburger Heide [2], wo es schrecklich gefährlich ist und auch sehr geheim. Dort sind Proben gemacht worden. Der Oberst hat recht behalten, der Oberstleutnant, der eklige Kerl, hat den Streit verloren!"

*

Wenig später hat Marja von Berufs wegen in Köln zu tun. Und sie sagt zu Eduard: „Weißt du, Aachen ist eine Provinzstadt — aber in Köln, da ist richtig was los! Da können wir zwei einmal prima bummeln gehn. Hast du Lust, mitzukommen?" Ja, Eduard hat Lust dazu. Sowieso hat ihn die Kriminalpolizei in Köln schon seit längerer Zeit eingeladen, sich doch einmal das Polizeimuseum anzusehen: „Das ist ausgezeichnet, etwas ganz Besonderes!" Diese Einladung dient ihm jetzt als Tarnung. Am Morgen der Fahrt hat Marja außerordentlich gute Laune. Sie trägt ein wunderbares modisches Kostümchen, als die beiden sich an der Ecke „ihrer" Konditorei treffen. In der Vorfreude auf den gemeinsamen, unbeschwerten Tag sagt das Mädchen zu dem Maastrichter: „Weißt du was? Wir tanzen einmal!"

Und die beiden drehen sich auf dem Bürgersteig zum Takt einer Melodie, die Marja singt. Dann steigen sie ein, Marja weist den Weg. Zunächst wird Jülich angesteuert. In Jülich wird ein Fest gefeiert. Schon an der Rurbrücke sind viele Leute auf der Straße. Ein Umzug mit vielen Schützen zieht vorbei. Eduards Wagen ist gerade in langsamer

---

[1] Zwei Jahre bevor die Deutschen am 10. Mai 1940 dort im Handstreich landen werden.

[2] Hier war ein komplettes Fort Eben Emael nachgebaut worden, über dem auch Absprünge stattfanden.

Fahrt, den Fußgängern auf der Straße folgend, über die Rurbrücke gefahren, da beginnt plötzlich die Hupe des Leihwagens von selbst zu tönen.

Das Instrument spielt verrückt! Das ist das Schlimmste, was Eduard passieren kann — ein Spion, neben ihm im offenen Wagen ein bildhübsches Mädchen, dazu die Hupe: Sie stehen plötzlich im Mittelpunkt des allgemeinen Interesses.

Etliche Fußgänger schauen böse, weil sie glauben, der Fahrer wolle sich mit Gewalt ein schnelleres Vorwärtskommen erzwingen. Rechts und links gehen Fenster auf. Frauen schauen wenig freundlich auf den Wagen mit dem dauernden Hupton.

Eduard dreht den Schlüssel ab — die Hupe schweigt. Schlüssel an: Dauerton! Flugs zieht er die Haube hoch und knipst das Kabel einfach mit der Zange durch. Aber die Hupe tönt weiter! Dafür hat er jetzt vorne kein Licht mehr an den Scheinwerfern, wie er bei einer Probe feststellt! Da läßt er erst einmal Marja aussteigen, bringt sie zum nächsten Café, wo sie warten soll, bis ihm ein Mechaniker einer Autowerkstatt geholfen hat. Aber er findet keinen. Es ist halt Schützenfest . . .

Erst morgen früh um halb acht wieder, so bescheidet man ihn, kann an dem Wagen gearbeitet werden. Er kehrt zurück zur wartenden Marja.

„Fändest du es schlimm, wenn wir hier übernachten, Marja?" — „Nein, gar nicht. Ohne Scheinwerfer kannst du doch nicht fahren!"

Marja besteht darauf, daß sie beide untergehakt wie ein Ehepaar durch Jülich spazieren. Sie besuchen einige Cafés und suchen gleichzeitig ein Zimmer für die Nacht. Wegen des Festes ist alles vergeben — nur im besten Hotel von Jülich sind noch Zimmer zu haben. Marja bekommt ein Zimmer in der ersten, Eduard eines in der zweiten Etage. Er mietet sich aus Tarnungsgründen immer getrennt ein, damit man später nicht durch die Meldezettel auf seine Verbindung mit Marja schließen kann.

Als er das Mädchen zu seinem Zimmer bringt, fragt er: „Darf ich gleich bei dir auf dem Zimmer noch etwas trinken kommen?"

Marja schaut ihm geradewegs in die Augen: „Ja, du darfst zu mir kommen!"

Eduard geht nach oben in sein Zimmer, rasiert sich, zieht den Morgenmantel an und kommt wieder nach unten. In der Tat, Marja hat ihre Zimmertüre nicht abgeschlossen!

Sie sitzt im Bett, mit einem sehr durchsichtigen Spitzenjäckchen, und er sieht, wie er sich dreißig Jahre später noch erinnert, „daß sie eine besonders wohlgeformte junge Frau ist". Die beiden schlafen miteinander. Es ist das allererste Mal. Eduard van Zuid heute: „Sie erwartete einfach, daß ich mit ihr ins Bett ging. Es war für uns wie eine Hochzeitsnacht."

Am nächsten Morgen wird der Wagen repariert. Sie fahren nach Köln, Marja zu ihrem Termin, Eduard zum Polizeimuseum. Nachmittags haben sie frei und machen ihren Stadtbummel.

*

Eines Tages berichtet Marja beiläufig aus dem Offizierskasino: „In diesen Tagen sind die Herren alle in Monschau. Da ist schwer was los. Da wird am Westwall gebaut, und die Höckerlinie bei Monschau hat auch eine ganz besondere Bedeu-

Bau der Höckerlinie bei Aachen im Oktober 1939. Spion van Zuid meldet dem militärischen Geheimdienst in Den Haag: „Hervorragend geeignet für einen Angriff deutscher Truppen aus der Tiefe heraus über die niederländische Grenze."

tung. Welche, das weiß ich aber nicht genau." Eduard nimmt den Faden auf, schwärmt von der schönen Gegend: „Mensch, sollen wir nicht dahin einmal eine Autotour machen?" – „Ja, das ist eine prima Idee!"

Eduard hat während seiner Ausbildung bei der Kripo auch Unterricht in der Daktyloskopie, im Fotografieren und im Entwickeln erhalten. Die Wagen für seine Touren mit Marja mietet er sich jeweils. Es ist immer ein anderes Fahrzeug, damit man seiner Spur nicht gut folgen kann. Das Geld kommt aus dem Sonderetat den der militärische Geheimdienst für die Operation zur Verfügung gestellt hat. Er leiht sich die Autos in Maastricht meist bei der Chevrolet-Vertretung Stegen schräg gegenüber dem Hauptbahnhof oder aber bei einer Garage in einer Seitenstraße am Maastrichter Markt. Dort hatte er sich anfangs einen Ford-Zweisitzer ausgeliehen, an dem er unbemerkt eine Veränderung am Armaturenbrett vornehmen ließ. Vorn links am Fahrerplatz hat er unterhalb, so daß man das von oben her nicht sehen kann, in der Polizeiwerkstatt eine Öffnung machen lassen, die groß genug ist, eine seiner kleineren Kameras aufzunehmen.

Sie fahren also wirklich mit dem Zweisitzer nach Monschau. In der Eifel ist herrliches Wetter. Marja ist bester Laune. Sie lacht und scherzt, und plötzlich faßt sie ihn

Mit dem Spaten in den Westwall: Ausrücken zu Schanzarbeiten, 1944.

am Arm, schaut ihn ganz spitzbübisch an und sagt: „So, Eduard – heute bist du der Wolf, und ich bin dein Rotkäppchen, nicht wahr?"
Gemeinsam lachen sie über die Erinnerung an den ersten Tag ihrer Bekanntschaft . . . In Eduard wird das Gefühl, daß er Marjas Vertrauen mißbraucht, immer quälender. Trotzdem fährt er bei aller Verliebtheit und allen zärtlichen Gefühlen für Marja immer noch „zweigleisig". Er hat die Generalstabskarte mit dem Ausschnitt Monschau vorher auf das Genaueste studiert – und er macht die Tour präzise nach dem Kilometerzähler. Trotz seiner Verliebtheit ist er hundertprozentig im Dienst!
Oben am Berg hält er an. Hier hat man eine kilometerweite Aussicht – auch auf den Westwall! Die Höckerlinie liegt klar in ihrem Blickfeld. Er steigt aus und sagt: „So Marja, jetzt mache ich mal ein Foto von dir!"
„Aber dein Auto steht mitten auf der Straße!"
„Ja und, was macht das schon? Hier ist doch weit und breit kein Mensch!"
Marja fügt sich, und er sucht den Ausschnitt für das Bild. Marja steht ganz links – rechts daneben ist nur Westwall im Sucher zu erkennen! Er legt die Kamera wieder in ihr Geheimfach unter dem Armaturenbrett, sie steigen ein und fahren weiter. Aber sie sind keine 250 Meter weit gefahren, da steht mitten auf der Straße ein Soldat, ein Feldwebel der Wehrmacht.
„Halt! Stehenbleiben!" Eduard sinkt das Herz in die Hose! Um Gottes willen! Was wird, wenn Marja etwas von den Fotos erzählt?
Der Feldwebel fragt streng: „Haben Sie die Verbotstafeln nicht gesehen? Es ist doch verboten, hier auf die-

ser Straße anzuhalten?! Darf ich Ihren Ausweis einmal sehen?"
Marja: „Ich bin Reichsdeutsche!"
Aber der Herr, wozu hat er dort gehalten?"
Eduard denkt: Wenn Marja jetzt etwas von den Fotos sagt, dann bin ich dran! Aber sie meistert die Situation ganz anders. Leicht ungeduldig trommelt sie mit ihrem Finger auf das Armaturenbrett, und sie sagt mit Nachdruck: „Der Herr hat mich geküßt!"
Die Situation ist mit einem Schlag geklärt. Trotzdem wird das Auto oberflächlich untersucht. Schließlich sagt der Feldwebel: „Denken Sie beim nächsten Mal daran — so etwas darf nicht wieder vorkommen!" Die beiden bejahen und fahren weiter. Hinter der nächsten Kurve kommen Sie an einem Motorrad vorbei, das am Straßenrand steht. Es hat einen Beiwagen, auf dem ein Maschinengewehr montiert ist. Eduard will sich gar nicht erst ausmalen, was passiert wäre wenn er getan hätte, woran er bei der Kontrolle zunächst einen Augenblick lang dachte: einfach durchzubrechen!
Als sie nach Monschau hinunter fahren, wo sie übernachten, scherzt Marja mit ihm: „Na, Herr Kiminalpolizist — welche Strafe soll ich Ihnen denn aufbrummen? Sie sind nicht artig gewesen! Sie haben ja Fotos gemacht!"
Eduard ist wieder völlig verunsichert. Ob sie nicht doch etwas ahnt — oder aber alles weiß?

*

Eduard macht unabhängig von der Bekanntschaft mit Marja auch viele Einzelreisen. Insgesamt fotografiert er etwa vierzigmal den Westwall im Raum südlich und nördlich von Aachen bis hinauf nach Wesel. Die Filme entwickelt er selbst. Darunter sind auch Nachtaufnahmen, die er mit einer Infrarot-Kamera gemacht hat. Dem niederländischen Militärgeheimdienst signalisiert er, der Westwall sei aus seiner Sicht für die Deutschen eine ausgezeichnete Möglichkeit, einen Angriff aus der Tiefe heraus auf niederländisches Gebiet vorzutragen.
Der Zwischenfall nach den Fotos in Monschau ist ihm übrigens Anlaß, Marja noch einmal zu prüfen. Sie sitzen abends beide im Bett und unterhalten sich leise, als er sie unvermittelt fragt: „Nun stell' dir einmal vor, der Stab des Generals würde erfahren, daß wir zusammen in Monschau gewesen sind!"
„Ja und?"
„Was — kennst du denn die Gestapo nicht?", fragt der Niederländer zurück. Das Mädchen schüttelt den Kopf. „Der General und alle seine Freunde und Offiziere", so antwortet Marja ihm, „sind mir völlig egal. Wenn sie dich nicht mögen, dann können sie mir auch gestohlen bleiben!"

*

Die Situation für Eduard spitzt sich jedenfalls bald zu: Das Mädchen will sich mit ihm verloben. Lange berät er sich in Maastricht mit seinem Führungsoffizier, Herrn Erasmus. Und Eduard sagt: „Bei der Familie mit dem SS-Neffen auf keinen Fall! Vorstellen lasse ich mich, wenn's denn sein muß, nur beim General." Erasmus ist dagegen — das würde aus Eduard van Zuid einen Doppelagenten machen, weil die Abwehr sicher versuchen würde, ihn für die Deutschen einzusetzen. Der Fall würde viel zu kompliziert, als daß man ihn noch unter Kontrolle halten könnte. Hin und wieder denkt er auch, er müsse Marja

Marja, das Mannequin in Aachen, ist das Opfer des Maastrichter Spions. Er macht mit ihr Ausflüge und Autotouren, verliebt sich in sie und hat bald ein schlechtes Gewissen, weil das Mädchen arglos ist. Fotos von links nach rechts: Marja am Strandwagen in Oostende, vor dem Justizpalast in Brüssel und bei einer Autotour in Monschau. Sie trägt ihr rotes Käppchen, daher der Spitzname „Rotkäppchen".

alles „beichten", dann sich mit ihr verloben und sie heiraten. Den Gedanken verwirft er aber wieder.

Eines Tages plaudert Marja über einen Brüssel-Besuch von deutschen Agenten, von dem sie im Kasino gehört hat. Eduard spitzt seine Ohren wieder und nimmt die Gelegenheit zum Anlaß: „Ich muß zufällig an diesem Tag (an dem auch die Agenten in Brüssel sind) ebenfalls in die belgische Hauptstadt!" Marja ist Feuer und Flamme: „Dann kannst du mir ja Brüssel zeigen, wie ich dich in Köln rundgeführt habe!" Aber dann sind die Bedenken bei dem Mädchen doch zu groß. Sie ist bange, die Leute aus dem Kasino, die nach Brüssel fahren, könnten sie dort entdecken.

Sie fahren trotzdem nach Belgien, aber nicht nach Brüssel, sondern nach Ostende. Eduard, so erklärt er es ihr, würde dann eben auf dem Rückweg in Brüssel seine berufliche Angelegenheit erledigen. Vorher gibt er aber seinen Verbindungsmännern in der belgischen Hauptstadt noch einen Tip: An dem Tage wolle eine kleine Gruppe deutscher Agenten in einem ganz bestimmten Hotel unweit des „Gare du Nord" absteigen, um eine Geheimdienstoperation innerhalb Belgiens durchzuführen.

Der belgische Geheimdienst folgt tatsächlich den Spuren dieser Männer, die er enttarnen kann – und was zeigt sich? Der deutschen „Abwehr" setzt die „Gestapo" nach, der wiederum hetzt die belgische „Police judiciaire" hinterher, und diese sogar im Auftrag des „Deuxième bureau"!

Dank des Tips von Eduard van Zuid wissen die Belgier, wer die Deutschen sind und wer ihnen hilft. Deshalb wird wenig später, es ist im August 1938, ein in Aachen arbeitender Textilingenieur in Brüssel verhaftet. Dieser Mann, Hendrik Bitter, hat an der Technischen Hochschule Aachen Ingenieurwissenschaften studiert und ist der Sohn eines hohen Maastrichter Polizeifunktionärs. Er wird von den Belgiern verhaftet, ohne daß sie ahnen können, daß er kaum zwei Jahre später, nach dem Einmarsch der Deutschen in Belgien im Mai 1940, von diesen als einer der ersten aus dem Gefängnis geholt und in der Brüsseler [3] Ortskommandatur eingesetzt wird ...

Gerade, als die Belgier Hendrik Bitter in Brüssel wegen der geplanten Geheimdienstoperation verhaften, ist Eduard mit Marja in Ostende. Als im Hafenviertel zwei Matrosen Marja in Bedrängnis bringen und er die beiden „polizeimäßig" ausschaltet, erschrickt sie regelrecht vor Eduard. Er hatte — dank seiner Ausbildung in der Verteidigung gegenüber Messerstechern — auch den baumlangen Matrosen „erledigt", der wie ein professioneller „Stecher" das Messer von unten nach oben durchziehen wollte.

Marja erkennt ihren Eduard nicht wieder: „Mensch, du als eleganter, feiner Mann — wie ein Monstrum bist du mir in dem Gefecht mit den beiden vorgekommen! Das war ein ganz anderer Eduard, als der, den ich gewöhnt bin!" In Ostende macht er ein Foto von Marja am Strandkorb, ganz so, wie er es in Monschau mit Marja im Zweisitzer tat. Auf der Rückreise über Brüssel fotografiert er sie vor dem Justizpalast auf dem Hügel, von dem aus der Blick über Brüssel schweifen kann ...

*

Eduard ahnt noch nicht, daß diese drei kleinen Bildchen (das Wort „Marja" ist rührend hilflos mit Kugelschreiber auf das Fotopapier gemalt) mehr als dreißig Jahre später alles sein werden, was er von Marja Jäger noch hat — und die Erinnerungen.

Eduard van Zuid heute vor seinem Haus in Den Haag: Er lebt im Ruhestand.

Zum Beispiel auch die an den gemeinsamen, tränenreichen Abschied fürs Leben.

*

Januar 1939. Eduard kommt gerade von einem Besuch bei Marja in Aachen zurück. Sein Chef bei der Maastrichter Polizei grinst — er selbst fährt auch öfters nach Deutschland. „Na", sagt er zu seinem Untergebenen — „na, Ed', du hast in Aachen also nicht nur Diebe, sondern auch nette Mädchen gefangen!" Denn van Zuid hat den Lippenstift-Abdruck von Marja noch auf der Backe. Sein Vorgesetzter weiß natürlich nicht, welchen Auftrag Eduard van Zuid in Aachen erfüllt

---

[3] Hendrik Bitter ist gestorben. Sein Bruder lebt noch.

Hier feiern Marja und Eduard ihren Abschied unter Tränen: In den heutigen „Grenzstuben" in Aachen-Vaalserquartier, kurz vor der niederländischen Grenze.

– ganz so, wie Eduard keinen blassen Schimmer davon hat, daß sein Chef insgeheim für die deutsche Abwehr in den Niederlanden arbeitet! Das wird Eduard van Zuid erst 1945 erfahren . . .

*

Marja erzählt ihm einmal, daß „mein einziges Kapital ja wohl meine gute Figur und mein Aussehen sind – also muß ich sorgen, daß ich etwas anderes erreiche, solange ich noch jung bin". Sie träumt von einer Stelle als Verkaufs-Chefin in einem Modehaus. Ein einziges Mal nur schimpft sie richtig wütend auf die Partei Hitlers, die NSDAP: „Die Parteibonzen haben nach einer Modenschau in Berlin alle mir unterstellten Mädchen zu einem Saufgelage geholt. Die mußten dann mit den Parteibonzen ins Bett steigen!"

*

1. Juni 1939! Eduard van Zuid, Spion für den militärischen Geheimdienst in Den Haag und 30 Jahre alt, wird als Reserveoffizier einberufen. Marja hat zu dieser Zeit gerade eine Stelle in Köln angenommen. In der Stadt der Heiligen Drei Könige feiert das Paar einen langen Abschied. Als der zu Ende ist und es an die Trennung gehen soll, zögert Marja wieder: „Nein, so lasse ich dich nicht gehen! Ich begleite dich bis an die niederländische Grenze in Vaals!"

Dort, im Restaurant direkt vor der Grenze [4], feiern sie ein zweites Mal Abschied. Sie wollen nicht, daß der ihnen beiden bekannte Niederländer von K., der beim niederländischen Zoll für die deutsche Geheime Staatspolizei arbeitet, sie zusammen sieht. Eduard van Zuid erzählt mir 38 Jahre danach: „Wir haben damals geheult wie die Kinder! Wir wußten, daß Krieg kommen würde. Und wir wußten: Es war alles aus!"

[4]) Heute heißt das Lokal „Grenzstuben".

Der „Sicherheitsdienst Maastricht" (SD) residiert in diesem Haus. Spion van Zuid ist der Verbindungsoffizier zu den Deutschen. Im Haus am Wilhelminasingel arbeitet heute die Marechausseebrigade Maastricht.

Der Chef des SD, Außenstelle Maastricht, SS-Obersturmführer Strobel. Eduard van Zuid ist der Verbindungsoffizier der Maastrichter Kripo zu Strobel. Van Zuid heute: „Wir waren nicht per du!"

Wenig später ist Eduard van Zuid wegen seiner guten Kenntnisse der deutschen Sprache und der Verhältnisse bei der deutschen Polizei Verbindungsmann zwischen der Maastrichter Polizei und der Sicherheitsdienst-Außenstelle (SD-Außenstelle) Maastricht, die nach der Besetzung der Niederlande durch die Deutschen am Wilhelminasingel eingerichtet worden ist.
Das Gebäude der SD-Hauptwache hat drei Etagen. Unten sind ein paar Keller mit Zellen, dahinter ist ein kleiner Garten.
In der ersten Etage, die Treppe hinauf rechts, sitzt der Chef des SD, Außenstelle Maastricht. Er heißt Strobel. Eduard van Zuid erinnert sich: „Wir waren nicht auf du!" Auch den Oberscharführer Nietsche, von den Maastrichtern gefürchtet, lernt „Rechercheur" van Zuid (so sein Titel) dort kennen. Denn hin und wieder muß er bei Verhören dolmetschen, so im Falle eines Studenten aus Maastricht, der die Straßenschilder so umgedreht hat, daß deutsche Truppen auf dem Marsch statt in Aachen in Lüttich landen.
Auch bekommt van Zuid Listen von Straßen mit den Hausnummern, wo Juden abgeholt werden sollen. Regelmäßig gibt er dem Sohn von Küster van Mansum die Razzia-Tips, der sie wieder an die bedrohten Maastrichter Juden weiterleitet.
Im Fall des Sohnes von der Autoreparaturwerkstatt Straatmans muß Eduard van Zuid den Dolmetscher spielen. Straatmans hat von den Engländern einen Sender be-

Aufgenommen in Maastricht: Die Männer der Außenstelle des deutschen Sicherheitsdienstes (SD). Eduard van Zuid arbeitet ab 1940 mit ihnen zusammen– 1944 wird er selbst vom SD verhaftet werden. Dabei macht er auch Bekanntschaft mit Oberscharführer Nietsche (ganz links am Bildrand).

Maastricht, September 1944: Die Amerikaner marschieren ein. Eduard van Zuid wird wenig später von den niederländischen Behörden eingesetzt, um über 3000 in den Niederlanden gefangene Menschen zu „durchleuchten“: Von seiner Entscheidung hängt es ab, wer frei kommt oder wer auf ein Verfahren warten muß.

kommen und ist beauftragt worden, deutsche Truppenbewegungen durchzufunken. Van Zuid etwas bitter über diese Episode: „Der Engländer kämpft eben bis zum letzten Franzosen!“

Hin und wieder sieht er den Gefangenen an, daß sie schwer geschlagen worden sind. Dadurch, daß er alle Geheimberichte der niederländischen Polizei an den SD, die Gestapo und die Abwehr für die Deutschen übersetzen muß, ist er auch über die Vorgänge im eigenen Lager sehr gut orientiert.

Bei Kriegsende wird Eduard van Zuid deshalb eingesetzt, um unter den 3000 politischen Gefangenen in den südlichen Niederlanden für die niederländische Behörden die Böcke von den Schafen zu trennen.

*

Lange Jahre sind seit all diesen Erlebnissen und besonders seit dem Abschiedstag mit Marja an der Vaalser Grenze dahingegangen. Die beiden haben sich niemals wiedergesehen. Im Juni 1977 hat Eduard van Zuid beim Einwohnermeldeamt in Aachen nach Marja gefragt. Antwort: Nichts bekannt! Er weiß nicht einmal, ob sie überhaupt noch lebt – und wie gerne würde er ihr sein Leben seitdem erzählen – oder von seinen Kindern berichten.

Sein Sohn ist zur Zeit Husar bei den Panzerjägern in Celle und beginnt

Vergeblich fragte er beim Einwohnermeldeamt in Aachen nach: Er würde Marja Jäger gerne wiedersehen. Eduard van Zuid während des Interviews, das er mir in seiner Wohnung in Den Haag gab.

bald mit dem Jurastudium in Leiden. Seine Tochter ist Empfangsdame im „Promenade-Hotel“, einem der feinsten Häuser in Scheveningen.

Alles, was Eduard van Zuid blieb, sind drei Bildchen von Marja – und die Erinnerungen.

Alexander A. Klieforth, US-Botschaft Bonn

3

Rumms! Die Festung ist perdü – Klickeradoms durch Germany.
(Ulrich Gnauck, Hamburg, frei nach Wilhelm Busch)

Der Mann, der Adenauer finden sollte ...

Stars and stripes und ein grüner Polizeipanzer – Mister Klieforth, office 3 000 – Eine gesicherte Kiste in Washington – Einmal im Monat zum Flohmarkt nach Lüttich – Vorstellung bei Adolf Hitler – Diplomatenaustausch auf der „Gripsholm" – Im Hauptquartier Eisenhowers in Granville – Als Deutschlandexperte bei Montgomery – „Über Aachen liegt der Geruch des Todes!" – Der Volkssturm-Mann in den Ruinen – Soldatensender 1212 sendet aus Aachen – Auf dem Heimweg in Bastogne ein paar schwarze Tassen Kaffee – „Die Kleine mit den Sommersprossen ... - nicht schlecht, was?!" – Das alte Ehepaar am Oberländer Ufer in Köln – Einen Tag lang Siegesfeier in Luxemburg – Intendant bei Rias Berlin – Der Ami-Schlitten mit dem Sternenbanner

Ein regnerischer Oktobertag des Jahres 1976. Vor dem Bundeskanzleramt in Bonn, dessen dunkelbrauner Anstrich an diesem Nachmittag noch dunkler erscheint, krempelt eine der Patrouillen sich den Kragen hoch.

Ein paar Kilometer weiter, in der Mehlemer Aue, hängt träge an hohem Mast die nasse Flagge mit den „stars and stripes" – Sternen und Streifen. Vor der Botschaft zum Schutz geparkt: Ein grüner deutscher Polizeipanzer. Am Anmeldeschalter ein American boy in Uniform. So jung wie der ist, denke ich, war damals der Mann, den ich heute hier in der amerikanischen Botschaft besuche.

Gegen Einlieferung meines grünen Reisepasses erhalte ich einen weißen Besucherzettel. Er verzeichnet obenauf: „American embassy, Bonn, Visitor's Pass Nr. 075 187." Etwas

Der Mann, der Adenauer finden sollte: Alexander A. Klieforth, heute Botschaftsrat und Gesandter der amerikanischen Botschaft in Bonn-Bad Godesberg.

tiefer, unter meinem Namen, steht zu lesen: „To visit Mister Klieforth, office 3000." Seine Sekretärin holt mich oben am Lift ab. Sie hat ungewöhnlich große, dunkle braune Augen und antwortet auf meine Frage, sie sei erst seit zwei Wochen hier in Bonn am Rhein. Dann stehen wir schon vor Mister Klieforths Büro. Sein offizieller Titel lautet „Minister of the United States of America". Er ist Gesandter und Botschaftsrat für öffentliche Angelegenheiten: Öffentlichkeitsarbeit. In dieser Eigenschaft ist er Direktor des „United States Information Service" in der Bundesrepublik, der unter anderem auch die Amerikahäuser versorgt.

Im Büro Nr. 3000 residiert ein Mann mit Pfeife und buschigen Augenbrauen der Farbe „Pfeffer und Salz". Auf dem sideboard zwei Figuren, wie man sie bei Diplomaten findet: indonesische Götter? Der Blick aus diesem Eckzimmer fällt auf den Rhein, der 400 Meter entfernt sein mag. Gerade legt die große Fähre nach Königswinter ab. Majestätisch gleitet sie über den Strom.

„Nein", sagt Mister Klieforth mir, „dieses Bild von damals habe ich nicht hier. Es liegt in Washington, in einer gesicherten Kiste in einem Lagerhaus für Diplomatengepäck. Aber mein Sohn will bald heiraten. Ich muß in ein paar Monaten in die Staaten, um dort Dokumente für ihn zu holen. Dann könnte ich auch das Foto besorgen."

Dieses Foto zeigt den Leutnant der US-Army Alexander Alfred Klieforth im Oktober 1944, in Aachen aufgenommen. Wenig später ist der Herr Leutnant beauftragt, Konrad Adenauer für die Alliierten ausfindig zu machen – die Nummer 1 auf der „weißen Liste" der Alliierten, in der die vertrauenswürdigen Deutschen in den „westlichen" Zonen aufgeführt sind. Die Nummer 1 auf der „roten Liste" im Osten heißt übrigens Walter Ulbricht.

*

Alexander A. Klieforth wird am 30. Dezember 1918 im russischen Archangelsk als Sohn eines amerikanischen Diplomaten geboren. Der Vater ist an der Botschaft in Petersburg. 1924 kommen die Klieforths nach Deutschland, wo sie bis zu den vierziger Jahren praktisch immer bleiben werden. Alfred Klieforth, der Vater, ist der erste ausländische Diplomat, der Hitler eingehend kennenlernt. Der Amerikaner hat „Mein Kampf" gelesen und sucht den Kontakt zu Adolf Hitler nach dessen Entlassung aus Landsberg 1924. Alexander Klieforth heute: „Goebbels war schon da, Göring ein arrivierter Mann. Bei dieser Gelegenheit wurde ich von Vater auch Adolf Hitler vorgestellt."

Ein Schlüsselerlebnis hat der junge Alexander 1928 in Berlin: Er wird von einem SA-Mann auf dem Kurfürstendamm verprügelt, weil er eine Dame verteidigt, die von dem SA-Mann angerempelt worden war. Dann sind die Klieforths in Köln, wo der Vater Generalkonsul ist. Sie wohnen im vornehmen Stadtteil Köln-Lindenthal, in der Max-Bruch-Straße Nummer 1. Gegenüber, Nummer 3, wohnt die Familie Dr. Konrad Adenauers.

„In Köln", so sagt Klieforth heute, „hätte ich mich auch blind zurechtgefunden, so gut kannte ich die Stadt!" Häufig, mindestens dreimal im Monat, besucht die amerikanische Familie Aachen oder Lüttich, wo auf dem Markt am Quai de la Batte sonntags Fleisch, Butter und frische Eier eingekauft werden. Hier wird sonntags auch der Flohmarkt abgehalten.

1938/39 ist Alexander A. Klieforth studienhalber im belgischen Löwen. Er hat Staatswissenschaften belegt. Die Wochenenden verbringt er jedoch bei den Eltern in Köln. 1941 schließlich wird Vater Klieforth von den deutschen Behörden zur „persona non grata" erklärt [1]. Anklagepunkte: Er habe für die Engländer, die Franzosen und die Belgier Spionage betrieben und die letzteren sogar gewarnt, die Deutschen planten einen Einmarsch in ihr Land.

Washington protestiert, streitet ab. Alfred Klieforth kommt in Bad Nauheim unter Hausarrest. Mit ihm sind dort die übrigen Diplomaten der Kriegsalliierten gegen Deutschland. 1942 schließlich werden die amerikanischen Diplomaten gegen deutsche Staatsangehörige ausgetauscht. Das geschieht auf dem (neutralen) schwedischen Schiff „Gripsholm", das in der Tejomündung vor Lissabon vor Anker gegangen ist.

Zu dieser Zeit ist Sohn Alexander seit einem Jahr bereits ebenfalls im diplomatischen Dienst der Vereinigten Staaten von Nordamerika. Der 23jährige ist unter anderem in Bogota eingesetzt. Im Januar 1944 meldet er sich freiwillig zum Dienst in den amerikanischen Streitkräften: „Es juckte mich einfach, mitzumachen!", sagt er heute. Er wird bei den „Combined chiefs of Staff", dem alliierten Stab in Washington, eingesetzt. Der Chef des integrierten alliierten Stabes ist ein Engländer, der britische Feldmarschall Sir John Dill, der heute als einziger Ausländer auf dem Heldenfriedhof von Arlington begraben liegt. Sein Grab ziert ein Monument, das ihn auf einem Roß aus Bronze dar-

Gerne „leger" gekleidet: Leutnant Alexander A. Klieforth von der US-Armee, Mitte Oktober 1944 an Aachens Stadtgrenze fotografiert.

stellt. Alexander A. Klieforth jedoch ist nur ein einfacher Soldat.

Später wird er ins französische Grandville versetzt, wo ‚Shaef" residiert, das oberste Hauptquartier des alliierten Expeditionskorps in Europa [2]. Dann wird er an die britischen Streitkräfte „ausgeliehen" und der 21. Armeegruppe Feldmarschall Montgomerys als Deutschland-Experte zugeteilt.

Im September 1944 ist er im Hauptquartier in Brüssel. Von dort aus

---

1) Zur „unerwünschten Person" erklärt. Diplomatische Umschreibung für Ausweisung.
2) Shaef: „supreme headquarters allied expeditionary force".

wird er Mitte Oktober 1944 – Aachen ist noch nicht gefallen – in die westlichste große deutsche Stadt geschickt. Er soll erkunden, wie die Stimmung unter der deutschen Bevölkerung ist. Dies interessiert die alliierten Experten der psychologischen Kriegsführung sehr, da niemand es wagt, den Durchhaltewillen und die „Moral" der deutschen Truppe und der Bevölkerung endgültig zu beurteilen. Stimmt es etwa, was die Goebbelsche Propaganda von der aufgebauten „Alpenfestung" berichtet? Sind die durchgegebenen Meldungen von „Radio Werwolf" ernst zu nehmen? Auch macht man sich bei den Alliierten längst Gedanken über künftige Regierungsformen in Deutschland, wenn es erst einmal besiegt sei.

Welche Probleme würde man – abgesehen von der Durchführung und der Beendigung der Kriegshandlungen – wohl zu lösen haben, wenn Deutschland besiegt sein würde? Wer unter den Deutschen wäre nicht nur von seiner untadeligen Vergangenheit her, sondern auch aufgrund seiner Vorbildung und Erfahrung geeignet, im neuen Verwaltungsapparat und dem Regierungswesen eingeschaltet zu werden?

*

Die Fahrt von Brüssel geht über Lüttich nach Aachen. Leutnant Alexander Klieforth hat einen Fahrer mitbekommen, der den Jeep fährt. Doch kurz vor Aachen übernimmt der Offizier selbst das Steuer. Bei einem Bach kommt eine scharfe Kurve, dann geht's durch ein Tal und wieder hinauf: Da vorne liegt Aachen!

Klieforth ist gewarnt worden, zuletzt von einer Kontrollstelle einige Kilometer vor Aachen: „Ab hier beginnt gefährliches Gebiet!" Aber er will es nicht glauben. Die Stadt Karls des Großen liegt so seltsam ruhig da. Er sieht keine Leichen, aber es ist ihm, als ob er den Geruch des Todes verspüre, der sich wie eine Glocke über diese alte Stadt an Deutschlands Grenze gelegt hat.

Sie kurven ein wenig herum, passieren erneut eine Kontrollstelle, wo sie abermals gewarnt werden. Trotzdem läßt Leutnant Klieforth seinen Fahrer aussteigen – er will, leichtsinnig wie er ist, einen kleinen Abstecher in die Stadt allein machen – „to find my way around", sich etwas umschauen.

Er ist eine Weile herumgefahren, als er an einem kleinen Platz anlangt. Kaum hat er ihn halbwegs überquert, da fallen zwei Schüsse, die aus einem der Häuser abgegeben werden. Und dann entdeckt er einen Volkssturm-Mann, an dessen Gewehr ein Stückchen Messing blitzt.

„Was fällt Ihnen ein, mich in der Weise anzuschießen?! Kommen Sie sofort da oben runter, dalli dalli!"

Er denkt, das Gewehr mit dem Messingstück sei wohl aus dem Krieg von 1870. Es hat am Mündungsende eine altmodische Vorrichtung, in die man ein Bajonett hineinstecken kann.

Der ältliche Volkssturm-Mann, durch das akzentfreie Deutsch und die legere Kleidung des Amerikaners irritiert, beginnt, sich zu entschuldigen: „Ich dachte, Sie seien der Feind!" Diese Antwort des Aacheners durchzuckt Alexander Klieforth wie ein Erinnerungsblitz: Kurfürstendamm! Der SA-Mann, der ihn damals vor sechzehn Jahren wegen der alten Dame verhauen hat, die er in Schutz genommen hat!

Aachen, am 18. Oktober 1944: Überlebende der Schlacht um Aachen, die zunächst zu einem provisorischen Lager auf belgischem Gebiet gebracht werden, da die Stadt noch nicht erobert ist.

Es ist ein psychologischer Meilenstein in seinem Leben, als er sagt: „Ich bin nicht Ihr Feind – Ihr Gegner!“ Feind ist er den Nationalsozialisten, nicht aber dem deutschen Volk. „Gehen Sie nach Hause“, sagt er zu dem Volkssturm-Mann, „und werfen Sie das Gewehr ruhig weg!“ Klieforth geht zu seinem Jeep zurück und startet wieder. Dies scheint ihm nicht der Augenblick und nicht der Tag für tiefsinnige Gespräche mit den fast besiegten Deutschen in Aachen zu sein . . .
Spät abends ist er wieder im Hauptquartier in Brüssel zurück. Sein Ausflug ins Deutsche Reich hat nur einen Tag lang gedauert.

*

Auch jemand anders ist gerade zu jener Zeit für einen Tag lang in Aachen, und zwar mit dem Mikrofon. Er heißt Hanus Burger, ist Tscheche aus Prag und Angehöriger einer amerikanischen Abteilung in Luxemburg, die unter dem Befehl des US-Majors Hans Habe [3]) steht.

---

3) Der damals 33 Jahre alte Habe, ursprünglich Hans Bekessy (Ha-Be), wird wenig später auch beim Wiederaufbau der deutschen Nachkriegspresse eingeschaltet. Der Erfolgsautor lebte bis 1977 in der Schweiz (†).

„1212 sendet" heißt das Buch, in dem Hanus Burger seine Erfahrungen am Soldatensender im Rheinland schildert. Unter anderem besuchte er Aachen, während um die Kaiserstadt noch gekämpft wurde.

Habe und seine Leute betreiben in einer Villa an der Rue Brasseur in Luxemburg einen amerikanischen Nachtsender, der unter dem Namen „Soldatensender 1212" (interner Deckname: „Unternehmen Annie") seine Sendungen so gestaltet, als ob sie von den Deutschen hergestellt würden.

Um für diese Sendungen Bänder mit O-Tönen (Original-Ton) zu erhalten, wagen auch die Luxemburger Rundfunkleute einen Vorstoß in das noch nicht besiegte Aachen in jenen Tagen Mitte Oktober 1944, als auch Alexander Klieforth die Stadt besucht. Hanus Burger kommt von Burtscheid her nach Aachen: Zum ersten Male während seiner Tätigkeit bei „1212" würde er Gelegenheit haben, deutsche Zivilisten nicht auf erobertem Gebiet, sondern auf ihrem eigenen Territorium sprechen zu können!

Zusammen mit einem Kollegen und dem Fahrer, der gleichzeitig Tontechniker ist — die Sprachaufnahmen werden auf Wachsplatten gemacht — fährt Burger von Luxemburg nach Spa. Dort verleben die beiden als Gäste der Offiziere im Hauptquartier einen feucht-fröhlichen Abend — dank des Rüdesheimer Weines aus den Beständen des deutschen Kommandostabes, der bis kurz zuvor in Spa einquartiert gewesen war. Frühmorgens am nächsten Tag brechen sie nach Aachen auf.

Jahre später erinnert Hanus Burger sich so an die Fahrt ins zerstörte Aachen-Burtscheid! „Gleich hinter dem Wald begann die nach Aachen führende Chaussee. Deckung gab es bis zu den ersten Häusern der Vorstadt Burtscheid nicht. Die Lage sah genauso aus, wie auf meiner Karte in Luxemburg. Und Burtscheid selbst? Der Leutnant zuckte mit den Achseln. Bis gestern seien dort zumindest noch eine Pak und ein paar MGs gewesen . . .

Der Waldstreifen war keine zwanzig Meter breit. Jetzt lag die Chaussee vor uns, ein glänzendes Band, regengepeitscht, im Morgengrauen. Unten, am Fuß des Hügels, einen halben Kilometer weiter, die unscharfen Silhouetten einiger Häuserblocks. Hinter ihnen wieder freies Feld, Laubenkolonien, Hochspannungsmasten, Bretterzäune, und dahinter, grau und ungewiß, die Innenstadt" [4]).

Endlich rast das Rundfunkteam der Amerikaner auf die Stadt los, als sei es vom Teufel gehetzt!

Der Motor heult auf, der Wind knattert durch die Seitenteile des

---

4) Burger berichtet diese Episode in seinem 1964 im Ostberliner „Deutschen Militärverlag" erschienenen Tatsachenroman „1212 sendet" (vergriffen).

Frauen, Kinder und alte Männer: Während die Stadt noch umkämpft ist, wird sie von einem amerikanischen Radioteam aus Luxemburg besucht. Die Interviews werden für den „Soldatensender 1212“ gemacht, der in deutscher Sprache im Rheinland sendet.

Jeeps, der Regen prasselt auf die glänzende Chaussee [5].

Dann plötzlich vor ihnen drei Einschläge. Bums . . ., bums! bums! Es sind Granateinschläge, die nicht aus Burtscheid, sondern aus der Aachener Innenstadt kommen. Die Männer im Jeep gelangen trotzdem ungeschoren den Berg nach Burtscheid hinab.

Dann herrscht regungslose Stille.

Burger sieht einen baumelnden Telefonhörer in einer öffentlichen Fernsprechzelle, deren Tür nur angelehnt ist. Einen Augenblick lang ist er versucht, eine x-beliebige Nummer in Aachen zu wählen und zu melden, daß Amerikaner in der Stadt sind.

Dann kommen Leute, nach und nach, zaghaft, schließlich immer mehr, ein zusammengewürfelter Haufen von in der Stadt gebliebenen Menschen. Sein Begleiter verhandelt bereits mit ihnen, erklärt, warum sie gekommen sind. Dann beginnen verschiedene Interviews mit den verschiedensten Leuten und ihren Ansichten.

Die Aachener streiten auch ein wenig untereinander, weil ein dagebliebener Parteigenosse sich ihrer Meinung nach zu offen sofort mit den neuen Herrschern anbiedert — ausgerechnet der! Es ist auch ein kleines, etwas dürres Mädchen bei der Gruppe, mit Sommersprossen, einer viel zu großen Jacke und knabenhaften Schultern. Hanus, dem das Mädchen gefällt, schätzt es anfänglich auf vierzehn Jahre, bis sie auf Befragen ihr Alter nennt: 24. Sie fällt den Amerikanern auf, weil sie dem Parteigenossen, der sich bei

---

5) Burger fuhr über die heutige Robert-Schuman-Straße nach Burtscheid hinein.

Aus dem Gefängnis Brauweiler entlassen: Konrad Adenauer im Kreis seiner Familie. Von links nach rechts: Frau Gussie Adenauer, Dr. Konrad Adenauer, Lotte Adenauer und die Schwiegertochter Lola Adenauer.

den Amerikanern anbiedern will, sofort und in aller Offenheit widerspricht.

Auf der Heimfahrt, nach ein paar Stunden, halten sie in Bastogne, um ein paar Tassen schwarzen Kaffee zu kippen. Der Chef der Gruppe sagt zu den anderen: „Der Nazi, das war genau das, was wir brauchen. Er hat in fünf Minuten zwei Leute denunziert. Er weiß genau, wo er die Butter auf dem Brot hat. Und er ist ein solider Geschäftsmann. Wir bombardieren die Stadt mehr als eine Woche mit Bomben – und der Kerl steht da tipptopp mit Bügelfalte vor uns! Wenn wir so einen Mann stützen, hält er die ganze Bande im Zaum! So etwas, das ist Bürgermeistermaterial!"

Hanus denkt an etwas anderes. Auch einer der Begleiter hängt diesen Gedanken nach . . . Wenig später, als sie sich wieder auf den Weg nach Luxemburg machen, dreht dieser sich zum Chef der Gruppe um und sagt mit schnalzender Zunge: „Die Kleine mit den Sommersprossen . . ., – nicht schlecht, was?!" Der Chef antwortet begeistert: „Genau meine alte Theorie: Hitlers Geheimwaffe Nummer drei – die Frauleins!"

Hanus Burger schweigt. Er denkt mit ganz anderen Gefühlen an das Mädchen. Aber daß es nur wenige Zeit später seine Frau sein wird – das ahnt er natürlich in gar keiner Weise an diesem Oktobertag, unterwegs nach Hause in die Villa in Luxemburg, vollbepackt mit Wachsplatten und Interviews aus Aachen für den „Soldatensender 1212" . . .

*

Leutnant Alexander Klieforth kommt einige Zeit später wiederum nach Aachen.

Es ist Mitte März 1945. Der Geruch des Todes ist von der Stadt gewichen. Die Straßen sind gereinigt. Notdürftig haben Bulldozer der amerikanischen Armee die Hauptfahrwege freigeschoben.

Aber wo äußerlich die Lage nach Beendigung der Kampfhandlungen gelöster erscheinen mag und die erste Ordnung wiederkehrt, haben sich innerlich, stimmungsmäßig, die Dinge seit dem vergangenen November verhärtet. Oberbefehlshaber Eisenhower hat bekräftigt, daß die Amerikaner nicht als Wohltäter, sondern als Eroberer gekommen seien [6]).

Leutnant Klieforth, der zuletzt beim Sitz von Shaef in Paris eingesetzt war, ist nun damit beschäftigt, im bereits eroberten Teil des Rheinlandes geeignete Persönlichkeiten für die deutsche Nachkriegsverwaltung aufzuspüren. Unter anderem hat er den Auftrag, Konrad Adenauer zu finden, der als Nummer 1

6) „We come as conquerors!"

auf der (weißen) „Unbedenklichkeitsliste" der Alliierten im eroberten Deutschland steht. Adenauer findet er jedoch nicht [7]. Erst später, im Mai, sehen die beiden Nachbarn sich wieder. Dem Leutnant Klieforth, der seinem früheren Nachbarn Dr. Adenauer von der vergeblichen Suche berichtet, erklärt der alte und neue Oberbürgermeister Kölns verschmitzt: „Siehst du, Alexander, da bin ich dir noch einmal schön zuvorgekommen!"

Aber Leutnant Klieforth hat andere Leute gesucht und gefunden. Köln ist eine einzige Steinwüste. Gegenüber, auf dem Deutzer Ufer, sind noch die Verteidiger der deutschen Wehrmacht. Alexander sucht auf der „amerikanischen" Seite Kölns nach alten Bekannten, um ihnen zu helfen. Viele von ihnen findet er als Flüchtlinge in Bad Godesberg wieder. Von einer der Familien hört er, daß eine gute Bekannte der Klieforths, eine Engländerin, die mit einem deutschen Juden verheiratet ist, noch in Köln in einem Keller hausen muß.

Der Mann der Frau war Rechtsanwalt gewesen, etwa sechzig Jahre alt, der seinen Beruf nicht mehr ausüben konnte. Denn nach der „Reichskristallnacht" [8] hatte er einen Schlag erlitten und war seitdem völlig gelähmt und hilflos. Alexander Klieforth, der den beiden helfen will, fährt also mit seinem Fahrer per Jeep zurück nach Köln.

Er findet das Ehepaar tatsächlich in einem Haus am Oberländer Ufer. Sie hausen im Keller, während im Parterre amerikanische Soldaten hocken, die mit einem Mörser die Deutschen auf dem gegenüberliegenden Ufer beschießen. Klieforth sorgt dafür, daß das alte Ehepaar

Adenauer sagt verschmitzt: „Siehst du, Alexander, ich bin dir zuvorgekommen!"

aus der Schußlinie gebracht wird. Sie erzählen ihm, daß sie eine wahre Odyssee hinter sich haben. Die Frau mußte jedesmal ein neues Haus für den hilflosen Mann und sich finden, wenn sie wieder einmal ausgebombt, aber glücklicherweise mit dem Leben davongekommen waren. Die beiden wurden übrigens

7) Er war aus dem Gefängnis in Brauweiler entlassen worden, hatte sich nach Rhöndorf zu seinem Haus am Zennigsweg 8a durchgeschlagen, von wo er am 17. März 1945 von zwei amerikanischen Offizieren abgeholt und nach Köln zum Kommandanten gebracht wurde. Ähnlich wie vorher Deutschlands erster Nachkriegs-Oberbürgermeister Franz Oppenhoff in Aachen besteht der 69jährige Adenauer auf Geheimhaltung seiner Ernennung, da er noch drei Söhne bei der Wehrmacht hat. Er erhält zunächst den Status eines Beraters. Vier Tage danach wird Oppenhoff in Aachen von einem Werwolfkommando ermordet, weil er ein „Verräter" sei!

8) In der Nacht vom 9. auf den 10. November 1938 wurden Synagogen angezündet, mehr als 7000 jüdische Geschäfte im Reichsgebiet zerstört und 91 Juden ermordet. Als Vorwand diente die Ermordung eines deutschen Diplomaten in Paris durch den Juden Herschel Grynszpan.

Köln ist eine Steinwüste. Alexander Klieforth findet die Familie am Oberländer Ufer. Gegenüber, von der Deutzer Seite, schießen noch die deutschen Verteidiger . . .

während der ganzen Kriegszeit von Einwohnern der Stadt versteckt [9]. Der letzte Aufenthalt der beiden am Oberländer Ufer war wohl auch ihr gefährlichster. Das Haus lag an einer Böschung und ganz klar im Schußfeld der Deutschen. Alexander besorgt den beiden eine Wohnung in einer sicheren Gegend. Die Engländerin bedankt sich überschwenglich bei ihm.

Was später aus den beiden wurde, das weiß der Gesandte Alexander Klieforth bis heute nicht . . .

Das Kriegsende, den 8. Mai 1945, erlebt Alexander A. Klieforth auf einer Reise nach Bad Orb. Er kommt aus Paris und ist gerade in Luxemburg, als die Nachricht von der Kapitulation der Deutschen kommt. Wegen der Feier verliert er einen ganzen Tag in Luxemburg. Und er hat natürlich keine Ahnung, daß er in Luxemburg in derselben Stadt mit einem Mann lebt, der mir 32 Jahre später die Geschichte erzählt, die just an jenem Tage spielt, an dem Alexander Klieforth in Luxemburg feiert . . .

*

Eine Nacht und einen vollen Tag hat Alexander Klieforth in Luxemburg verloren. Dann fährt er weiter nach Bad Orb. Dort wird Erziehungsarbeit betrieben — an Deutschen, die in der Militärregierung arbeiten sollen. Sie durchlaufen einen Zwei-Wochen-Kursus zur Vorbereitung auf ihre Tätigkeit im Dienste der Alliierten und der Deutschen. Während dieser zwei Wochen sollen sie getestet werden, ob sie geeignet sind: Das ist Klieforths Aufgabe.

Nach dieser Phase ist er kurz in London eingesetzt, dann geht's nach Washington, wo er als Leutnant aus dem Armeedienst ausscheidet.

---

9) Alexander Klieforth meint heute, der Anteil an Juden in Köln, Aachen und anderen grenznahen Städten sei mit Fortschreiten des Krieges leicht höher als in anderen Gebieten Deutschlands gewesen, da man von dort aus leichter habe fliehen können.

Alexander Klieforth sollte ihn 1945 für die Alliierten finden – neun Jahre später erhält Dr. Konrad Adenauer, Kanzler der Bundesrepublik, in Aachen den internationalen Karlspreis der Stadt Aachen. Bild: Begrüßung an der Rathaustreppe am Markt durch Oberstadtdirektor Dr. Albert Servais. Rechts neben Servais Aachens damaliger Oberbürgermeister Hermann Heusch.

Mister Alexander Klieforth ist jung verheiratet, ein Kind ist unterwegs – und es ist Frieden!

Beim späteren amerikanischen Außenminister Christian Herter nimmt er an einem Kurs über Verwaltung und internationale Politik teil. Dann wird er dort als Dozent Fakultätsmitglied. Im Koreakrieg 10) dient Klieforth bei der Luftwaffe und bringt es bei der „Airforce Intelligence" 11) bis zum Major.

Danach tritt er wie sein Vater in den auswärtigen Dienst der Vereinigten Staaten ein. Zunächst in Washington eingesetzt, kommt er 1958 nach Berlin, wo er bis zum Juni 1961 als Intendant des Senders „Rias Berlin" 12) arbeitet. Die nächsten Stationen des Berufsdiplomaten sind Washington, Rom, Djakarte und Bonn, wohin er Ende Juni 1975 kommt. Seitdem ist er ununterbrochen in der Bundesrepublik.

Alexander Klieforth hat zwei Söhne – der ältere, Alexander, lehrt Ma-

10) Am 25. Juni 1950 fielen die Nordkoreaner in Südkorea ein, dem die Vereinten Nationen militärische Hilfe gewährten (16 Staaten unter amerikanischem Oberbefehl). Im Waffenstillstand von Panmunjon wird am 27. Juli 1953 die stabilisierte Front am 38. Breitengrad mit geringfügigen Änderungen als Demarkationslinie festgelegt.

11) Militärischer Abschirmdienst der Luftwaffe.

12) RIAS ist die Abkürzung für „Rundfunk im amerikanischen Sektor" Berlins.

31 Jahre danach ist er wieder im Rheinland: Alexander A. Klieforth (links), damals als Leutnant der US-Armee unterwegs, heute an der Bonner Botschaft der Vereinigten Staaten im Range eines Gesandten und Botschaftsrates für öffentliche Angelegenheiten (Information).

„Als ich das Gebäude verlasse, fährt vor dem Eingang ein schwarzer, blankpolierter amerikanischer Schlitten vor" . . . : Die amerikanische Botschaft in Bonn.

thematik in Virginia. Der jüngere Sohn hat als Freiwilliger in Vietnam gedient und dann seine Studien in Wisconsin beendet. Das war im Sommer 1975. Seitdem ist dieser Sohn in der amerikanischen Postverwaltung tätig.

Was denkt Alexander Klieforth heute über die Zeit von damals? Was ist seine Bilanz? Das frage ich ihn am Ende unseres Gespräches, während es draußen bereits dunkel ist.

Seine Antwort ist geprägt von jenem Erlebnis mit der Jüdin und dem SA-Mann in Berlin auf dem Ku-Damm, seinem Aufenthalt in Deutschland Ende der dreißiger Jahre sowie seinen Lehrjahren bei Christian Herter [13]. Klieforth: „Die Ausrede der Deutschen ‚Wir haben es nicht gewußt' kann ich heute kaum gelten lassen. Schon 1938 hatte ich keine Illusionen mehr. Daß es so knüppeldick kommen würde, habe ich allerdings nicht gedacht." Und die Nachkriegspolitik der Amerikaner im besetzten Deutschland?

„Unsere Politik ist im großen und ganzen gelungen, vor allem, was den Wiederaufbau und die Starthilfe für die deutschen Gebiete unter der Verwaltung der westlichen Alliierten angeht."

*

Als ich wieder draußen vor der Botschaft bin, fährt gerade ein schwarzer, blankpolierter amerikanischer „Schlitten" mit dem Sternenbanner im Stander vor. Der grüne deutsche Polizeipanzer, zur Bewachung vor der Botschaft geparkt, verschwindet rasselnd im Dunkel des Abends . . .

13) Christian Herter war derjenige, der den Marshallplan zum Wiederaufbau Deutschlands durch das Parlament brachte. Marshall erhielt unter anderem wegen dieses Wiederaufbauprogramms den Internationalen Karlspreis der Stadt Aachen.

Johanna und Ludwig Nümbrecht, Aachen

4

Wer zum Schweigen gebracht wird, verstummt nimmer.
(Elazar Benyoetz, israelischer Schriftsteller)

Zurück, zurück, die Russen sind da!

Was ein Rentnerehepaar erzählen kann – „Vor ein paar Jahren war ich klinisch tot!" – 350 alliierte Flugzeuge am Himmel über Aachen – Tiefflugangriff nach der Sonntagsmesse – Nachts hält der Zug am Kloster Corvey – Ein Veloursnut kommt „unters Fußvolk" – 250 000 Butterbrote und die erfrorenen Säuglinge in den Güterzügen – Panzer pflügen querfeldein – Nicht ein Körnchen Salz ist mehr im Ort – Mit jagender Lunge flüchtet Johanna vor den Russen ins Dorf – „Urr, Urri!" fordern die Kosaken – „Siebenmal", flüstert die Bauersfrau – Der Mann mit dem Wassereimer – Vergewaltigte Frauen und ihr Schicksal – Die Töchter von der Bäckersfrau und die Kosaken – Aachener ziehen als „Holländer" in Richtung Westen – Der jüngste Sohn bricht zusammen – Flucht in den Harz und Heimkehr nach Aachen – Die Übernachtung im Kohlenzug – Der Bombentrichter, der nie leer wurde . . .

11. Dezember 1976. Der erste Schnee ist gefallen. Am Tag zuvor hat Bundeskanzler Helmut Schmidt den Aufschub der Rentenerhöhung zurückgenommen – jetzt sollen die Renten dennoch ab 1. Juli 1977 um zehn Prozent erhöht werden.
Die Eheleute Johanna und Ludwig Nümbrecht, 72 und 73 Jahre alt, sind trotzdem aufgeregt wegen des Gezerres um die Renten. Das Haus, in dem sie wohnen, steht nicht weit von der Bahnlinie nach Belgien. Die Einrichtung ist gutbürgerlich. An den Wänden Fotos von den Kindern. Die beiden Söhne sind als Studienrat und als Kaufmann tätig.
„Ich war vor ein paar Jahren schon einmal klinisch tot – Herzversagen!" berichtet der Mann unvermittelt. Und die Frau sagt: „Damals habe ich ein Gelübde getan, deshalb muß ich Ihnen unsere Geschichte

Die Straße war durch eine Bombe unterbrochen: Turmstraße/Ecke Melatener Straße. Kreuz und Bildeinsatz: Der Bunkereingang am „Langen Turm".

Eine Bombe hat das Haus glatt in der Mitte geteilt. Links (ohne Erker): Turmstraße 188 in Aachen.

erzählen!" Ludwig Nümbrecht macht eine Handbewegung, die das Wohnzimmer scharf in zwei Teile trennt: „1944 war das Haus nur noch bis hierher da, glatt halbiert! Auch die Straße endete hier. Gegenüber, 25 Meter unter der Erde, ist der Bunker unter dem ‚Langen Turm'. Da saßen viele Leute. Und da, wo heute noch der Bunkereingang in der Turmstraße halb sichtbar ist, flog eine Fliegerbombe mitten auf die Straße!"
Das war am 25. Mai 1944, nachts etwa gegen ein Uhr . . .

*

Ludwig Nümbrecht ist damals Lehrer an den gewerblichen Schulen in Aachen gewesen. Wegen seiner Herzmuskelschwäche ist er als Soldat nicht tauglich. Seine Frau — die beiden haben vor zehn Jahren, 1934, geheiratet — ist mit den Söhnen Heinrich (8) und Rudolf (5) im Frühjahr nach Rurberg in der Eifel ausgewichen. Am 25. Mai 1944 greifen etwa 350 Flugzeuge die Stadt Aachen an und bombardieren unter anderem auch den Westbahnhof. In der Stadt gibt es 198 Tote. 156 Personen werden verletzt [1].
Die Bomben, die dem Westbahnhof gelten, zerstören auch die Vorburg des Ponttors und die Wohnung der Nümbrechts in der Turmstraße. Von nun an muß Ludwig Nümbrecht zum Wochenende nach Rurberg fahren, da er in der Wohnung in Aachen nicht mehr übernachten kann.
Das Häuschen, in das die Familie sich geflüchtet hat, steht bei Paulushof. In der Nähe ist auch Franz Monheim in seinem Rurberger Haus am

[1] Bernhard Poll, Geschichte Aachens in Daten, notiert für diesen Angriff 2933 Spreng-, 3100 Brand- und 480 Phosphorbrandbomben.

Obersee. Auch er ist vor den Bomben in Aachen ausgewichen. Vierzehn Tage nach dem Angriff auf Aachen bleibt Ludwig Nümbrecht ganz in Rurberg. Bald werden sie weiter evakuiert, nach Gemünd. Dort wird die Bevölkerung an einem Sonntagmorgen, die Messe ist gerade zu Ende, von den Tieffliegern überrascht.

Die Flugzeuge werfen Bomben ab und schießen über die Menge hinweg. Etliche Häuser werden beschädigt. Die Wohnungen werden knapper, die Evakuierten müssen weiterziehen.

In Mechernich sollen sie in den Evakuierungszug einsteigen, aber am Bahnhof gibt es eine Verzögerung. Acht Munitionszüge sind eingelaufen und müssen erst entladen werden. Die Flüchtlinge haben Angst — wenn jetzt ein Flugzeug kommt und wirft eine Bombe, dann ist alles vorbei! Die Wartezeit wird schließlich in der Schule überbrückt. Auf Stroh übernachten die evakuierten „Reisenden". Ludwig Nümbrecht gefällt die Unterkunft nicht: „Hier ist doch kein Stall!"

Er beginnt ein wenig Stubendienst zu machen. Lebhaft erinnert er sich an den Ausspruch einer alten Dame, einer Aachenerin. Deren Tochter möchte mithelfen. Aber die Mutter sagt zu dem Kind: „Loss et liejen, dat maaht alles dr Heär!"

Nümbrecht: „Ich hab gesagt: ‚Dr Heär, dä bloost üüch jet!'

Endlich können sie den Zug besteigen. Es sind Abteile zweiter Klasse, und sie haben reichlich Platz. In der Nacht fährt der Transport los — nach Norden. Einmal wird unterwegs gehalten. Ludwig Nümbrecht ist wach. Er erkennt das Kloster Corvey. Dann zieht der Zug wieder an und rollt hinein in die düstere Nacht.

*

Am nächsten Morgen ist der Zug in Halle an der Saale. Auf dem Bahnhof ist ziemliches Gedränge. Ludwig Nümbrecht ist vorwitzig. Er schaut aus dem Fenster, beugt sich zu weit vor — da ist sein guter Velourshut schon heruntergefallen: „Unters Fußvolk — der war futt!"

Die nächste Bahnstation ist Zwintschöna. Ludwig Nümbrecht, seine Frau und die Kinder werden im kleinen Ort Dieskau bei einem Gendarmeriemeister im Ruhestand aufgenommen. Nümbrecht hilft dem Bürgermeister des Ortes, Herrn von Bülow, einem Rittergutsbesitzer, bei der Verteilung von Lebensmittelkarten und anderen Organisationsarbeiten für die Evakuierten.

Nach einiger Zeit kommt die Verfügung, wo Ludwig Nümbrecht sich melden soll: In Bad Liebenwerda. Dort wird er als Leiter der gewerblichen Metallabteilung an der Kreisberufsschule Liebenwerda-Elsterwerda eingesetzt. Sein Kollege Dr. Speer, Diplomhandelslehrer, übernimmt dort die kaufmännische Abteilung. Es ist eine relativ ruhige Zeit. Ludwig Nümbrecht werden die Evakuierten aus Aachen anvertraut, da er sich mit ihnen ja besser unterhalten kann und ihre Nöte gut versteht. Er erinnert sich:

„Teilweise war es schwierig, mit den Leuten fertig zu werden. Zum Beispiel kam einmal ein Wirt zu mir, der beschwerte sich, daß in seiner Gaststube ein Ledersofa zerschnitten worden sei. Das hatten die Kinder getan, und ich mußte zu den Eltern. Ich sagte: Leute, wie kam denn das? — Ja, sagten die, wir sind ja Evakuierte, wir kommen aus dem Westen. Ich sage, ja, das ist alles

gut und wohl, aber wo kommen Sie denn her? – Aus Aachen. – Wo wohnen Sie denn zufällig? – Dat kennt ür ja doch nich! – Sagen Sie mir doch einmal, wo Sie wohnen! – In der Steinkaulstraße! –
Ersetzen konnten die den Schaden natürlich nicht . . .“
Auch ist eine Frau aus Würselen dort einquartiert, die beide Beine verloren hat. Man hat ihr in der zweiten Etage eine Wohnung zugewiesen. Gegen die Widerstände der Bewohner der Zimmer zu ebener Erde quartiert Nümbrecht die Leute um.

*

Mittlerweile rückt die Front näher. Der Eisenbahnknotenpunkt Elsterwerda, auf der Strecke zwischen Berlin und Dresden gelegen, wird als Durchgangsbahnhof immer wichtiger. Ludwig Nümbrechts nächste Aufgabe ist hier die Betreuung der Flüchtlinge aus dem Osten auf dem Bahnhof. Der Winter 1944 ist bitter kalt. Die Menschen kommen auf großen, offenen Kohlenwaggons an. Jede Nacht ist Nümbrecht unterwegs. Einmal schreibt er bei der Abrechnung in die Tabelle: 250 000 Butterbrote . . . Getränke werden Hektoliterweise gezählt. Oft genug müssen die Männer im Januar 1945 die toten Säuglinge aus den Waggons holen, die unterwegs erfroren sind. Sie fahren sie auf einer Karre weg – so, daß die Evakuierten möglichst wenig davon sehen. Am Bahnhof ist auch ein kleines Lazarett eingerichtet. In einer Turnhalle können die Leute außerdem für eine Nacht lang auf Stroh schlafen.
Der Landrat hat Nümbrecht und die anderen Beamten vergattert: „Meine Herren, wir sind alle Beamte. Sie warten, bis ich den Befehl gebe, Schluß zu machen!“ Es stellt sich aber heraus, daß dies bei weitem zu spät ist, als die Nachricht endlich kommt . . .
Zusammen bricht die Familie auf: Der Vater auf einem Herrenrad mit einem Sitzkörbchen für den fünfjährigen Rudolf vorn, die Mutter auf einem Damenrad. Heinrich, der Achtjährige, hat ein eigenes Kinderrad. Vater Nümbrecht hat hinter seinem Rad außerdem noch ein selbstgebautes Wägelchen, auf dem er das Gepäck mitführt. Das Wägelchen ist zum Zusammenlegen. Sie hatten es früher immer nach Rurberg mitgenommen.
Frau Schneiders, bei der sie wohnen, ist sehr nett. Sie will ihnen noch einen kleinen Heuwagen mitgeben. Aber Vater Nümbrecht lehnt ab. Das wäre doch nur Ballast. Auch so geht die Fahrt beschwerlich genug. Es geht in Richtung Mühlberg an der Elbe.
Unterwegs werden die Kinder müde, sie können nicht mehr weiter. Auf den Straßen und Wegen herrscht ein fürchterliches Durcheinander: Soldaten, Zivilisten, Autos, Pferdefuhrwerke, Handkarren, Militärlastwagen – alles drängt sich. Rechts und links der Straße pflügen die Panzer quer durch die Felder, um schneller voran zu kommen. Flucht, nichts als Flucht!
In Nauwalde, geht's nicht weiter. Spätnachmittags dürfen sie in einem Bauernhof unterkommen. Reis erhalten sie reichlich von den Leuten, aber nicht ein Körnchen Salz ist mehr im Ort . . . Dann legen sie sich alle schlafen.
Mitten in der Nacht werden die Eltern wach. Auch die Kinder schlafen nicht sehr tief. Die Familie beschließt, nach den Stunden der Ruhe jetzt zu versuchen, ob man auf

Mit Karren, Rädern und Wagen: Flucht vor den Russen in Ostdeutschland, Ende April 1945. Auch Familie Nümbrecht ist unterwegs – mit Fahrrädern. Bild: In Wurzen, Nähe Leipzig.

den Straßen nicht besser vorwärts kommt als tagüber. Diese Nacht noch soll es über die Elbe gehen!

Leise, um die anderen nicht zu stören, verlassen sie den Bauernhof. Die Fahrt geht wieder hinein ins Dunkel der Nacht und in die Ungewißheit. Sie sind noch nicht allzu weit vom Dorf entfernt, das im dichten Nebel längst verschwunden ist, da bleiben sie unschlüssig an einer Weggabelung stehen. Welcher der beiden mag wohl der richtige Weg zur Elbe, zum rettenden jenseitigen Ufer sein?
„Still!", sagt Johanna Nümbrecht, „ich glaube, da kommt wieder ein Treck!" – „Ja, bestimmt", sagt auch der älteste Junge, „ich höre Pferdegetrappel und die Stimmen von Menschen!" Dann hört man die Schritte, Pferdehufe und das Knarren der Räder. Allmählich schält sich auch der Zug der Wagen in seinen Umrissen aus Nacht und Nebel heraus.
Es ist ein Treck wie so viele in diesen Apriltagen des Jahres 1945. Undeutlich erkennt man schon die Bespannung der Planwagen. Also sind sie auf dem richtigen Weg!
Die Familie fährt weiter, ohne noch an der Weggabelung zu zögern. Im nächsten kleinen Dorf hängen überall in den Fenstern schon die weißen Fahnen, gespenstisch hell im Dunkel der Nacht. Das Rathaus ist sogar von einem großen ausgehängten Bettuch in der ersten Etage überdeckt. Ludwig Nümbrecht ist besorgt: „Das ist das sichere Zeichen, daß die Russen nicht mehr weit sind!" Also will man sich lieber doch bei dem Treck erkundigen, wie weit es noch bis zur Elbe ist.

*

Johanna Nümbrecht fährt allein zurück, den Planwagen entgegen, die

Geflüchtet nach Rurberg: Das Ehepaar Nümbrecht mit Sohn Rudolf (nach dem Krieg) im Wochenendhäuschen in der Eifel.

Heinrich (8) fährt bei der Flucht aus dem Osten mit einem eigenen Kinderrädchen.

nicht so schnell wie die Fahrräder vorwärts kommen. Der Vater bleibt mit den Kindern im Dorf. Endlich ist sie bei den ersten Wagen. Sie spricht irgend jemanden an: „Verzeihen Sie – ist das der Weg nach Mühlberg an der Elbe?"

Keine Antwort. Große, unheimliche Augen starren sie drohend und finster an. Dann folgen fremde Laute, die sie nie gehört hat, die sie nicht verstehen kann. Wie ein elektrischer Schlag durchzuckt sie die Erkenntnis! Das sind die Russen! Es ist gar kein Flüchtlingstreck!

Sie stürzt rückwärts in das Dunkel, fällt, rappelt sich hoch, betastet ihren linken Arm. Nein, sie ist nicht verwundet, also weg von hier, hinein in die schützende Dunkelheit! Pistolenschüsse! Rufe! Aber man sieht die Russen nicht mehr. Mit jagender Lunge kommt sie in das kleine Dorf, wo die übrigen warten. Atemlos ruft sie den Ihren zu: „Zurück, zurück, die Russen sind da!"

Noch im Schutz der Nacht kehren sie auf den Bauernhof zurück, von dem sie nach der kurzen Abendruhe aufgebrochen waren.

Auf dem Hof ist alles durcheinandergeworfen. Die Bäuerin ringt die Hände: „Die Russen haben uns alles durcheinandergeschmissen, mitten in die Stube hinein: Reis, Gerste, Mehl, Schuhe, Kleider. Und dann darüber trampeln mit den schweren Stiefeln!" Sie ist dem Weinen nahe. „Das werden die Unseren wohl auch so gemacht haben", meint ruhig und sachlich der Bauer. Wenn sie alle zusammenbleiben, so besprechen die Erwachsenen, dann kann ihnen wohl am wenigsten passieren. Sie wollen sich in der Milchküche ein Strohlager für die folgende Nacht zubereiten! – Gesagt, getan. Der Bauer und sein sechzehnjähriger Sohn holen das Stroh für die Gruppe zusammen: Zwei Frauen, zwei Männer und die drei Kinder.

*

Als es richtig hell ist, kommen die Kosaken auf ihren kleinen flinken Pferdchen, setzen über ein niedriges Gitter und reiten in den Hof. „Urr, Urri!" sagen sie in heiserem Tonfall und deuten dabei auf die goldene Armbanduhr von Johanna Nümbrecht. Freiwillig gibt sie das Andenken her.
Dann kippen die Soldaten die Ledertasche aus: Diamantenringe, Gold, Brillanten – alles nehmen sie mit. Draußen auf dem Hof hört sie das harte Lachen und Gröhlen der Soldaten. Die Vorwürfe macht sie sich selber. Wie konnte sie auch so leichtsinnig sein und die kostbaren Erbstücke in ihrer Handtasche tragen?

Schlimmer noch sind die Sorgen, die sie sich macht: Sie sind von den Russen umzingelt. Der „Treck" war nichts anderes als ein langer Zug von Fahrzeugen, die den Kessel verschließen sollten, den Weg zur Elbe sperren . . . Und sie alle sind nicht eines einzigen Wortes der fremden Sprache mächtig! Sie, die sie nach den furchtbaren Bombennächten in Aachen gehofft hatten, hier etwas Ruhe zu finden, sind in eine noch schlimmere Lage geraten!
Sie hat nicht lange Zeit für die Selbstvorwürfe. Denn draußen sind wieder Stiefelschritte zu hören. Durch das kleine Fenster erspäht sie drei Männer. Diesmal, so scheint es, sind es zwei Russen und ein Pole.

Man hört es an dem Wort „Uhr", das der Pole im Gegensatz zu den Russen ganz deutlich aussprechen kann. Dann stehen die Soldaten ihr gegenüber, und mit Entsetzen vernimmt sie klar und deutlich die Worte: „Wenn du in halbe Stunde keine Uhr, dann . . ."
Der Russe deutet jetzt mit dem Gewehr auf sie. Dann ergänzt der Pole langsam und deutlich das eine noch fehlende Wort: „erschossen!"
„Er-schos-sen?"
Verzweifelt, mit hängenden Schultern, schleppt sie sich zum Bauern, bei dem sie das Gastrecht genießen: „Wenn ich nicht innerhalb einer halben Stunde eine Uhr habe, dann werde ich erschossen!" – Der Bauer schüttelt traurig den Kopf. „Im ganzen Ort gibt es keine Uhr mehr! Ich habe Russen gesehen, die vier oder fünf übereinander am Arm trugen. Haben Sie denn sonst nichts mehr?" – „Nein, ich habe alles den Russen geben müssen!"
Resigniert geht sie zurück. Verzweifelt überlegen sie, bis sich der kleine Heinrich erinnert: „Mama, du hast doch Vaters Siegelring in meinen Mantel eingenäht!" Das hatte sie ganz vergessen. In fieberhafter Eile wird eine Schere geholt. Gott sei Dank, der Ring ist noch da! Bald kommen die Russen in Begleitung des Polen tatsächlich zurück. Das Gewehr wird auf sie gerichtet: „Urr!" Sie zeigt den Siegelring. „Noch viel besser – wertvoller!" preist sie den Siegelring an.

Ihre Hände zittern. Der Russe schüttelt nur den Kopf: „Urr!" Trotzdem läßt sie den Ring in der Sonne funkeln.
Mit einem Mal sieht sie, wie der Pole das kostbare Erbstück wohlgefällig betrachtet. Spontan steckt sie es dem Russen, der das Gewehr auf sie richtet, an den kleinen Finger seiner plumpen, schweren Hand.
Er paßt!

Johanna Nümbrecht damals. Dieses Bild von ihr hängt während ihrer Evakuierung nach Ostdeutschland in Aachen. Als sie zurückkommt, stecken rings um das Bild „Liebesbriefchen" in englischer Sprache — von den in Aachen eingesetzten amerikanischen Soldaten, die in die Wohnung der Nümbrechts kamen.

Endlich, es fällt ihr wie ein Stein vom Herzen, ziehen die Soldaten ab. Wie lange wird es wohl dauern, bis die nächsten kommen?

*

Gegen Mittag fährt ein Panzer auf den Bauernhof. Er bleibt da. Ludwig Nümbrecht hat seine Papiere in der Milchküche unter dem Stroh versteckt. Dort schlafen sie alle zusammen. Als es Abend wird, betten die sieben Personen sich auf dem Strohlager. Johanna Nümbrecht hat sich vorher das Gesicht mit Asche geschwärzt, um sich häßlich zu machen. Verwundert fragt der ältere der beiden Söhne: „Mutter, wie siehst du denn aus?"
Sie antwortet: „Wie die scheußlichste Frau der Welt! Und ich werde auch noch versuchen, das Humpeln zu lernen!" In der Nacht werden sie wach. Ängstlich hören sie die Schreie der vergewaltigten Frauen. Schlaf können sie nicht mehr finden. Johanna Nümbrecht ist wie gelähmt von den Aufregungen des Tages und den sich überstürzenden Ereignissen.

Dann plötzlich hört sie ein Poltern. Draußen sind Stiefelschritte zu hören. Lärmen. Dann donnert es gegen die Türe. Lauter Krach, ein Stuhl oder ein Tischchen werden gegen die Türe geschlagen, immer wieder. Bald gibt das leichte Türschloß nach. Die Türe wird eingestoßen.

Im Raum stehen drei russische Soldaten, richten die Gewehre auf die Gruppe. Die Reihe wird mit einer Stallaterne abgeleuchtet. Johanna Nümbrecht macht ein böses, finsteres Gesicht, ballt die Fäuste unter der Decke, zieht den weiten Umhang noch fester zu. Es ist still, nur ein paar Sekunden lang, aber es scheint ihr eine unheimliche, graue Ewigkeit zu sein.

Dann packen zwei Soldaten die Bauersfrau, schleifen sie mit sich in eine dunkle Ecke. Der dritte Soldat pflanzt sich mit dem Gewehr vor dem Bauern auf. „Was machen die mit der Frau?" fragt der Heinrich ängstlich, „machen die die tot?"

Eine Antwort erhält er nicht. Dafür brennt sich das Geschrei der vergewaltigten Frau in das Gedächtnis der anwesenden Leute ein. „Schießt mich tot! Schießt mich tot!" ruft sie immer wieder. Die Russen mit dem Gewehr vor dem wehrlosen Bauern wechseln sich ab.

Nach einer Weile wimmert sie nur noch still vor sich hin. Als die Soldaten von ihr ablassen und den Raum verlassen haben, kriecht sie wieder zu den anderen zurück. Ludwig Nümbrecht hört, wie der Bauer

etwas fragt, was er nicht verstehen kann.
Aber er hört die halblaut gesagte Antwort der Frau: „Siebenmal".

Die Minuten verrinnen. Draußen im Dorf hört man hin und wieder immer noch schreiende Frauen. Es mag eine halbe Stunde vergangen sein, da sind wieder Soldaten an der Türe. Diesmal sind es zwei — ein älterer Russe und ein ganz junger, achtzehn bis zwanzig Jahre alt. Sie haben Taschenlampen bei sich.

Auf Johanna Nümbrecht bleibt das Licht der Lampe stehen.

„Frau chomm!"

Entsetzen packt Johanna Nümbrecht. Sie zittert am ganzen Körper. Sie fängt an zu schreien. Erschreckt klammern sich die Kinder an sie und beginnen zu weinen. Verzweifelt greift sie in die Kleider, ob nicht doch noch irgendwo ein Ring oder ein Schmuckstück durch Zufall zurückgeblieben ist — nichts!

Sie bettelt um Gnade, weint. In Sekundenbruchteilen flitzt ihr ganzes Leben an ihrem geistigen Auge vorbei. Da taucht plötzlich auch aus der Erinnerung die ehrwürdige Vorsteherin des Schweizer Pensionats in schwarzem Kleid und Silberhaar vor ihr auf:

„Wenn ihr jemals im späteren Leben in große Not geraten solltet, aus der es kein Entrinnen gibt und kein Mensch helfen kann, so haltet euch am Ende an Gott! — Er allein vermag es."

Die Kinder weinen immer lauter. Die Gruppe ist wie gebannt. Einer starrt auf den anderen. Die Russen auf die Deutschen, die Deutschen auf die Russen. Dann herrscht plötzlich wie auf ein Kommando eine tiefe, unheimliche Stille.

Dann sagt der ältere Russe etwas zu dem jüngeren. Es klingt wie „asto" [2].

Die Hand, die die ihre so eisern umklammert hat, lockert sich. Die beiden wenden sich, drehen sich noch einmal um und gehen still hinaus! Wie gebannt bleibt die Gruppe auf dem Stohlager zurück. Nur langsam löst sich die Starre. Sie sind gerettet — aber wiederum: Für wie lange?

*

Erst viel später werden sie erfahren, was noch alles in jener Nacht im Dorf passiert ist: Hilde B., eine junge Frau mit ihrem Kind, Nachbarn von den Nümbrechts in der Turmstraße in Aachen, hat sich mit ihrem Kind das Leben genommen, bevor die Soldaten sie vergewaltigen können. Weinend irrt die alte Mutter der Frau umher. Ingeborg S., eine junge Schauspielerin aus dem Bekanntenkreis, wurde in Gegenwart ihres Vaters geschändet. Der arme Mann starb während des schrecklichen Geschehens. Das Mädchen ist danach nie wieder aufgetreten . . . Ein anderes junges Mädchen aus dem Bekanntenkreis war ebenfalls vergewaltigt worden und bekam später ein Kind. Nach der Rückkehr in Aachen tat sie und taten ihre Eltern so, als sei es ein angenommenes Flüchtlingskind. Schließlich gab sie es weg, „weil man nicht weiß, was aus so einem angenommenen Kind einmal wird" — es war ihr eigenes, der Vater war ein russischer Soldat.

*

Beim ersten Morgengrauen, früh um halb acht, brechen sie auf. Überall im Dorf entdecken sie hinter die Hecken geduckt die Gesich-

---

[2]) Sie erkundigen sich später. Es muß soviel wie „Laß sie" geheißen haben.

ter verängstigter Menschen. Wenn man vorbeikommt, tauchen die Gestalten ganz weg. Hinter einem Gartentor eine verzweifelte Mutter: „Meine Kinder . . ." Panzer stehen auf den Bauernhöfen.

Ludwig Nümbrecht sagt: „Heute gehen wir über die Elbe, durch die Elbe – oder aber in die Elbe! Wir müssen endlich an den Fluß kommen!"

Aber je heller es wird, desto mehr russische Truppen sehen sie. Es wird ihnen angst und bange. „Wie sollen wir jemals da durchkommen?!" Auf der Landstraße werden sie, sooft ein Armeefahrzeug oder ein Lastwagen vorbeikommt, geschlagen und getreten, so gut es den aufsitzenden Soldaten nur gelingen will. Und querfeldein können sie nicht fahren, da sie dann mit den Rädern nicht vorwärts kommen.

Andere Lastwagen richten absichtlich das Steuer auf die kleine Flüchtlingsgruppe, so, als wollten sie die Familie totfahren. Dann springen sie in die Felder oder in den Straßengraben. Bei einer Rast sitzt sie etwas abseits von den anderen. Sie betet. 32 Jahre später zittert sie noch, während sie dem Tonband die folgende Schilderung des Vorfalles bei dieser Ruhepause anvertraut:

„Ich dachte: Wie soll das nur gutgehen? Ich betete heiß zum Himmel, ich schrie innerlich zum Himmel, und die Hilfe kam! Ich hörte eine ruhige, feste, klare Stimme, es war eine weibliche, die mir sagte: ‚Der Mann mit den zwei Wassereimern.' Mehr nicht."

Sie ziehen weiter. Den anderen erzählt sie nichts. Sie kommen in den kleinen Ort Gröditz. Das Gepäck, das ihnen noch vor wenigen Tagen als so wertvoll erschienen ist, scheint jetzt wieder ein tonnenschwerer, unerträglicher Ballast. Sie wollen Sachen unterstellen oder einfach hier zurücklassen und gehen in einen der Höfe, der von außen her ruhig aussieht. Drinnen empfängt sie das Grölen der Russen! Entsetzt weichen sie zurück.

Als sie wieder auf der Straße sind, sehen sie einen schlanken, etwa dreißig Jahre alten Mann auf der Straße. Er trägt Holzpantinen, schaut unbesorgt in ihre Richtung und geht zur Plumpe [3].

Er trägt zwei Wassereimer!

Es ist „der Mann mit den zwei Wassereimern", der Johanna angekündigt war! Sie geht auf ihn zu und spricht ihn an:

„Würden Sie so freundlich sein, mir einige Sachen unterzustellen, die uns zu schwer geworden sind?" Der Fremde stellt die beiden Eimer hin. Und er antwortet: „Ja, die Russen holen alles fort, wie immer – die Sieger den Besiegten." Johanna Nümbrecht nickt mit dem Kopf. „Das wäre dann auch noch egal." Immerhin fragt der Fremde interessiert, wo sie denn hinwollen.

Als er hört, daß es über die Elbe gehen soll, rät er ihnen ab: „Dann laufen Sie den Russen ja direkt in die Arme hinein!" Und er bietet ihnen an, doch bei ihm zu bleiben, denn „bei mir passiert Ihnen nischt, gar nischt", betont er in sächsischem Dialekt. Er heißt Käseberg.

Sie hätten, so sagt Herr Käseberg, selbst drei Kinder. Die beiden Jungen der Nümbrechts könnten ja mit denen zusammen schlafen, und die Eltern Nümbrecht auf dem Sofa.

„Bei meiner Mutter da unten" – er deutet auf ein kleines Siedlungs-

3) Dialekt der Gegend für „Pumpe".

Die Russen sind an der Elbe: Pontonbrücke der Roten Armee. Auf dem Schild links steht: „Fluß Elbe". Bei Torgau trafen sich die Amerikaner und Sowjets und zerschnitten Deutschland in zwei Teile.

häuschen – „ist ein russischer Major in Quartier. Es ist die letzte Nacht nischt passiert, gar nischt!" Das letzte Wort betont er noch einmal ganz besonders.

Sie wissen, was damit gemeint ist . .

Als die Nümbrechts sich notdürftig einquartiert haben, erzählt er ihnen, warum er so gut mit den Russen zurechtkommt. „Sehen Sie", meint er, „ich bin immer gut zu den russischen Gefangenen in unserem Werk gewesen. Manches Brotkärtchen habe ich ihnen zukommen lassen!"

Und dabei lehnt er sich behaglich in seinen Armsessel zurück, stopft sich ein Pfeifchen, und er schaut so zufrieden, als ob es keinen Krieg, keine Not und keinen Feind im Land gebe . . .

Gegen Mittag kommt zu dem Haus ein gutgekleideter Russe. Er sagt, er sei von den Lauchhammerwerken in Gröditz, einer kleineren Eisenhütte. „Du hast mir geholfen", sagt er zu dem Mann mit den Wassereimern, „jetzt helfe ich dir auch!" Und er erzählt, daß er eigentlich russischer Kommissar sei, aber zur Tarnung als Fremdarbeiter mit den übrigen Russen in das Werk gekommen sei.

Ludwig Nümbrecht fragt den Russen: „Können Sie uns nicht einen Schutzbrief ausstellen?" Der Russe erklärt sich sofort dazu bereit. In den Schutzbrief werden auch die Nümbrechts eingetragen. Außerdem verspricht der Kommissar, im Notfall immer herüberzukommen. Er hat nämlich Quartier im Hause nebenan bezogen.

Es dauert keine Stunde, da kommen ein russischer Soldat und ein Pole in das Haus. Das Rad von Johanna Nümbrecht haben sie bereits. Jetzt belästigen sie die Frau selbst. Sie schreit laut um Hilfe – und da kommt der Kommissar von nebenan auch schon gelaufen und herrscht die beiden an. In der Nacht, pünktlich um 2 Uhr, geht durch das Dorf ein Heulen und Schreien der überfallenen Frauen.

Aus Angst vor den Russen sich und die Familie getötet: Leipzigs Bürgermeister, seine Frau (in Rotkreuzuniform) und die Tochter (im Sessel). Im Rathaus von Leipzig, Ende April 1945, kurz vor Kriegsende.

Auch in das Haus der Nümbrechts kommen wieder Soldaten. Aber der Schutzbrief verfehlt seine Wirkung nicht. Auch in den nächsten Nächten haben sie Glück – dank des Schutzbriefes. Die Kinder schlafen bei den Kindern des Gastgebers, das Ehepaar Nümbrecht in der Küche auf dem Sofa. Johanna Nümbrecht hat unter dem Sofa ein Seil bereitgelegt, um im Notfall aus dem Fenster zu kommen – aber ob das wohl etwas retten würde?
Nach den ersten drei Nächten kommen zwei junge Mädchen von nebenan, um auch unter dem Schutz des Briefes zu stehen. Die beiden Neunzehnjährigen, hübsche Töchter der Bäckersfrau von nebenan, waren schon mit der Mutter an der Elbe gewesen, um zu flüchten, und dort von russischen Soldaten vergewaltigt worden.

An diesem vierten Abend kommen wieder Kosaken in das Haus in dem die Nümbrechts untergekommen sind. Die Mädchen, so schütteln die Soldaten nach dem Lesen des Schutzbriefes den Kopf, stehen nicht darauf! Sie werden weggeschleppt, nach unten, und dort von den Soldaten mißbraucht. Erst am Morgen kommen die beiden Mädchen zurück.
Trotzdem kommen die Bäckerstöchter auch an den nächsten Abenden Schutz bei ihnen suchen. Denn meistens hilft der Schutzbrief für sie alle zusammen.
Dann naht der 1. Mai des Jahres 1945. Die Nümbrechts machen sich große Sorgen, weil sie befürchten, die Kommunisten würden den 1. Mai besonders ausgelassen begehen, Alkohol trinken und wieder über die Bewohner herfallen. Des-

halb bitten sie noch einmal den russischen Kommissar, ihnen im Notfall beizustehen. Er verspricht es abermals.

Aber am 1. Mai rührt sich nichts. Dafür werden die Männer verpflichtet, für die Russen zu arbeiten. Nachdem Ludwig Nümbrecht einen Warmwasserbereiter und etliche Dinge repariert hat, ist er ein gefragter Mann. Der russische Kommandant sagt zu ihm: „Du gutt Mann, gutt Mann, morgen wiederkommen!“

Nümbrecht verneint und antwortet auf die Frage nach dem Grund: „Ich muß Nahrung besorgen. Wir haben nichts zu essen!“ Von diesem Tag an bekommt die Familie einen halben Eimer voll Suppe, meist Borschtsch, von den Russen aus dem Lager gestellt. Der Junge von Herrn Käseberg, ihrem Wirt, geht das Essen immer abholen. Und Ludwig Nümbrecht repariert dafür eifrig alle mechanischen Sachen bei den Russen, die ein Rad ganz wegwerfen, wenn nur ein Teil davon nicht in Ordnung ist.

Und wieder macht der russische Befehlshaber des Lagers Herrn Nümbrecht ein Angebot. Sie müßten bald nach Prag ziehen, und: „Du mit Prag, wird Prag!“ Nein, sagt Nümbrecht, das gehe nicht, denn er habe ja schließlich seine Kinder und die Frau bei sich. Das, so meint der Russe, sei doch gar kein Problem: „Oh, Prag, schöner Frau! Jünger Frau. Besser!“ Ludwig Nümbrecht denkt bei sich, daß es jetzt höchste Zeit wird, von hier fortzugehen . . .

*

Am nächsten Nachmittag sitzen die Eheleute Nümbrecht am Fenster, da sehen sie unten eine Gruppe von etwa fünfzehn Personen vorbeiziehen. Es sind Männer, Frauen und Kinder. Einer der Männer in der Mitte trägt die rot-weiß-blaue niederländische Fahne. Die Reifen der Räder sind sogar aufgepumpt *).

Und dann traut Ludwig Nümbrecht seinen Augen nicht! Zwei der Männer kennt er doch! Einer wohnt am Klosterplatz in Aachen, er hat ihn öfters dort gesehen. Und seine Frau, die sehr gut nähen kann und sich auf den Hinweis ihres Mannes hin die Fahne etwas genauer anschaut, erkennt jetzt auch, daß die aus verschiedenen Tuchstreifen zusammengesetzt ist. Männer, Frauen und Kinder tragen außerdem Kokarden in den niederländischen Nationalfarben. Die Aachener ziehen in Richtung Heimat — als Niederländer getarnt!

Da sagt Ludwig Nümbrecht zu seiner Frau: „Wir brauchen schwarz-gold-rot! Wenn die als Holländer gehen, dann ziehen wir eben als Belgier nach Hause!“ Gesagt, getan.

Johanna Nümbrecht näht die Kokarden, auch für die Kinder. Sie beide sprechen etwas Französisch und die Kinder bekommen eingetrichtert, daß sie den Mund halten müssen. Dann gehen sie alle zum Bürgermeister, um sich einen Passierschein ausstellen zu lassen.

Der weigert sich anfänglich und sagt, das dürfe er nicht. Aber dann tut er es doch, da die „Belgier“ ja darauf hinweisen, daß sie nach Hause ziehen wollen. Der Ort sei Raeren in Belgien, bei Aachen. In diesem Sinne wird dann auch ihr Passierschein ausgestellt. Ein russischer Offizier, bei dem die Mutter von ihrem Wirt Herrn Käseberg putzt, schreibt noch etwas in Rus-

*) Damals ließ man auch intakte Reifen ohne Luft, damit das Fahrrad nicht gestohlen werde.

Siegesfeier an der Elbe: Russische und amerikanische Soldaten tanzen mit weiblichen Angehörigen der Roten Armee am 27. April 1945, zwei Tage nach dem Zusammentreffen der beiden Streitkräfte in Torgau an der Elbe. Die Amerikaner sind Soldaten des V. Corps der 1. US-Infanteriedivision unter Generalmajor Clarence R. Huebner, der mit seinen Soldaten auch bei der Eroberung Aachens eingesetzt war.

sisch unten auf den Passierschein und fügt einen Stempel hinzu. Die Sache ist amtlich!

Dann ziehen sie mit ihren Rädern los. Ludwig Nümbrecht hat eine alte Karte bei sich, die er sich schon in Elsterwerda besorgt hatte. Den Kompaß hat er sich notdürftig zusammengebastelt. Einen Tag lang fahren sie. Dann gehen sie in Risa über die Elbe. Der Posten liest das Dokument und läßt sie anstandslos passieren. Auf der anderen Seite kommt ihnen eine blonde Frau entgegen, die sie freundlich grüßt: „Bonjour, les Belges!“

Sie erzählt, daß sie aus Brüssel sei und auf ihren Mann warte, einen Ingenieur. Sie sollten doch mit auf ihn warten, dann könnten sie alle gemeinsam zurück nach Brüssel gehen! Aber die Nümbrechts müssen weiter, und außerdem, so erklärt Ludwig: „Meine Frau ist Belgierin, sie stammt aus der Gegend von Eupen, ich selbst bin aus Aachen.“

Als sie müde von der Fahrt sind, klopfen sie an einem Bauernhof an und fragen, ob sie hier übernachten dürften. Sie dürfen – aber nur im Stall. Die Bäuerin sitzt gerade beim Nähen hinter der Nähmaschine. Und die Maschine rattert fürchterlich. Johanna Nümbrecht, die etwas von Nähmaschinen versteht, hat den Apparat kurz später mit wenigen Handgriffen so eingestellt, daß er leise und störungsfrei läuft.

Die Bäuerin ist begeistert: „So gut ist die Maschine ja noch nicht gelaufen!“ und als wenig später Ludwig Nümbrecht auch noch eine defekte Pumpe in Gang gesetzt hat, da bekommen sie von den Bauersleuten alles, was sie nur nötig haben: Ein richtiges Bett, Milch – und reichlich zu essen.

Am nächsten Tag ziehen sie weiter nach Westen. Unterwegs schließen sich ihnen zwei zweiundzwanzigjährige Flüchtlinge an, junge Frauen aus Köln, die ebenfalls nach Hause wollen. Gemeinsam kommen sie an die Mulde[4], um hier überzusetzen – jenseits ist die amerikanisch besetzte Zone! Ein Pole ist bereit, sie mit einem Nachen hinüber zu bringen, nachdem Ludwig Nümbrecht ihm fünfzig Mark gegeben hatte.

Die Mutter und die beiden Jungen sind gerade als erste jenseits am Ufer angekommen, da kommt ein zweispänniger Wagen an das diesseitige Ufer gefahren. Er stammt wohl aus einem Schloß, wie das Wappen an den Wagenseiten zeigt – aber auf dem Bock und im Inneren sitzen Russen! Unmißverständlich machen sie unter Zuhilfenahme der Gewehrläufe klar, was sie suchen: Die beiden Mädchen aus Köln werden in die Kutsche getrieben. Sie müssen mit! Ludwig Nümbrecht wird von den Russen nicht beachtet. Als er endlich übersetzt, gibt er voller Erleichterung dem Polen noch einmal zehn Mark.

Aber was wird wohl aus den jungen Kölnerinnen werden?

Auf der „amerikanischen" Seite ist alles ruhig. Hier sind in den letzten Tagen keine Übergriffe passiert – und hier werden auch keine Übergriffe geschehen. In Leipzig übernachten sie in einer Schule auf den harten Bänken. Beim Weiterziehen werden sie gewarnt: Es zögen italienische Fremdarbeiter über die Hauptstraße, die den Flüchtlingen alles abnähmen. Also machen sie sich querfeldein auf den Weg. Meistens müssen sie die Räder schieben. Nach einer guten Weile kommt ein Jeep mit einer amerikanischen Militärstreife in ziemlich schneller Fahrt über die Felder angebraust. Ludwig Nümbrecht, der den Wagen zufällig aus der Ferne hat kommen sehen, hat in aller Eile seine „belgische" Kokarde abgemacht. Seine Frau verheddert sich. Sie schafft es nicht mehr rechtzeitig – zu ihrer aller Glück, wie sich sofort herausstellen wird.

„Päss!"

Ludwig Nümbrecht zeigt seinen Ausweis. Der Blick des Amerikaners fällt auf die Kokarde von Johanna Nümbrecht.

„Ist Ihre Frau Ausländerin?" – Ludwig Nümbrecht bejaht.

„Dann müssen Sie alle nach Schkeuditz, aber über den highway!" Dort, so der Amerikaner weiter, sei eine Sammelstelle für solche Fälle. Dankbar, so glimpflich abgekommen zu sein, fährt die Familie weiter. Es ist der Pfingstsamstag 1945.

Gegen Mittag bemerken die Eltern, daß mit ihrem Jüngsten etwas nicht in Ordnung ist. Der Junge bricht zusammen und zeigt alle Anzeichen einer Erkrankung. Im nächsten Ort kann ein Arzt die Diagnose stellen: „Blinddarmentzündung!" Aber operieren kann er nicht.

Vater Nümbrecht spricht beim Ortskommandanten vor. Der Amerikaner gibt ihm einen Passierschein nach Halle an der Saale und zwei Bahnkarten. Als sie im Zug sind und die deutsche Schaffnerin kommt, weist sie jedoch die übrigen

---

[4]) Die Mulde ist linker Nebenfluß der Elbe in den Bezirken Leipzig und Halle.

Familienmitglieder noch vor der Abfahrt aus dem Zug: Nur die Mutter und das kranke Kind dürfen mitfahren.
Noch in derselben Nacht wird das Kind von einem tschechischen Arzt operiert. Ludwig Nümbrecht findet inzwischen mit seinem Ältesten wieder auf einem Bauernhof Unterschlupf. Die Mutter hat ein Bett bei den Nonnen bekommen, in deren Krankenhaus der Sohn operiert worden ist. Aber am nächsten Morgen bekommt sie von den Diakonissen nichts zu essen:
Die haben Kuchen und Brot genug und reden von Werken der Barmherzigkeit — aber keine gibt ihr etwas zu essen. Sie setzt sich draußen auf eine Bank und weint bitterlich . . .

*

Nach ein paar Tagen können Mutter und Kind aus dem Krankenhaus zurückkehren. Baron von Bülow, den Ludwig Nümbrecht inzwischen wieder getroffen hat, läßt das Kind extra mit einer Kutsche vom Bahnhof abholen [5]). Von dem amerikanischen Kommandanten seines Ortes hat Nümbrecht inzwischen erfahren, daß die Russen bald auch in das Gebiet einziehen werden, in dem sie sich zur Zeit aufhalten.
Der Amerikaner auf Nümbrechts Frage, ob die Russen wohl weit nach Deutschland hineinkämen:
„Sehr weit!"
Und ob sie auch bald kämen oder ob man noch etwas Zeit habe?
„Sehr bald!"
Deshalb brechen die Nümbrechts möglichst schnell wieder auf. Wann immer sie können, benutzen sie die bald nach der Kapitulation bereits wieder fahrenden Züge — meist sind es Güterzüge. So kommen sie nach Scharzfeld und nach Kreiensen. Von dort aus fahren sie in die Gegend im Harz, um den Bauern zu besuchen, bei dem die Mutter von Ludwig Nümbrecht evakuiert ist. Aber Mutter Nümbrecht ist nicht mehr da, sie ist bereits nach Aachen zurückgekehrt.
Einige Tage bleiben sie trotzdem noch im Harz und genießen das Leben auf dem Lande — als sei nichts geschehen und als hätten sie nicht all das Furchtbare durchmachen müssen. Dann steigen sie wieder auf einen der Transportzüge. Diesmal geht es in Richtung Rheinland.

*

Es ist Ende Juni 1945, als sie langsam in Aachen einrollen. Der Kohlenzug, mit dem Familie Nümbrecht heimkehrt, endet am Aachener Westbahnhof. Ihre Fahrräder haben sie noch immer bei sich. Aber es ist schon Abend, bereits Sperrstunde — zu ihrer großen Enttäuschung dürfen sie nicht aussteigen. Am Westbahnhof steht eine Wache, die genau darauf achtet.
Sei's drum! Noch eine letzte Übernachtung auf dem Westbahnhof im Güterwaggon!
Als sie am nächsten Morgen mit den Rädern nach Hause in die Turmstraße kommen, finden sie dort alles verwüstet vor. Der Hauseingang ist zugeschüttet. Man kann auf dem Trümmerberg in die Wohnung in die erste Etage kraxeln. Das Dach des Hauses fehlt. Alles ist durchnäßt, zum Teil verrottet, zum Teil ganz weg . . .
Ludwig Nümbrecht beginnt die Reparaturarbeiten am Kamin, damit der wieder zieht und sie kochen und heizen können. Durch den Kel-

5) Baron von Bülow, so erfahren sie später, wird enteignet und stirbt ärmlich in einer Mansardenwohnung.

Aachens Hauptbahnhof nach einem Luftangriff: Das Flugzeug des Fotografen flog über das Marschiertor (untere Bildecke links, nicht sichtbar). Links von oben schräg nach unten zum Hauptzollamt die Zollamtstraße mit dem Hauptbahnhof (rechts vom Zollamt). Rechts oben die zerstörte Burtscheider Brücke, ganz unten links ein Stückchen der Lagerhausstraße.

Turmstraße, Ecke Melatener Straße im Jahre 1977: Vom Bombentrichter mitten auf der Kreuzung ist nichts mehr zu sehen. Das Haus der Nümbrechts ist das vierte von unten (ohne Erker).

Das Ehepaar Nümbrecht: Heute wie damals in derselben Wohnung. Inzwischen haben sie drei Enkelinnen.

ler können sie ins Nebenhaus gehen, wo Wasser aus dem Hahn kommt. Dann legt er im Garten eine Not-Toilette an. Danach beginnt er, den Eingang frei zu schaufeln.
Nach und nach kommt wieder notdürftig Ordnung in die Wohnung. Mitten auf der Kreuzung an der Turmstraße/Ecke Melatener Straße ist ein großer Bombentrichter. Herr Frank von der Melatener Straße hat den Auftrag, den leerzuschaufeln und abtransportieren zu lassen. Die ersten paar Karren Trümmerschutt aus dem eigenen Haus kippen die Nümbrechts deshalb nur zögernd zum Schutt in den Bombentrichter. Aber als Herr Frank das merkt, ermuntert er die Nachbarn, nur noch mehr hineinzuschütten: „Wenn der leer ist, muß ich nämlich zur Trierer Straße schaufeln gehen – das ist ein gutes Stück weiter von zu Hause weg ..."
Ludwig Nümbrecht: „So wurden wir damals alles prima quitt."

*

Heute, ganze 32 Jahre später, wohnen die Nümbrechts noch immer in derselben Wohnung an der Turmstraße 188 in Aachen, aus der sie damals wegen der Bomben in die vermeintliche Ruhe und Sicherheit nach Osten flüchten mußten – ahnungslos, in welche Gefahr sie geraten würden!
Das Ehepaar ist alt geworden. Die beiden Söhne sind wohlbestallte Männer, 41 und 38 Jahre alt, mit eigenen Familien. Die Pensionäre Ludwig und Johanna Nümbrecht haben inzwischen drei Enkelinnen.

Das älteste der Mädchen ist gerade zwölf. Von den beiden jungen Kölnerinnen, die am östlichen Ufer der Mulde entführt worden waren, haben sie nie wieder etwas gehört ..

Hubert Meertens, Übach-Palenberg

5

*Uva was ih, getrettot pin ih, vinum werdo ih. *)*
(Notker)

Als Spion verhaftet auf Gut Blaustein

Der Metzgermeister aus der Freiheitsstraße — Alsdorf ist so still, daß man Angst bekommt — US-Käpt'n Bill und die Kellerbewohner — „Tomorrow big battle in Juelich" — „Hubert Meertens, Zivilist, geboren am 2. Mai 1926, unterwegs zum Militärhospital in Palenberg, auf der Suche nach seinem Bruder" — Unterwegs mit einem alten Miele-Fahrrad — Eine Plockwurst, ein Stückchen Speck, ein Ende Leberwurst — Das Elternhaus ist leer — Schaufensterpuppen liegen gespenstisch auf der Straße — „In Heerlen, im Kino ‚Royal', da sitzen alle Deutschen!" — Eine Flasche Cognac als Zoll — „Hendrik Verkerk, Polizist in Kerkrade, den müssen Sie doch dem Namen nach kennen!" — Nachschub-Stapel an den Straßenrändern — Nicht nach Alsdorf, das ist „frontline" — Verhaftung auf Gut Blaustein — Verhör in der Schule in Boscheln — Von Haus zu Haus und dann erschöpft aufs Stroh

8. Dezember 1976 — Fest der unbefleckten Empfängnis. Es ist ein stürmischer Mittwoch. Im Stadtteil Übach von Übach-Palenberg liegen riesige Röhren neben der gesperrten Straße. Die Kanalisation wird neu gelegt.
Unweit davon eine Metzgerei. Auf der Schaufensterscheibe lese ich die Preise von Anno 1976: Kotelett 500 gr. 3,28 Mark, Rippchen 500 gr. 2,98 Mark, Schinkenbraten 500 gr. 4,88 Mark. Am Ladentisch bedient Maria Meertens mit zwei Lehrmädchen.
Hinten in der Schlachterei, in der Produktion des Zerlegebetriebes, treffe ich außer einem scharfen, bellenden Schäferhund auch den Metzgermeister Hubert Meertens

Der längste Tag, den er nie vergißt: Heute ist Hubert Meertens Metzgermeister unweit der Schule, in der er verhört wurde.

*) Traube war ich, getreten bin ich, Wein werde ich.

Broicher Straße, Alsdorf: Rechts hinten mit dem herabgelassenen Sonnenschutz das Haus Nr. 120, von dessen Keller aus der junge Hubert Meertens seine Suchfahrt über die Grenze beginnt.

an. Er ist fünfzig Jahre alt, Niederländer, hat den deutschen Meisterbrief und auch den niederländischen („vakdiploma") und spricht beide Sprachen gänzlich ohne Akzent. 1971 war er sogar als „Hubert I." Schützenkönig seines Ortes. Er wohnt in der Freiheitsstraße Nummer 37.

Freiheit! Er denkt oft daran, wenn er an der nahe gelegenen Schule vorbei kommt! Diese Schule in Boscheln, an der Kreuzung in Übach-Palenberg am Weg zwischen Aachen und Geilenkirchen gelegen, kennt jeder. Was sich damals hier und im wenig entfernten Gut Blaustein ereignete, wissen hingegen nur wenige . . .

*

Sonntag, der 8. Oktober 1944. Gestern sind die ersten amerikanischen Panzer in Alsdorf eingedrungen. Am Denkmal haben sie gegen 11 Uhr vormittags einen deutschen DKW zerschossen in dem zwei Soldaten jämmerlich verbrannt sind [1]. Nicht weit von dieser Stelle, im Keller des Hauses Broicher Straße 120, harrt eine Notgemeinschaft ängstlich aus. Es sind Hubert Meertens, 18 Jahre alt, seine Schwester Lene, 26 Lenze jung, Bruder Ernst (21) und die junge Frau Degen mit dem kleinen Adi, der erst ein Jahr alt ist. Der Mann der jungen Mutter ist Offizier und an der Front.

Alsdorf liegt an diesem Sonntag da wie eine Geisterstadt. „Es ist so still", notiert sich auf der anderen Seite ein amerikanischer Soldat in seinem Tagebuch, „daß es schon wieder beängstigend wirkt!" Auch in der Broicher Straße! Die Dämmerung bricht ein, der Abend kommt, die Nacht vergeht. Erst am Montagnachmittag sind die ersten Amerikaner am Keller.

*

Gerald Darland, amerikanischer Arzt aus Chicago, ist einer von ih-

[1] Siehe „Die Amis sind da", Seite 96.

nen. Er ist etwa 45 Jahre alt, spricht nur englisch, hat aber einen jüdischen Dolmetscher bei sich. Zusammen mit dem verschlossenen Leutnant (die Kellerbewohner nennen ihn schon bald den Käpt'n Bill") quartiert sich der freundliche und gesprächige Arzt („tomorrow big battle in Juelich") bei ihnen ein. Er gehört zur 30. US-Infanteriedivision, die den gefährlich klingenden Beinamen „Roosevelts Schlächter" trägt.

Aber Darland ist ganz anders. So freundet sich Hubert nach ein paar Tagen mit ihm an und wagt es, ihn um Vermittlung zu bitten: Er will nach Palenberg, denn dort ist sein Bruder Jakob im Keller des elterlichen Hauses Ecke Aachener Straße/Frankenstraße, um aufzupassen. Der Rest der Familie ist in Krefeld evakuiert.
Der erste Antrag auf einen Passierschein wird abgelehnt. Beim zweiten Anlauf geht er zu Major Ackermann in Alsdorf und benutzt eine Notlüge: „Mein Bruder liegt verletzt im Lazarett!" (Das ist in der katholischen Volksschule neben der Kirche.) Der Major läßt sich erweichen. Auf dem Passierschein, den er ausstellt, steht geschrieben: „Hubert Meertens, civilian, born May 2, 1926, to the military hospital at Palenberg, with a bicycle, looking for his brother." (Hubert Meertens, Zivilist, geboren am 2. Mai 1926, unterwegs zum Militärhospital in Palenberg, auf der Suche nach seinem Bruder.) Die Genehmigung erhält der Junge am Donnerstag, dem 12. Oktober. Bei Aachen toben heftigste Kämpfe. Er entschließt sich, am Freitagmorgen loszuziehen . . .

*

Am nächsten Morgen fährt er mit seinem „Miele"-Fahrrad mit der al-

Er muß sein Rad tragen, um über die sechs amerikanischen Soldaten zu steigen: Hubert Meertens als Achtzehnjähriger.

tertümlichen Stellschraube vorne am Lenker über den Übacher Weg in Richtung Palenberg. Auf der Treppe der Hauptpost liegen drei tote deutsche Soldaten. Er schaudert und greift nach dem Gepäckträger. Denn seinen kostbarsten Besitz für die Reise führt der 18jährige Hubert in einem Leinensäckchen bei sich: eine Plockwurst, ein Stückchen Speck, ein Ende Leberwurst. Die erste Kontrolle ist in Boscheln an der Ecke Roermonder Straße/Rochusstraße. Der Militärpolizist telefoniert nach einem Blick auf den Passierschein mit Alsdorf. Alles ist in Ordnung. Der Passierschein ist dort eingetragen.
Etliche Meter weiter, es geht leicht bergab an der Rochusstraße, muß

Kaufhaus Derichs in Übach (Aachener Straße), das Elternhaus von Hubert Meertens. Der Panzer auf dem Bild fährt an die Front in Richtung Boschelen. Links Militärpolizei, dahinter ein Jeep der Fernmeldetruppe mit einer Drahtrolle über dem Reserverad. Im Kaufhaus rechts (Aachener Straße 1–3, Ecke Frankenstraße) ist damals der Telefonknotenpunkt der amerikanischen Streitkräfte. Alle Verbindungen aus dem rückwärtigen niederländischen Gebiet laufen im Keller des Hauses zusammen und gehen von hier aus weiter zur amerikanisch-deutschen Front im Geilenkirchener Land (Foto aus: Die Amis sind da/ Wie Aachen 1944 erobert wurde, Seite 85).

Hubert wieder vom Rad steigen. Denn halb in der Böschung liegt ein ausgebrannter amerikanischer Panzer, das Geschützrohr auf die Roermonder Straße gerichtet. Mitten auf dem Weg liegen sechs verbrannte und verstümmelte amerikanische Soldaten. Der Junge hebt das Rad empor und steigt vorsichtig über die Toten.

Wenig später ist er am Elternhaus in Palenberg. Aber im Keller von „Kaufhaus Derichs" ist niemand zu finden. Alles ist wie ausgestorben. Gespenstisch liegen Schaufensterpuppen auf der Straße und blicken wesenlos in den Himmel. Doch dann hört er halblautes Rufen. In der Einfahrt steht sein Spielkamerad Hans Günter Geyser, der viel später einmal Bürgermeister von Gerolstein sein wird . . . „Wo ist der Jakob geblieben?", fragt Hubert ihn mit Unruhe in der Stimme. „Den haben die Amerikaner mit nach Holland genommen. In Heerlen, im Kino „Royal". Da sitzen alle Deutschen!" Hubert ahnt, was vorgefallen ist. Sein Bruder ist zwar Niederländer, aber er hatte sicher seinen Ausweis nicht bei sich und ist deshalb mit den übrigen Bewohnern von Übach interniert worden.

Er muß ihn dort herausholen!

Also verabschiedet er sich eilig von Hans Günter und schwingt sich aufs

Jakob Meertens, der Bruder von Hubert, damals: Er wird von den Amerikanern gefangengenommen und in der Schule von Nieuwenhagen interniert. Hubert holt ihn dort heraus!

Kerkrade lag lange Zeit im „Niemandsland" zwischen Deutschen und amerikanischen Geschützen. Viele Bewohner flüchteten zu Fuß oder auf Karren wie diese alte Frau.

Rad. Die Fahrt geht in Richtung Rimburg, dort ist die Grenze. In Rimburg auf dem Brückchen über die Wurm (bei den Niederländern heißt sie „worm") steht ein Negerposten. Durchlassen will er ihn nicht. Er fuchtelt mit den Armen und kauderwelscht: „You have a bottle Cognac, you can go to Holland" – aber ohne eine Flasche Schnaps werde er ihn nicht durchlassen. Also fährt er wieder zurück nach Palenberg. Im menschenleeren Keller des Elternhauses findet er tatsächlich hinter dem Eingemachteine Flasche Korn. Diesmal geht es ruck-zuck an der Brücke! Der farbige Soldat grinst befriedigt.
Aber weit kommt Hubert nicht. Hundert Meter entfernt, vor der alten Schule, stehen ein paar Amerikaner und ein paar Männer in Lederjacken mit einer weißen Armbinde und einer Pistole: Niederländer vom OD (ordedienst, Ordnungsdienst), die ihn sofort anhalten. Ausweisen kann er sich kaum. Nur die Mitgliedskarte vom Boxverein und den Passierschein hat er bei sich. Aber er beruft sich sofort auf seinen Onkel: „Hendrik Verkerk, Polizist in Kerkrade, den müssen Sie doch dem Namen nach kennen!"

In der Tat, sie kennen ihn. Der Name seines Onkels ist ein Begriff in der Gegend. Ungern lassen sie ihn weiterziehen: „Aber in sechs Stunden bist du wieder hier, sonst kommst du ins Internierungslager!" – Von Rimburg aus fährt er nach Eygelshoven. Er staunt über die kolossalen Nachschub-Stapel an den

Der „Old Hickory Platz" in Kerkrade am Tag seiner Umbenennung 1945. Der Platz hat sich bis heute nicht verändert. Rechts: Ein Kind mit Roller.

Straßenrändern. Überall Soldaten. Weibliche Hilfskräfte schenken ihnen von kleinen, fahrbaren Ständen Kaffee ein und geben ihnen runde Ballen, die wie Berliner aussehen. Hin und wieder steht Geschütz neben Geschütz am Straßenrand, die Rohre nach Deutschland gerichtet . . . Einmal kommen drei deutsche Tiefflieger. Er schmeißt sich in den Graben, das Rad fällt über ihn . . .

*

In Kerkrade ist alles aufgeräumt. Auch hier zeigen die Geschützrohre nach Deutschland, in Richtung Herzogenrath. Den Onkel findet er in seiner Wohnung in der Prins Bernhard Straat 32. Er ist allein, denn Frau und Kinder sind in Heerlen untergebracht. Der Onkel ist sehr mißtrauisch. Als richtiger „Holländer" (aus Utrecht) ist überglücklich über „de bevrijding" (die Befreiung), jedoch sehr vorsichtig: „Wie kommst du herüber? Wer hat dich geschickt? Was suchst du hier?" Lange prüft er den Passierschein. Dann nickt er nur. Doch trotzdem bleibt er reserviert.

„Dein Bruder Jakob", so berichtet er, „ist schon in Nieuwenhagen, im Internierungslager in der Schule."

*

Unterwegs, in Heerlen in der Burgemeester Savelbergstraat 2a, kehrt er ein: bei der Familie des Onkels.

Alle Cousinen sind gesund — und ziemlich schlank geworden! Er läßt ihnen das Säckchen mit Wurst und fährt nach Nieuwenhagen. Bei der alten Kirche, hinter dem Stacheldraht um den Hof der alten Schule, sieht er seinen Bruder stehen – einen von rund 120 Internierten. „Paß auf, daß sie dich auch noch festsetzen!", ruft Jakob ihm zu.

Nach langem Fragen und Wedeln mit dem Passierschein dringt er zum Kommandanten vor. Er sitzt im Parterre in einem kahlen Raum hinter einem Schreibtisch, zwei OD'er daneben. Der Kommandant spricht perfekt Deutsch. Nach einigem Hin und Her fällt die Entscheidung: „Gut. Du kannst den Bruder mitnehmen – aber nur zurück bis Palenberg, nicht mit dir nach Alsdorf, das ist „frontline".

Schnell machen die beiden sich davon, Jakob sitzt auf dem Gepäckträger. Unterwegs in Eygelshoven werfen einige Kinder nach ihnen mit Steinen – das Miele-Fahrrad unterscheidet sich zu sehr von den niederländischen Fietsen. In Rimburg meldet er sich beim ordedienst zurück, dann geht's wieder über das Brückchen. Der Negerposten, der Korn hat wohl gewirkt, steht in seinem Häuschen und flucht hinter ihnen her: „Ihr verdammten Deutschen, schert euch doch nach Hause!"

Ob er ans sonnige Kalifornien denkt statt an den Schlamm hier im Frontgebiet?

Überall liegen tote deutsche Soldaten. Während er den Bruder in Palenberg am Keller des Elternhauses absetzt, fährt Hubert selbst zurück nach Alsdorf, erst einmal in Richtung Übach. Der Kirchberg ist noch am Schwelen, überall in den Häusern stehen Panzer in den Toreinfahrten, zum Schutz gegen Wind

Bürgermeister Habets von Kerkrade bei der „Taufe" des Old Hickory Platzes in Kerkrade, so genannt nach der 30. US-Infanteriedivision, die Kerkrade befreite.

und Wetter. In Boscheln macht er einen kleinen Abstecher. Statt direkt nach Alsdorf zu fahren, macht er den kleinen Umweg nach Gut Blaustein, um für einen Freund in Alsdorf nachzusehen, ob dessen Schwiegereltern noch auf dem Hof sind.

Nach zwei Kilometern ist er da. Der Bauernhof sieht unheimlich aus. Die Tore sind zu, wo doch in dieser Zeit alle Häuser offenstehen, die Kühe streunen rund um das Gut, an der Einfahrt liegen weggeworfene Stahlhelme, Patronentaschen, Uniformstücke und Kochgeschirre. Ein paar Tage zuvor sind deutsche Soldaten hier gefangengenommen worden. Die Front ist nur drei Kilometer weiter, zwischen Beggendorf und Loverich . . .

Der „Spion“ von 1944, Hubert Meertens (rechts) heute am Eingang von Gut Blaustein zwischen Boscheln und Baesweiler, wo er damals verhaftet wurde. Links der Hofbesitzer, „Limpens Jupp“.

Mit einem alliierten Beobachtungsflugzeug dieses Typs wird Hubert Meertens entdeckt. Das Foto zeigt ein Flugzeug im Raum Übach-Palenberg am 1. Januar 1945.

Das einzige, was die Ruhe dieses Spätnachmittags stört, ist ein amerikanisches Artillerie-Nahaufklärerflugzeug, eine jener äußerst langsam fliegenden Maschinen. Der Vogel kreist merkwürdigerweise in immer engeren Ringen um den Bauernhof! Vorsichtig drückt Hubert das Tor auf und schlüpft durch den Spalt – da fühlt er plötzlich einen harten Stoß im Rücken. Ein Amerikaner befiehlt ihm barsch, er solle die Hände hochheben. Er wird nach vorn geschubst, immer mit der Pistole im Rücken, in die Mitte des großen Hofes. Dort sitzt ein Funker, der offenbar mit dem Piloten des Beobachtungsflugzeuges laufend in Kontakt gestanden hat. Wenig später ist James L. Dobbs, der Pilot, hinter dem Hof gelandet und beginnt ein langes Gespräch mit dem Funker, Leutnant Lloyd R. Burkett. Die beiden glauben, sie hätten einen wichtigen deutschen Spion hinter den amerikanischen Linien geschnappt!

*

Die erste Befragung im Haupthaus des Gutes ergibt nichts. Der Passchein gilt auch nichts – „other division“: Was sollen wir mit einem Papier von einer fremden Division?!

Schließlich muß Hubert in einem Jeep Platz nehmen, der Pilot und der Funker steigen zu, ein GI schwingt sich hinters Steuer, das Fahrrad wird hinten zwischen Ersatzrad und Reservekanister eingeklemmt.

Die Fahrt geht im Dunkeln zurück nach Boscheln, zur Schule, wo jetzt das Verhör erst richtig beginnt!

Wieder ein amerikanischer Jude, der gut Deutsch spricht. Hubert erzählt ihm alles, aber der will nicht glauben, daß er an diesem Tag in Holland war und wieder zurückgekommen ist. „Morgen früh“, so droht

Der Funker vom Hof auf Gut Blaustein: Leutnant Lloyd R. Burkett aus Madison, Wisconsin im Gespräch mit einem Piloten in der Luft.

Er entdeckte den „Spion“ von oben: Pilot Leutnant James L. Dobbs aus Bonham/ Texas.

er, „werde ich in Alsdorf anrufen, und alles stellt sich als Lüge heraus!"

Hubert bleibt standhaft. Schließlich geben sie es auf. Spätabends, lange nach der Sperrstunde, wird er in einen Jeep gesetzt. Am Ortsrand von Alsdorf laden ihn die beiden Soldaten einfach ab und überlassen ihn seinem Schicksal. Schon eine Ewigkeit ist es her, seit die Sperrstunde (um 18 Uhr) begann! Artilleriefeuer hebt an.

Von Haus zu Haus springend, kommt er schließlich wieder in der Broicher Straße an und sinkt erschöpft aufs Stroh. Er hat den „längsten Tag seines Lebens" hinter sich, den er nie wieder vergessen wird!

Die Schule in Boscheln damals, Sitz der amerikanischen Kommandantur (Foto aus einem US-Beobachtungsflugzeug).

An der Straße Aachen—Übach-Palenberg—Geilenkirchen: Die Schule von Boscheln heute. Gut Blaustein ist in der Nähe.

Wilhelm Johnen, Jülich

6

Das Paragraphenzeichen allein sieht aus wie ein Folterwerkzeug. (Stanislaw Jerzy Lec)

Jülich 1945: LKW's voller Entlausungsmittel

Besuch beim „Herzog von Jülich" – Verhaftung im August und Verhör durch die Gestapo in Aachen am Theaterplatz – „Sie sind Rechtsanwalt, diktieren Sie selber!" – Zu Fuß zum Nordbahnhof in Aachen – „Kein Offizier in Jülich durfte mich noch grüßen" – Schippen im Westwall und auf dem Thywissen-Hof bei Welldorf – Die Deutschen feuerten von Steinstraß her – Evakuiert in den Osten: im Zug zwei Sitzplätze für neun Personen – Wir aus dem Rheinland kamen an wie die Zigeuner – Mai 1945: per Damenfahrrad zurück nach Jülich – Anton Heinen trug in Jülich das KZ-Dreieck – Aus Düsseldorf kommt General Barraclough – An der Rurbrücke hielt der Engländer ein paar Mädchen an – Weinbrandbohnen im Landtag – „Ich bin kein Puritaner!"

Jülich, Wilhelmstraße 22, unweit des „Schwanenteiches" und der Kernforschungsanlage Jülich (KFA).

Parterre, ein Notariatsbüro. Hinter dem lederbezogenen Schreibtisch ein 75jähriger im karierten Anzug mit weinroter Krawatte. Darüber: Zwei Augen, aus denen der Schalk blitzt. Dahinter: Ein Adenauer-Foto mit handschriftlicher Widmung.

Wilhelm Johnen ist Sohn eines Brennereibesitzers und seiner Frau, einer geborenen Sonanini. Er hat allerhand hinter sich: Zentrumsabgeordneter, verhaftet von der Gestapo in Aachen, Landrat in Jülich, CDU-Fraktionschef im Düsseldorfer Landtag, für sechseinhalb Jahre lang Landtagspräsident, einem guten Tropfen nicht abgeneigt, Freund der Heimatgeschichte, Sammler und Erforscher der Bilder und Taten der Herzöge von Jülich –

Vor sich eine glänzende Karriere: Wilhelm Johnen damals.

Verhaftet von der Gestapo und Verhör in Aachen: Wilhelm Johnen wird in das Regierungsgebäude am Aachener Theaterplatz gebracht.

und selbst mit diesem Beinamen belegt.

Warum eigentlich?

„Weil ich mich in den ersten Jahren des Wiederaufbaues so gerieren mußte — sonst wären wir nicht vorwärts gekommen!"

Am besten, seine Geschichte von Krieg- und Nachkrieg erzählt er selbst. Hier folgen vier Episoden . . .

*

„Ich war während des Krieges Rechtsanwalt in Jülich und habe zum Teil noch dazu den Notar Dr. Spieß in Aldenhoven vertreten. Von den Nazis bin ich in Ruhe gelassen worden, bis die Verfügung des Kölner Gauleiters Grohé kam: „Alle politisch Andersdenkenden sind zu verhaften, wenn sie nicht inzwischen Parteimitglied geworden sind!" Darunter fiel ich als Zentrumsmann natürlich auch. Anfang August 1944 wurde ich in Jülich verhaftet. Die erste Nacht verbrachte ich auf der Polizeistation in Jülich. Am nächsten Tag wurden wir zur Gestapo (Geheime Staatspolizei) in Aachen gebracht. Die saß im Regierungsgebäude am Theaterplatz. Da trafen wir eine Reihe anderer Zentrumsleute und auch Sozialdemokraten, so daß ich scherzhaft vorschlug, eine Versammlung des Zentrums abzuhalten.

Mit mir war der Hauptlehrer Förster verhaftet worden, der spätere Landrat von Jülich, sowie Bauunternehmer Braumüller aus Koslar bei Jülich. Ich hatte Glück, denn ich wurde von einem echten Kriminalbeamten alten Schlages vernommen, also nicht von einem „hochgekommenen Nazi". Der sagte mir, als wir mit seiner Sekretärin alleine waren: „Sie sind Rechtsanwalt, diktieren Sie selber!" Ich habe dann das Protokoll selbst diktiert und unterschrieben. Er hatte mir einen Hinweis gegeben, worauf es ankam, nämlich ob man nazifeindliche Dinge direkt oder indirekt begangen habe. Das stritt ich also dann ab.

Als das zu Ende war, mußte der Chef der Abteilung entscheiden, ob wir weiter in Haft bleiben sollten

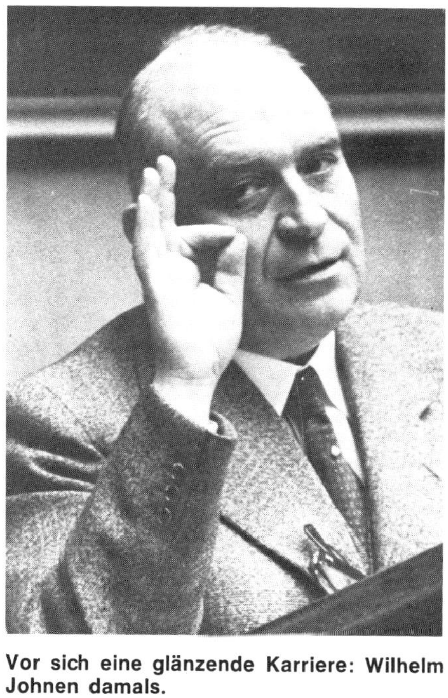

„Ich hatte sechs kleine Kinder, der jüngste war vier Monate alt" – so reiste Johnen vier Tage lang per Bahn nach Leisnig in Sachsen, um die Kinder bei seinem Bruder in Sicherheit zu bringen.

oder nicht. Es war ein Samstag, und es hieß, er sei zu einer Geburtstagsfeier. Auf deutsch hieß das: Ich sollte das Wochenende im Gefängnis verbringen, ich sollte vorher entlaust werden und so weiter, als Rechtsanwalt kannte ich ja die Prozedur – kurz: ich schlug Krach, das könne man doch nicht machen, wegen einer einfachen Dienstverletzung mich solange festhalten!

Schließlich, am Nachmittag, durfte ich gehen. Als ich heraus kam, saßen auf dem Flur die Herren Förster und Braumüller. Ich ging wieder zurück ins Zimmer und boxte die ebenfalls los, indem ich sagte, die kennen sich doch gar nicht in Aachen aus wie ich, wir müssen doch noch zu Fuß zum Nordbahnhof! Jedenfalls: Wir durften schließlich zu dritt abziehen. Am Nordbahnhof kannte ich den Wirt, weil ich ja täglich nach Aachen zum Gericht fuhr. Da konnten wir uns waschen und rasieren. Telefonisch ließ ich von mir zu Hause aus bei Försters und Braumüllers Bescheid sagen, daß man deren Fahrräder zu uns nach Hause bringen solle, damit die abends noch heimfahren könnten.

Am Montag danach wurde ich zur NSDAP-Kreisleitung in Jülich bestellt. Man sagte mir, daß mein Telefon überwacht würde. Es durfte auch keiner der Offiziere des Standortes Jülich mehr mit mir sprechen oder mich grüßen!"

*

„Ein paar Tage später bekam ich natürlich meine Einberufung zum Schippen am Westwall, bei Siersdorf. Aber schon bald leitete ich für den Verantwortlichen das Büro, weil der gar nicht organisieren konnte. Wir lagen mit unseren Meldungen immer mehr als richtig,

Das zerstörte Jülicher Stadtzentrum, zwei Tage nach dem Bombenangriff vom 16. November 1944 fotografiert. Unten rechts die Rurbrücke, erst halb zerstört.

aber ich weiß gar nicht, ob der Raum Linnich so viel Dreck hat, wie nach meinen Meldungen damals bewegt worden ist...

Ich hatte sechs kleine Kinder, der jüngste war vier Monate alt, der älteste zehneinhalb Jahre. Anfang November waren wir nach der Zerstörung Jülichs auf den Thywissen-Hof bei Welldorf gezogen. Bald lagen wir genau zwischen der deutschen und der alliierten Artillerie, die von Jülich aus schoß, während die Deutschen von Steinstraß aus feuerten. Das ging nicht mehr. Wir mußten weg mit den Kindern! Ich nahm mir eine Woche frei, denn das war ja zum Zweck der Evakuierung erlaubt, und mit einem Pferdekarren brachte ein Bauer uns – neun Personen, denn das Hausmädchen

Vor 33 Jahren: Ein Bild aus Jülich. Am Hexenturm haben Soldaten der 29. US-Infanterie-Division (Beiname: „blau und grau", blue and grey) ein Schild angebracht. Die Inschrift lautet: „Dies ist Juelich, Germany. Entschuldigen Sie, daß es so schlimm aussieht – aber wir waren in Eile! Die 29. US-Infanterie-Division. (Bild aus: „Die Amis sind da", Aachen 1975.)

Die Probsteikirche in Jülich nach den großen Zerstörungen. Bilder aus dem Jahre 1945.

Der britische Premier Winston Churchill besuchte das schwer zerstörte Jülich kurz nach seiner Eroberung.

Das zerstörte Jülich im Herbst 1944, aus Richtung Aachen gesehen: Vorn unten Bildmitte Haus Hesselmann, dahinter die zerstörte Rurbrücke. Rechts an den Rurufern die Kirchberger Straße, an der die Amerikaner die Rur überquerten (Bilder davon siehe „Schlachtfeld Rheinland", S. 96-99). In der Verlängerung . . .

. . . der Rurbrücke, leicht links, der Jülicher „Hexenturm“. Ganz links (Bildmitte) die Zitadelle, ihr gegenüber am rechten Bildrand das Eisenbahnausbesserungswerk. Die gerade Linie von links nach rechts (schräg durch die obere linke Bildhälfte) ist die heutige Bundesstraße 57. Rechte Bildecke (oben) Stetternicher Forst.

Besuch bei Wiederaufbau-Arbeiten: Landrat Wilhelm Johnen, Jülich, kurz nach dem Krieg.

ging mit – nach Bedburg. Wir bekamen im Zug nur zwei Sitzplätze. Die Kinder mußten auf dem Flur schlafen ... Nach vier Tagen kamen wir in Leisnig in Sachsen an, wo mein Bruder praktischer Arzt war. Jedoch war er als Stabsarzt im Osten. Meine Schwägerin hatte vom Krieg noch nichts gespürt. Wir wurden zum Abendessen eingeladen, und alles erschien im Frack und langem Abendkleid – nur wir aus dem Rheinland kamen da an wie die Zigeuner."

*

„Mit einem geliehenen Damenfahrrad kam ich am 1. Mai 1945 wieder in Jülich an. Ich meldete mich in der Auffangstelle im Krankenhaus. Ich war 43 Jahre alt und genau der hundertste Einwohner im Nachkriegs-Jülich ... Man hatte mich wissen lassen, ich solle nach Jülich kommen und Landrat werden, aber Förster, der den Posten innehatte, den wollte ich nicht einfach verdrängen.

Ich fragte ihn, ob er das Amt abgeben wolle. Das wollte er nicht. Also war für mich die Sache erledigt. Aber dann brach Förster zusammen, und der Arzt fragte Frau Förster: „Was ist Ihnen lieber – ein toter Landrat Förster oder ein lebender Hauptlehrer?" Förster trat vom Posten ab.

Zuvor war ich von Major Roberts in Aachen zum Notar in Jülich ernannt worden. Als es um die Stelle als Landrat ging, war einer meiner Mitbewerber Anton Heinen, der Verleger der Kölnischen Rundschau. Ich traf ihn beim Kommandanten in der Linnicher Straße, aber ich wurde der Landrat und er nicht! Zu meinem großen Erstaunen, denn er hatte viele Empfehlungen. Erst viel später erfuhr ich den für mich damals unerfindlichen Grund: Anton Heinen hatte das rote KZ-Dreieck an diesem Tage an seinem Anzug getragen. Der Besatzungsoffizier hielt ihn deshalb für einen Kommunisten! Das war am 27. Juli 1945."

5. August 1945: Der britische Hochkommissar Barraclough (Mitte, mit Uniform) besucht Jülich. Rechts mit Hut Robert Lehr, der frühere Oberbürgermeister von Düsseldorf (bis 1933) und damalige Stellvertreter des Oberpräsidenten Hans Fuchs. Links: Renate Rockhoff, Volontärin der „Aachener Nachrichten".

„Am 5. August 1945, ich war gerade acht Tage im Amt, kam aus Düsseldorf der Oberpräsident Lehr mit dem britischen Hochkommissar Barraclough, der ja später den Adenauer abgesetzt hat, zu mir in das Landratsamt. Ich selbst hatte in meinem Zimmer einen Stuhl, einen Tisch, einen Besucherstuhl und einen Schrank, den man nicht abschließen konnte — sonst nichts. Und neben dem Schrank lagen haufenweise geschichtet, ganz elegant, die Verordnungen des Herrn Oberpräsidenten. Auf seine erstaunte Frage erklärte ich ihm, die würde ich demnächst mal lesen, wenn ich viel Zeit hätte. Und dann habe ich den Herren klargemacht, daß hier mit Verordnungen nichts zu machen sei. Hier gehe es vielmehr darum, Licht, Wasser und Toiletten zu schaffen, um entstehende Krankheiten zu verhindern.

Barraclough stimmte mir sofort zu. Und dann gingen wir durch die Stadt. Der Barraclough, ein kleiner, energischer Mann, hielt an der Rurbrücke ein paar Schulmädchen an und inspizierte die genau: Die hatten Läuse! Also, das war ja was für die Engländer! Er hat sofort angeordnet: Alle Jülicher Kinder müssen entlaust werden. Lastwagenweise sind hier Entlausungsmittel angekommen! Da war gar nichts zu machen. Ich versuchte ihm zu erklären, das sei Zufall und eine Ausnahme — nichts! Es wurde der stellvertretende Kreisarzt geholt, der stammelte eine Entschuldigung auf englisch, aber der Barraclough schnauzte ihn einfach an: „Verdammt noch mal, sprechen Sie doch

Er hält ein paar Mädchen an der Rurbrücke in Jülich an und untersucht sie auf Läuse: Links Brigadier Barraclough (der Mann, der Adenauer in Köln aus seiner Oberbürgermeister-Stelle entließ), hier am 29. Januar 1946 in Düsseldorf. Rechts der britische Minister John Hynd, Leiter des Amtes für die britische Abteilung in der alliierten Kontrollkommission für Deutschland. Beide stehen vor dem Hauptquartier der britischen Militärregierung in Düsseldorf.

Deutsch! Die Hauptsache ist, daß der Landrat Sie versteht und nicht ich!" Der wurde abgesetzt – sofort!
Dann habe ich durchgesetzt, was der Barraclough nicht wollte, daß wir das Eisenbahnwerk besuchten. Die Engländer wollten das nach Schwerte verlegen und dort ganz neu aufbauen. Aber das waren für Jülich 1800 Arbeitsplätze, das war für die Stadt von existentieller Bedeutung. Ich habe ihn aber so weit bekommen, daß er mitkam. Und dann sah er, daß die großen Kräne noch intakt waren, in die man die Lokomotiven einhängt. Barraclough wollte immer wieder von mir wissen, ob die Lösung Schwerte nicht viel klüger wäre, denn hier in Jülich gäbe es ja keine Arbeitskräfte, das würde ja doch nur Murks. Ich ließ aber trotzdem nicht locker und griff wie ein Ertrinkender nach dem kleinsten Strohhalm. So erklärte ich ihm, die ganze Struktur Jülichs habe sich durch das Eisenbahnausbesserungswerk geändert, es wären neue Leute nach Jülich gezogen, die hätten sich mit den Jülicher Mädchen verbunden, und aus diesen Ehen wäre ein ganz neuer Menschenschlag entstanden. Das wären die Besten in der Schule geworden. Also: Ich machte ihm das auf jede mögliche Weise schmackhaft und zog alles heran, wovon ich mir etwas Hilfe versprach. Schließlich verfügte er noch an diesem Tage: „Das Eisenbahnausbesserungswerk bleibt in Jülich!"
Dann haben wir systematisch angefangen zu verwalten – ohne die Düsseldorfer Verordnungen! Die Jülicher lagen in ihrer zu 97 Prozent zerstörten Stadt doch alle in den Erdlöchern! Wir hatten schwere Sorge um die Entstehung von Typhus, denn es fehlten uns Ärzte. „Wasser, Licht und Lokus", so hieß die tägliche Devise! Wir haben mit Kolonnen im Hambacher Wald die Bäume gefällt, um Lichtmasten zu haben."

*

Die Jahre vergehen, der Wohlstand zieht ein. Wilhelm Johnen ist einer der einflußreichsten Männer im Bundesland Nordrhein-Westfalen. Seine Ämter sind zahlreich: Er ist rheinischer CDU-Vorsitzender (Erbe Konrad Adenauers) und Landtagspräsident, Landrat von Jülich und Vorsitzender des Landkreistages von Nordrhein-Westfalen, Vizepräsident des Deutschen Landkreistages und Mitglied des Bundesvorstandes der CDU, dazu wohlbestallter Notar in Jülich.

Barraclough und Adenauer, beide auf einem Bild: Der britische Kommissar (Mitte, heller Mantel) entließ Adenauer (ganz links am Bildrand) aus seinem Amt als Kölner Oberbürgermeister wegen „Unfähigkeit".

Und: Er ist kein Kind von Traurigkeit . . . Zeitungen notieren halb bewundernd, halb tadelnd sein „barockes Auftreten". Bei Landtagssitzungen, so wird geschrieben, liebe er es, „hoch über den Abgeordneten thronend Weinbrandbohnen zu knabbern"[1]. Die „Stuttgarter Zeitung" notiert am 23. Oktober 1963, er habe die Eigenart, „sich in schöner Regelmäßigkeit allzu tief vor dem Gott Bacchus zu verneigen".

Aber: Er hat die Kernforschungsanlage Jülich und die Sendeanlagen der Deutschen Welle in die äußerst schwer zerstörte Stadt zwischen Aachen und Köln gebracht, die bald zu einer modernen Gemeinde aufblüht. Johnen stellt die Weichen für die Kommune, die ihm nicht nur die

Er erliegt im Wahlkampf 1958 am 29. Juni einem Herzinfarkt: Karl Arnold, Ministerpräsident des Landes NRW und CDU-Spitzenkandidat. Wilhelm Johnen ist im CDU-Vierergremium, das den Wahlkampf erfolgreich zu Ende führt.

1) „Der Spiegel" vom 16. Oktober 1963 in einem Artikel unter der Überschrift „Kuß vom Herzog".

Besuch an der Grenze bei Aachen: von links Oberstadtdirektor Dr. Servais, Ministerpräsident Karl Arnold, Landtagsabgeordneter Dr. Josef Hofmann (Aachen), Redakteur Walter Queck von der AVZ. Vorn der Schlagbaum.

21. Mai 1962: Wilhelm Johnen wird sechzig. Der damalige Landtagspräsident im Düsseldorfer Landtag bei einem Empfang aus Anlaß seines Geburtstages. Konrad Adenauer kam eigens aus Bonn nach Düsseldorf. Von links nach rechts: NRW-Ministerpräsident Franz Meyers, Konrad Adenauer, Wilhelm Johnen und seine Frau.

Der „Herzog von Jülich" im Kreis seiner Familie: 1958.

Wilhelm Johnen, „der Herzog von Jülich", erinnert sich an den Mai 1945: „Damals kam ich per Damenfahrrad zurück!"

Von Wilhelm Johnen nach Jülich geholt: Die Kernforschungsanlage (KFA).

Ehrenbürgerschaft verleiht, sondern auch eine Straße nach ihm benennt.

Wilhelm Johnen ist entwaffnend, rheinisch. Auf einem Empfang der Stadt Düsseldorf bittet er die Damen, doch einen Augenblick wegzuhören. Dann geht er ins Detail, die Eigentümlichkeiten der „Vorstädte Jülichs", nämlich Aachen, Köln und Düsseldorf zu erläutern:

Nach Aachen nehme man seine Frau mit. Nach Köln die Sekretärin. In Düsseldorf brauche man beides nicht. Da sei für alles gesorgt . . .

Stärker noch. Gerd Goch berichtet im „Kölner Stadtanzeiger" am 14. April 1966 unter der Überschrift „Jülichs 'Herzog' kippt vom Thron/ Promille brachten Landtagspräsident Johnen in Not" von einem Vorfall in Jülich, der sich acht Tage zuvor zugetragen haben soll.

Zitat: „Am Tage darauf, am Mittwoch (6. April 1966), erschien Johnen gegen 18 Uhr auf schwankenden Beinen, wie Augenzeugen berichteten, im Jülicher Rathaus, um dem früheren Direktor des Schlachthofes (einem Tierarzt) das Bundesverdienstkreuz an die Brust zu heften. Das gelang ihm nicht. Bürgermeister und Oberstadtdirektor führten ihn gemeinsam aus dem Saal."

CDU- und SPD-Ratsfraktion von Jülich protestieren in einer gemeinsamen Erklärung. Der Herzog von Jülich aber, der sich seiner Verdienste so sicher wie seiner Lebenslustigkeiten ist, denkt kein Minütchen nach, als ich nach seiner Antwort heute frage.

Der rheinische Schalk blitzt wie eh und je aus seinen Augen.

Die Antwort Wilhelm Johnens heißt: „Ich bin kein Puritaner!"

Mathieu Berden, Maastricht

7

Mein lieber Freund, du hast recht gehabt, jetzt ist auch Holland an der Reihe! (Oberst Oster, Chef der Zentralabteilung der Abwehr unter Canaris Ende 1939 in Berlin zum niederländischen Militärattaché Major Gijsbert Jacobus Sas)

Marlene Dietrichs Porträt in Maastricht

Wie sie von Charles Eyck in der Maasstadt gemalt wurde – Ein Vier-Winde-Blick auf 38 Türme – „Ich hatte eine schöne Aussicht auf Zarah Leanders Badezimmer!“ – Berechtigt zum Hören von Feindsendern – Im Keller mit dem Schwager Königin Wilhelminas – Das blonde Gretchen und Goebbels Propagandaministerium – Ermittlungen wegen Spionageverdacht – Ein gefälschtes Attest aus Tongeren – Untergetaucht auf dem Bauernhof in Eys – Hauptmann Nitsch, der Opernsänger – Die Amis sind da! – Marlene Dietrichs Auftritt vor dem Fronttheater – „Sie schwebte herein in einer Wolke von Cognac!“ – Im Schlafanzug und in Pantoffeln vor dem Mikrofon von Radio Luxemburg: „Der Krieg ist aus“ – Ein Nachspiel in Amerika: „It was a Philip Morris!“

Ein wolkenbedeckter Vorfrühlingstag in Maastricht. Im Stadtteil Heer haben die Magnolien zaghaft ihre Knospen geöffnet. Am „Koningsplein“ (Königsplatz) steht ein großes Denkmal von Charles Eyck, dem Nestor unter den Künstlern der niederländischen Provinz Limburg. Das Denkmal zeigt zur Erinnerung an die Opfer des Krieges eine Gruppe von erstarrten Menschen.

Acht Etagen darüber, im Hochhaus, vor dem das Denkmal steht, schweift mein Blick über Maastricht, die Umgebung und die überaus vielen Türme: 38 zähle ich insgesamt. Sogar die Spitze der Basilika von Tongeren, jenseits der niederländisch-belgischen Grenze am Stadtrand Maastrichts, kann man von hier aus sehen. Dann sieht man das Denkmal des amerikanischen Heldenfriedhofes von Henri Chapelle, auf dem so viele Deutsch-Amerikaner

Damals Auslandskorrespondent in Berlin und Nachbar von Zarah Leander: Mathieu Berden aus Maastricht, 67 Jahre alt.

„Dann sieht man auf den amerikanischen Heldenfriedhof im belgischen Henri Chapelle, auf dem so viele Deutsch-Amerikaner ruhen, die Aachen eroberten oder im Hürtgenwald fielen" . . .

ruhen, die Aachen eroberten oder im Hürtgenwald fielen.

Weiter erkennt man bei Lüttich-Herstal, wo Karl der Große geboren sein soll, die Autobahn Lüttich—Aachen (E 5). Und schließlich rückwärts, nach Norden hin, sieht man die Flugzeuge in Maastricht-Beek landen, dem Flughafen Südlimburg.

Die Leute, die diesen Vier-Winde-Blick auf das Grenzland haben, heißen mit Familiennamen Berden, sie „May" (Marie), er Mathieu mit Vornamen. Mathieu (Spitz- und Kosename bei den Freunden: Sjefke) ist 67 Jahre alt und im Ruhestand lebender Journalist der Maastrichter Tageszeitung „De Limburger".

Er hat im Wohnzimmer etliche Bilder von Charles Eyck hängen, genau jenem Künstler, dessen Kriegs-Erinnerungsdenkmal unten vor dem Hochhaus steht. Charles Eyck ist sein Freund. Und der hat direkt nach dem Krieg in Maastricht Marlene Dietrich gemalt. Damals war Mathieu der Dolmetscher zwischen Eyck und der Diva, die in einer Wolke von Cognac hereinschwebte.

Kurz danach hat Mathieu Berden, in Luxemburg zu einem Stab ausländischer Rundfunksprecher der Alliierten gehörend, über den Rundfunk die Nachricht von der deutschen Kapitulation vorlesen dürfen — als erster Rundfunksprecher überhaupt, noch vor den Engländern.

Da es so überaus eilig war, hatte man ihn aus dem Bett heraus in den

Tagebuch Nr. AP 42 29/ J 173

Der durch nebenstehendes Lichtbild ausgewiesene Berichterstatter

Mathias Gerardus Berden

geb. am 20.5.09 in Blerick

Staatsangeh. Holland

ist bei der Auslands-Presseabteilung der Reichsregierung akkreditiert.

Berlin, den 9. Sept. 1941.

Amtsrat

Unterschrift

Der Ausweis ist jederzeit widerruflich und gilt bis 31. Dezember 1941.

„Bei der Auslands-Presseabteilung der Reichsregierung akkreditiert“: Der Presseausweis Mathieu Berdens in Berlin, ausgestellt von der Presseabteilung der Reichsregierung im Reichsministerium für Volksaufklärung und Propaganda, Berlin W 8, Wilhelmstraße 61a.

Sender in die Villa Louvigny geholt, so wie er war: Im Schlafanzug und in Pantoffeln verlas er die Weltsensation!

Das war vor 32 Jahren, am Tag als Alexander Klieforth gerade nach Luxemburg unterwegs war ...

*

Mathieu Berden ist am 20. Mai 1909 in Blerick an der Maas geboren, gegenüber von Venlo, also auf der „holländischen“ Seite der Maas. Von Beruf ist er Journalist. Sein Arbeitsplatz ist in Amsterdam, wo er als Redakteur für den „Schweizerischen Press-Telegraph“ arbeitet. Anfang 1941 versetzt ihn das Schweizer Blatt vom Außenposten in Amsterdam auf die Korrespondentenstelle in die deutsche Reichshauptstadt Berlin.

Familie Berden wohnt im Stadtteil Nollendorf. Als sie dort ausgebombt werden, beziehen sie eine Villa im Stadtteil Dahlem, Schuhmacherplatz Nummer 5. Schmunzelnd erinnert sich Mathieu Berden heute: „Auf Nummer 7 wohnte Zarah Leander, also neben uns. Von der Küche aus hatte ich eine schöne Aussicht auf ihr Badezimmer!“

Die Frage, ob er die schöne Aussicht denn auch ausgiebig genutzt habe, verschweigt er blinzelnd mit einem Seitenblick auf seine Frau.

Mathieu Berden hat als Auslandskorrespondent ganz bestimmte Vorrechte. So trifft er im „Auslandspresseclub“ des Reichspropagandaministeriums am Leipziger Platz regelmäßig den Chef von „Promi“, Joseph Goebbels, aber auch Persönlichkeiten wie Leni Riefenstahl, Willi Forst, Hans Albers, verschiedene Generäle, Industriekapitäne

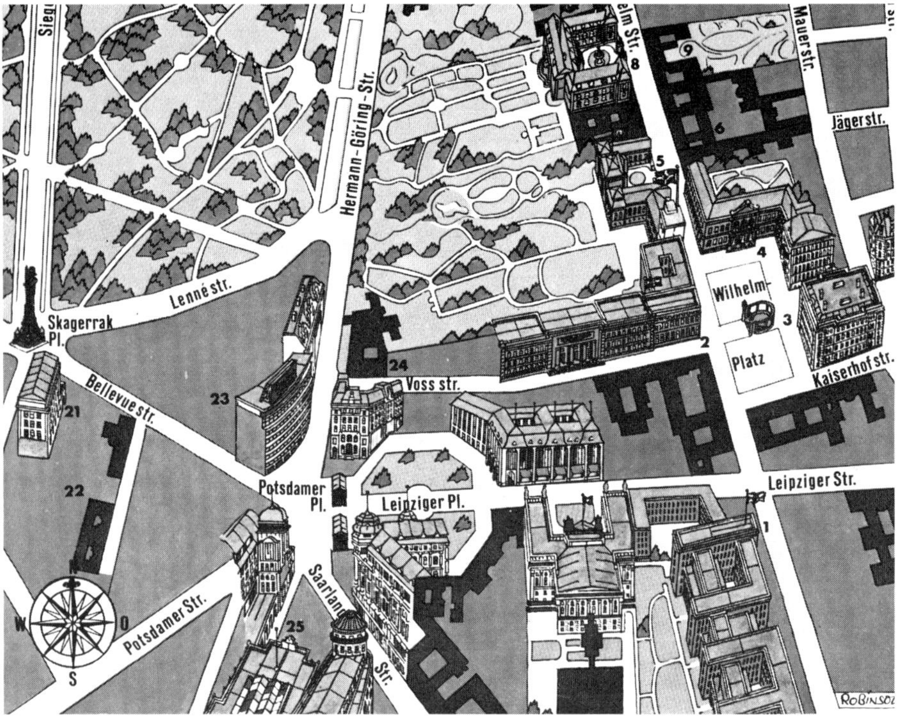

Im Luftschutzkeller am Leipziger Platz in Berlin trifft Mathieu Berden den Schwager von Königin Wilhelmina – vom Bahnhof Potsdamer Platz aus fährt er im gleichen Zug mit Reichskommissar Seyss-Inquart nach Amsterdam.

und andere Prominente des Dritten Reiches. Berden: „Du konntest dort mitten im Krieg richtigen Bohnenkaffee bekommen – und sogar gute Zigaretten!"

Eines Tages, während eines Bombenangriffes auf Berlin, sitzt das Ehepaar Berden im Keller unter dem Presseclub am Leipziger Platz. Sie sprechen Niederländisch miteinander. Plötzlich fragt eine Stimme aus dem Halbdunkel: „Sind Sie Holländer?"

„Ja, wieso?"

Es stellt sich heraus, daß der gepflegte Herr sich angelegentlich nach dem Befinden des niederländischen Königshauses erkundigt. Besonders ist er an Nachrichten über die niederländische Königin Wilhelmina interessiert.

Erst gegen Ende des Gespräches gibt er sich zu erkennen: „Ich bin der Herzog von Mecklenburg-Schwerin. Königin Wilhelmina ist meine Schwägerin. Ihr verstorbener Mann war mein Bruder: Prinz Hendrik (Heinrich) von Mecklenburg-Schwerin!" [1] Der Herzog verkehrte regelmäßig im Presseclub des Propagandaministeriums, wie Mathieu Berden sich erinnert.

Einer der Bekannten und Kollegen Mathieu Berdens in der Berliner Zeit ist auch der Niederländer Jan Hoek, von einem niederländischen

---

1) Der Vater der zur Zeit herrschenden Königin der Oranierdynastie, Juliana.

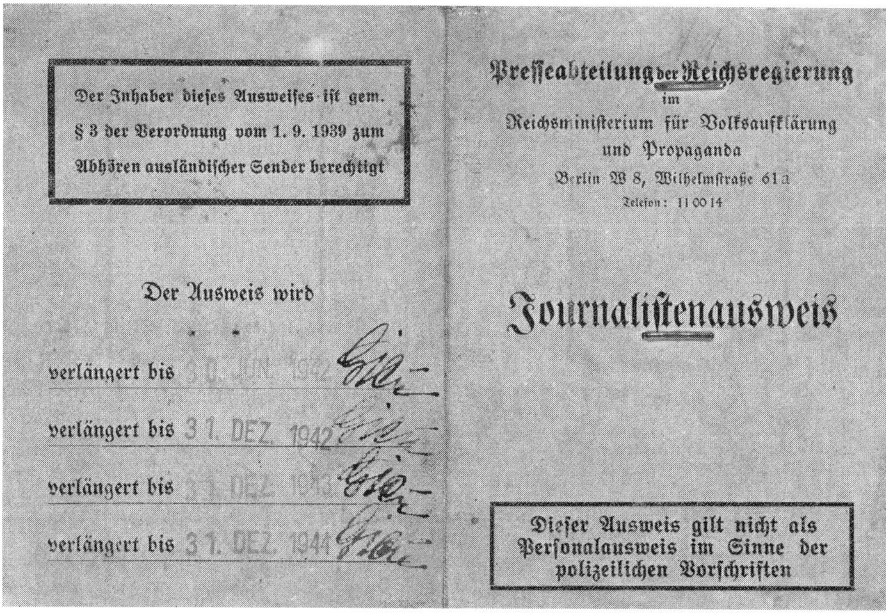
Der Inhaber dieses Ausweises ist gem. § 3 der Verordnung vom 1. 9. 1939 zum Abhören ausländischer Sender berechtigt

Der Ausweis wird

verlängert bis 30. JUN. 1942

verlängert bis 31. DEZ. 1942

verlängert bis 31. DEZ. 1943

verlängert bis 31. DEZ. 1944

Presseabteilung der Reichsregierung
im
Reichsministerium für Volksaufklärung
und Propaganda
Berlin W 8, Wilhelmstraße 61a
Telefon: 11 00 14

Journalistenausweis

Dieser Ausweis gilt nicht als Personalausweis im Sinne der polizeilichen Vorschriften

Die Rückseite des Presseausweises berechtigt den Inhaber Mathieu Berden, „gemäß § 3 der Verordnung vom 1. 9. 1939 zum Abhören ausländischer Sender". Er macht ausgiebig davon Gebrauch, auch noch, als er wieder in den Niederlanden ist . . .

Pressekonzern als Korrespondent entsandt. Hoek, der in Kontakt mit dem polnischen Widerstand gegen die Sowjets steht, erlaubt sich bei einem Besuch der niederländischen nationalsozialistischen Bewegung in Berlin einen gefährlichen Scherz, dessen Zeuge Mathieu Berden ist, der zufällig am gleichen Tag wie die niederländische Delegation zurück nach Amsterdam reist — im Coupé neben Seyss-Inquart, dem Reichskommissar für die Niederlande.

Während Anton Mussert,[2] Reichskommissar Arthur Seyss-Inquart (übrigens ein Österreicher) und die anderen einem Vortrag im Presseclub lauschen, heftet Jan Hoek ihnen ein Symbol des niederländischen Widerstandes an die Mützen: kleine, orangefarbene Stückchen Papier, die so hoch wie möglich auf der Mütze angebracht werden und damit eine verbotene Parole signalisieren, nämlich „oranje boven".[3] Erst im Zug auf dem Bahnhof am Potsdamer Platz (gegenüber dem Presseclub am Leipziger Platz) merkt die niederländische Delegation, was man da eigentlich spazierenträgt . . .

Während der Bahnfahrt nach Amsterdam ist das Abteil Seyss-Inquarts übrigens die ganze Nacht hindurch von SS-Soldaten scharf bewacht. Jan Hoek wird gegen

---

2) Ingenieur Anton Adriaan Mussert gründet 1931 die „NSB" (Nationaal Socialistische Beweging Nederland) und wird später von Adolf Hitler zum „Führer des niederländischen Volkes" ernannt. Mussert wird 1945 in Amsterdam wegen Hoch- und Landesverrat zum Tode verurteilt und hingerichtet, ebenso Seyss-Inquart.

3) „Oranje boven" heißt wörtlich „orange oben", übertragen „Hoch Oranien!" Huldigungsruf an die Mitglieder des niederländischen Königshauses. Die Farbe der Oranier ist das Orange. Dieser Hochruf war während der deutschen Besatzung in den Niederlanden verboten.

Kriegsende in einem Lager in Osteuropa liquidiert.

*

Guten Kontakt haben die Berdens auch mit dem Deutschen Giese, einem Mann der Abwehr in nicht unbedeutender Position. Giese, der May Berden für „ein richtiges blondes deutsches Gretchen" hält, achtet bei offiziellen Gelegenheiten darauf, daß sie auch neben ihm sitzt. Mathieu Berden jedoch traut er nicht.

Als er einmal mit den beiden zusammensitzt – es ist schon einiges getrunken worden – nimmt er May beiseite und sagt: „Sie, May, Sie sind deutschfreundlich! Aber Ihrem Mann – dem traue ich nicht über den Weg!"

Mit einem Augenaufschlag antwortet sie ihm: „Aber ich bitte Sie, Herr Giese, jede Frau hat doch ihren Mann in der Hand, nicht wahr . . .?!"

Giese findet, daß May „eine kleine kluge Frau" ist und wechselt für diesmal das Thema.

*

Als Journalist und Auslandskorrespondent in der Reichshauptstadt ist Mathieu Berden neben anderen Vergünstigungen auch „gemäß § 3 der Verordnung vom 1. 9. 1939 zum Abhören ausländischer Sender berechtigt". Er macht regen Gebrauch davon und zieht aus dem, was er in Berlin inoffiziell erfährt und aus den ausländischen Berichten seine eigenen Schlüsse.

Eines Tages erhält sowohl seine Frau vom Abwehrmann Giese wie er selbst von einem guten Bekannten aus dem Reichspropagandaministerium an der Wilhelmstraße den Tip, daß gegen ihn Ermittlungen wegen des Verdachtes auf Spionage in Gang gesetzt werden sollen. Seine journalistische Tätigkeit, so heißt es, sei ja nur ein Vorwand und Tarnung für eine nachrichtendienstliche Tätigkeit zugunsten der Niederländer oder sogar der Engländer.

Das Ehepaar Berden nimmt die Warnung ernst. Mathieu bereitet einen Vorwand vor, so daß er „geräuschlos" aus Berlin verschwinden kann. Er wählt die Form einer simulierten Krankheit. Während eines kurzfristig angesetzten Urlaubsaufenthaltes zu Hause in Maastricht bespricht er die Sache mit seinem Schwager. Der heißt Dr. Mathieu Bogman und ist als Arzt im belgisch-limburgischen Grenzort Mopertingen (unweit von Maastricht) tätig. Doktor Bogman wiederum bittet einen Kollegen in Tongeren um einen Gefallen, denn dieser führt ein umfangreiches Archiv mit Röntgenaufnahmen. „Es war", so erinnert Mathieu Berden sich heute, „das prächtigste Magengeschwür, das man sich nur denken konnte!"

Mit dieser Röntgenaufnahme, einem dazu passenden Krankenbericht, der unter Umformulierung auf den Namen Mathieu Berden lediglich neu geschrieben zu werden brauchte sowie den nötigsten Attesten versehen meldet Mathieu Berden sich in Berlin ab: „Ich habe Ruhe und Erholung nötig, um mich auszukurieren!"

In Maastricht angekommen, macht Mathieu Berden zunächst noch ausgiebig von seinem Presseausweis aus Berlin Gebrauch. Die deutschen Grenzposten zwischen Niederländisch- und Belgisch-Limburg sind beeindruckt und lassen ihn anstandslos damit passieren. Bald hat er Kontakt zu Kreisen des niederländischen Widerstandes. Wenig später muß er ebenfalls „untertauchen“ wie so viele vor ihm in den Niederlanden.

Um den sich jagenden Razzien zu entgehen, taucht das Ehepaar Berden schließlich im Elternhaus Mathieu Berdens unter, einem alten Bauernhof im ländlich still gelegenen Eys[4]) am Wittemer Weg. Am 10. September 1944[5]) kommen die beiden dort an.

Sie halten sich auf dem Bauernhof verborgen, auf dem sich bereits sieben andere „onderduikers“ (niederländisch: Untergetauchte) befinden, darunter auch Adje Paulen, Ingenieur bei den staatlichen Bergwerken DSM in Heerlen. Paulen ahnt an diesem 10. September noch nicht, daß er nur wenige Tage später vorne auf einem amerikanischen Panzer sitzen wird, um den GIs den Weg auf dem Vormarsch in Richtung deutsche Grenze über Heerlen und Kerkrade zu zeigen ... Das wird am 16. September sein, und er erhält zum Dank dafür den „Militaire Willemsorde“, eine hohe niederländische Auszeichnung.

Nach und nach, gleichzeitig mit dem Vorrücken der Amerikaner, füllt sich auch der Keller auf dem Eyserhof immer mehr. Viele Kinder suchen Schutz in dem Tonnengewölbe. Schließlich sind rund dreißig Personen da unten versammelt, auch Jan Brand von der Brauerei in Wijlre.

Die Deutschen, die beim Hof stationiert sind, müssen im Granatfeuer der Amerikaner ihre Stellung zurücknehmen. Mathieu Berden erinnert sich noch gut an Hauptmann Nitsch aus Köln („der war Opernsänger“). Der deutsche Offizier geht aufrecht durch das prasselnde Feuer der Amerikaner! Auf Bitten der Kellerbewohner, die auf die vielen Kinder hinweisen, verlegt Nitsch auch einen Panzengraben, so daß der Eyserhof nicht mehr gar so gefährdet ist.

Und dann endlich kommen die Amerikaner!

In ihrem Slang fragen sie nach einem Telefon. Mathieu Berden macht Meldung, und außerdem: „Wir haben elf Gefangene für Sie!“ Noch heute ist er enttäuscht. Er erwartet, einen Orden zu erhalten. Der Amerikaner sagt aber nur: „Well done, boy, take a cigarette!“[6]) Es war eine Philip Morris ...

Während die Amerikaner weiterziehen, wollen die Berdens so schnell wie möglich nach Maastricht zurückgehen. Also fährt Mathieu mit dem Fahrrad die paar Kilometer zum Rathaus in Gulpen, um sich da nach einer Transportmöglichkeit zu erkundigen.

Anfänglich sagt man ihm, es sei keine Mitfahrgelegenheit vorhanden. Doch dann besinnt sich der Beamte: „Wenn es Ihnen nichts ausmacht — es fährt ein Lastwagen mit verhafteten NSBern[7]) nach Maastricht. Da könnten Sie eventuell noch mit.“ Mathieu Berden ist alles egal — wenn er nur bald in die Stadt an der Maas zurückkehren kann!

Also steigen er und seine Frau in Gulpen mit zu den etwa 35 Männern

4) Eys liegt bei Wittem zwischen Vaals und Gulpen.

5) Am 12. September 1944 betreten Soldaten der d-Kompanie, 1. Bataillon, 117. Infanterie-Regiment der 30. US-Infanterie-Division bei Mesch, Gemeinde Eijsden, erstmals überhaupt niederländischen Boden. Am gleichen Tag beginnt in Aachen die Evakuierung der Zivilisten, die Graf Schwerin am Tag danach stoppt („Die Amis sind da“!, Seite 21 ff). Am 14. September bereits läßt sich US-General Wyman am Vaalser Dreiländerpunkt fotografieren („Schlachtfeld Rheinland“, Seite 16).

6) „Gut, Junge, nimm dir eine Zigarette!“

7) Mitglieder der niederländischen Nationalsozialistischen Partei.

Marlene Dietrich, auch „schönste Großmutter der Welt“ genannt.

Die Diva in der Rolle, durch die sie Weltruhm erlangte: 1930 spielte sie die Titelrolle im Film „Der blaue Engel“. Marlene Dietrich war nach ihrer Emigration in die USA vor allem bei den Soldaten beliebt.

und Frauen auf den Lastwagen. Es ist der 16. September 1944, und die Fahrt soll zum Gefängnis in Maastricht gehen.

„Was habt ihr getan?“ fragen einige Frauen, als die beiden so ziemlich als letzte auf den Wagen steigen.

„Nichts“, sagt Mathieu Berden kurz und knapp. Dennoch denken die Mitfahrenden, daß die beiden auch NSBer sind. Um so größer ist das Erstaunen der übrigen Lastwagenpassagiere, als der Wagen in Maastricht am Oranjeplein hält und die beiden aussteigen dürfen. Große Augen schauen ihnen nach . . .

*

November 1944. Mathieu Berden fährt zum erstenmal wieder mit dem Zug nach Aachen. Unterwegs auf der Strecke über Simpelveld hört er, wie sich zwei andere Passagiere unterhalten. Der eine fragt den anderen, wie es denn in Aachen gehe. „Gut“, antwortet der Gefragte, der offenbar Arbeit in Aachen hat. „Wenn ich vor einem Jahr auch nur eine einzige Minute zu spät kam, dann hieß es immer: ‚Na, ihr Schweinehunde, wo habt ihr euch denn heute wieder herumgetrieben?!‘ Wenn ich aber jetzt eine halbe Stunde zu spät komme, dann höre ich nur freundlich sagen: ‚Ach, sind Sie schon da?‘ “

*

Januar 1945, ein dunkler Wintertag im letzten Kriegsjahr. In Maastricht ist ein Auftritt von Marlene Dietrich im Rahmen der Truppenbetreuung angekündigt. Denn diesseits der deutschen Grenze ist ganz Südlimburg zu einem einzigen Heerlager der Alliierten geworden. Viele der Sanitäts- und Erholungslager sind im Grenzgebiet eingerichtet worden. Marlene Dietrich ist für fünf Uhr nachmittags angesagt, und Charles Eyck, der bekannteste unter den limburgischen Künstlern, soll sie aus diesem Anlaß malen. Mathieu Berden, sein Freund, ist ebenfalls mit von der Partie, als Dolmetscher, denn Charles Eyck ist nahezu taub. Vermittler der ganzen Sache war eigentlich der amerikanische Oberst Lepp gewesen, denn der hatte nach seiner Ankunft in Maastricht den Maler und seine gute Handschrift „entdeckt".

Oberst Lepp ist „Finanzchef" der Neunten Amerikanischen Armee und hat sein Quartier in den leergeräumten Geschäftsräumen der Maastrichter Ofenfabrik Joffroy am Wilhelminasingel aufgeschlagen. Dort gestattet er auch Charles Eyck die Einrichtung eines Ateliers.

Bald häufen sich die Aufträge der Amerikaner. Das Talent spricht sich herum. Sogar die Generäle, die Eyck porträtieren muß, kommen pünktlich auf die Minute ...

Über einen der Amerikaner hat auch Marlene Dietrich von dem Maastrichter Maler gehört. Deshalb besteht sie darauf, bei ihrem Auftritt im Fronttheater[8] in Maastricht von Eyck porträtiert zu werden. Sie habe nur eine halbe Stunde Zeit, läßt sie den Meister wissen. Für 17 Uhr ist die Dietrich, damals „das" Sexsymbol ihrer Zeit, angekündigt. Es wird halb sechs, sechs Uhr, halb sieben – keine Spur von Marlene Dietrich! Da wird Charles Eyck, der

Mathieu Berden, wie Charles Eyck ihn malte, während die beiden auf Marlene Dietrich warteten. Heute hängt das Bild (etwa 35 mal 40 Zentimeter groß) über Berdens Arbeitsplatz.

mit Mathieu Berden ab und zu einen Whisky[9] getrunken hat, ernsthaft böse.

„Setz dich hierhin!", sagt er zu dem Freund. „Ich werde dich jetzt malen – und die Dietrich kann mir gestohlen bleiben!" Innerhalb von zwei Zigarettenlängen entsteht das Porträt auf der etwa vierzig mal fünfunddreißig Zentimeter großen Leinwand. Charles Eyck spuckt den zweiten Zigarettenstummel weg, hält das Bild prüfend vor sich hin und

---

[8] Die Vorführungen fanden in der „stadsschouwburg" statt, dem Maastrichter Stadttheater.

[9] Statt mit Geld wurden die Bilder von Charles Eyck in „Naturalien" bezahlt – meist mit lang entbehrten Genüssen wie Cognac, Zigaretten, Whisky, amerikanischem Weißbrot und „porc" (Schweinefleisch in Dosen).

Marlene Dietrich Ende der Dreißiger Jahre in Hollywood.

Marlene Dietrich in Maastricht, Januar 1945. Damals trat „der blaue Engel“ im amerikanischen Fronttheater in Maastricht auf — dem Stadttheater. Vorher wurde sie im Atelier von Charles Eyck gemalt.

sagt gerade: „Hier, nimm das deiner Frau mit nach Hause!“ — da steht Marlene Dietrich in der Türe seines Ateliers.

Entgegen der getroffenen Absprache hat sie einen ganzen Rattenschwanz von Begleitern mitgebracht!

Als habe es überhaupt keine Verspätung gegeben, nimmt die weltbekannte Filmdiva, in eine beigefarbene Uniformhose gekleidet, auf dem Stuhl vor dem Meister Platz. Dann verlangt sie einen Cognac, und einer aus der Begleitung des Stars zieht eine Falsche und ein Weinglas hervor und gießt ihr ein. Mathieu Berden heute: „Ich konnte es ihr nicht verdenken. Sie wurde von Einheit zu Einheit, von Fronttheater zu Fronttheater geschleppt — und überall das Gleiche. Schwamm darüber!“

Eine halbe Stunde lang dauert die Sitzung. Dann ist der Maler fertig. Die Diva nimmt das Bild wieder ebenso selbstverständlich an sich, wie sie zuvor zu spät gekommen ist — und rauscht ab! Abends dürfen Eyck und Berden jedoch im Maastrichter Stadttheater hinter den Kulissen stehen und dem Auftritt beiwohnen.

Die Dietrich musiziert zur Gaudi der GIs auf einer Säge, die sie zwischen ihren Beinen auf das Podium hinstellt, und macht allerhand Jux und beginnt dann ein Lied zu singen, das die Soldaten hinreißt. Es gibt wahre Beifallsstürme. Die „Zugabe“-Rufe wollen kein Ende nehmen. Erst spät wird die Vorstellung geschlossen. Mathieu Berden aber nimmt ein Ölgemälde mit seinem Bildnis mit, auf dem eigentlich das Porträt von Marlene Dietrich hatte stehen sollen . . .

Marlene Dietrich als amerikanische Truppenbetreuerin: Hier 1945 mit ihrer Mutter nach der Landung in Berlin-Tempelhof.

Als Redakteur mit Mathieu Berden bei Radio Luxemburg im Frühjahr 1945: Patrick Gordon Walker (rechts), späterer britischer Außenminister (Bild: 1964 mit dem deutschen Bundesaußenminister Gerhard Schröder in London).

*

Etwas später tritt Mathieu Berden in den Dienst der Amerikaner. Er arbeitet bei einer Einheit für psychologische Kriegsführung. So kommt er auch nach Luxemburg, um dort an den Radiosendungen (zum Beispiel für niederländische Fremdarbeiter in Deutschland) mitzuarbeiten.

Der Sender Luxemburg ist den Alliierten im Herbst des Jahres 1944 unbeschädigt in die Hände gefallen. Von dort aus werden denn auch bald Sendungen in verschiedenen Sprachen ausgestrahlt, die praktisch jeder in Deutschland hören kann. Die Senderleistung ist so stark, daß man sogar mit dem primitivsten Kristallempfänger noch eine gute Empfangsqualität erzielt. Mathieu Berden wohnt in der Rue Grétry in Luxemburg. Ein paar Mal am Tag sind Nachrichten über den Sender zu verlesen, die vor allem die Fremdarbeiter in Deutschland unterrichten und das deutsche Volk über die tatsächliche Lage im Frühjahr 1945 aufklären sollen. Am Ende jeder Sendung folgen die Mitteilungen des Alliierten Hauptquartiers. Um 24 Uhr abends ist das Programm des Senders jeweils beendet. Die Leitung des Sendebetriebes liegt bei den Amerikanern, aber an der

Radio Luxemburg heute: Der Turm im Park der Villa Louvigny.

Spitze des Rundfunkteams selbst stehen zwei britische Journalisten, von denen der eine nach Beendigung des Krieges einmal britischer Außenminister werden wird: Patrick Gordon Walker und sein Bruder Robin. Die beiden sind als Kriegsberichterstatter bei den alliierten Armeen eingesetzt gewesen.

Zwischen Radio Luxemburg und der Londoner BBC besteht übrigens ein sportlicher Wettstreit: Wer wird die wichtigsten Nachrichten jener Kriegstage wohl als erster bringen? Und vor allem, je näher es auf den Mai und damit das absehbare Ende der Kriegshandlungen zugeht: Wer bringt als erster die Nachricht vom Ende des Krieges?

Tagelang hängen die Redakteure und Sprecher, auch Mathieu Berden, abends bis 24 Uhr im Sendergebäude herum: „Alle Mann an Deck" für den Fall der Fälle, die Nachricht vom Kriegsende!

Dann wieder entspannt sich die Situation, und die Hochspannung, unter der sie alle stehen, weicht. So geht auch Mathieu Berden eines abends schlafen, nachdem er sich ordnungsgemäß abgemeldet hat. Es ist der Freitagabend des 4. Mai 1945. Aber um 20.30 Uhr, kaum ist er richtig eingeschlafen, wird er in rauher Weise geweckt. Über sich gebeugt erkennt er das Gesicht eines amerikanischen Mitarbeiters im Sender.

„Direkt raus und mit zum Sender!" sagt dieser aufgeregt und in militärisch knappem Ton.

„Hier sind Ihre Pantoffeln, da ist der Bademantel. Also los, ziehen Sie an, und ab geht die Post!"

Draußen steht ein Wagen mit laufendem Motor. Kaum sind sie eingestiegen, braust das Auto los in Richtung Villa Louvigny, zum alliierten Sender Luxemburg.

Schon an der Türe des Senders steht ein Mitarbeiter, der Mathieu ein Blatt Papier überreicht. Es ist zu drei Vierteln unbeschrieben, nur oben sind sechs Zeilen mit der Schreibmaschine geschrieben. Darüber steht im Briefkopf als Abkürzung: „SHAEF 4. 5. 1945, Northwest" (Alliiertes Hauptquartier, 4. Mai 1945, Nordwest). Der englische Text – in der Eile haben sich bei der Übermittlung Fehler eingeschlichen:

„All German forces in northern and western Germany, Danmark and Holland have surrendered unconditionally. This was reported tonight by Field Marshall Montgomery in a message to General Eisenhower. The surrender to Field Marshall Montgomery becomes effective at 08.00 hours Central European time tomorrow. The surrender inclydes German forces in Heligoland and Frisian Islands." 10)

Nur einen flüchtigen Blick kann Mathieu Berden unterwegs auf diesen Text werfen. Er wird durch die langen Gänge zum großen Sendesaal geleitet, in dem alle Sprecher für die verschiedenen Sprachen von Radio Luxemburg versammelt sind. 10)

Hastig leiht Mathieu Berden sich ein winziges Bleistiftchen von einem Kollegen aus und beginnt, die niederländische Übersetzung des Textes auf dem freien Raum des Blattes einzutragen. Der Text lautet diesmal:

„Alle Duitsche strijdkrachten in Noord- en West-Duitschland, Denemarken en Holland hebben onvoorwaardelijk gekapituleerd. Dit bericht is hedenavond door veldmaarschalk Montgomery aan generaal Eisenhower overgebracht. De overgave zal morgen vroeg om 8 uur Middeleuropese tijd ingaan. Ook de Duitsche troepen in Helgoland en op de Friesse eilanden hebben gekapituleerd." 11)

Dann ertönen auch schon die Gongs, die jeweils die Trennung der verschiedenen Sprecher und ihrer Sprachen bilden, und so wird bald auch Mathieu Berden nach vorne an das große Mikrofon geschoben. Mit bebender Stimme liest er seine Nachricht und vergißt dabei völlig die Komik der Situation. Er ist der allererste, der seinen Landsleuten die frohe Botschaft vom Ende des Krieges überbringen kann — aber er steht vor dem Mikrofon im Schlafanzug und auf Pantoffeln!

Wenige Minuten später, Mathieu Berden hat sich als Zeitpunkt des historischen Geschehens „20.53 Uhr, Nacht vom 4. auf den 5. Mai 1945"

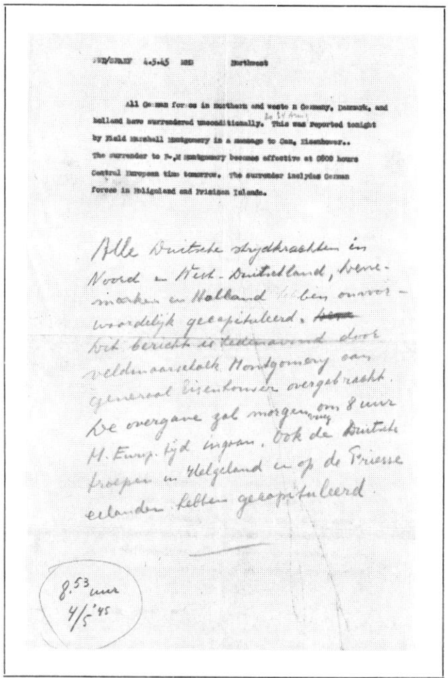
4.5.45 Northwest

All German forces in northern and western Germany, Denmark, and holland have surrendered unconditionally. This was reported tonight by Field Marshall Montgomery in a message to Gen. Eisenhower.. The surrender to F.M Montgomery becomes effective at 0800 hours Central European time tomorrow. The surrender inclydes German forces in Heligoland and Frisian Islands.

8.53 uur 4/5 '45

Der Zettel mit der Nachricht vom Ende des Krieges: Am Eingang des Senders drückt man ihn Mathieu Berden in die Hand. Oben stehen sechs getippte Zeilen in Englisch — unten hat er Platz, die Übersetzung in seiner Muttersprache einzutragen.

auf dem Blatt notiert, bringt auch die BBC die Nachricht.

Patrick Gordon Walker, nach dem Krieg britischer Außenminister, von Mathieu Berden besucht und über das Schnippchen befragt, das die Luxemburger Gruppe der BBC damals schlagen konnte: „London war weit weg vom Geschehen —Luxem-

---

10) Immerhin gab es sechs Millionen Fremdarbeiter in ganz Europa. Ein Chaos nach Beendigung der Kampfhandlungen mußte vermieden werden.

11) Die Übersetzung lautet: „Alle deutschen Streitkräfte in Nord- und Westdeutschland, Dänemark und den Niederlanden haben bedingungslos kapituliert. Diesen Bericht hat Feldmarschall Montgomery heute abend General Eisenhower übermittelt. Die Übergabe wird morgen früh um acht Uhr mitteleuropäischer Zeit beginnen. Auch die deutschen Truppen auf Helgoland und den friesischen Inseln haben kapituliert".

Die Amis sind da: Für Maastricht war dies der 13. und der 14. September 1944. Die Veteranenvereinigung der 30. US-Infanteriedivision, die damals Maastricht erreichte (Beiname: „Old Hickory"), stiftete diese Plakette, die am 30. April 1977 auf dem Vrijthof enthüllt wurde. Hintergrund, Mitte (mit Amtskette): Bürgermeister Alfons M. I. H. Baeten von Maastricht.

burg war nahe dran! Ich glaube, der holländische Widerstand hatte uns den Tip gegeben!"

*

Heute lebt Mathieu Berden in Maastricht im Ruhestand. Über seinem Schreibplatz hängt das Bild, das Charles Eyck von ihm malte. Wenn er es betrachtet, sieht er schmunzelnd rund um seine Glatze die Lokken von Marlene Dietrich auftauchen, die eigentlich auf dem Ölgemälde hätten stehen sollen... Auch Charles Eyck lebt noch bei Maastricht. Er ist über achtzig Jahre alt.

Patrick Gordon Walker ist nicht mehr Außenminister – aber Marlene Dietrich ist noch stets „der blaue Engel": in der Erinnerung ihrer Verehrer und der amerikanischen Soldaten, die sie damals in Maastricht im Stadttheater sahen. Die Diva ist 75 Jahre alt und lebt in Paris [12]) – mit dem Bild, das damals von ihr in Maastricht gemalt wurde?

1958 war Mathieu Berden zufällig in den Vereinigten Staaten. In Kentucky besuchte er die Philip-Morris-Zigarettenfabrik und erzählt einem der Direktoren beiläufig die Geschichte, wie die Amerikaner auf den Eyserhof kamen und der eine Soldat ihm statt des erhofften Ordens eine Zigarette anbot: „It was a Philip Morris!"

Der Direktor gerät aus dem Häuschen. Er telefoniert hastig, und bald darauf kommt jemand mit einem Tonbandgerät angetrabt. Noch einmal muß Mathieu Berden die „story" erzählen – und am Schluß kommt das unvermeidliche Frage- und Antwortspiel:

„And what did you guess ist was?!"

„It was a Philip Morris!"

Er hatte mit dem einen Sätzchen, ohne es zu wissen, genau die Reklamemasche des Tabakkonzerns getroffen, der sogar Leute beschäftigte, um Geschichten zu erfinden, an deren Ende diese „goldenen Worte" standen.

Kurz darauf traf Mathieu Berden einen englischen Kollegen, dem er das amüsante Erlebnis erzählt.

„Und", fragt begierig der Freund, „was hast du dafür verlangt?"

„Nichts", anwortete Berden.

„Was – nichts?! Du bloody fool! [13]) Tausend Dollar hättest du dafür bekommen können!"

---

[12]) Bereits 1939 hat Marlene Dietrich die amerikanische Staatsbürgerschaft erlangt, nachdem sie als Gegnerin des Nationalsozialismus Deutschland verlassen hatte.

[13]) Verdammter Narr.

Johann Richter, Kreuzau-Drove

8

Was uns trennt, sind nur Welten, uns eint ja der Himmel.
(Freddy Derwahl, „Die Wolke")

Der Bomber, der bei Düren runterkam

Ein weißes Haus an der Drover Straße – Die „Schöne der Hölle": Ein Teufelsweib, das auf einer Bombe niederfährt – Die falsche Rechnung von „Bomber-Harris" in London – Luftkampf, Not- und Bruchlandung – 91 tote Luftwaffenhelferinnen – Geheimeinsätze werden nicht als Flüge gezählt – Heinsberg, Düren und Jülich – Flugzeuge in Richtung Rhein! – Der Bomberpulk über Boich – Leutnant Gwinn, dort oben in seiner Maschine – Die „fliegenden Festungen" sind über Grönland gekommen – Einsatz gegen die deutschen Unterseeboote – Die Maschine fliegt, doch ihre Propeller stehen still! – Am Rumpf das Teufelsweib – Per Fahrrad zur Absturzstelle auf dem Acker – Verbotene Fotos mit Hilfe des Freundes – Polen umarmen die Piloten – Die Flieger flüchten in Richtung Wald – Beim Bürgermeister: Angst vor der SS und Fliegerschokolade für die Kinder – „Was fällt euch ein! Da sitzen die da mit dem Feind bei Kaffee und Kuchen!" – Das Flugzeug wird zerlegt und nach Köln gebracht – Was wurde aus der Basis Bassingbourn? – Johann Richters Schwiegersohn ist ein früherer Luftwaffensoldat aus Nörvenich ...

Ein weißes Haus an der Drover Straße in Kreuzau, Ortsteil Drove. Der Architekt, der hier wohnt, hat den Bau 1953 erstellt. Im gepflegten, großen Garten mit dem Schwimmbad züchtet die Dame des Hauses Blumen. Von den vier Kindern leben nur noch Lothar (24) und Claudia im Elternhaus. Die beiden anderen, Melanie und Harald, sind verheiratet und stehen bereits auf eigenen Füßen. Lothar und Claudia studieren Architektur an der Technischen Hochschule in Aachen.
Der Hausherr selbst ist Johann Richter, 55 Jahre alt. Damals, 1943/1944, hat er ein amerikanisches Flugzeug kurz nach seiner Notlandung im Raum Düren zwischen

Johann Richter aus Drove: Damals sah er amerikanische Flieger notlanden – heute hat er einen Schwiegersohn, der US-Luftwaffensoldat war.

Der Bombenkrieg gegen Aachen: Dieses Bild ist aus einer von Eschweiler her gegen Aachen fliegenden Maschine gemacht. Es ist genau das Gelände, auf dem heute Auto Visé und Auto Thüllen, die Druckerei Brimberg und die „Aachener Volkszeitung" und „Aachener Nachrichten" sowie „Allkauf", „Plaza" und die Baustoffunion stehen. Das Verlagsgebäude von AVZ/AN ist genau über dem alten Baggerloch (Lehmgrube) der Ziegelei Thelen errichtet (Bildmitte).
Links der Schienenstrang der Eisenbahnverbindung Aachen—Köln, links davon das heutige Uniroyal-Englebert-Werk (Reifenfabrik). Links über den Schienen die Brücke nach Aachen-Eilendorf, rechts davon Gut Rott. Gut Kalkofen ist ganz am rechten Bildrand im oberen Bild-Drittel erkennbar. Unterhalb der langgezogenen Rauchfahne links die Gelbe Kaserne, etwas unterhalb des weißen, kugelförmigen Rauchpilzes ist die Herz-Jesu-Kirche erkennbar.

Drove und Broich fotografiert. Als er an der Stelle der Notlandung ankam, waren bereits etwa 25 Leute dort, darunter vier deutsche Soldaten, um sich die Maschine anzusehen. Trotzdem hat er es riskiert, Fotos von dem gegnerischen Flugzeug zu machen. Die Besatzung hatte der Maschine den Namen „die Schöne der Hölle" gegeben, und auf dem Rumpf der Maschine war sie auch zu sehen: Ein blondes „Teufelsweib", das auf einer Bombe hernieder fährt! Johann Richter heute: „Man hatte eine gewisse Vorstellung von unseren Gegnern durch die Propaganda. Ich war damals 21 Jahre alt. Als ich die amerikanischen Flieger sah, noch zwei von ihnen, war ich angenehm überrascht: Das sind doch Menschen wie wir, dachte ich."

*

Dezember 1943. Der Bombenkrieg in Deutschland ist in vollem Gange. Die treibende Kraft dahinter ist Air-

Chief Marshal Sir Arthur Harris, der Oberbefehlshaber der königlichen britischen Luftwaffe „Royal Air Force“. Mit der Zeit hat der Luftwaffenoberbefehlshaber den Beinamen „Bomber-Harris“ bekommen. Denn er ist geradezu besessen von der Idee, Deutschland dadurch in die Knie zu zwingen, daß man seine Städte plattbombt. So sollen Durchhaltewillen, Moral und Produktionsstätten der Deutschen vernichtet und das Dritte Reich zur Kapitulation gezwungen werden.

Aber diese Rechnung geht nicht auf. Die deutschen Städte fallen in Schutt und Asche – die deutschen Heere aber kämpfen weiter.

Die „Erfolge“ der von den Alliierten aus der Luft gegen das Reichsgebiet vorgetragenen Luftangriffe haben eine furchtbare Wirkung. Nach einer Untersuchung des Statistischen Bundesamtes in Wiesbaden [1]) kommen 592 000 Menschen [2]) während des Zweiten Weltkrieges im damaligen Reichsgebiet bei alliierten Luftangriffen ums Leben. Die Bomben zerstörten 403 000 Wohngebäude bis auf die Grundmauern. Unter den 593 000 getöteten Menschen sind 537 000 Zivilpersonen, davon etwa fünfzehn Prozent Kinder unter 14 Jahren.

Für den Bereich des heutigen Gebietes der Bundesrepublik Deutschland sind immerhin als Verletzte noch 486 000 Personen ermittelt worden, darunter 16 000 Ausländer und Kriegsgefangene sowie 24 000 Angehörige der Polizei und der Wehrmacht. Allein als Opfer des Angriffes auf Dresden am 13. Februar 1945 werden mindestens 60 000 Menschen angenommen. Die Schätzungen reichen aber sogar bis zur Zahl von 245 000 Opfern!

Pilotenschicksal: Getöteter amerikanischer Flugzeugführer, dessen Maschine zwischen Aachen und Eschweiler abstürzte.

Der Preis, den die alliierten Bomberbesatzungen dafür zahlen müssen, ist auf der anderen Seite aber auch nicht gering.

Das Bomberkommando der Royal Air Force fliegt zum Abwurf von Bomben und Flugblättern insgesamt 364 514 Tag- und Nachteinsätze [3]). Dabei werden 8 325 Flugzeuge [3]) vermißt. Etwa 1 500 Flugzeuge gehen infolge von Beschädigungen durch Luftabwehr und Luftkampf verloren oder müssen not- und bruchlanden.

An personellen Verlusten erleidet die Royal Air Force insgesamt

1) Veröffentlicht 1962.

2) In der britischen Presse ist die Zahl von nur 180 000 statt der 593 000 Bombentoten in Deutschland genannt worden. Diese „niedrige“ Zahl ist unhaltbar.

3) Geheimeinsätze und Verminungseinsätze nicht mitgezählt, da Zahlen nicht bekanntgegeben werden. Die Verluste bei diesen Einsätzen werden auf etwa 330 Maschinen geschätzt.

Pilotenschicksal: Fünf englische und ein kanadischer Luftwaffensoldat liegen im Schatten der Kirche von Sint Maartensvoeren (Belgien) begraben. Sie starben am 5. August 1941 bei einem Absturz. Auf jedem Grabstein steht: „Er starb in einem Bruderkrieg, aus dem wir lernen sollten, in Frieden zu leben."

55 573 Todesfälle unter den fliegenden Besatzungen [4]. Beim Bodenpersonal sterben 1 363 RAF-Angehörige, dazu kommen 91 Luftwaffenhelferinnen, die während ihres Dienstes im britischen Bomberkommando den Tod finden.

Die Statistiker, die den Bombenkrieg gegen Deutschland analysiert haben, teilen die Flüge gegen das Reichsgebiet in sechs verschiedene Phasen mit unterschiedlicher Stärke ein:

1. Oktober 1940 bis Februar 1942: In dieser Zeit werden nur relativ schwache Angriffe geführt. 2 080 Wohngebäude werden zerstört.

2. März bis September 1942: Die zerstörerische Wirkung der Angriffe verstärkt sich. Der erste 1000-Bomber-Angriff gegen Köln wird geflogen, insgesamt 13 797 Wohngebäude werden zerstört. Schwere Schäden erleiden Rostock und Lübeck.

3. Oktober 1942 bis Februar 1943: Deutliche Verbesserung deutscher Flugabwehr. Es werden „nur" 2 165 Häuser vernichtet.

4. März 1943 bis Januar 1944: 43 Großangriffe gegen das Ruhrgebiet, Schlacht um Hamburg, Luftschlacht um Berlin (34 nächtliche Massenangriffe), 162 000 zerstörte Häuser.

5. Februar 1944 bis Juni 1944: Die alliierten Streitkräfte bombardieren in Vorbereitung der Landung in der Normandie besonders Städte und militärische Ziele im deutschen

4) Unterstützt wurde die RAF von der kanadischen Luftwaffe, der neuseeländischen, australischen, polnischen und südafrikanischen Luftwaffe sowie von den Luftwaffen anderer Alliierter und der Dominions im britischen Weltreich.

Auswirkung des Luftkrieges gegen Deutschland: Die „Hotmannspief" in Aachen, 1942.

Eine „fliegende Festung" von Boeing in der Luft: Auf dem Rasen der britische Premier Winston Churchill.

Fotografiert aus der angreifenden Maschine: Flug gegen die Gleisanlagen von Trier.

Westen. 47 000 Gebäude werden durch Spreng- und Brandbomben zerstört. Aachen, das den ersten Luftangriff (neun Sprengbomben, ein Toter) bereits am 12. Mai 1940 erlebt, erhält insgesamt 739 Mal Fliegeralarm und wird besonders im Januar, Februar und März 1944 bombardiert. Großangriffe sind am 14. Juli 1943 und am 11. April 1944. **6. Juli 1944 bis Mai 1945:** Zweiter Höhepunkt des Bombenkrieges. Am 16. November 1944 wird die höchste Tonnenzahl an einem Tage überhaupt über deutschem Gebiet abgeworfen: 9 318 Tonnen bei 1 189 Angriffen, darunter auf Heinsberg, Jülich, Eschweiler, Düren, Rheinsberg, Freiburg, Dresden, Pforzheim, Heilbronn. Der Angriff an diesem Tag wird von Briten und Amerikanern gemeinsam geflogen. Der allerletzte Angriff der RAF gilt in der Nacht vom 2. auf den 3. Mai 1945 der Stadt Kiel. In dieser Phase des Krieges werden 175 000 Häuser „ausgebombt".

*

Unter diesen Umständen ist jedem Deutschen in der Heimat das fast tägliche dumpfe Dröhnen der über den Himmel ziehenden Bomberpulks ein so bekanntes wie unheildrohendes Geräusch. Im Rheinland registriert die Bevölkerung sogar mehr einfliegende gegnerische Maschinen als in anderen Teilen Deutschlands, weil die Region ja direkt quer zu den Haupteinflugschneisen von den britischen Flugplätzen aus zu den Zielen in Mittel- und Ostdeutschland liegt. Auf den britischen Heimatflughäfen sind auch die amerikanischen Luftwaffeneinheiten in Europa stationiert. Johann Richter ist zu jener Zeit 21 Jahre alt. Der junge Mann, technischer Zeichner aus Drove bei Kreuzau (Kreis Düren) kann keinen Dienst als Soldat tun. An diesem Tag [5] ist er nicht ins Büro gegan-

---

5) Das genaue Datum war für mich bis heute nicht feststellbar. Selbst die Einsatzpläne der Amerikaner haben 1943/44 große Lücken. Johann Richter erinnert sich an das Datum des 6. Dezember 1943 oder 1944. Mit Himmelsrichtung, Jahreszeit (auf den erhaltenen Fotos ablesbar), Johann Richters Erinnerung und den aktenkundigen Daten sowie anderen Indizien stimmen am besten überein die folgenden Einsätze: 14. Oktober 1943, 291 Bomber im Angriff auf Schweinfurt, 77 Verlustmaschinen (Angriff auf die Fichtel & Sachs-Werke); am 10. Dezember, 11. oder 18. Dezember 1944: An diesen Tagen flogen 277, 135 und 102 B-17-Bomber gegen die Bahnanlagen in Koblenz-Lützel, die im Zusammenhang mit der Ardennenoffensive und der Truppenverlegung aus dem Süden in die Eifel auffallend mehr Zugbewegungen aufzuweisen hatten. Das Bombardement am 11. Dezember galt im Gegensatz zu den beiden anderen nicht Koblenz-Lützel, sondern dem Verschiebebahnhof Koblenz-Mosel. Bei Nacht-Einsätzen gegen Koblenz sahen rückkehrende Besatzungen den Feuerschein über der Stadt noch von Brüssel aus!

O, ihr Lieben,
Weinet nicht an unserem Grabe,
Gönnet uns den ewigen Frieden,
Den wir jetzt gefunden haben.

Jesus! Maria! Josef! Katharina!

Bei dem Terrorangriff
am 28. Mai 1944
auf unsere liebe Heimatstadt Aachen gaben ihr hoffnungsvolles Leben dahin, wohlvorbereitet durch einen christlichen Lebenswandel

Obergefreiter
Fritz Gorressen
23 Jahre, z. Zt. im Urlaub

Frau Magda Gorressen
geb. Kochs, 23 Jahre

Frau Wwe. Maria Kochs
geb. Ferenschild, 57 Jahre.

Beim Heimaturlaub Opfer eines Luftangriffes: Aachen, 28. Mai 1944. Bei diesem Angriff mit über 130 Flugzeugen gab es 167 Tote. Die jungen Eheleute Magda und Fritz Gorressen erwarteten gerade ihr allererstes Kind – ein Bruder war noch Soldat.

Pilotenschicksal: Eine deutsche Messerschmidt 109 und der getötete Pilot nach dem Absturz bei Stolberg, 1944.

Johann Richter damals: Er beobachtet den Bomberpulk über Boich. Als die Maschinen zurückkehren, ist eine zur Notlandung gezwungen. Richter, von Beruf Architekt, malt auf dem Foto die Burg Nideggen.

gen, weil er seit einiger Zeit heftige Halsschmerzen hat. Die Bomber sieht er zwischen 10 und halb elf an diesem Morgen über Boich hinwegziehen. Die Flugzeuge kommen aus Richtung Aachen und sind auf dem Weg zum Rhein. Mit bloßem Auge sind sie kaum auszumachen – sie fliegen in großer Höhe, jedoch in geschlossenen Pulks. In der südöstlichen Flugrichtung der Maschinen zeichnen sich am Himmel ganz oben viele dicht zusammenhängende Kondensstreifen ab. Wohin die Bomber wohl diesmal fliegen? Johann Richter denkt, daß es wohl amerikanische Flugzeuge sind, die am hellichten Tag herangeflogen kommen. Denn die Engländer und die Kanadier kommen meistens nur nachts. Oder sollte es diesmal anders sein?

Nein! Johann Richters Vermutung stimmt. Hoch oben am Himmel fliegen zum Beispiel die Amerikaner Leutnant Gwinn und Matt Pettera in ihrer B 17 „Flying Fortress" [6]) mit. Sie gehören zur 91. Bombergruppe der 8. amerikanischen Luftflotte.

Diese Luftflotte mit ihren insgesamt vier Geschwadern ist in Großbritannien stationiert. Zwei Stunden zuvor sind sie dort gestartet. Ihre Flugbasis heißt Bassingbourn.

6) „Fliegende Festung". Die B-17 F ist von Boeing gebaut und kann mit zusätzlichen Bombenträgern unter den Tragflächen insgesamt 7 600 Kilogramm Bomben tragen (4 000 kg „Grundladung", 3 600 kg unter den Tragflächen). Das Flugzeug verfügt über vier 1 200-PS-Motoren (Wright R-1820-97) mit Paddle-Blatt-Propellern. Zur Bordbewaffnung zählen 13 Maschinengewehre Kaliber 12,7 mm in drei Waffentürmen und sieben handbedienten Waffenständen. Je Einsatz konnten diese MGs 5 600 Schuß Munition verfeuern. Geschwindigkeit der B-17 F: 563 km/h. Gipfelhöhe: 11 582 Meter. Reichweite: 3 620 km.

Das Hauptquartier der 8. amerikanischen Bomberflotte ist seit April 1942 in High Wycombe; ab 1. Mai 1942 ist General Carl A. Spaatz [7] der Kommandeur der 8. Luftflotte. Die ersten der „Fliegenden Festungen“ haben am 23. Juni 1942 die Vereinigten Staaten verlassen und sind über Grönland und Island nach England gekommen. Die Luftflotte gliedert sich in vier Geschwader.

Die 91. Bombergruppe von Pilot Gwinn und Navigator Pettera gehört zum 1. Geschwader (Bombardement Wing) das nach und nach komplett mit B-17-Bombern ausgerüstet wird. Ende Juli 1942 hat die letzte Bombergruppe des Geschwaders, die 97., all' ihre „Fliegenden Festungen“ erhalten. Kommandant des 1. Geschwaders der 8. US-Luftflotte ist im Hauptquartier in Bramton Grange Oberst Newton Longfellow, dem gleichzeitig auch das 4. Geschwader mit seinen B-27-Bombern untersteht. Das 2. Geschwader fliegt B-24-, das 3. Geschwader B-26-Bomber.

Nach Bewährungsflügen und ersten Einsatzerprobungen in den fünf Monaten von August bis Ende Dezember 1942 fliegen die vier Geschwader bis zum Juli 1943 Einsätze gegen Unterseeboot-Stützpunkte in Deutschland und am Atlantik. Ohne besonderen Schwerpunkteinsatz sind die Flugzeuge dann im Fernkampf von Juli 1943 bis zum Februar 1944 gegen Städte und einzelne Industrie- und Rüstungsbetriebe eingesetzt, darunter auch gegen Aachen.

Von Februar 1944 bis zum Juli 1944 fliegt die 8. US-Luftflotte gegen die deutsche Luftwaffe, ihre Basen, Flughäfen und die Flugzeugwerke. Von Juli 1944 bis Mai 1945 ist die Luftflotte zur Vernichtung der deutschen chemischen Industrie, der Kraftstoffindustrie sowie zur Zerschlagung der Bahn- und Straßen-Nachschubwege eingesetzt [8].

Pilot Gwinn und sein Navigator Pettera können nicht ahnen, daß der Flug an diesem Tag, dem ein junger Architekt von da unten in der Nähe von Düren nachschaut, ihr letzter in diesem Krieg sein wird . . .

*

Es vergehen etwa anderthalb bis zwei Stunden, nach dem der Bomberpulk in Richtung Rhein geflogen ist, da kommen die ersten Flugzeuge wieder zurück. Johann Richter ist wieder auf dem Posten, um sich die Maschinen anzuschauen. Ob sie wirklich die kriegswichtigen Fichtel & Sachs-Kugellagerfabriken bombardiert haben, die angeblich in jeder Woche zwei- bis dreimal bombardiert werden?

Oder galt der Angriff diesmal zum wiederholten Male der Stadt Koblenz, die wegen ihrer charakteristischen Lage am Zusammenfluß von Rhein und Mosel von den alliierten Fliegern so gut auf den Radarschirmen zu entdecken ist? Während Johann Richter gedankenverloren die Maschinen betrachtet, die jetzt bei der Rückkehr nicht mehr so hoch wie heute morgen fliegen, wird er plötzlich hellwach!

Da hinten taucht ein Nachzügler auf! Die Maschine fliegt sehr viel tiefer als die übrigen im Pulk davor.

---

7) Spaatz, Luftfahrtpionier aus deutschstämmiger Familie, wird zwei Jahre später zum Oberbefehlshaber der strategischen Luftstreitkräfte in Europa ernannt. Er starb 83jährig am 14. Juli 1974.

8) So etwa bei Luftangriffen auf Aachen, Hamburg, Schweinfurt, Trier, Gotenhafen, Danzig, Marienburg, Anklam, Münster, Wilhelmshafen, Kiel, Bremen, Innsbruck, Halberstadt, Braunschweig, Magdeburg, Frankfurt, Ludwigshafen, Leipzig, Tutow, Oschersleben und Steyr.

Die Flieger landen nicht auf der Drover Heide beim Drover Berg, sondern drehen eine Schleife. Dadurch vermeiden sie unbewußt die Landung inmitten der deutschen Truppen am Drover Berg. Außerdem ist dort auch ein Truppenübungsplatz und Ausbildungslager für russische Freiwillige, Einheiten der „Wlassow-Armee".
Bild: Der Eingang zum Übungslager der russischen Freiwilligen der Wlassow-Armee auf der Drover Heide (Herbst 1943).

Beinahe wäre die Maschine auf dem Truppenübungsplatz der Drover Heide gelandet: Diese Hinweisschilder (heimliches Foto von 1943) standen am Lager der russischen Freiwilligen der Wlassow-Armee am Drover Berg. In kyrillischen Buchstaben steht „nach Drove" (links), „nach Kreuzau" (rechts) und „nach Soller" (in Richtung Betrachter).

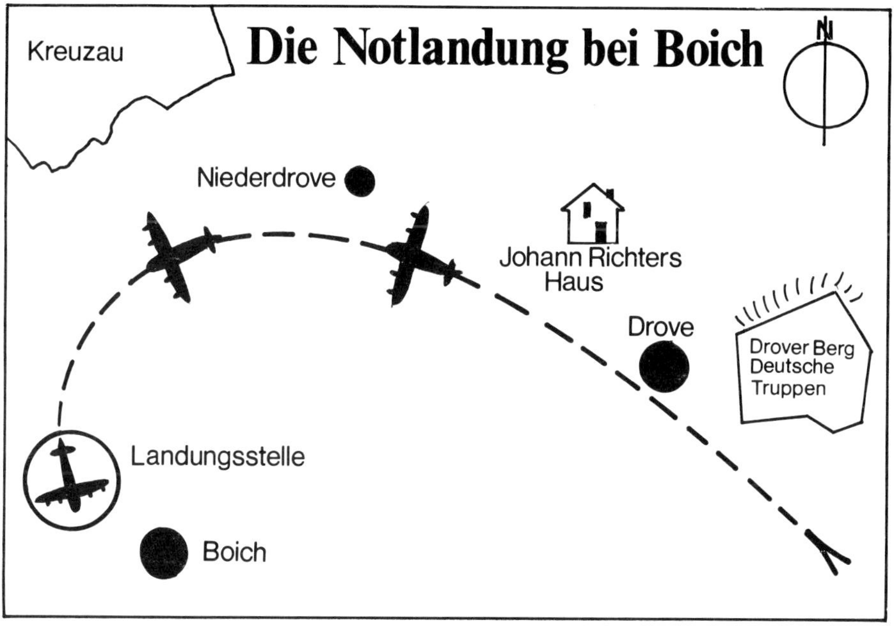

Die Notlandung bei Boich: Die Maschine fliegt eine Runde. Die Piloten meiden damit, ohne es zu wissen, eine deutsche Truppenkonzentration am Drover Berg (rechts).

Deutlich sieht er, daß die beiden linken Motoren der Viermotorigen B 17 offenbar ausgefallen sind. Die Propeller jedenfalls stehen still!

Tatsächlich, es ist eine amerikanische Maschine, wie man deutlich an dem aufgemalten Hoheitszeichen erkennen kann, dem fünfzackigen Stern mit den beiden Balken an jeder Seite. Die beiden linken Motoren der Maschine, so kann Johann Richter sehen, sind zerschossen.

Das Flugzeug verliert schnell an Höhe. Richter ist klar, daß es bald notlanden muß – wahrscheinlich ganz in der Nähe. Denn als die Maschine von Thum her kommend Drove passiert hat – die Piloten ahnen nicht, daß auf dem Drover Berg deutsche Soldaten stationiert sind – geht der Pilot in eine Linkskurve.

Dadurch vermeidet er unbewußt das Truppenübungsgelände auf der Drover Heide. Hier ist auch ein Trainingslager für russische Freiwillige der Wlassow-Armee.

Die Schleife trägt das Flugzeug jedenfalls über die Gemarkungen „Zehnbüchel" und „Auf der Heide" – dann verschwindet es aus Johann Richters Blickfeld hinter dem Horizont. Es ist die Richtung von Üdingen und Leversbach.

Johann Richter überlegt nicht lange. Er möchte wissen, was aus dem „Nachzügler" des heimkehrenden Bomberpulks geworden ist. Vielleicht ist die Maschine auf der Höhe über dem Kirchberg gelandet? „Wenn ich mich beeile", so denkt der junge Mann, „bin ich vielleicht als erster an der Landestelle!" Also schnappt er seinen Fotoapparat, schwingt sich auf das Fahrrad und strampelt los in Richtung Üdingen. Oben auf der Höhe angekommen ist er aber sehr enttäuscht: Hier ist kein Flugzeug zu sehen! Dann suchen seine Augen in der Runde – und tatsächlich, da liegt die Maschine! Sie ist links querab auf einem Acker heruntergekommen. Die Entfernung schätzt er auf 3000 Meter. Dorthin radelt er!

*

Der Landeplatz ist an der Straße von Boich nach Leversbach, südlich davon, genau da, wo die Straße einen Knick nach Westen macht. Der Pilot hat eine sehr gute fliegerische Leistung vollbracht. Denn die Situation, die er unmittelbar vor der Notlandung dort unten vorfindet, ist äußerst schwierig: Mit ständig abnehmender Höhe kommt er auf das vor ihm liegende tiefe Rurtal zugeflogen. Es ist schwer abzuschätzen, ob er überhaupt noch über das Tal hinwegkommen wird und in dem anschließenden, teils bewaldeten, hügeligen Gelände einen Landeplatz finden kann. Also muß er rechts und links nach einem Landeplatz Ausschau halten!

Rechts sieht Pilot Gwinn in der Talmulde den Ort Drove liegen. Weiter daneben ist eine große ebene Fläche die „Drover Heide". Sie wäre gut geeignet für eine Notlandung, aber irgendwie vermeidet Leutnant Gwinn dies, obwohl der gar nicht wissen kann, daß sich auf diesem Gelände ein großer Truppenübungsplatz der deutschen Wehrmacht befindet. Bei einer Notlandung an dieser Stelle würde die Besatzung mitten in der Höhle des Löwen landen! Die Drover Heide ist zu dieser Zeit leicht mit jungen Birken durchsetzt – vielleicht nimmt Gwinn beim Anflug an, dies sei ein Wald. Beim Blick nach links durch das Kanzelfenster sieht er die großen Ackerflächen im Viereck Drove-Boich-Leversbach und Üdingen liegen. Weiter daneben sind die ausgedehnten Wälder der Mausauel und des Hürtgenwaldes – Baumbestände, die sich bis nach Belgien hin erstrecken. Von oben kommt das Gelände dem Piloten ziemlich eben vor, jedoch ist dies keineswegs der Fall. Ausschlaggebend für die Wahl des Landeplatzes ist dann jedoch die Nähe des riesigen Waldgeländes, wie sich noch herausstellt.

Gwinn fliegt also die Linksschleife von 180 Grad, schwebt genau über dem tiefen und etwa fünfzig bis achtzig Meter breiten, nach Üdingen auslaufenden Talgraben in südöstlicher Richtung herunter und findet genau dort, wo dieser Graben zu Ende ist (nämlich direkt hinter der quer verlaufenden Straße von Boich nach Leversbach) einen sanft ansteigenden Acker.

Gwinn landet geschickt. Trotzdem knickt das Fahrwerk der Maschine bei der Landung weg, da die „Fliegende Festung" eine kurz vor der Straße liegende Rübenmiete durchpflügt. Sie ist mit Erde abgedeckt und etwa zwei Meter hoch.

Als Johann Richter an der Landestelle ankommt, sind bereits mehrere Neugierige an Ort und Stelle, darunter auch einige Soldaten aus den umliegenden Orten, die zu diesem Zeitpunkt gerade Heimaturlaub haben. Auch Theo Ramm ist dabei, der Nachbar von Johann Richter. Einer der deutschen Soldaten verbietet den Zivilisten unter den Zuschauern, allzu nahe an das Flugzeug heranzugehen oder sogar hineinzusteigen. Weil er jedoch nicht genügend Helfer hat, kommen einzelne Zuschauer trotzdem für kurze

Die notgelandete „Flying Fortress" (Fliegende Festung) vom Typ B 17 F auf dem Acker bei Boich. Der Pilot hat eine geschickte Landung auf dem leicht ansteigenden Gelände gemacht. Links Teile einer Rübenmiete. Das Foto mußte heimlich gemacht werden, da fotografieren verboten war.

Zeit ganz nahe an die Maschine, darunter auch Johann Richter. Er will das Flugzeug heimlich fotografieren. Das ist streng verboten und steht unter hoher Strafe – also braucht er Hilfestellung bei seinem Vorhaben, Fotos zu machen.

Zum Glück trifft er einen Bekannten aus der Nachbarschaft, den siebzehn Jahre alten Peter Schmitz. Der ist bereit, ihm als Schutz zu dienen und sich dicht vor ihn hinzustellen, wenn Johann blitzschnell hinter seinem Rücken die „Balda"-Kamera aus der Jackentasche holt, sie über die rechte Schulter von Peter Schmitz hält und abdrückt.

Dreimal hat Johann Richter die Gelegenheit, ein Foto von der Maschine zu machen. Einen Belichtungsmesser hat er nicht bei sich, auch die Entfernung kann er nur schätzen. Er fotografiert das Flugzeug jeweils schräg von vorn und von hinten. Dann macht er ein Bild vom Emblem der Maschine. Es ist eine rechts unterhalb der Pilotenkanzel auf den grünen Tarnanstrich der B 17 F gemalte Frauengestalt mit spärlicher Bekleidung, engelhaften Flügeln und einem Dreizack in der linken Hand. Sie sitzt auf einer schräg nach unten niederfahrenden Fliegerbombe. Daneben steht in Großbuchstaben „HELL'S BELLE" – die Schöne der Hölle [9]. Das Haar der Frau ist so gemalt, daß es wie

---

9) andere benutzte Namen für Flugzeuge der 91. Bombergruppe waren zum Beispiel „Lady Luck" (Glücksgöttin), „Desperate Journey" (Reise ohne Hoffnung), „Memphis Belle" (Die Schöne von Memphis), „Sad Sack" (Trauerkloß), „The bad Penny" (schlechter Groschen) und „Just Nothing" (Gar nichts).

Die Kennung der Maschine ist ganz deutlich zu sehen: A 23060 G. Am Heck stehen deutsche Soldaten und diskutieren. Das Heckrad des amerikanischen Bombenwerfers ist deutlich erkennbar – das Fahrgestell vorn ist bei der Landung nach Durchflügen einer Rübenmiete umgeknickt.

Sie läßt ihn nicht mehr los: „Die Schöne der Hölle“, Name und Symbol der bei Drove notgelandeten amerikanischen Maschine. Johann Richter versucht bis heute erfolglos, die Piloten aufzuspüren.

vom Fahrtwind nach hinten gezogen aussieht.

Johann Richter riskiert einen kurzen Blick in das Innere der Maschine – Größe, Ausstattung und Verarbeitung übertreffen alle Vorstellungen, die er sich gemacht hat. Bei den Leuten, die um das Flugzeug versammelt sind, vermischen sich Gerüchte mit wahren Sachverhalten. Es heißt, im Flugzeug lägen noch Bomben, die jeden Augenblick hochgehen könnten. Deshalb sei es äußerst gefährlich, nahe heranzugehen. Dies habe jedenfalls einer der Amerikaner den deutschen Zivilisten zu erklären versucht.

Theo Ramm jedoch, der Nachbar von Johann Richter, weiß es viel genauer. Denn er ist der allererste Deutsche, der bei der notgelandeten „Schönen der Hölle" ankommt.

Theo Ramm ist zwanzig Jahre alt. Als Pioniersoldat hat er in Rußland gekämpft. Jetzt ist er gerade auf Heimaturlaub. Auch er hat wie Johann Richter die immer näher und tiefer fliegende alliierte Militärmaschine kommen sehen und ist mit seinem Vater zu der Landestelle gelaufen. Ramm hat seine Soldatenuniform an, ist aber unbewaffnet.

Als er auf dem Acker ankommt, sieht er noch wie die insgesamt zehn Besatzungsmitglieder aus den Öffnungen des Flugzeuges springen. Zwei in der Nähe auf dem Feld arbeitende Polen laufen winkend auf die amerikanischen Flieger zu. Sie glauben, ihre Befreier seien gekommen, umarmen und küssen die gelandeten Amerikaner nach slawischem Brauch und rufen: „Wir Kamerad Polski!" Obwohl sein Vater ihn zurückhalten möchte, weil er aus Angst vor den Piloten selbst nicht mehr zu nahe an die Gruppe

Das „Maskottchen" der Maschine, die „Schöne der Hölle" (HELL'S BELLE). Die spärlich bekleidete Frauengestalt mit den engelgleichen Flügeln fährt auf einer Fliegerbombe hernieder. In der Linken hält sie einen Dreizack, ihre Haare sind so dargestellt, als ob der Fahrtwind sie glatt nach hinten ziehe.

herangeht, geht Theo unbeirrt weiter auf die Maschine zu.

Währenddessen erkennt er wie mehrere Besatzungsmitglieder, vielleicht vier oder sechs, in Richtung Mausauel-Wald davonlaufen. Soweit er es sehen kann, sind die Amerikaner bewaffnet und haben ihre Marschverpflegung bei sich. Erst später erfährt Theo Ramm, daß die Soldaten zunächst denken, sie seien in Belgien gelandet. Erst nachdem sie mit dem polnischen Fremdarbeiter gesprochen hatten, erkennen sie ihren Irrtum und wollen die belgische Grenze zu Fuß erreichen.

Die anderen Amerikaner bleiben bei der Maschine. Während nach und nach noch mehr Zivilisten über die

Die Besatzung des Bombers, der bei Boich notlanden mußte: Vorn links in der ersten Reihe Pilot Leutnant Gwinn.

Felder herankommen, tritt einer der Piloten vor einen der Motoren und schießt mehrmals mit seiner Leuchtpistole hinein — zunächst vergeblich.

Dann will er es wieder versuchen, kommt aber nicht mehr dazu, denn ein deutscher Soldat von der Feldgendarmerie läuft auf ihn zu, richtet die Pistole auf den Flieger mit der Leuchtpistole und ruft „Hände hoch!"

Dann entwaffnet er alle amerikanischen Soldaten [10].

Die Flieger sehen ihrem Schicksal ziemlich gelassen entgegen. Während dieses Vorfalles steigen übrigens die beiden polnischen Fremdarbeiter, von den anderen unbemerkt, in die Maschine ein und durchsuchen sie nach brauchbaren Gegenständen. Verschiedene Dinge nehmen sie mit, zum Beispiel Lederhandschuhe und Mützen. Danach verschwinden sie spurlos mit den Sachen von der Bildfläche.

Dann wird der Zugang von neu hinzugekommenen deutschen Soldaten abgesperrt. Die amerikanischen Flieger führt man nach Boich zum Bürgermeisteramt. Es geschieht ihnen nichts. Sie müssen lediglich nach Abgabe der Pistolen die Arme hochheben. Bis Boich sind es etwas mehr als tausend Meter . . .

*

Johann Richter, der dem Zug nicht folgt, begegnet kurz danach zwei Be-

10) Der Mann ist inzwischen verstorben.

satzungsmitgliedern der notgelandeten „Fliegenden Festung“ 11). Die Soldaten gehen völlig allein auf der Landstraße und kommen aus Richtung Leversbach zurück. Johann Richter spricht kein Wort mit ihnen — er starrt sie nur an und läßt sie vorbeigehen. Sie sehen nach seiner Meinung gut genährt aus und tragen eine dick gefütterte, dunkle Lederkombination. Sie sind beide nicht sehr groß, findet er. Der eine fällt ihm wegen seiner hellen, rotblonden Haare besonders auf. Die Leute zeigen unterwegs den zwei Soldaten den Weg zum Bürgermeisteramt in Boich, zu dem die übrigen Kameraden bereits gebracht worden sind.

*

Die US-Flieger zeigen sich zunächst beunruhigt, als sie in das Haus geführt werden, an dessen Außenwand ein Schild mit Hakenkreuz und Adler hängt. Die Amerikaner fürchten, so geben sie zu verstehen, der SS ausgeliefert zu werden. Pfarr-Rektor Warler, der mit im Bürgermeisteramt ist, beruhigt die Soldaten und unterhält sich längere Zeit mit ihnen.

Vom Bürgermeister jedenfalls, so erfahren sie, droht ihnen nichts Böses. Denn das Haus von Karl Nolden ist als sehr gastfreundlich bekannt. Er selbst ist Hitler-Gegner. Nolden ist gleichzeitig Bürgermeister, Kirchenrendant und Mitglied des Kirchenvorstandes, eine wahrhaft „gefährliche“ Mischung für die Zeit, in der er lebt. Wiederholt hat man ihn aufgefordert, die kirchlichen Ämter niederzulegen — sonst bekomme er „Schwierigkeiten“. Aber Nolden behält alle seine Ämter, die kirchlichen wie staatlichen.

Die Frau des Bürgermeisters führt die amerikanischen Flieger in die große gute Stube und lädt sie ein, sich zu setzen. Sogleich beginnen die Soldaten, ihre Marschverpflegung auszupacken. Fliegerschokolade, Vitamintabletten und andere Süßigkeiten verteilen sie an die dazugekommenen Kinder und Jugendlichen aus der Nachbarschaft.

Wie ein harmonisches Zusammensein sieht das Ganze mittlerweile aus!

Und weil es so lange dauert möchte Frau Nolden den notgelandeten Soldaten gerne etwas zu essen und zu trinken anbieten — aber sie traut sich nicht so recht. Denn es ist ja verboten, Kriegsgefangenen zu helfen. Um das Problem aber zu lösen, telefoniert Frau Nolden mit einer nahegelegenen Dienststelle der Polizei. Sie teilt mit, daß die amerikanischen Flieger schon so lange dasäßen, daß sie sicherlich Hunger hätten und ob sie denen wohl etwas Kaffee geben dürfe. Dies wird ihr offenbar erlaubt, denn gleich nach dem Gespräch deckt sie den Tisch.

Da es ja immer heißt, die Amerikaner würden am liebsten nur Weißbrot essen, tischt Frau Nolden ihr selbstgebackenes Weißbrot auf, dazu Butter und Wurst, und macht eine große Kanne Kaffee. Die amerikanischen Soldaten werden eingeladen, zuzugreifen, und das tun sie auch!

Frau Nolden denkt währenddessen immer wieder an ihren Neffen, der ebenfalls als Soldat an der Front ist. Deshalb hat sie solches Mitleid mit den amerikanischen Fliegern, und sie stellt sich vor, daß ihrem Sohn das gleiche Schicksal widerfahren könne wie jetzt den Amerikanern. Sie hofft und wünscht, daß er dann auch Glück haben möge und gute Leute finde, die freundlich zu ihm seien . . .

11) Das Baujahr der HELL's BELLE war 1942.

Inzwischen ist auch Pfarr-Rektor Warler in dem Haus erschienen, nachdem man ihm von dem Vorfall berichtet hatte. Der Pfarr-Rektor spricht Englisch, und er unterhält sich auch in dieser Sprache mit den Amerikanern. Trotzdem füht der Pfarrer sich nicht ganz wohl in seiner Haut – schließlich kann er als Pastor als einer der ersten in Verdacht kommen, er sympathisiere zu sehr mit den amerikanischen Feinden!

*

So sind gut drei Stunden vergangen, als vor dem Haus ein Polizeiwagen vorfährt. Zwei Beamte steigen aus. Als sie das Zimmer betreten und die traute Atmosphäre der Szene wahrnehmen, ruft der einer der beiden Polizisten aus: „Was ist euch denn eingefallen?! Da sitzen die hier bei Kaffee und Kuchen zusammen mit dem Feind an einem Tisch!"

Einer der Augenzeugen denkt bei sich, ohne dies natürlich auszusprechen: Die Polizisten kommen sicherlich aus einer Gegend, wo man noch zu Weißbrot Kuchen" sagt ... Frau Nolden aber verteidigt sich. Mit Bestimmtheit erklärt sie, daß sie ja vorher bei einer Dienststelle die Erlaubnis dazu erfragt habe. Diese Erlaubnis sei dann ja auch erteilt worden. Damit geben die beiden Polizisten sich schließlich zufrieden.

Wenig später kommt wiederum ein Wagen vorgefahren. Es ist ebenfalls ein Polizeiauto. Die amerikanischen Flieger müssen in den Wagen einsteigen. Sie werden abtransportiert – wohin und zu welchem Zweck, das wissen die im Haus Zurückbleibenden nicht. Nach einigen Tagen hören sie jedoch, daß zwei weitere Mitglieder der Besatzung der „Schönen der Hölle" im Wald bei Mausauel entdeckt worden sind. Die Flieger hatten versucht, sich nach Belgien durchzuschlagen.

Das Flugzeug selbst ist kurz nach der Landung für jeglichen Zugang gesperrt worden. Tag und Nacht stehen zwei deutsche Soldaten als Wachtposten bei der Maschine. Dann trifft ein Montagetrupp der deutschen Wehrmacht an der Landestelle ein. Die Einheit hat Spezialgerät und einen schweren Transporter bei sich. Sogleich beginnen die Fachleute, das Flugzeug zu demontieren und in einzelne, transportable Teile zu zerlegen. Wahrscheinlich wird die Maschine in allen Einzelteilen von technischen Spezialisten überprüft und nach unbekannten technischen Einrichtungen abgesucht.

Jedenfalls: Nach vier Tagen ist die Landestelle wieder leer. Nur die Spuren des Fahrwerks, das durch die Rübenmiete pflügte, erinnern noch an die Notlandung der „Schönen der Hölle", die ausflog, Verderben über eine deutsche Stadt zu bringen und dann selbst auf deutschem Boden notlanden mußte ...

Trotz all dieser geschilderten Tatsachen gibt es bis heute noch Geheimnisse um die notgelandete Maschine. Denn obwohl Archive und Stiftungen in Großbritannien und Amerika über jedes im Zweiten Weltkrieg gebaute Flugzeug alle Daten gesammelt haben, ist die „Schöne der Hölle" bis heute seit jenen drei Tagen der Demontage spurlos verschwunden – auch „aktenmäßig". Gegen welche Stadt war sie tatsächlich geflogen, als sie den Treffer erhielt, der sie zu Boden zwang? Wer schoß sie ab? Wohin kamen die Maschinenteile? Und vor allem: Wohin wurden die Besat-

Ein ähnlicher Fall aus dem Jülicher Raum: Im November 1944 wurde diese „Fliegende Festung“ vom Typ B 23 von deutscher Flak bei dem Rückflug vom Rhein aus nach Westen getroffen. Einige hundert Meter von Rödingen entfernt mußte die Maschine notlanden. Ein Landwirt, der die Besatzung daran hinderte, die Maschine zu sprengen, erhielt dafür eine Auszeichnung. Auf dem Bild stehen zwei deutsche Soldaten auf (rechts) und an den Propellern. Im Gegensatz zur „Schönen der Hölle“ wurden bei dieser Maschine bei der Landung alle vier Propeller verbogen. Die Kennung der amerikanischen Maschine besteht am Leitwerk aus einem großen „C“. Sie hieß „Satcha Lass“.

Die Maschine „Satcha Lass“, im November 1944 bei Rödingen notgelandet, aus einer anderen Perspektive.

zungsmitglieder gebracht? Wie erging es ihnen? [12]

Johann Richter hat alles versucht, die amerikanischen Flieger zu finden — bisher ohne Erfolg. Immerhin sind vom Typ der „Schönen der Hölle“ insgesamt 4 505 Maschinen (Typ Boeing 17 F) gebaut worden, davon 2 300 bei Boeing in Seattle, 605 Maschinen bei Douglas in Long Beach und 500 bei Vega in Burbank. Und es ist beinahe aussichtslos, unter allen „Fliegenden Festungen“ des Zweiten Weltkrieges (also nicht nur vom Typ „17 F“) zu forschen.

Denn von den 12 731 während des Zweiten Weltkrieges gebauten Fliegenden Festungen sind insgesamt 4 750 abgestürtzt oder notgelandet: Runter kommen sie immer . . .

Auch auf dem englischen Flughafen Bassingbourn, wo das 1. Geschwader der 91. Bombergruppe innerhalb der 8. amerikanischen Bomberflotte stationiert war, hat sich fast alles verändert. Der kleine Tower, der damals auch Pilot Gwinn und Navigator Pettera zu ihrem verhängnisvollen Flug nach Deutschland ein Stück des Luftwegs per Funk begleitete, besitzt seine alte Funktion nicht mehr. Ein Modellfliegerclub darf ihn zur Zeit für seine Zwecke benutzen. Aber die übriggebliebenen Veteranen der 91. Bombergruppe würden gerne ein kleines Museum darin einrichten, in dem Erinnerungsstücke an ihre Geschwader verwahrt werden sollen.

Die Start- und Landebahnen, von denen aus damals die bombenschwer beladenen Maschinen starteten, sind nur noch zur Hälfte da; die andere Hälfte wurde geschleift. Eine einzige „lebendige Erinnerung“ an das Geschwader von damals existiert allerdings doch noch in Bassingbourn — in der Gestalt von Harry Kleine aus der Messe der Bomber- und Luftkampfgruppen der Flotte. Kleine hält die Stellung — er heiratete ein „Bassingbourngirl“.

Johann Richter erging es übrigens ähnlich. Der Mann, der als 21jähriger zum Himmel schaute, um in einer Mischung aus Angst und Neugier den amerikanischen Fliegern da oben am Himmel nachzuschauen, konnte damals natürlich nicht ahnen, daß er selbst einmal einen Amerikaner, Luftwaffensoldat obendrein, zum Schwiegersohn haben würde — genauso wenig, daß es nur wenige Jahre später und nur wenige Kilometer von Drove entfernt einen Natoflugplatz geben würde, auf dem amerikanische Soldaten und Maschinen sozusagen „regelmäßige Gäste“ sind.

Einer dieser Gast-Soldaten war vor ein paar Jahren auch Woodrow („Woody“) Hood, Luftwaffensoldat und Militärpolizist. Der junge Amerikaner in Nörvenich lernte Johann Richters Tochter Melanie kennen und heiratete sie. Ein paar Jahre lang wohnten die beiden sogar im amerikanischen Long Beach — gerade dort, wo während des Krieges 605 der „Fliegenden Festungen“ gebaut wurden.

Die beiden haben zwei Kinder. Woody ist inzwischen in Aachen beschäftigt, in der Forschungsabteilung von Uniroyal-Englebert. Und ihre Wohnung steht in Drove, gar nicht weit von der Absturzstelle. Hin und wieder am Wochenende gehen sie dort spazieren und kommen ganz nah vorbei . . .

---

[12]) Die Spur der Maschine verliert sich (vorläufig?!) in Köln-Longerich. Ein Augenzeuge aus Erkelenz schrieb mir: „Ich sah sie dort in einer großen Halle des Flugplatzes. Es wurde an ihr gearbeitet.“ Seitdem verfolge ich die Spuren in Longerich.

Ritter Pierre van Outryve d'Ydewalle, Brügge

9

Linder schwebt der Stunde Reigen über schon ergrautem Haar, denn erst an des Bechers Neigen wird der Grund, der goldne, klar. *(Aus Stefan Zweigs letztem Gedicht)*

Wie Belgiens Staatsarchiv gerettet wurde

Der Mann, der drei Blumen im Dreieck als Siegel führt – Eine goldene Klingel, ein Amtsbote öffnet – Von Flachsarbeitern und Spitzenklöpplerinnen – 10. Mai 1940: Die Deutschen kommen! – Ein junger Mann als Kabinettschef beim belgischen Premierminister – Belgiens Goldvorrat verläßt das Land – Die Regierung auf einem Schiff in der Girondemündung – „Tirez votre plan! Faites pour le mieux. Comme toujours!" – Sie gehen von Bord der „Baudouinville" – Benzinkanister an der Girondebrücke – Drei junge Leute und vier Lkw – Besuch beim Bischof von Dax – Brief an die Äbtissin wegen 84 Kisten Archivgut – Schwester Oberin denkt an Jeanne d'Arc – Besuch im Tonnengewölbe – Der Konvoi kommt gegen Mitternacht – Im Dorf heißt es: „Die SS war da!" – Nachricht in Bordeaux: „Fahren Sie nach Perpignan!" – Arbeit für den Spionagering „Clarence" – Mit einem deutschen Passierschein Schmuggel an Westflanderns Küste – Das Gewölbe wird geöffnet – Ein Orden für die Nonne – So leben sie heute

25. Februar 1977. Um 7.30 Uhr bin ich in den Wagen gestiegen. In Brüssel sind die Verkehrskreisel noch voller als üblich: In Belgien ist Eisenbahnerstreik. Japanischer Pavillon, Atomium, Vilvoorde. Dann kommen endlich die gemütlichen westflämischen boerderijtjes (Bauernhöfchen). Sie haben noch heute Farben, wie Breughel sie zu malen wußte – nur ein wenig verblichen sind sie durch den meersalzig-würzigen flämischen Wind.

Dann ein Name: „Zwynaarde". Er erinnert an Brügges Niedergang – das war, als im 16. Jahrhundert der Meeresarm „het Zwyn" (sprich: Swinn) versandete, zu Erde (aarde) wurde.

Brügge, die Perle Westflanderns – nur ein wenig mittelalterliche Melancholie über den Bauten ringsum . . .

Ritter Pierre d'Ydewalle heute: Seit 33 Jahren ist er Gouverneur von Westflandern mit Sitz in Brügge. Er wurde als 32jähriger unmittelbar nach Kriegsende auf diesen Posten berufen.

Kabinett des Gouverneurs, Provinzialverwaltung von Westflandern: Das Amtswappen von Ritter Pierre d'Ydewalle.

Auf dem Markt in Brügge ist eine Demonstration: im Zusammenhang mit dem Streik. Doch rundum keine bösen Gesichter. Nur etwas mittelalterliche Melancholie liegt über den Bauten. Hinter dem Rücken der Polizei-Absperrkette ist ein umgitterter Hof. Eine goldene Klingel. Ein Amtsbote öffnet. Dann drinnen nur noch Ruhe. Hier herrscht tiefste Stille wie in einem flämischen Beginenhof. Nur vom Belfort her klingt alle fünfzehn Minuten das Glockenspiel herunter.
Der Hausherr ist ein älterer Mann im dunkelgrauen Anzug. Wir sind im Amtssitz des Gouverneurs des Königs in der Provinz Westflandern. Der Mann hat schütternes Haar und sprechende Augen, die verschmitzt den breiten Balken über dem offenen Kamin streifen. Dort stehen Holzfiguren, Sinnbilder der Provinz rund um Brügge und ihrer charakteristischen Berufe: Der Flachsarbeiter und der Bierbrauer, der Weber, der Tabak-Bauer und der Fischer, der Chefkoch (für den Tourismus), Pferdezüchter und der Hopfenbauer, schließlich: die Spitzenklöpplerin aus Brügge.
Stolz erklärt der 65jährige mir die Vorzüge seiner Heimat. Auf dem Siegelring des Mannes erkenne ich drei eingravierte Blumen im Dreieck unter einer Krone. Diese führt Ritter Pierre van Outryve d'Ydewalle im Schilde – der Mann, der im Zweiten Weltkrieg die Dokumente der belgischen Regierung und des königlichen Hofes vor den anrückenden deutschen Truppen in Sicherheit brachte. Es waren abenteuerliche Umstände.

*

10. Mai 1940. In den frühen Morgenstunden überschreiten deutsche Truppen die niederländische und

die belgische Grenze, unter anderem auch bei Aachen. [1] Der junge Adlige Pierre d'Ydewalle hört die Botschaft nicht ganz unvorbereitet. Als Kabinettschef des belgischen Erstministers Hubert Graf Pierlot und Sekretär des Ministerrates hat er einiges von den vorsorglichen Vorkehrungen miterlebt.

Der junge Beamte hat eine steile Karriere hinter sich. Geboren am 7. Januar 1912 in Brügge, besucht er dort das humanistische Gymnasium. Dann ist er [2] zwei Jahre lang zum Studium der Philosophie und Literatur bei den Jesuiten in Namur. Die vierzehn Monate militärischer Dienstpflicht schließen sich an, bevor er in Löwen Jura studiert, vor allem auch das Kolonialrecht. 1937, er ist gerade 25 Jahre alt geworden, wird er Kabinettschef beim Minister für Landwirtschaft. Schon ein Jahr später ist er Kabinettschef beim belgischen Erstminister, dem Chef der Regierung in Brüssel.

1940 ist Ritter Pierre d'Ydewalle erst ganze 28 Jahre alt – „aber ich sah aus wie ein Jüngelchen von zwanzig, und das sollte mir wenig später noch hinderlich sein!"

D'Ydewalle erlebt mit, wie die belgische Regierung bereits zum Jahreswechsel 1939/1940 beginnt, die Goldreserven der Nationalbank (vier Milliarden Einheiten), nach England und Amerika in Sicherheit zu bringen. Am 14. Mai 1940 wird auch das Hauptarchiv des Staates (Staatsarchiv) nach England in Sicherheit gebracht. Denn die Belgier sind gewarnt durch die Entwicklung im Ersten Weltkrieg [3] – diesmal wollen sie sicher gehen und dem einrückenden Gegner nichts in die Hände fallen lassen [4]. Zurückgeblieben sind bis zu diesem 14. Mai 1940 lediglich noch das Archiv des

„Ich sah mit 28 Jahren aus wie ein Jüngling von 20!" meint Ritter Pierre d'Ydewalle heute. Das Bild zeigt ihn zu der Zeit, als er den schwierigen Auftrag für die belgische Regierung durchführte.

---

1) So war der Aufmarschort für eine der über die Hänge südöstlich von Kloster Mamelis vorrückenden deutschen Truppen das Örtchen Seffent, wie mir General Guderian (junior) berichtete, der bei Mamelis mit die niederländische Grenze überschritt. Ein niederländischer MG-Posten stand an der Kreuzung Nijswiller/Richtung Bocholtz-Simpelveld.

2) Wie sein heutiger Amtsbruder Dr. Louis Roppe in Hasselt, Gouverneur des Königs in der Provinz Belgisch-Limburg.

3) Der belgische Publizist und Militärhistoriker Kurt Grünebaum (Brüssel) schrieb zu diesem Thema: „Während des 1. Weltkrieges gelangten die Deutschen nach ihrem Einmarsch in Brüssel in den Besitz der Geheimakten des belgischen Außenministeriums, vor allem der Berichte der belgischen Gesandten in Paris, Petersburg und Wien an die Außenminister. Ein deutscher Historiker namens Bernhard Schwertfeger bearbeitete diese Dokumente und veröffentlichte eine Reihe von Schriften, die nach seiner Auffassung die Haltung der kaiserlichen Regierung bei Kriegsausbruch 1914 rechtfertigen sollten. Tatsächlich fand dieser Historiker, der den Rang eines Obersten in der preußischen Armee bekleidete und nach 1918 noch eine Rolle in dem Untersuchungsausschuß des Reichstages spielte, der von der Berliner Regierung zur Klärung der Ursachen des 1. Weltkrieges eingesetzt worden war, einige interessante Dokumente. Sie belasteten vor allem die Regierungen in Petersburg und auch in Paris, die sich teilweise recht kräftig an der damaligen Kriegshetze beteiligt hatten." (Zitiert aus „Grenz-Echo", Eupen, 12. November 1976.)

4) Tatsächlich war Belgien im 2. Weltkrieg laut Grünebaum dann „das einzige Land, in dem deutsche Suchkommandos keine Akten oder Dokumente fanden, die irgendwie zu propagandistischen Zwecken hätten ausgenutzt werden können."

„Tirez votre plan!" sagt Erstminister Hubert Graf Pierlot (Bild) zu seinem jungen Kabinettschef Pierre d'Ydewalle. Pierlot ist später mit der belgischen Exilregierung in London.

belgischen Hofes, das Archiv des Erstministers und des Ministerrates (mit allen Sitzungsprotokollen der letzten 25 Jahre) sowie umfangreiche Archivstücke über die gesamte Kongofrage, darunter sicherlich auch Stücke, die für die Deutschen hochinteressant sind [5].

Alles in allem füllt das Material einen riesigen Raum bis unter die Decke – oder aber die Ladefläche von vier Lastwagen! Die Verantwortung zur Sicherstellung dieser Unterlagen wird dem jungen Kabinettschef Pierre d'Ydewalle übertragen. Er hat für diese Aufgabe zwei Mitarbeiter bekommen, die ebenso jung sind wie er, dann vier Lastwagen mit ihren Fahrern, einige belgische Polizisten sowie einen Personenwagen, in dem er mit seinen beiden Helfern sitzt. Dies sind Roger Taymans, beigeordneter Kabinettschef beim Erstminister, 34 Jahre alt, und André de Staercke, Attaché im Kabinett des Erstministers, 26 Jahre alt. Taymans ist in Ixelles geboren, de Staercke in Gent. Sie werden zu dritt ein Abenteuer zu bestehen haben.

*

Am Spätnachmittag des 18. Juni 1940 finden sich der belgische Erstminister Pierlot [6] und sein junger Kabinettschef d'Ydewalle auf der Brücke der „Baudouinville" ein. Es ist ein schöner Sommertag.

Die „Baudouinville" ist eigentlich ein ganz normales Linienschiff, das auf der Strecke zwischen Antwerpen und Matadi [7] eingesetzt ist. Jetzt jedoch liegt das Schiff an der rechten Seite der Girondemündung etwa drei Kilometer von der Brücke entfernt, die Bordeaux mit der Straße nach Angoulème verbindet.

Es ist das Schiff, das die belgische Regierung vor den anrückenden Deutschen in Sicherheit bringen soll!

Erstminister Pierlot bespricht für den Evakuierungsfall alle noch not-

---

5) So zum Beispiel über die auf Wunsch Belgiens vom deutschen Reichskanzler von Bismarck zustande gebrachte „Kongokonferenz", auf der vom 15. November 1884 bis zum 26. Februar 1885 vierzehn Mächte in Berlin tagten und am Ende die „Kongoakte" verabschiedeten, durch die der Sklavenhandel verboten und der „unabhängige Kongostaat" als Eigentum König Leopold II. von Belgien anerkannt wurde.

6) Hubert Graf Pierlot, 1933 in Cugnon (Provinz Luxemburg) geboren, war Mitglied der Katholischen Partei und von 1939 bis 1945 belgischer Erstminister (Ministerpräsident). Nach dem Einmarsch der deutschen Truppen war die belgische Regierung an verschiedenen Orten untergebracht, von Juli bis September 1940 in Vichy, dann bis September 1944 in London. Pierlot starb am 13. Dezember 1963 in Brüssel.

7) Hafenstadt am linken Ufer des unteren Kongo unterhalb der Livingstonefälle.

wendigen Fragen mit seinem Mitarbeiter. Am Abend zuvor erst ist Pierlot mit einem kleinen Kreis von wichtigen Personen und etlichen Ministern aus Poitiers gekommen. Denn dort hatten die Belgier erfahren, daß die französische Regierung Reynaud nicht mehr im Amt und eine neue Regierung unter Marschall Petain installiert ist. Pierlot schneidet alle Fragen an, die mit der Entwicklung innerhalb der letzten zwölf Stunden zu tun haben. Er diskutiert mit d'Ydewalle die Dinge, die jetzt vordringlich zu tun seien. Die ganze Situation ist durch Aufregung und Unsicherheit gekennzeichnet. Die belgische Regierung ist aber trotzdem zu dem Entschluß gekommen, man werde nicht nach England gehen. Da es Pierre d'Ydewalle jedoch nicht unwahrscheinlich vorkommt, daß diese Entscheidung auch wieder mit einem einzigen Federstrich rückgängig gemacht werden könnte, legt er Sonderausweise für den Erstminister und seine Frau, für Roger Tymans und André de Staercke sowie für sich selbst, seine Frau und seine Kinder bereit.

Dann kommt die Sprache auf das Archiv des belgischen Hofes, auf die Akten des Ministerpräsidenten und des Ministerrates sowie auf die umfangreichen Aktenstücke zur Kongofrage. „Die deutschen Truppen rücken in sehr schnellem Tempo vor, Exzellenz! Ich schlage vor, die Akten unmittelbar zu verlagern", sagt d'Ydewalle zu dem Regierungschef. Pierlot, ganz ruhig, wie es seine Art ist, macht eine kleine Pause und schaut seinen Mitarbeiter dann ganz offen an. Er sagt ihm, daß er seinem Vorschlag zustimme. Er gebe ihm bei der Durchführung des Unternehmens „carte blanche" [8]. Natürlich hat Pierre d'Ydewalle sich

Vor Anker in der Gironde-Mündung: Das Schiff „Baudouinville", das von der belgischen Regierung ursprünglich als Rettungsschiff für die Fahrt nach England ausersehen war. Rechts ein deutscher Soldat.

Pierlot erklärt: „Tirez votre plan. Faites pour le mieux. Comme toujours!" [9].

schon vorher Gedanken über die Bergung der Archivstücke gemacht. Die etwa 84 schweren Holzkisten werden zu diesem Zeitpunkt in dem kleinen Ort Sauveterre-de-Guyenne verwahrt, etwa vierzig Kilometer von Bordeaux entfernt. Dorthin war ein Teil der belgischen Staatsverwaltung evakuiert worden.
Pierlot und d'Ydewalle sind sich darüber einig, daß man die wert-

8) Wörtlich „weiße Karte", also: freie Hand, Blankovollmacht.

9) „Schauen Sie, wie Sie zurecht kommen. Aber machen Sie das Beste daraus — wie immer!"

vollen und geheimen Dokumente wohl am besten einer verschwiegenen Klostergemeinschaft anvertrauen solle — möglichst einer Gemeinschaft von Benediktinern oder Jesuiten [10]. Am nächsten Tag, so verbleiben die beiden am Ende des Gespräches auf der Brücke der „Baudouinville", soll Pierre d'Ydewalle die Rettungsaktion beginnen.

*

Mittwoch, der 19. Juni 1940. Frühmorgens um 8 Uhr gehen Pierre d'Ydewalle und Roger Tymans von Bord der „Baudouinville", um ihre Mission durchzuführen. Während er festen Boden betritt, denkt d'Ydewalle daran, wie es wohl seiner Frau und den Kindern ergeht. Zusammen mit Frau Pierlot ist Madame Marie Therese d'Ydewalle, geborene Joos de ter Best, einige Tage zuvor aus Bordeaux in Richtung Süden abgereist. Sie wollen sich nach Lissabon durchschlagen, um dort in Sicherheit zu sein.

Schon beim Einmarsch der deutschen Truppen in Belgien am 10. Mai 1940 hatte das Ehepaar d'Ydewalle vereinbart, daß Frau d'Ydewalle für sich und die Kinder einstehen solle, so daß Pierre d'Ydewalle frei zur Erfüllung seiner dienstlichen Aufgaben zur Verfügung stehen könne. Sohn Axel d'Ydewalle ist erst vier Jahre alt. Danielle ist zwei Jahre und Rosalyn erst ein Jahr.

D'Ydewalle hat sich herzlich von Erstminister Pierlot und Minister Henri Spaak verabschiedet — ihr aller Schicksal ist ungewiß. Niemand weiß, wie bald sie sich wiedersehen, ja, ob es überhaupt dazu kommt. Und wenn die Mission glücken sollte — woran Pierre d'Ydewalle in seiner „unglaublichen damaligen Naivität" [11] selbst nicht einen Augenblick lang zweifelt — wie würde er wohl den Regierungschef oder einzelne seiner Minister in all' dem Durcheinander wieder finden können?

Denn die Erfahrungen der letzten Wochen haben gezeigt, daß man nicht einmal achtundvierzig Stunden im voraus sagen kann, wo sich das belgische Kabinett jeweils gerade befinden wird... Seit einem Monat schon reist die Staatsspitze von Ort zu Ort — und das Archivgut macht alle Ortswechsel mit! Zweite Frage: Wie lange wird die Mission wohl dauern?

Vorsorglich hat Pierre d'Ydewalle am Nachmittag zuvor nach der Besprechung mit Pierlot eine ausreichende Menge Benzinkanister nach Sauveterre-de-Guyenne dirigieren lassen, damit sie wenigstens beweglich sind. Für den eigenen Pkw hat d'Ydewalle sich ein paar Kanister Benzin an der großen Brücke über die Gironde bereitstellen lassen. Alles, was er von der Reise weiß, ist, daß sie in den Süden Frankreichs führen wird, so weit wie möglich weg von den anrückenden deutschen Streitkräften.

Die Fahrt geht nach Sauveterre-de-Guyenne, dem Ausgangspunkt des Rettungsunternehmens. Dort sind die Kisten mit den Dokumenten untergebracht. Sauveterre-de-Guyenne ist ein kleiner Ort mit etwa fünfhundert Einwohnern. Sie wohnen alle rund um einen kleinen Platz, auf dem ein Springbrunnen steht. Der Platz ist von Kolonnaden umgeben, die angeblich von den Eng-

10) Sowohl d'Ydewalle wie Pierlot waren auf dem humanistischen Gymnasium bei Benediktinern. D'Ydewalle hatte später außerdem bei den Jesuiten unter anderem Philosophie studiert.

11) So beurteilt Pierre d'Ydewalle selbst heute die damalige Lage.

ländern gebaut worden sind, damit man dort vor der Sonne geschützt spazieren gehen könne. Auf viele der dorthin evakuierten belgischen Beamten, die davon gehört hatten, machte das mächtigen Eindruck. Sie hatten sich deshalb mit großen Kopfbedeckungen vom Typ „Tropenhelm" versehen – ein komischer Anblick, findet Pierre d'Ydewalle. Haben die noch Sorgen!

Zunächst setzt er sich mit René Lefébure in Verbindung. Er ist der Chef der Generalverwaltung im Kabinett des Erstministers. Das Büro Lefébures ist in einem schönen Zimmer im I. Stock des Bürgermeisteramtes untergebracht. Freudestrahlend gibt er Pierre d'Ydewalle die Hand und stellt ihn dem Bürgermeister des Ortes vor.

„Was können wir für Sie tun, d'Ydewalle?", fragt er dann aufgeräumt den jüngeren.

D'Ydewalle unterrichtet ihn kurz über die letzten Absprachen innerhalb der Regierung und über das Vorhaben, dessentwegen er nach Sauveterre gekommen ist. Interessiert hört der Bürgermeister, ein freundlicher und gelassener Arbeiter, den Worten d'Ydewalles zu. Er hat das volle Vertrauen Lefébures, wie dieser d'Ydewalle in einem unbeobachteten Augenblick zuflüstert, denn der Mann sorgt nicht nur für seine eigenen Kommunalbeamten, sondern auch für die evakuierten belgischen Beamten.

Dann bittet Pierre d'Ydewalle, man möge Attaché André Staercke rufen, der bei den Archivstücken in Sauveterre geblieben ist. Bald kommt der 26jährige. Er zeigt sich hocherfreut über d'Ydewalles Mitteilung, daß er zusammen mit den beiden anderen für die abenteuerliche Mission ausgewählt worden ist. In Sauveterre-de-Guyenne, so erklärt er etwas übermütig, sei es ohnehin zu ruhig – langweilig. Dies sei sicherlich eine letzte, interessante Mission, bevor man ins Exil nach England gehe.

Neugierung fragt de Staercke nach den letzten Entwicklungen innerhalb der Regierung. Doch d'Ydewalle muß ihn zunächst vertrösten. Er verspricht ihm aber, ihn auf dem laufenden zu halten. Kabinetts-Attaché de Staercke ist ihm aus einem anderen Grunde noch sehr wichtig: Er hat an der Sorbonne in Paris studiert – und er kennt einige katholische Bischöfe in Frankreich. Als d'Ydewalle ihm davon erzählt, daß sie nach Südfrankreich müßten – er selbst war noch niemals zuvor in dieser Gegend – schaut André de Staercke auf die Karte, überlegt kurz und tippt dann fest und bestimmt mit dem Zeigefinger auf einen kleinen Punkt auf der Karte. „Dax!" sagte er kurz und knapp. Und: „Ich kenne den Bischof!"

Der könne ihnen sicherlich weiterhelfen. Die Gegend sei ländlich, es werde sich wahrscheinlich eine Möglichkeit finden. Bischof Clement Mathieu werde ihnen jedenfalls helfen!

Gesagt, getan!

Pierre d'Ydewalle erteilt Befehl, die Lastwagen sofort zu beladen. Er notiert die Nummern der verschiedenen Kisten, teilt die Chauffeure ein so gut es geht und überwacht das Beladen selbst.

Die Militär-Chauffeure, die man ihm zugeteilt hat, sind nach seiner Einschätzung ein „schlecht disziplinierter Haufen". Schon von Brüssel her haben die Herren ihre Familien bei sich, und sie können sich offenbar nur schwer an den Gedanken gewöhnen, daß sie ihre Angehörigen nun in Sauveterre-de-Guyenne zurücklassen sollen. Sie palavern, diskutieren und jammern!

Während d'Ydewalle die Gruppe beobachtete, sieht er, wie sich einer der Männer aus dem Staube machen will. Er macht den Brigadier der Fahrer darauf aufmerksam, seiner Meinung nach ein Luftikus ohne viel Initiative, der nur widerwillig seinen Auftrag erfüllt.

Als alle wieder zusammen sind und die Lastwagen endlich beladen, übernimmt d'Ydewalle selbst statt des Brigadiers das Kommando. Zusammen mit Roger Tymans und André de Staercke nimmt er im Dodge-Personenwagen an der Spitze des Zuges Platz. Dann folgen die vier Lastwagen, darin die Chauffeure in Khaki-Uniform, ihre Familien, die sie mit d'Ydewalles Erlaubnis doch mitnehmen dürfen, sowie fünf Gendarmen in blauer Uniform und ein Sicherheitsinspektor.

Als er das Zeichen zur Abfahrt gibt, macht Ritter Pierre van Outryve d'Ydewalle sich keine Illusionen: Wenn sie unbemerkt und ungeschoren durchkommen, dann höchstens deshalb, weil im Lande große Unordnung herrscht und weil auch bei der französischen „Sureté", die ihnen auf den Spuren ist (wie Erstminister Pierlot ihm vertraulich beim Abschied mitgeteilt hatte), zur Zeit alles drunter und drüber geht.

Die Kolonne mit den fünf Wagen rollt an. Aber sie ist noch keine fünfzig Meter gefahren, da hupt es von hinten her: Einer der vier Lkw hat sich überhaupt nicht von der Stelle bewegt!

Die Kolonne muß wieder anhalten. Alle steigen aus, um nachzusehen, was mit dem einen Wagen nicht in Ordnung ist. Die Chauffeure beugen sich vergeblich über den Motor. Schließlich nennt M. Scheuer, Mitarbeiter im Kabinett des Erstministers, Pierre d'Ydewalle den Namen eines tüchtigen Westflamen, der mit in der Kolonne fährt. D'Ydewalle läßt ihn kommen.

Der Mann ist überglücklich, hier in Frankreich einen Landsmann anzutreffen und mit ihm in der heimatlichen Sprache sprechen zu können. Nach wenigen Minuten schon hat er die Ursache für das Streiken des Motors entdeckt: Der Wagen hat Wasser statt Benzin im Motor! Sabotage? Nein! Irgend jemand hat zwischendurch aus einem der in Sauveterre bereitgestellten Benzinkanister den Treibstoff entnommen und den Kanister zur Tarnung des Diebstahls wieder mit Wasser gefüllt!

Der Motor und der Vergaser müssen gesäubert werden. Den Tank lassen sie zunächst mit dem Wasser gefüllt, damit sie Zeit sparen. Statt dessen setzt Pierre d'Ydewalle sich neben den Chauffeur des betreffenden Lastwagens und hält einen Benzinkanister zwischen den Knien. Zum Motor hin ist eine Schlauchverbindung gemacht, so daß stetig Benzin abfließen kann.

D'Ydewalle läßt seinen Lastwagen an der Spitze des Konvois fahren. De Staercke und Taymans bilden weisungsgemäß in ihrem Dodge den Schluß der Kolonne – sie sollen darauf achten, daß unterwegs keiner der drei anderen Lastwagen „verlorengeht" . . . Jetzt kann die Fahrt endlich richtig losgehen!

Im Fünfzig-Kilometer-Tempo bewegen sie sich auf Langon zu. Dort machen sie zum Tanken halt. Es ist genügend Benzin vorhanden – sie sind darauf bedacht, den eigenen, mitgeführten Benzinvorrat stets als Reserve zu behalten und unterwegs beizutanken. Es wird im Ort auch etwas gegessen.

Gerade wollen sie wieder aufbrechen, da kommen drei andere Personenwagen in den Ort gefahren — es sind die Autos mit Frau Pierlot und Pierre d'Ydewalles Frau mit den Kindern. Sie sind unterwegs nach Spanien!

Kurz wird miteinander gesprochen. Natürlich hat keiner von ihnen geahnt, daß es noch einmal zu diesem Treffen kommen würde. Dann wird Abschied genommen. Pierre d'Ydewalle heute: „Der Abschied war nicht dramatisch. Wir hatten beide großes Vertrauen in die Zukunft, und das ist ja dann auch gerechtfertigt worden!"

Unterwegs auf der Landstraße wird der Lastwagen-Konvoi wenig später von den drei Personenwagen, „der kleinen Karawane", wie d'Ydewalle es nennt, noch einmal überholt. Hupen und Winken — dann sind die drei schwarzen Pkw hinter der nächsten Biegung verschwunden.

*

Endlich nähert die Kolonne der Lastwagen sich dem Zielort: DAX! Das südfranzösische Städtchen, am Adour und im Department „Landes" vierzig Kilometer nördlich von Bayonne gelegen, hat nicht einmal 20 000 Einwohner.

Trotzdem hat der Ort Tradition: Die Kelten gründeten an seinen Thermalquellen, deren schwefelhaltiges Wasser hier mit einer Temperatur zwischen 55 und 65 Grad aus der Erde kommt, als allererste eine Niederlassung. Die Römer nannten den Ort als Nachfolger der Kelten „Aquae Tarbellicae". Seit dem dritten Jahrhundert ist Dax Bischofssitz und karolingische Vizegrafschaft.

†

ÉVÊCHÉ D'AIRE ET DE DAX

Ein Brief für die Äbtissin: Er ist mit dem Zeichen des Bischofs versiegelt.

D'Ydewalle läßt die Lastwagenkolonne in einer Seitenstraße halt machen. Bevor er sich zu Tymans und de Staercke in den Dodge begibt, um mit den beiden zum Bischof zu gehen, erteilt er den Chauffeuren Auftrag, sie sollten für ihre Frauen und Kinder ein Nachtquartier suchen. Denn, so sagt er, sie müßten noch eine kurze Fahrt am späten Abend machen, kämen aber dann wieder nach Dax zurück. Er rechnet fest damit, daß der Bischof ihnen helfen kann — und helfen wird!

Aber zunächst sieht es trübe aus. Sicherlich, der Bischof ist nach der Erinnerung von Pierre d'Ydewalle „ein würdiger Prälat, der uns nicht lange warten ließ" — aber: Er glaubt den drei jungen Leuten kein Wort! So sehr auch Pierre d'Ydewalle in aller Ausführlichkeit seine berufliche Stellung und seinen Auftrag in aller Breite darlegt — er kann am Gesicht des Bischofs deutlich ablesen, daß der Kirchenfürst ihnen kein Wort glaubt. Er hat sie in seiner Bibliothek empfangen.

Trotzdem erzählt d'Ydewalle weiter, nachdem er Identität und Auftrag der Dreiergruppe bekanntgegeben hat, und berichtet, was der eigentliche Grund ihres Kommens sei: „Es ist unser Wunsch und unsere Bitte, daß Sie uns ein Versteck zeigen, am liebsten ein Kloster, in dem wir vier

Er ist zunächst sehr skeptisch und „verhört" die drei jungen Leute, die sich als Belgier bezeichnen: Bischof Clement Mathieu von Aire und Dax.

Lastwagenladungen mit vertraulichem Archivgut unterbringen und es so vor dem Zugriff der Deutschen schützen können!"

Der Bischof schweigt. Er gibt zunächst keine Antwort auf die direkte Frage von d'Ydewalle. Statt dessen beginnt er auf eine sehr diplomatische Weise, das Dreigestirn auszufragen. Die drei staubigen jungen Kerle [12]) behaupten, aus Brüssel zu kommen – nun gut! Der Bischof hat an der theologischen Fakultät der Universität in Löwen studiert. Darüber will er jetzt mehr von den angeblichen belgischen Beamten wissen!

Und er fragt sie nach allerhand Dingen, nach Professoren, der Fakultät, dem Ort und anderen Eigentümlichkeiten des dortigen Universitätsbetriebes. Alle drei, Taymans, de Staercke und d'Ydewalle, haben glücklicherweise ebenfalls in Löwen studiert und wissen natürlich auf die Fragen des vorsichtigen Bischofs auf das ausführlichste zu antworten. Auch fragt er die drei nach König Leopold II. André de Staercke schließlich zeigt ihm ein Empfehlungsschreiben des Kardinals van Roey aus Mechelen.

Auch Pierre d'Ydewalle liest das ihm bis dahin unbekannte Schreiben. Er ist nach der Lektüre ganz beruhigt, weil es eine große Hilfe für ihr Vorhaben ist – aber der Bischof bleibt trotzdem weiterhin kühl und enthüllt noch immer nicht seine wahre Meinung. „Von dem", so denkt Pierre d'Ydewalle bei sich, „kann ich gerade bei meinem jetzigen Vorhaben eine Menge lernen!" Schließlich, nachdem er die drei in dieser Weise ausführlich „abgeklopft" hat, stellt der Bischof keine weiteren Fragen mehr. Statt dessen bietet er ihnen drei Unterbringungsmöglichkeiten für die Archivkisten an: in der Krypta der Kathedrale von Dax, in den Kellern des Priesterseminars der Bischofsstadt oder aber in der Benediktinerinnen-Abtei von Poyanne, etwa dreißig Kilometer von Dax entfernt.

Poyanne?

Dabei horchen die drei auf. Benediktinerinnenabtei – 30 Kilometer außerhalb – abgelegen! Sie wollen sich zuallererst die Situation in der

[12]) Ritter Pierre d'Ydewalle äußert heute Verständnis für das Mißtrauen des Bischofs. Unter anderem sagt er: „Ich war zwar 28 Jahre alt — aber ich sah aus wie ein Jüngling von 20!" Dies belegt auch das Foto, das ihn zu jener Zeit zeigt. (Vergleiche Seite 129).

Hier werden die belgischen Geheimakten versteckt: Das Kloster von Poyanne, ein ehemaliges Schloß, aus der Luft gesehen. Später wird das Haus von der SS besetzt – während die Akten dort verborgen sind.

Abtei Poyanne selbst anschauen. Bischof Clement Mathieu schreibt ihnen eine Empfehlung auf ein Blatt Papier und verschließt dies in einem Briefumschlag. Dann übergibt er das Schreiben, erklärt ihnen den Weg und beendet das Gespräch.

*

Zu dritt machen sie sich auf den Weg. Es ist 19.30 Uhr, als sie die Auffahrt zur alten Klosterabtei hinaufkommen. Auf Klopfen wird ihnen geöffnet. Die Schwester Pförtnerin ist erstaunt, daß die Herren einen Brief des Bischofs von Dax vorzeigen und die Schwester Oberin zu sprechen wünschen. Es ist gerade die Zeit der „Erholung" im klösterlichen Tagesrhythmus. Sie bittet, zu warten und kommt nach etwa vier Minuten wieder zurück: „Folgen Sie mir bitte in das Sprechzimmer!"

In diesem Raum geht durch die Hälfte des Raumes ein schönes, kunstvoll durchbrochenes dunkelbraunes Holzgitter. Zwei Minuten warten sie. Dann betritt eine andere Nonne den Raum hinter dem Gitter. Es ist die Oberin des Benediktinerinnenklosters, Madame l'Abbesse Scholastika Cosserat. Der geöffnete Brief des Bischofs von Dax in ihrer Hand schimmert hell durch das Sprechgitter des Zimmers.

Ruhig fragt sie die Männer: „Der hochwürdigste Herr Bischof von Dax hat mir von einem Wunsch berichtet, den Sie haben. Was ist dieser Wunsch, meine Herren?"

Pierre d'Ydewalle taxiert die Äbtissin. Soweit er es erkennen und am Fall hören kann, ist sie eine energische, intelligente Lothringerin mit einem einfachen Gesicht. Sie wirkt

sehr vertrauenerweckend und strahlt Ruhe und Sicherheit aus. Der Brief, den sie in Händen hält, hat den folgenden Wortlaut [13]:
„Der Bischof von Aire und Dax erteilt der Ehrwürdigen Mutter Äbtissin herzlich seinen Segen. Er bittet darum, diejenigen, die diese Mitteilung überbringen, gut und vertrauensvoll aufzunehmen. Er wäre glücklich, wenn Sie es ermöglichen könnten, die Bitte dieser Personen positiv zu beantworten."

*

Das Kloster selbst ist die „Abtei Sankt Eustasius". Es wurde unter dem Namen „Abtei Unserer Lieben Frau von Vergaville" (Notre Dame de Vergaville) anno 966 innerhalb des Bistums Metz gegründet. Ende des 10. Jahrhunderts wurde das Kloster nach Eustasius benannt, nachdem man die Gebeine dieses heiligen Abtes von Luxeuil dorthin überführt hatte.
Bis zum Jahre 1666 erlebte die Abtei verschiedene Phasen der Zerstörung und des Wiederaufbaues. Allein siebzehn Jahre lang mußte die Klostergemeinschaft einmal ins Exil nach Nancy flüchten!
Im Jahre 1792 – Äbtissin war gerade Madame de Lanarche – wurde die Klostergemeinschaft als Folge der Französischen Revolution vertrieben. 1802 formte sie sich wieder neu, diesmal in Luneville. Dann kam sie nach Saint-Die und nahm danach Besitz vom Kloster von Flavigny-sur-Moselle. Das war im Jahre 1824.
1904, unter der Äbtissin Madame Ida Adam, erlebt die Klostergemeinschaft wiederum das Schicksal von Verbannung und Vertreibung – diesmal nach Monte Cassino in Italien. 1921 kehren die Schwestern nach Roville-aux-Chênes zurück. 1935 schließlich wird die Klostergemeinschaft in die Region Landes verlegt – zunächst nach Saint-Pandelon, dann nach Poyanne. Das ist 1936.
Dort in Poyanne wird auch Schwester Scholastika Cosserat am 23. Oktober 1937 von der Gemeinschaft der Schwestern zur Äbtissin gewählt.

*

Auf die Frage der Äbtissin, was der Wunsch der drei Herren sei, wiederholt Pierre d'Ydewalle noch einmal das, was er auch schon dem Bischof von Air und Dax geschildert hat und was dieser anfangs gar nicht glauben wollte: Daß die Dokumente des belgischen Hofes und des Regierungschefs von Brüssel aus seit etlichen Tagen umherirren und von hier nach dort geschoben werden, weil man Angst vor einem deutschen Zugriff auf die vertraulichen Unterlagen habe. Daß der Bischof von Dax ihnen die Benediktinerabtei als Ort genannt habe. Daß sie selbst Wert darauf legen, die Dokumente bei einer verschwiegenen Klostergemeinschaft in Sicherheit zu wissen. Und daß sie jetzt gekommen seien, um die Räumlichkeiten in Augenschein zu nehmen.
„Sind sie denn wirklich so wichtig, diese Papiere?", fragt die Äbtissin.
„Ja, Ehrwürdige Mutter, sehr wichtig! Aber wir können die Sachen natürlich nur mit Ihrer Einwilligung hier unterbringen!" Die Nonne zögert. Dann fragt sie, um Zeit zu gewinnen: „Ist die Ladung sehr groß?" Auch diese Frage wird bejahend beantwortet: „Sehr groß. Mindestens so groß wie dieses Zimmer!" Und Pierre d'Ydewalle zeigt mit einer

---

13) Der Wortlaut des Briefes wäre verlorengegangen, wenn er nicht in den Annalen des Klosters St. Eustase wörtlich aufgeschrieben worden wäre. Daher habe ich ihn.

umfassenden Gebärde auf das Sprechzimmer des Klosters.

Währenddessen überlegt Schwester Scholastika, was sie tun soll. Es geht nicht nur um sie, sondern auch um die Klostergemeinschaft. Und was wird werden, wenn die Deutschen tatsächlich bis hierher nach Poyanne vorrücken? Andererseits: Kann sie ablehnen, wenn der Bischof von Dax die Herren schon empfohlen hat?

Da schießt ihr mit einem Gedankenblitz der Name „Jeanne d'Arc" durch den Kopf — nicht nur, weil sie daran denkt, daß es tapfere Frauen genug in der Geschichte gab, sondern auch, weil sie im Kloster einen Raum hat, der genau diesen Namen trägt: Der „Saal Jeanne d'Arc". Es ist ein Tonnengewölbe.

Ohne zu ahnen, daß binnen kurzer Zeit deutsche SS das Kloster benutzen wird, unter anderem deshalb, weil man vom Turm aus eine so gute Sicht hat, sagte sie ja:

„Meine Herren, ich bin einverstanden. Ich glaube auch, daß wir den richtigen Raum haben. Folgen Sie mir, ich zeige Ihnen den Saal!"

Es ist ein Tonnengewölbe!

Pierre d'Ydewalle ist insgeheim begeistert von dem Raum. Besser hätten sie es gar nicht treffen können! Auch die beiden anderen geben zu erkennen, daß sie den Raum für sehr geeignet halten. Die Äbtissin hingegen zeigt sich immer noch skeptisch. Ob die Herren für die Archivstücke überhaupt einen so großen Raum nötig haben . . ?

Die drei Besucher verabschieden sich und schärfen der Äbtissin ein: „Wir müssen warten, bis es richtig Nacht geworden ist und draußen alles ruhig! In ein paar Stunden werden wir kommen!"

Schwester Scholastika verspricht, alles vorzubereiten. Schon direkt nach der Nachtmette, während die Klostergemeinschaft sich zur Ruhe begibt, steht die Äbtissin wieder auf dem Posten. Sie wartet in der Kapelle und betet. Niemandem von der Klostergemeinschaft hat sie sich anvertraut . . .

D'Ydewalle und seine beiden Begleiter suchen bei ihrer Rückkehr nach Dax ein Lokal, in dem sie noch etwas zu essen bekommen können. Aber alles ist bereits geschlossen. Doch schließlich können sie den Besitzer eines Bistros dazu bewegen, ihnen doch noch etwas herzurichten. Nervös und hastig und schweigsam nehmen sie die einfache Mahlzeit zu sich. Dann gehen sie zu den Lastwagen.

Gott sei Dank, die Familien der Chauffeure haben eine Unterkunft gefunden! Er trägt dem Chef der Fahrergruppe auf, den Familien Nachricht zu geben, daß die Männer in dieser Nacht noch eine Fahrt zu erledigen hätten, aber bald wieder zurückkämen [14]).

D'Ydewalle wartet unterdessen mit den anderen bei den geparkten Lastwagen. Endlich, gegen 22.30 Uhr, kann die Fahrt losgehen — hinein in die pechschwarze Nacht! Pierre d'Ydewalle hat wieder im vordersten Wagen Platz genommen. Die Fahrt geht in Richtung Mont-de-Marsan. In Pontonx angekommen, biegen sie in eine kleine Seitenstraße ein. Die Pflastersteine sind furchtbar holperig. Es beginnt in Strömen zu regnen.

Die Scheinwerfer spiegeln sich auf der pechschwarzen Oberfläche der

14) Weder die Chauffeure noch die Gendarmen wissen genau, was sich in den Kisten befindet. Man hat ihnen lediglich erklärt, es seien Papiere.

Straße, auf die der Regen schlägt. Dann zieht in der Ferne, genau in der Richtung, in die sie fahren, am Himmel ein Gewitter auf. Pierre d'Ydewalle ist kurz eingenickt. Plötzlich schreckt er bei einem Donnerschlag wieder hoch. Sie sind bereits in Poyanne. Dem ortsunkundigen Chauffeur erklärt er, wie er zum Kloster zu fahren hat. Endlich, gegen Mitternacht, biegt die Karawane in die Zufahrt zu dem alten Schloßgebäude ein. Ab und zu erleuchtet ein Blitz gespenstisch die efeuumrankte Kulisse der Abtei.

Tatsächlich, die Äbtissin erwartet sie! Wie ein dunkler Schatten gleitet sie aus einer Seitentüre der Kapelle nach draußen.

„Bei uns ist alles ruhig", sagt sie zu d'Ydewalle, und sie fährt fort: „Ich habe ein Dutzend Kerzen besorgt. Wegen des Gewitters ist der Strom ausgefallen!"

Dann öffnet die Oberin ein Tor, das den Weg zum Innenhof des Klosters freigibt. Einer der Lastwagen bleibt beim Einfahren in den Hof mit der rechten Seite am Gitter hängen. Beim Rangieren zerstört er zu allem Überfluß auch noch eine der Figuren, die zur Verzierung im Klostergarten stehen.

Pierre d'Ydewalle flucht leise auf den unaufmerksamen Fahrer — das bekommen die gutmütigen Nonnen also gratis von den nächtlichen Besuchern dazu! Aber Schwester Scholastika achtet nicht darauf. Sie zeigt den Weg zum Gewölbe.

D'Ydewalle erklärt den Gendarmen, die Kisten würden hier nur für eine oder zwei Nächte abgesetzt. Dann werde eine andere Dienststelle sie wieder abholen und für den Weitertransport an den endgültigen Bestimmungsort sorgen.

Die Polizisten bleiben unbewegt. Es ist ihnen sowieso egal, was mit den verfluchten Kisten geschieht, derentwegen sie hier mitten in der Nacht im Regen herumstehen müssen! Wenn sie nur bald wieder zurück nach Dax kommen können!

D'Ydewalle geht mit nach vorne, um das Gewölbe noch einmal in Augenschein zu nehmen. Es ist ganz leergeräumt, der Boden ist blitzblank — frisch geputzt! Das Ausladen kann beginnen.

Er geht wieder nach draußen zu den Lastwagen und fragt den Inspektor der Sureté:

„Sind alle Kisten komplett?"

„Ja", antwortet dieser.

„Wieviele sind es denn insgesamt?", fragt d'Ydewalle zurück.

„Das weiß ich nicht genau", antwortet der Mann.

„Du dämlicher Idiot!", denkt d'Ydewalle bei sich — „nicht einmal das hast du im Kopf!"

Aber laut gibt er ihm lediglich die Anweisung, die Kisten beim Ausladen zu zählen.

Mitternacht ist vorbei. Das Gewitter aber wird eher stärker als schwächer. Donnerschlag auf Donnerschlag geht über dem Kloster hernieder. Hin und wieder ist der Himmel taghell erleuchtet.

Die Männer keuchen und schwitzen unter den schweren Kisten. Unten im Gewölbe steht die Äbtissin und betet, während sie auf die Träger schaut, „de véritables colosses"[15], wie sie sich später erinnert.

Die Kerzen flackern, wenn wieder einer der schwerbepackten Belgier vorbeikommt. Soldaten und Polizisten ziehen bald ihre Uniformröcke aus. Oben am Wagen steht Pierre d'Ydewalle neben den abgeladenen

15) „wahre Kolosse".

Während der deutschen Besatzungszeit in Frankreich sind in einem Seitenflügel des Klosters von Poyanne sogar deutsche Soldaten untergebracht – aber niemand erfährt etwas von den belgischen Staatsakten, die im Tonnengewölbe unter dem Kloster eingemauert sind.

Kisten und zählt mit. Kiste auf Kiste wird gestapelt. Der Inspektor schreibt die Kisten-Nummern auf.

33, 34, 35 ... 47, 48, 49 ... 59, 60, 61 ... 72, 73, 74 ... schließlich: 82, Kiste 83 und endlich Nummer 84!

Gut anderthalb Stunden sind mit dem Ausladen vergangen. Die Männer haben sich wie eine Prozession in stetem Wechsel zwischen den Lastwagen und dem Gewölbe bewegt. Roger Tymans ist während des Ausladens in den Dodge gekrochen und dort nach den Anstrengungen des Tages vor Übermüdung eingeschlafen.

Ein letzter Kontrollgang mit einer flackernden Kerze, die auf den Ladeflächen der Lkw die Ecken ausleuchtet – alle Kisten sind geborgen! Die Äbtissin kann das Gewölbe abschließen.

Pierre d'Ydewalle schickt die Chauffeure und die Gendarmen zurück nach Dax: „Warten Sie dort bitte auf uns! Im Laufe des Vormittags werden wir zurück nach Sauveterre-de-Guyenne fahren!"

Es ist 1.45 Uhr in der Frühe des Donnerstags, als die Lastwagen die Auffahrt zum Kloster wieder in umgekehrter Richtung verlassen.

*

Pierre d'Ydewalle und seine beiden Begleiter haben keine Unterkunft in Dax. Sie bleiben beim Kloster. Er möchte auch ganz gerne die Sache am nächsten Morgen noch einmal bei Tageslicht in Augenschein nehmen.

Die Äbtissin bejaht sofort die Frage, ob sie Unterkunft habe. Denn es sind etliche baskische Ordensleute in einem Seitenflügel des Klosters untergebracht. Sie sind auf der Durchreise.

Die Nonne geht dorthin und weckt Pater Dumas. Er ist der Hauskaplan des Klosters. Kurz wird er über den Zweck der Mission der drei Herren unterrichtet. Dann empfängt er sie. Die Schwester verabschiedet sich und wünscht den dreien eine gute Nacht.

André de Staercke ist unterdessen schon in ein Gespräch mit dem Priester verwickelt. Er scheint gutherzig bis dorthinaus, und de Staercke schneidet in diplomatischer Weise die Frage an, ob die drei am nächsten Morgen wohl ein Frühstück bekommen könnten.

Roger Tymans flüstert d'Ydewalle leicht spottend ins Ohr: „Wenn der weiter mit solchen Engelszungen redet, dann bekommen wir das Frühstück sogar noch ans Bett gebracht – und ein Mittagessen dazu!" Pierre d'Ydewalle genügt für den Augenblick voll und ganz ein Bett – und sie haben es! Trotz der Feuchtigkeit auf ihrem Strohlager fallen die drei sofort in einen tiefen Schlaf. Schwester Scholastika Cosserat ist inzwischen noch längst nicht schlafen gegangen. Schon während sie Kaplan Dumas holen ging, um den drei Gästen ein Nachtlager zu verschaffen, hat sie bei einer Kontrolle der Türen entdeckt, daß in den Gängen des Klosters noch Bewegung herrscht. Das ist in jenem Flügel, in dem andere Gäste des Klosters untergebracht sind, nämlich die evakuierten Dominikanerinnen von Chesnay.

Eine dieser Schwestern hat die Scheinwerfer der anrückenden Militärlastwagen gesehen und sich ihren eigenen Reim darauf gemacht. Sie weckt ihre Priorin, und diese alarmiert Schwester Marie-Marthe vom Kloster St. Eustasius, da die Äbtissin nirgendwo zu finden ist. So wird im Flur der Apostel Alarm geschlagen! Eine Nonne eilt von Zellentür zu Zellentür, klopft an und flüstert hinein :„Levez-vous, les Allemands sont la!" [16]

Ist das Unternehmen schon gescheitert, bevor die Kisten überhaupt länger als drei Stunden im Gewölbe ruhen? Äbtissin Scholastika Cosserat befürchtet das jedenfalls.

Aber sie versucht, zu retten, was noch zu retten ist.

Den umstehenden Schwestern sagt sie: „Es waren nur Flüchtlinge, die eine Unterkunft suchten – ich mußte sie leider abweisen." Und sie schickt eine ältere Schwester rund – die einzige, die außer ihr selbst und dem Kaplan noch vom wirklichen Sachverhalt weiß – und läßt diese überall verkünden :„Il n'y a rien du tout! Allez vous coucher!" [17] Dann gehen sie alle schlafen.

Donnerstag, der 20. Juni 1940.

Pierre d'Ydewalle und seine beiden Begleiter sind gegen sieben Uhr wieder auf den Beinen. Nach einem hastigen Frühstück verabschiedet d'Ydewalle sich von der Äbtissin. „Bedenken Sie es gut, es geht um eine ernste und wichtige Angelegenheit", schärft er ihr nochmals ein. „Nur der Bischof in Dax weiß außer Ihnen, worum es geht!"

Und er weist sie nur ungern aber wahrheitsgemäß darauf hin, daß sie sogar standrechtlich erschossen werden könne, wenn man einige die-

[16] „Steht auf – die Deutschen sind da!"

[17] „Es ist überhaupt nichts – also, geht wieder schlafen!"

ser Dokumente entdecke und erfahre, daß diese mit ihrem Wissen im Gewölbe versteckt worden seien. Dann wünschen sie sich gegenseitig viel Glück. Die drei Belgier fahren zurück nach Dax.

Aufgeregt kommen ihnen dort die Männer entgegen, als ihr Wagen hält. Sie hätten, so berichten sie, große Angst um ihre Frauen und Kinder ausgestanden. Denn man kenne hier die blauen belgischen Uniformen nicht und habe sie für deutsche Soldaten gehalten.

Pierre d'Ydewalle ist erstaunt darüber, daß solche Deutungen möglich sind. Er gibt Befehl, vollzutanken und gibt gleichzeitig den Chauffeuren und den Gendarmen eine Runde aus. Die Männer werden zusehends ruhiger und beginnen, das Thema zu wechseln.

Dann gibt d'Ydewalle das Zeichen zum Aufbruch. Die Fahrt geht zurück über Pontonx, Mont-de-Marsan und Langon nach Sauveterre-de-Guyenne, dem provisorischen Sitz der belgischen Regierung.

Zur gleichen Zeit, als sich der Konvoi der vier leeren Lastwagen mit dem Dodge-Personenwagen an der Spitze in Richtung Heimweg in Bewegung setzt, spricht die Äbtissin Scholastika Cosserat im Kloster St. Eustasius zu ihrer Kommunität.

Unter anderem erklärt sie ihren Mitschwestern: „Ihr seid heute Nacht unnötig geweckt worden. Das war ein Mißverständnis. Alles, was bereits hier erzählt wird, ist gar nicht so. Es waren keine deutschen Soldaten und auch keine SS-Leute hier! Vielmehr waren es Fremde auf der Flucht, die ich jedoch abweisen mußte. Ich bitte euch, um nicht weiteren Gerüchten Vorschub zu leisten, ab sofort Stillschweigen über den nächtlichen Vorfall zu bewahren. Unsere Sicherheit darf nicht durch allerlei tollkühne Vermutungen gefährdet werden!"

Dann schickt sie die Schwestern fort — jede an ihr Tagewerk. Von dieser Stunde an fällt im Kloster St. Eustasius tatsächlich Schweigen über jene Nacht . . .

Für die Äbtissin jedoch noch nicht. Denn am Abend dieses Donnerstags meldet die Schwester Pförtnerin ihr den Besuch des Bürgermeisters von Poyanne.

Kühl und beherrscht, wie es ihre Art ist, tritt sie ihm im Besucherzimmer entgegen, wie stets durch das Gitter getrennt. Der Bürgermeister ist einigermaßen aufgeregt. Er verlangt Aufklärung über den nächtlichen Vorfall im Kloster. Er bringt vor:

„Bei uns im Ort herrscht Aufregung unter den Bewohnern. Die Leute sind durch den nächtlichen Besuch belgischer Gendarmen beunruhigt. Man ist alarmiert. Mir wurde von verschiedenen Seiten berichtet, daß die belgischen Polizisten schwere Kisten ausgeladen und diese im Schloß untergebracht haben — Kisten, in denen deutsche Soldaten verborgen waren — vielleicht sogar SS!"

Die Oberin bleibt äußerlich unbewegt — so sehr sie auch im Innersten erschrocken ist.

„Das sind Gerüchte Herr Bürgermeister! Es stimmt, daß in der vergangenen Nacht belgische Soldaten hier gewesen sind. Ich habe ihnen jedoch keine Unterkunft geben können, um die mich die nächtlichen Besucher gebeten haben. Deshalb sind Sie auch nach Dax zurückgekehrt, wie Sie unschwer nachprüfen können. Lediglich die drei Führer der Gruppe haben die Nacht im Stift verbracht und sind heute morgen ebenfalls nach Dax zurückgekehrt!"

Der Bürgermeister gibt sich mit dieser vagen, aber einleuchtenden Antwort zufrieden. Auch das Interesse der Menschen in Poyanne wird schon bald durch andere Ereignisse in Anspruch genommen — zum Beispiel durch die dann tatsächlich erfolgende Ankunft der deutschen Besatzer!

Die Äbtissin jedoch bleibt nach diesem Zwischenfall beunruhigt. Sie stellt sich selbst im Gebet unter den Schutz des Himmels und bringt eine Figur des heiligen Michaels in das Gewölbe, um sie dort sozusagen als Wächter stehen zu lassen, „ce que garde le Seigneur est bien gardé!" [18]

Dann läßt sie das Gewölbe durch eine der Dominikanerinnen zumauern und auf der Außenwand Putz auftragen. Dies soll eine Vorsichtsmaßnahme für den Fall sein, daß die Deutschen das Kloster einmal durchsuchen, daß sie sich hier einquartieren oder sogar für den Notfall, in dem die Klostergemeinschaft evakuiert werden sollte.

Wenn das Letztere eintreten sollte, so hat die Oberin insgeheim bei sich beschlossen, dann würde sie mit zwei oder drei freiwilligen Schwestern hier in Poyanne bleiben, um das Archiv so gut es eben geht zu bewachen . . .

Inzwischen ist der Konvoi mit den Lastwagen wieder in Sauveterre-de-Guyenne angelangt. Pierre d'Ydewalle beschließt, hier das Mittagessen einzunehmen. Während des Essens wird ihm ein versiegelter Brief überreicht. Er ist durch einen Kurier dem Bürgermeister des Ortes überbracht worden, den er auf dem Hinweg kennengelernt hat. Der hat ihn weiterleiten lassen, als er von der Ankunft der Lastwagenkolonne hörte.

Im Schreiben heißt es als Mitteilung der belgischen Regierung lapidar: „Wir sind in Bordeaux. Folgen Sie uns dorthin." Nach dem Mittagessen fahren sie also weiter in Richtung Bordeaux.

Als sie aber dort angekommen sind, ist die Regierung bereits nach Perpignan ausgewichen. Es herrscht ein unbeschreibliches Durcheinander. Erst nach ein paar Tagen findet er wieder Anschluß an die Regierung. Sie residiert in Vichy.

Mitte Juli kehrt auch Pierre d'Ydewalles Familie dorthin zurück. Bis nach Madrid fährt er ihr entgegen [19], um sie abzuholen.

Ende August begleitet er auch Regierungschef Hubert Pierlot und Minister Paul Henri Spaak bis an die spanische Grenze. Er selbst kehrt um. Pierlot und Spaak werden zwar in Spanien interniert, können aber entweichen und gelangen im Herbst 1940 über Portugal nach England, dem Sitz der belgischen Exilregierung bis Kriegsende.

Pierre d'Ydewalle bleibt noch bis Oktober 1940 in Frankreich. Dann kehrt er mitsamt seiner Familie heim und wohnt in Sint Andries bei Brügge, wo auch seine Eltern leben. Sie nehmen die junge Familie in ihrem Hause auf.

*

Währenddessen hat es die Äbtissin im Kloster in Poyanne nicht einfach. Dank ihrer Wachsamkeit und Geschicklichkeit hat sie es vermeiden

---

[18]) „Denn was der Herr bewacht, das ist gut bewacht."

[19]) Die Familie war nach der Flucht über die französisch-spanische Grenze mit dem Zug bis nach Lissabon gefahren und hatte dort die Entwicklung abgewartet.

können, daß deutsche Besatzung das Kloster beschlagnahmt. Lediglich ein Seitenflügel ist für die Unterbringung von Pferden und der sie betreuenden Soldaten requiriert worden.

Der Kommandant hat der Äbtissin gedroht: „Wenn Sie nicht dafür sorgen, daß die Pumpe stets einwandfrei Wasser in den Seitenflügel liefert, sehen wir uns gezwungen, das Kloster zu besetzen und selbst für die Wasserzufuhr zu sorgen!"

Die Oberin fühlt sich persönlich verantwortlich für die Sicherheit des Klosters. Und so kommt es, daß sie während der gesamten fünfzehn Monate, in denen die Soldaten mit den Pferden im Seitenflügel einquartiert sind, Nacht für Nacht in den Keller hinabsteigt, um sich vom Funktionieren der Pumpe persönlich zu überzeugen . . .

*

Im Sommer 1940 erhält die Äbtissin Besuch vom Schatzbewahrer des belgischen Hofes. Der Herr berichtet ihr, daß er vom Bischof von Dax komme und dieser ihn an sie verwiesen habe. Er verlangt, die Kisten mit den Archivstücken zu sehen. Schwester Scholastika Cosserat kann ihn lediglich in das Gewölbe führen und auf die gekälkte Mauer zeigen: „Da hinten liegen die versiegelten Kisten! Sie sehen ja selbst, daß die Mauer unversehrt ist."

Wenige Monate später, am 18. Januar 1941, kommen zwei deutsche Offiziere in die Sprechzelle des Klosters und verlangen die Erlaubnis, den Turm des Schloßgebäudes zu besteigen, um Fotos zu machen. Die Äbtissin weigert sich. Denn sie müßten zu diesem Zweck am Gewölbe vorbeigehen . . . Die Gefahr geht vorüber — die deutschen Offiziere bleiben trotz der Weigerung höflich und ziehen wieder ab. Das Geheimnis bleibt gewahrt. Nicht ein einziger Verdacht fällt weiterhin auf die Abtei — trotz der deutschen Besatzung ringsum!

*

Ritter Pierre van Outryve d'Ydewalle hat zu jener Zeit ein weit unruhigeres Leben. Er hat einen „Passierschein" der Deutschen für das Sperrgebiet unmittelbar an der Küste und arbeitet mit im regionalen Widerstand gegen die Deutschen rund um Brügge. Er ist am Schmuggel von Fleisch und Kartoffeln beteiligt, die von der Küste aus durch das Sperrgebiet ins belgische Landesinnere gebracht werden, und dort unter anderem den „Leopold-III.-Heimen" zugute kommen. Die meisten Lieferungen gehen nach Brüssel und nach Antwerpen. Zwei Jahre lang, bis Ende 1942, arbeitet er so im örtlichen Widerstand. Das Geld zum Kauf der Nahrungsmittel kommt auf verschlungenen Umwegen aus England — von der belgischen Exilregierung.

Dann wird er Mitglied des belgischen Widerstands- und Spionageringes „Clarence", der die Alliierten mit Informationen aus Belgien versorgt — unter anderem natürlich auch über die Stärke und Bewegungen deutscher Besatzungseinheiten. Der Chef von „Clarence" ist Direktor bei der belgischen Telegrafie- und Postverwaltung in Brüssel. Während der ganzen Zeit haben die Leute von „Clarence" Funkverbindung mit England [20].

[20]) Ende Mai 1940, im Zuge der Evakuierung bei Dünkirchen, war Pierre d'Ydewalle zusammen mit Regierungschef Pierlot mit nach England gegangen. Nach zwei Tagen kehrten sie jedoch über Paris wieder zurück.

Am 8. September 1944 erreichen die Befreier auch Brügge [21]. Es sind die kanadischen „Manitoba Dragoons“ [22] der 1. Kanadischen Armee unter General Crear. Pierre d'Ydewalle hat sich in den letzten Tagen auf dem Speicher eines Bauernhofes verbergen müssen. Er weiß, daß die „Geheime Feldpolizei“ Unterlagen in die Hand bekommen hat, die ihn kompromittieren — deshalb muß er sich verstecken, damit er nicht noch ganz zuletzt ein Opfer der nervös gewordenen deutschen Besatzer wird.

Als unten am Hof die kanadischen Panzer vorbeirasseln, kommt Pierre d'Ydewalle aus seinem Versteck und gibt sich zu erkennen. Zwar hat er — aus Vorsicht vor seinem Untertauchen — die Erkennungszeichen von „Clarence“ nicht bei sich, wohl aber kann er den Kanadiern alle Pläne und Unterlagen der deutschen Verteidigung in der Region Brügge aushändigen — willkommene Hilfe für die Panzerbrigade, die an der Scheldemündung zwischen Breskens und Vlissingen noch harte Kämpfe zu bestehen und entsetzliche Verluste zu erleiden haben wird [23].

Vier Tage später! Es ist der 12. September 1944. In Brüssel, das bereits seit neun Tagen wieder frei ist, sind Montgomery und Eisenhower sowie der Oberbefehlshaber der niederländischen Streitkräfte Prinz Bernhard der Niederlande zu wechselseitigen Konferenzen zusammengetroffen.

Auch die belgische Regierung hat längst mit der Arbeit begonnen. Und Erstminister Hubert Pierlot hat Pierre d'Ydewalle eine Nachricht schicken lassen, er möge doch einmal nach Brüssel kommen.

An diesem 12. September ist er da, um den Regierungschef zu sprechen. Der mit seiner Exilregierung aus London zurückgekehrte Pierlot fragt d'Ydewalle, ob er Lust habe, Gouverneur von Westflandern mit Sitz in Brügge zu werden? Der Innenminister wenigstens habe ihn für den Posten vorgeschlagen [24]. Die Ernennung gelte zunächst zwei Monate, wenn er überhaupt das Amt antreten wolle.

D'Ydewalle nimmt ohne Zögern an. Er ist 32 Jahre alt und tatendurstig. Die Verwüstungen im Küstenstrich rund um Brügge sind enorm, Kortrijk hat unglaublich viel gelitten. Pierre d'Ydewalle macht sich an die Arbeit — „zuverlässig wie immer“. Seine Ernennung wird nach den beiden Monaten verlängert. Gegen Jahresende 1945 wird er endgültig zum Gouverneur von Westflandern ernannt.

*

Kurz danach, am 12. Januar 1946, erhält Schwester Oberin Scholastika Cosserat im Kloster von Poyanne einen Brief von Bischof Mathieu von Aire und Dax. Das Schreiben hat folgenden Wortlaut:

„Der Bischof von Aire und Dax freut sich, Ihnen mitteilen zu kön-

---

21) Für eine ausführliche Darstellung dieses Kriegsgeschehens mit Zeichnungen, Fotos und Augenzeugenberichten siehe: Charles Whiting/Wolfgang Trees: Van dolle dinsdag tot bevrijding — ons langste oorlogsjaar. Haarlem-Bussum, 1977, Seite 48/49 ff.

22) „Manitoba Dragoner“. Manitoba ist eine kanadische Provinz mit der Hauptstadt Winnipeg.

23) Deutsche Batterien in Vlissingen und Breskens sperrten mit einem „eisernen Riegel“ aus Geschützfeuer die Westerschelde-Mündung und damit den Zugang zum Hafen Antwerpen.

24) Innenminister de Schrijver. Er stammte aus Gent, und Pierre d'Ydewalle erfuhr später, daß der Innenminister bei einer Diskussion über die möglichen Kandidaten gesagt hatte: „Den d'Ydewalle kennen wir gut. Und er kennt die Gegend dort gut. Er stammt von dort — also los!“

nen, daß die belgische Regierung Sie zum Offizier im Leopoldsorden ernannt hat und Ihnen als Entgelt für die Bewachung des Archivs eine Summe von 50 000 belgischen Franken zukommen läßt. Das Archivdepot soll in den ersten Februartagen eröffnet werden. Halten Sie sich bitte bereit.

Wenn Sie nichts dagegen haben, werde ich die Verleihung des Ordens in der Kirchenzeitung veröffentlichen lassen. Meinen väterlichen Segen mit allen persönlichen Glückwünschen erteile ich Ihnen von ganzem Herzen!"

Am 8. Februar 1946, nachmittags, trifft die Delegation ein, die das Archivgut wieder abholen soll. Bischof Mathieu ist dabei, der belgische Botschafter in Frankreich mit seiner Gattin, der Generalinspekteur der belgischen Gendarmerie und ebenso derjenige der französischen Polizei. Weiter sind eine Zahl französischer und belgischer Offiziere mitgekommen.

Wichtigstes Delegationsmitglied jedoch ist jener Mann, der im Auftrag des belgischen Prinzregenten selbst kommt: der erste Kabinettschef von Prinz Karl, André de Staercke, der einzige von der gesamten Gesellschaft, der damals bei der mitternächtlichen Verladung der Archivkisten mit dabei gewesen ist! Auch seine Frau ist mitgekommen, um die Öffnung des Gewölbes zu erleben.

Der Konvoi der Personenwagen ist von vier amerikanischen Lastwagen begleitet, die den Rücktransport der Kisten nach Brüssel übernehmen werden.

Zwei deutsche Kriegsgefangene werden geholt. Sie müssen die von den Dominikanerinnen gemauerte Wand wieder aufbrechen. Die Arbeit dauert nicht sehr lange. Als erster meldet sich der Generalinspekteur der französischen Polizei. „Phantastisch!", ruft er aus: „Wie haben Sie das ohne unser Wissen nur so lange verbergen können?! Unsere Glückwünsche!" [25]

Alles im Gewölbe ist in ausgezeichnetem Zustand. Natürlich ist etwas Staub auf den versiegelten Kisten. Aber sonst zeigen sie keinerlei Spuren irgendwelcher Einwirkung. Dann wird sofort mit dem Verladen begonnen.

Inzwischen hat sich die Gesellschaft zum Klosterhof begeben. Alle Schwestern werden zusammengerufen. Dann beginnt André de Staercke mit dem Verlesen der Verleihungsurkunde des Ordens an die Äbtissin.

Das Dokument hat folgenden Wortlaut:

„Karl, Prinz von Belgien, Regent des Königreiches, entbietet allen Anwesenden und Künftigen seinen Gruß.

Wegen der Krone und dem belgischen Staat erwiesener Dienste und um Unser Wohlwollen gegenüber der Ehrwürdigen Mutter Scholastika Cosserat von der Abtei St. Eustasius in Poyanne (Landes) auszudrücken, haben Wir auf Vorschlag des Ministers für Auswärtige Angelegenheiten und Außenwirtschaftsbeziehungen beschlossen:

Artikel 1: Die Ehrwürdige Schwester Scholastika Cosserat wird zum Offizier im Leopoldsorden ernannt. Sie trägt die zivile Klasse des Ordens.

Artikel 2: Sie nimmt ihren Rang in diesem Orden in diesem Augenblicke ein.

---

25) Die französische Polizei hat 1940 die Spur der Akten bei Mont-de-Marsan verloren.

Empfang von König Baudouin in Brügge: Rechts vorne neben dem Monarchen Pierre d'Ydewalle, Gouverneur des Königs in der Provinz Westflandern mit Amtssitz in Brügge.

Artikel 3: Der Minister des Auswärtigen und der Außenwirtschaftsbeziehungen, der den Orden verwaltet, wird mit der Durchführung dieses Beschlusses betraut.

Gegeben zu Brüssel am 17. Januar 1946, gezeichnet, Karl.

Für den Regenten: Der Minister für Auswärtige Angelegenheiten und Außenwirtschaftsbeziehungen, gezeichnet, Vos,

für die Richtigkeit der Abschrift: Der Direktor im Ministerium für Auswärtige Angelegenheiten und Außenwirtschaftsbeziehungen, gezeichnet, J. Alexis."

Nach dem Verlesen überreicht André de Staercke die Urkunde der Äbtissin. Dann heftet Bischof Mathieu in Anwesenheit aller Angehörigen der Klostergemeinschaft die Ordensrosette des Königs der Belgier an das Skapulier der Mutter Oberin.

Die Schreiberin des Klosters notiert in der Klosterchronik die folgenden Worte zu der Ordensverleihung: „Das Ereignis erregte Aufsehen in der Region und darüber hinaus. Während einiger Tage strömten Glückwünsche in das Kloster — dann fiel das Geschehen wie alle irdischen Dinge der menschlichen Vergessenheit anheim . . ."

*

37 Jahre sind seit jener blitzdurchzuckten Gewitter-Nacht an der Abtei St. Eustasius in Südfrankreich vergangen.

Pierre d'Ydewalle ist noch immer Gouverneur von Westflandern — seit nunmehr 33 Jahren! 1951 überbrachte Baron Van den Bosch im

Auftrag des heutigen Königs Baudouin von Belgien noch ein kostbares Ciborium als Dankgeschenk für die Abtei in Poyanne. Die Klostergemeinschaft feierte Anno 1966 den tausendsten Jahrestag ihrer Gründung ... Schwester Scholastika Cosserat lebt noch immer dort.

Schwester Marie Marie de Goué ist inzwischen Priorin des Klosters, und sie hat mir erklärt, warum Schwester Scholastika es nicht möchte, daß man mit einem veröffentlichten Foto so lange nach den Ereignissen noch Aufhebens von ihr macht . . .

Die Klostergemeinschaft in Poyanne floriert. Trotz der strengen Regel ist genügend Nachwuchs in der Niederlassung des Ordens in Südfrankreich vorhanden. Und alle sind stolz über das Verhalten von Schwester Scholastika während des Krieges.

Vor etlichen Jahren, so berichtet Pierre d'Ydewalle, war er mit seiner Frau zu Besuch in der Abtei — „an einem schönen, sonnigen Tag, kein Gewitter und nichts." Drinnen aber war alles das Gleiche: „Das gleiche Gitter, das gleiche Gesicht. Unser Gespräch begann da, wo es Jahrzehnte zuvor aufgehört hatte. Die Begegnung war nur kurz."

Dann war Pierre d'Ydewalle hin und wieder mit dem deutschen Marineinspekteur Admiral Ruge zusammen — in der Marineschule in Oostende trafen sie sich [26]. Ruge war während des Krieges Marineattaché im Stab von Rommel und am Atlantikwall unter anderem für den Küstenabschnitt zwischen Vlissingen (Insel Walcheren) und Dünkirchen verantwortlich.

„Damals", so Pierre d'Ydewalle heute, „waren wir Gegenspieler, als ich an der Küste im Widerstand arbeitete. Später haben wir manchesmal gesagt: Schwamm drüber, wir leben heute in anderen Zeiten!" Andererseits meint Pierre d'Ydewalle: „Diejenigen, die ihn mitgemacht haben, die kennen nur eine Sorge: daß es nicht wieder Krieg gibt!"

Noch drei Kinder hat das Ehepaar d'Ydewalle im und nach dem Krieg bekommen, nämlich Carine (geboren 1943), Gery, geboren im Dezember 1946, und Bertil, geboren im Dezember 1952. Neun Enkelkinder haben die d'Ydewalles. Fünf ihrer Kinder sind verheiratet.

Axel, der Älteste, ist Ingenieur in den Stahlfabriken von Zelzate bei Antwerpen. Gery ist Doktor der Psychologie in Löwen. Bertil hat Wirtschaftswissenschaften in Gent studiert und ist zur Zeit am Europakolleg in Brügge. Zwei Töchter leben in Amerika: Danielle, Frau de Fontaine, ist in Los Angeles verheiratet, mit einem Belgier, Professor für Metallographie, der an der Universität von Kalifornien arbeitet. Carine lebt in Houston/Texas als Frau eines Wirtschaftsprüfers. Die dritte Tochter lebt in Gent.

Bischof Mathieu von Aire und Dax ist inzwischen gestorben. Roger Tymans und André de Staercke leben noch in der belgischen Hauptstadt. Der erste war unter anderem belgischer Botschafter in Bangkok und in Luxemburg, der zweite bis zu seiner Pensionierung Belgiens Botschafter bei der Nato [27].

Eigentlich ist Pierre d'Ydewalle der einzige der damals Beteiligten, der noch im Amt ist. Bis zum 7. Januar

26) Siehe den Bericht über diese Schule in der „Aachener Volkszeitung", Magazin, vom Samstag, dem 28. August 1971 unter der Überschrift „Männer, die nach Minen tauchen" von Wolfgang Trees.

27) Das Kriegsschicksal von Natogeneralsekretär Joseph Luns wird im folgenden Kapitel geschildert.

1979 will er es noch ausüben – „wenn ich so lange lebe, natürlich!" Pierre d'Ydewalle ist heute 65 Jahre alt.

Was er im Ruhestand gern tun möchte?

„Awel, luister eens, ik zou eerst orde moeten scheppen in mijn papieren – ik heb stapels papieren!" [28]

Er ist Bücherfreund, er hat ein Haus in Sint Andries – er liebt die Bäume. Er ist „America-minded" und hängt an seinen Kindern.

Und er ist Westflame und zu Hause in seiner Provinz, deren Bewohner ihn kennen, wie er sie kennt.

Der Belfort in Brüssel beläutet jede weitere Viertelstunde seines Lebens.

---

28) „Nun ja, hören Sie, ich müßte erst einmal meine Papiere ordnen — Stapel habe ich davon!"

Joseph Luns, Brüssel

10

Mein Name, den ich mir aus eigener Kraft erwarb, ist mein Titel.
(Adolf Hitler, Siemensstadt, 10. November 1933)

Was Joseph Luns während des Krieges tat

Ein französisches Lied auf BRT 2 – Bei der Nato wird SECURITY mit Großbuchstaben geschrieben – Die schrappende Stimme des Generalsekretärs – Das Geschlecht der Luns kommt aus Westfalen – Die Mutter aus Tongeren, der Vater in Paris geboren – Berlin, Nürnberger Platz, als Mieter bei Fräulein von Gehring – „Lieber Lord, mach uns frei, von der Tschechoslowakei!" – Anruf aus Amerika: „Sind die Deutschen einmarschiert?" – Im Hanomag in Richtung Schweiz: neben ihm die Baronesse, hinten auf der Bank der Hund – 50 000 Dollar aus Den Haag – Flucht in die Alpenfestung – „Spionage? Wir taten, was wir konnten!" – Der Mann mit der Rasierklinge in Lissabon – Professor Luns soll standrechtlich erschossen werden – Als Zwangsarbeiter bei Danzig – Luns als „Vater" der niederländischen Prinzessinnen – Luftalarm in der Oxford Street – Erlebnis mit Montgomery – Ein Telegramm an Ludwig Erhard

Bahnhof Brüssel Nord. Es ist ein kalter, windiger Donnerstagmorgen. Das Taxi ist ein grüner Fiat.

„Naar de Navo, Boulevard Leopold de Derde a.u.b.!" [1]

?!?

Wie die meisten seiner Brüsseler Kollegen ist auch dieser Taxifahrer auf seinen „niederländischen Ohren" taub. Ich mache häufig diesen Test.

[1] „Zur Nato bitte, Boulevard Leopold III."

Vielfach abgeschirmt in seinem Hauptquartier: Nato-Generalsekretär Joseph Luns. Sein Vater wird von den Deutschen in Rotterdam verhaftet, zwei seiner Brüder sind in Deutschland zwangsverpflichtet – trotzdem ist er niemals „anti-deutsch" gewesen. Luns ist Karlspreisträger der Stadt Aachen (1967).

Natogeneralsekretär Luns bei „Afcent“ (Natohauptquartier Europa Mitte) in Brunssum bei Heerlen. Rechts Afcent-Befehlshaber General Graf von Kielmansegg.

Erst als der Name „OTAN“ fällt, die französische Bezeichnung [2], geht dem Mann ein Lichtlein auf. Das hindert ihn natürlich nicht, sein Autoradio auf die (in flämischer Sprache gesendete) Welle von BRT 2 zu schalten. Und dieser flämische Sender bringt gerade ein französischsprachiges Lied.

Mit einem Wort: Wir sind also richtig mitten drin in Brüssel!

Das Taxi fährt ziemlich weit, in Richtung des Flugplatzes Brüssel-Zaventem. Der Sitz des Nato- Generalsekretärs ist ein riesiges, flaches Viereck, das an der Vorderseite von den wehenden Flaggen der Mitgliedsländer, an der Rückseite von einer Sende- und Empfangsstation überragt wird.

Die Sicherheitskontrolle, bereits draußen am Eisentor mit Ausweis und allem Drum und Dran, ist in ihrer Strenge der krasseste Gegensatz zu der rührend-naiven „Kontrolle“ auf Schloß Soestdijk in den Niederlanden, wo ich ein paar Tage zuvor Prinz Bernhard der Niederlande ebenfalls wegen seines Kriegsschicksales interviewt habe [3].

Hier bei der Nato jedoch wird „SECURITY“ nicht nur auf den vielen Schildern in den Gängen Buchstabe für Buchstabe groß geschrieben. Ich bin der 39. Besucher an diesem Vormittag, wie mir der Laufzettel sagt. Es folgt die dritte Sicherheitskontrolle. Dann kommt ein Beamter auf mich zu, um mich abzuholen.
Per Aufzug geht es in den 1. Stock. Mein Begleiter und ich stehen vor einer gläsernen Wand, links, die nach Knopfdruck und nach Sichtkontrolle von innen geöffnet wird. Man tritt in eine große Halle, in der wiederum ein Pförtner sitzt. An den Wänden hängen die Bilder der früheren Natogeneralsekretäre Lord Ismay, Paul Henri Spaak, Dirk U. Stikker und Manlio Brosio, der Vor-

[2] OTAN: Organisation du Traite de l'Atlantique Nord. Trotz des heute eher lockeren Verbundes der französischen Streitkräfte mit der Nato wird in den Briefbögen des Natogeneralsekretärs die französische Form des Nato-Namens geführt.

[3] Luns, dem ich davon berichte (so wie ich Prinz Bernhard berichtet habe, daß ich in den nächsten Tagen Luns aufsuchen werde), erzählt mir amüsiert sofort die Anekdote, wie er einmal als diplomatischer Begleiter der noch kleinen niederländischen Prinzessinnen offiziell als deren „Vater“ geführt wird und die vier Mädchen als „Fräulein Luns“, doch davon später mehr.

gänger im Amt von Joseph Luns.

Ich sitze in der Ecke auf der mit gelbem Stoff bezogenen Sitzbank, zwei Meter von der Zimmertüre des Generalsekretärs entfernt. Erstaunlicherweise klingt der Ton seiner stets etwas schrappenden, heiseren Stimme hin und wieder durch die Tür nach draußen. Ich hatte erwartet, sie sei – nach all den Sicherheitskontrollen – etwas besser schallisoliert.

In den letzten Jahren habe ich Luns verschiedene Male getroffen, unter anderem beim Karlspreis und in Lichtenbusch. Die Geschichte jedoch, deretwegen ich ihn heute aufsuche, hat er mir beim allerersten Interview erzählt, das der damalige Außenminister der Niederlande mir in seinem Amtszimmer im Außenministerium am „Plein 23" in Den Haag gewährte – im Zimmer, in dem nur noch der Globus daran erinnerte, daß dies auch einmal das Dienstzimmer von Arthur Seyss-Inquart war, dem verhaßten (österreichischen) „Reichskommissar" in den Niederlanden.

Im Verlaufe dieses Interviews – es war ein Tag, an dem gerade der Amerikaner Horatio Humphrey *) Luns besuchte, den ich auf diese Weise auch einmal persönlich kennenlernte – hatte Luns seine Brieftasche hervorgezogen und nach Fotografien gekramt – Bilder von seinen Kindern und seiner Familie. Dann erzählt er mir von seinem Vater und seinen Brüdern: Wie der Vater nach der Besetzung Rotterdams als prominenter Bürger für eine der Geiselerschießungen „aussortiert" wird, wie seine Brüder nach Deutschland zwangsverpflichtet werden und nach einem Bombardement bei Danzig quer durch Deutschland „von Haus zu Haus"

Im Amtszimmer von Joseph Luns, 1967: Damals, am Tag als Horatio Humphrey ihn in Den Haag besuchte, erzählte er mir zum erstenmal vom Schicksal seines Vaters.

und mit Hilfe von hilfsbereiten Deutschen in die Heimat zurückgeschleust werden – Seilschaft der Barmherzigkeit mitten im Krieg!

Und schließlich Joseph Luns selbst: Wie er 1937 in Berlin lebt – und wie er 1940, bei Kriegsausbruch, mit seiner Frau und einem alten Hanomag in Richtung Bern tuckert, „stundenlang vorbei an französischen Regimentern", um seinen diplomatischen Posten dort anzutreten. Er ahnt noch nicht, daß der Diplomat, den er dort ablöst (und der zurück in die Niederlande versetzt wird), wenig später im Konzentrationslager ums Leben kommt. . . .

*

Das Geschlecht der Luns kommt aus Westfalen, genauer gesagt aus Helmern, Kreis Büren. Der erste bekannte Stammvater ist Hermann Lünts, 1672 als Eigentümer von 46 Morgen Land erwähnt.

Joseph Antoine Marie Hubert Luns selbst wird am 28. August 1911 in Rotterdam geboren. Sein Vater Professor Huib (Hubert) Luns war in Paris zur Welt gekommen – als Sohn eines Niederländers, dessen

*) Er starb am 13. 1. 1978 an Krebs.

Das Porträt seiner Familie, von Kunstprofessor Huib (Hubert) Luns gemalt: von links nach rechts Theo, der Älteste (1975 gestorben), Vater Luns, Joseph Luns, zweitältester und heutiger Nato-Generalsekretär, Huib, George, Mutter Luns und die Tochter Elisabeth, vorne Frank. Im Hintergrund oben rechts, oberhalb der Köpfe von Huib und George, hat Professor Hubert Luns seinen eigenen Vater auf ein Wandgemälde gebracht.

Mutter wiederum eine Engländerin ist ... Die Mutter von Joseph Luns hingegen kam aus dem belgisch-limburgischen Tongeren, wo sie 1888 als eine geborene Louvrie de la Sauvignere (ein Geschlecht aus dem Elsaß) das Licht der Welt erblickt. Die 89jährige hat zwar ihr Gedächtnis verloren, wird aber heute noch in einem Haus bei Eindhoven von deutschen Nonnen gepflegt, die sich zum Ziel gesetzt haben, Wiedergutmachung in den Niederlanden zu leisten.

Joseph Luns ist der Zweitälteste unter den fünf Söhnen und einer Tochter [4]. Sein Vater ist ein bekannter Mann in den Niederlanden: Kunstmaler, Verfasser von Büchern über die Kunst, Bildhauer und Professor an der Reichsuniversität in Delft. Die Schuljahre verbringt Sohn Joseph am Ignatius College in Amsterdam und am Institut St. Louis in Brüssel. Dann wird er wehrpflichtig — als einziger der fünf Brüder! [5] Er kommt zur Marine (seiner stillen Liebe bis heute, wenn er während langer Sitzungen Kriegsschiffe auf den Notizblock kritzelt) [6].

[4] Heute ist Dr. Joseph Luns der älteste, nachdem Bruder Theo 1975 starb.

[5] Luns: „Ik moest opkomen voor mijn nummer!"

[6] Luns hat in britischen und portugiesischen Zeitschriften verschiedene Studien über die niederländische Flotte veröffentlicht.

Der junge Joseph Luns als „Rektor" der Studenten in Amsterdam.

Nach dem Wehrdienst geht er zum Studium der Rechte nach Leiden, dann nach Amsterdam, um zu promovieren. Hier wird er auch Rektor des Senats beim Amsterdamer Studentencorps. Seine Kameraden bemängeln in jener Zeit, daß Joseph Luns beim „Bierstemmen" nicht so fleißig ist wie sie selbst. Geläufiger Spruch im studentischen Kreis: „Kneipen-Tiger Luns verschlingt sogar zwei Glas Bier pro Abend!" Aber, so Joseph Luns heute: „Ich schloß dort Freundschaften — die besten meines Lebens."

Den ersten Gedanken, später einmal in den diplomatischen Dienst zu gehen, hat er übrigens kurz zuvor gefaßt, als er noch Signalgast bei der Marine ist. Sein Vater rät ihm zu, allerdings: „Die Chancen für dich, das zu schaffen, sind nur gering!"

Das stimmt. Die Niederlande haben zu jener Zeit für die ganze Welt nur 55 Diplomatenposten zu vergeben. Und für Katholiken sind die Chancen im Auswärtigen Amt in den protestantisch geprägten holländischen Kernprovinzen noch weitaus schlechter. Nur einige wenige sind im diplomatischen Dienst [7].

Als Joseph Luns jedoch kurz nach seiner Militärdienstzeit eine Rede als Rektor des Studentencorps hält und sich dabei in französischer Sprache auch an den im Saal anwesenden Gesandten Frankreichs

7) Kennzeichnend für die Situation mag sein, daß die Niederlande damals zum Beispiel beim Heiligen Stuhl in Rom diplomatisch nicht vertreten waren.

wendet, flüstert der niederländische Außenminister Patijn seinem Nachbarn Professor Huib Luns zu: „Warum lassen Sie Ihren Sohn nicht in den Auswärtigen Dienst gehen? Er scheint keine Spur verlegen zu sein. Besonders sein Französisch finde ich äußerst akzeptabel!"

*

Der junge Joseph Luns ist ermutigt durch die Bemerkung des Außenministers, von der sein Vater ihm berichtet. Nachdem er seine Abschlußarbeit über das Völkerrecht abgegeben und bestanden hat, schreibt er seinen Bewerbungsbrief an den Minister für Auswärtige Angelegenheiten: „Mit der schuldigen Ehrerbietung tut Meester J. M. A. H. Luns hiermit kund, daß er darum bittet, für eine Prüfung über die Eignung für den diplomatischen Dienst in Betracht gezogen zu werden ..."

Er wird angenommen — wenn auch zunächst nur auf Probe. Es ist üblich, daß noch einige Studien absolviert werden. So geht er denn nach Berlin mit der vagen Aussicht, einer von den zwei oder drei jungen Attachés zu sein, die vielleicht binnen Jahresfrist im niederländischen Außenministerium angenommen werden. In Berlin besucht Luns das „Deutsche Institut für Ausländer". Er wohnt auf dem Nürnberger Platz zur Miete bei Fräulein von Gehring, der Tochter eines „Wirklichen Geheimen Vortragenden Rates mit dem Prädikat Exzellenz" aus der Wilhelminischen Zeit [8]). Über ihm wohnt Frau von Bredow, deren Mann General und Katholik ist: „Er wurde in der Reichskristallnacht ermordet!"

Die Stimmung in Deutschland ist zu jener Zeit sehr kritisch gegenüber Hitler und seiner Partei, so erinnert sich der Mann mit dem „photographisch genauen Gedächtnis" (Luns über Luns). Er trifft viele Leute, die gegen „die Braunen" sind, unter anderem die Gebrüder Mumm vom Auswärtigen Amt. Mit der Aggessivität der Bewegung, auf die Hitler sich stützt, so sagt Luns, „habe ich am deutlichsten in Prag Bekanntschaft geschlossen." Er ist zufällig dort, als der britische Lord Runciman hier seine Vermittlerfunktion in der Sudetenfrage erfüllt [9]) — und Luns wohnt sogar im gleichen Haus wie die britische Delegation: „Ich höre noch heute, wie die Menge nachts vor dem Hotel ruft: „Lieber Lord, mach uns frei / von der Tschechoslowakei!" Der junge Luns denkt in diesem Augenblick: „Wenn das Land (die Tschechoslowakei) nicht beschützt wird, dann ist es binnen einem Jahr von der Landkarte verschwunden [10]).

Dann geht er nach London, um an der „London School of Economics" [11]) zu studieren. Der Krieg wird in London als beinahe unvermeidlich angesehen — „in Holland auch, aber in

---

8) Sie wohnte während des gesamten Krieges dort, und obwohl der Nürnberger Platz zu dreiviertel zerstört wurde, blieb ihre Wohnung unversehrt. Später heiratete sie einen Richter des Bundesgerichtshofes. Heute wohnt sie in München. Luns traf sie dort einmal.

9) Walter Viscount Runciman of Doxfort, damals Handelsminister, bereitete im Juli 1938 als „unabhängiger Vermittler" durch seine Mission in Prag das „Münchener Abkommen" vor, nach dessen Bestimmungen (garantiert von Italien und dem Deutschen Reich, Großbritannien und Frankreich, jedoch ohne Mitwirkung der Tschechoslowakei) die überwiegend von Deutschen bewohnten Grenzgebiete Böhmens (Sudetengebiete) an das Deutsche Reich abgetreten wurden: Ein Fünftel der Gesamtfläche, ein Viertel der Gesamtbevölkerung der Tschechoslowakei.

10) Luns sagt: „1968 wohnte ich bei einem Besuch in Prag im gleichen Hotel wie damals. Dies war mir der Anlaß, auf meinem Zimmer im Hotel über die Gefahren zu philosophieren, denen die kleineren Länder von seiten der großen Kolosse ausgesetzt sind."

11) Heute ist er „Honorary Fellow" (Ehrenprofessor) der London School of Economics.

Holland war man zu spät mit den zu treffenden Maßnahmen, in England nur beinahe zu spät". Die Atmosphäre findet er hier in der englischen Hauptstadt ganz anders als in Berlin: „Keine Märsche, keine martialischen Demonstrationen, keine wogenden Flaggenseen."

Nach der Londoner Zeit kehrt er zurück nach Den Haag, um sein Examen als Attaché zu machen. Im Großen Saal im Außenministerium am „Plein 23" — dem Amtssitz, in dem er später 19 Jahre lang als Außenminister Amtschef sein wird — sitzt der 26jährige Joseph Luns mutterseelenallein: Er ist in diesem Jahr der einzige Attaché, der überhaupt angenommen wird. Die Prüfung besteht er, und bald wird er auf Paleis Noordeinde [12] auch Ihrer Majestät Königin Wilhelmina vorgestellt.

Luns wird zunächst Sekretär von Außenminister Patijn (Kabinettsattaché) und gleichzeitig Attaché für das Protokoll. Einer seiner ersten größeren Diensteinsätze ist der Staatsbesuch, den die niederländische Königin im Mai 1939 in Belgien macht. Es ist ein Treffen „fünf Minuten vor zwölf", bei dem die Länder noch einmal ihre Absicht bekräftigen, neutral zu bleiben und sich darin zu unterstützen.

Januar 1940: Joseph Luns erhält seine erste Mission im Ausland: Bern! Die Zukunft ist ungewiß. Ihm liegen verschiedene Anzeichen dafür vor, daß es Krieg geben wird. So befinden sich im Panzerschrank des Kabinetts einige Diplomatenpässe für Verbindungsoffiziere der niederländischen Regierung. Wenn das Land angegriffen würde, sollten diese Offiziere sofort als Kuriere mit Sonderbotschaften nach Belgien, England und Frankreich gehen ...

September 1939, wenige Monate vor der Versetzung von Luns nach Bern und vor Ausbruch des 2. Weltkrieges: Joseph Luns, Attaché im Haager Auswärtigen Amt, steigt am „dritten Dienstag im September" am Haager Binnenhof aus dem Auto, um im Rittersaal der Eröffnung der Generalstaaten (alljährlich an diesem festgelegten Tag) und der Thronrede der Königin beizuwohnen. Rechts Frau Luns, Baronesse van Heemstra, links Fräulein L. de Kempenaer, die Sekretärin von Luns.

*

Eine andere Vorwarnung über die kommenden Kriegsereignisse erhält er, als er einmal im Außenministerium in Den Haag gerade Nachtdienst am Telefon hat. Gegen drei Uhr morgens kommt ein Telefonanruf. Am anderen Ende meldet sich Amerika. Es ist der State Departement in Washington. Vom amerikanischen Außenministerium kommt die Frage:

„Ist dort das niederländische Außenministerium?"

„Ja."

---

12) Eines der Stadtschlösser der Oranier, im Zentrum Den Haags unweit des Außenministeriums gelegen.

„Sind Sie ein offizieller, verantwortlicher Sprecher des Ministeriums?"

„Ja, in der Tat."

„Well", klingt es von jenseits des großen Teiches herüber, „wir möchten Sie fragen: Ist es wahr, daß die Deutschen niederländisches Gebiet betreten haben?"

„Nein", antwortet Luns, „das ist nicht wahr."

„Sind Sie ganz sicher?"

„Ja, völlig sicher!"

„Okay, thank you very much!"

Der Hörer drüben in Amerika wird aufgelegt. Luns beschließt, für alle Sicherheit — der Teufel ist manchmal ein Eichhorn! — trotzdem beim Generalstab in Den Haag anzurufen. Er wählt die Nummer und gibt die verabredete geheime Parole durch. Dann sagt er zum wachhabenden Offizier: „Hören Sie bitte, in Amerika scheint es Gerüchte darüber zu geben, daß die Deutschen unser Land überfallen haben."

„Die Deutschen unser Land überfallen?!? — Augenblick, ich werde 'mal nachhören."

Dann Stille und eine längere Pause. Schließlich kommt der Offizier zurück an den Apparat. „Hallo, sind Sie noch da?"

„Ja."

„Also, das Gerücht stimmt nicht."

Damit ist die Sache für Luns erledigt. Aber es folgt ein drittes Indiz, das ihn irgendwie stutzig macht. Eine Tages nämlich erscheint völlig entrüstet der deutsche diplomatische Vertreter im Haag im Außenministerium. Graf Zech, sonst genannt zu Bürckensroda (so sein vollständiger Adelstitel), beklagt sich darüber, daß einer seiner Mitarbeiter urplötzlich verschwunden sei. Vielleicht ist er sogar entführt worden? Die niederländischen Beamten beginnen mit Nachforschungen.

Schon nach kurzer Zeit stellt sich heraus: Der Angehörige der deutschen Botschaft, Wolfgang Ganz Edler Herr von und zu Putlitz, hat sich auf dem allerschnellsten Wege nach England abgesetzt! Ist er übergelaufen? Hat er für die Engländer spioniert und einen Tip bekommen, daß eine umwälzende Entwicklung bevorsteht? [13]

*

So jedenfalls liegen die Dinge, als Joseph Luns seine Versetzung auf den ersten Auslandsposten in der schweizerischen Hauptstadt erhält. Für den aus der Haager Zentrale ausscheidenden Mann kommt aus Bern der Attaché van Hamel zurück — weder er noch Luns können zu jener Zeit ahnen, daß van Hamel nur wenig später von den deutschen Besatzern in den Niederlanden verhaftet wird und in das Konzentrationslager Bergen-Belsen [14] gebracht wird, wo er stirbt...

Ende Februar fährt Joseph Luns aus Den Haag weg, seinem neuen Posten entgegen. Es ist ein Abschied für fünfeinhalb Jahre, in denen er niederländischen Boden nicht mehr betreten wird — aber das kann er natürlich nicht im entferntesten ahnen.

Luns selbst sitzt am Steuer seines winzigen „Hanomag". Neben ihm seine Frau, Elisabeth Cornelia Baronesse van Heemstra — und hinten auf dem Rücksitz fährt der Hund mit. Stunde um Stunde kommen sie

---

13) Herr von Putlitz reiste unter falschem Namen per Schiff nach England und von dort aus nach Amerika, das seine zweite Heimat wurde. Graf Zech wurde nach dem Attentat auf Hitler vom 20. Juli 1944 hingerichtet, obwohl er mit der Sache offenbar nichts zu tun hatte.

14) Gelegen im heutigen Landkreis Celle, Niedersachsen.

Junger Diplomat in Bern: Joseph Luns, 2 . von links.

während der Fahrt an französischen Regimenter vorbei: Infanterie, die in Richtung deutsche Grenze zieht. Draußen ist es bitterkalt. Vielleicht herrschen fünfzehn Grad unter Null. In Dijon steigen sie aus, um etwas zu essen. „Kneipen-Tiger„ Luns, der als Student mit Mühe und Not zwei Bier an einem langen Abend mit seinen Kameraden von der studentischen Verbindung schafft, kippt am hellichten Tag einen Cognac!

*

In Bern trifft Luns es nicht schlecht. Bald hat er sich eingewöhnt. Der Februar geht, der März kommt und endet, der April – und dann der Mai. Am 9. Mai 1944, einem Donnerstag, erhält er frühmorgens einen Telefonanruf der niederländischen Botschaft in Berlin. Am Apparat am anderen Ende spricht Junker Bosch van Drakensteyn, Gesandschaftsrat in der deutschen Reichshauptstadt. Er sagt zu Luns: „Ich habe auf deinen Namen auf die und die Bank in der Schweiz 50 000 Dollar aus Den Haag überweisen lassen!“

„Wie bitte?“ Luns kann sich den Grund dafür zunächst nicht erklären. Dann denkt er nur noch eines: Der Krieg steht unmittelbar vor der Tür!

*

Drakensteyn fährt fort: „Wenn das Geld da ist, heb' es dann sofort bei der Bank ab!“ Der 28jährige Diplomat in Bern beschließt darauf, für sich selbst noch einmal 10 000 Dollar aus Den Haag telegraphisch überweisen zu lassen. Telefonisch gibt er den Auftrag dazu.

Gegen Mittag fragt Luns beim „Schweizerischen Bankverein" nach, ob das Geld schon eingetroffen sei. Das ist nicht der Fall. Wann sie denn schließen müßten?

„Um fünf Uhr nachmittags!"

So geht Joseph Luns denn gegen viertel vor fünf an diesem 9. Mai 1940 wieder zur Bank. Das Personal antwortet auf seine Frage: „Ja, wir haben das Geld soeben erhalten. Aber leider müssen wir jetzt schließen. Holen Sie es sich bitte morgen früh ab!"

„Nein", antwortet Luns, ich bestehe auf der Auszahlung. Es ist erst sechs Minuten vor fünf!" So erhält er also die 50 000 Dollar von jonckheer Bos van Drakensteyn und die 10 000 Dollar von sich selbst — knapp zwölf Stunden später überschreiten deutschen Truppen bei Aachen die niederländische Grenze und besetzen das Land! Die 10 000 Dollar werden für Joseph Luns zur „eisernen Reserve" während der nächsten fünf Jahre ...

An diesem Freitag, dem 10. Mai, erfährt er ganz früh morgens vom Überfall der deutschen Truppen. Aber die Verbindung zum Außenministerium ist unterbrochen. Erst am Morgen danach, dem Samstag, bekommt er endlich einen Beamten in Den Haag an die Strippe.

„Wie geht es euch da drüben?", fragt Luns. Der Beamte am anderen Ende sagt: „Hier bitte, hören Sie es sich selbst an!" und hält den Telefonhörer ans Fenster. Deutlich hört Luns in Bern die Bombeneinschläge in Den Haag. Der Beamte erläutert: „Sie kommen auf dem Buitenhof nieder!" [15]

Ende Mai kann Luns in Bern auch die große Krise zwischen der Schweiz und dem Deutschen Reich aus der Nähe erleben. Die Schweizer sind überzeugt, daß die Deutschen planen, auch ihr Land zu besetzen. Sechzehn Divisionen stehen grenznah bereit, um einzumarschieren und so Frankreich in einer Zangenbewegung durch die Vogesen zu schlagen. Luns heute: „Das Debakel der französischen Truppen bei Sedan und der deutsche Durchbruch machten diese Pläne überflüssig!"

Die Schweiz hat vorgesorgt. Für den Fall des Angriffes soll ein großer Teil der Bevölkerung in die Berge gehen, wo es Schutzmöglichkeiten gibt. Alle Botschaften und ihre Angehörigen sollen jedoch der schweizerischen Regierung in „Le Reduit central" [16] folgen, die genau für diesen Fall vorbereitet ist. Unter anderem sind hier enorme Vorräte angelegt — bis hin zum Benzinvorrat für die Wagen der untergebrachten Diplomaten.

Luns kann sich von den guten Verteidigungsmöglichkeiten in der zentralen Bergfestung mit eigenen Augen überzeugen. So sind die Schweizer darauf vorbereitet, einen angreifenden Gegner unter Lawinen zu begraben, die sie selber mit Geschützfeuer auslösen. Auch gibt es unter den Gletschern geheime Systeme von Gängen; die wichtigsten Bergpässe sind gegen Fallschirmjäger-Einsätze der Deutschen abgesichert [17].

*

Aber bald ist die Gefahr gewichen. Die Schweiz bleibt unbesetzt — und neutral. Das kleine Land im Herzen

15) Etwa 300 Meter entfernt, wo heute die amerikanische Botschaft in Den Haag steht.

16) Alpenfestung. Zentrale Bergfestung der schweizerischen Regierung.

17) Auch nach dem Zweiten Weltkrieg hat die Schweiz ihr Schutzsystem in den Bergen weiter ausgebaut, auch im Hinblick auf Schutzräume für die Bevölkerung, Bunker zur Lagerung von Waffen und Gerät, atombombensichere Gefechtsstände und dergleichen.

Joseph Luns auf seinem Posten in Bern im Winter 1940: Seine Heimat Holland ist inzwischen von den Deutschen besetzt. Luns sitzt vorne rechts am Tisch.

Europas wird jedoch binnen kürzester Zeit zu einem wichtigen Ausguck und Horchposten in Richtung Deutsches Reich. Die diplomatischen Vertretungen in der Schweiz gewinnen an Bedeutung und erhalten plötzlich viel mehr Personal – auch die niederländische Botschaft. Einige neue Botschaftsmitglieder kommen aus den Niederlanden selbst, dann geht auch die komplette niederländische Gesandschaft aus Rom nach Bern.

Joseph Luns erinnert sich: „In diesen Monaten kreuzten die verrücktesten Typen bei uns auf. Da gab es allerlei Flüchtlinge, allerlei Agenten, allerlei Geschäftemacher und Kriegsgewinnler. Wir hatten natürlich schon sofort nach Kriegsausbruch sehr gute Verbindungen mit der englischen und der französischen Botschaft. Es kamen viele Leute, die „in besonderem Auftrag" reisten. Auch lernte ich dort bald Allen Dulles kennen, den Bruder des späteren amerikanischen Außenminister John Foster Dulles" [18]).

Kurz und gut: Die Schweiz wird zum Zentrum für Nachrichtenbeschaffung aller kriegführenden Par-

18) Allen Welsh Dulles ist während des Krieges Chef des OSS (Office of Strategic Studies) in Bern mit dem Auftrag, Deutschland geheimdienstlich zu beobachten. Er ist gleichzeitig Leiter des US-Nachrichtendienstes in Europa und hat in dieser Eigenschaft großen Anteil an der Kapitulation Italiens. Über diese Zeit hat er 1947 bei der MacMillan Company in New York das hochinteressante Buch „Germanys Underground" geschrieben, in dem er von seinen Geheimkontakten mit deutschen Widerstandskreisen berichtet. Nach dem Krieg wurde A. W. Dulles CIA-Chef. Er starb 1969.

„Der Fremde fragt geheimnisvoll, ob man in einem abhörsicheren Zimmer sei . . .“: Das Dienstzimmer von Joseph Luns, 1941 in Lissabon.

teien [19], besonders aber zur Beobachtung der Vorgänge im Deutschen Reich. Dulles selbst hat in der Schweiz Kontakt mit Verschwörern gegen Hitler wie Fabian von Schlabrendorff und Hans Bernd Gisevius oder mit Mitgliedern des „Kreisauer Kreises“ [20]. Und Joseph Luns bemüht sich natürlich ebenfalls, überall Informationen zu bekommen:

„Spionage? Wir taten eben, was wir konnten!“

Luns selbst wird im Frühjahr 1941 nach Lissabon versetzt. Es ist ein relativ ruhiger Posten [21]. In Bern sind einfach zu viele Diplomaten. Wieder setzt er sich in den kleinen Hanomag und läßt seine beiden Fahrgäste einsteigen: Seine Frau und den Hund . . . Er muß ohne Visum durch Vichy-Frankreich reisen. Der französische Botschafter in Bern kann ihm nur ein Dokument mitgeben, „das nichts wert war, dafür aber um so besser aussah!“ Das Empfehlungsschreiben bittet die französischen Behörden darum, demjenigen zu helfen, der dieses Dokument vorzeigt. Sein Wagen habe die und die Nummer.

An der Grenze muß Luns anhalten. Die französischen Beamten schauen mit prüfendem Blick auf das Dokument. Dann kommt das erlösende „Allez, passer!“. Der kleine Hanomag rollt an. Schwer schwankt das Gefährt wegen seiner Last. Luns hat so viel Gepäck aufgeladen, wie nur eben möglich ist. Sieben Tage lang benötigen sie für die Reise nach Portugal . . .

In Lissabon wimmelt es von Doppelagenten. Es herrscht eine enorme Aktivität, „auch von niederländischer Seite“, wie Luns heute zugibt. Und: „Portugal war neutral. Aber es

[19]) So entführten deutsche Dienste verschiedentlich Personen aus der Schweiz.

[20]) Gruppe von christlichen NS-Gegnern, die sich 1942 bildete und unter anderem das Attentat vom 20. Juli 1944 vorbereiteten. Der Name „Kreisauer Kreis“ ist nach dem Gut Kreisau von H. J. Graf von Moltke benannt.

[21]) Vergleiche hierzu in diesem Buch das Schicksal von Ritter Pierre d'Ydewalle, der ja seine Familie ebenfalls nach Lissabon brachte. (Kapitel 9, Seite 127 ff.).

nahm alles in allem doch eine stärker nuancierte pro-allierte Haltung ein, als die Schweiz dies tat."

Auch in Lissabon besteht ein großer Teil der diplomatischen Arbeit von Luns in geheimdienstlicher Tätigkeit. Oft muß er Agenten oder Doppelagenten anhören oder verhören. Luns gewöhnt sich in Lissabon auch die Sitte an, bei offiziellen Diners und dergleichen allerlei Gerüchte und unwahre Geschichten zu erzählen, in der Hoffnung, daß diese dann weitergegeben werden und den Gegner auf eine falsche Spur bringen.

„Von einigen glaubte ich mit großer Sicherheit, daß sie deutsche Spione seien – aber die letzte Gewißheit hatte ich natürlich nicht!"

Eines Tages kommt ein Niederländer zu Luns in das Botschaftsgebäude. Zunächst fragt der Mann geheimnisvoll, ob man in einem abhörsicheren Raum sei.

Luns bejaht die Frage.

Dann beginnt der Fremde, mit einer Rasierklinge das Revers seines Mantels aufzuschneiden.

Dann holt er mit der Pinzette ganz vorsichtig ein kleines, viereckiges Zellophan-Briefchen aus dem Mantelfutter. Er faltet es auf. Jetzt greift er wieder zur Pinzette und zieht aus dem Tütchen ein winziges Stück Mikrofilm.

Die beiden Männer treten an das Fenster neben dem Schreibtisch von Luns. Der fremde Besucher holt ein Vergrößerungsglas hervor und läßt Luns aus nächster Nähe einen Blick auf das Mikrofilmstückchen werfen. Es ist das gezeichnete Modell zum Aufbau einer kleinen Sendeanlage!

Dann erzählt der Holländer, warum er eigentlich gekommen ist: „Ich bin auf einer deutschen Spionageschule gewesen. Jetzt ist meine Ausbildung

Luns als Diplomat: In der Tasche „Das Reich" mit einem Artikel von Propagandaminister Goebbels . . .

beendet. Ich bin auf dem Weg nach England, wo ich mit der Arbeit beginnen soll. Aber ich habe die Nase voll von dem Geschäft – ich will in England für die niederländische Sache kämpfen!"

So kommt es, daß der übergelaufene Spion einige Zeit später nach einer gründlichen Sicherheitsüberprüfung Mitglied der niederländischen Exilarmee in Großbritannien [22]) wird. Luns: „Er hat uns einen wahren Schatz von Informationen mitgebracht."

*

Während dieser Zeit, 1941 in Lissabon, stirbt der Vater von Joseph Luns zu Hause in Rotterdam. Der

22) Niederländische Einheiten der „Brigade Prinzessin Irene" landen zusammen mit den Alliierten bei der Invasion in der Normandie im Sommer 1944.

Soll als Geisel verhaftet und erschossen werden: Professor Huib Luns in Rotterdam. Der Arzt muß bescheinigen, daß er innerhalb vierzehn Tagen stirbt — dann läßt man ihn im Krankenhaus. Zwölf Tage später ist er tot. Joseph Luns ist zu dieser Zeit in Lissabon.

Das Denkmal in Maastricht, das Vater Huib Luns schuf (Ende der St.-Pieter-Straat). Es trägt die Inschrift: „Am 23. Mai 1926 wurde dieses Mahnmal zur Erinnerung an 454 französische Bürger errichtet, die als Opfer des grausamen Krieges ihr Leben in den gastfreien Niederlanden ließen."

Sohn erfährt die Nachricht in Lissabon nur aus dem Radio — zur Beerdigung kann er in die besetzte Heimat nicht fahren. Erst nach dem Krieg erfährt er von seiner Mutter die Umstände rund um den Tod seines Vaters.

*

Damals nehmen die Deutschen regelmäßig Geiseln in den Niederlanden, die bei Widerstandstaten der Niederländer gegen die Deutschen erschossen werden sollen — und tatsächlich totgeschossen werden. 1941 wird auch Professor Huib Luns als einer der prominenten Niederländer auf die Liste der Geiseln gesetzt. Der Anlaß: Königin Wilhelmina hat im Londoner Exil eine antideutsche Rede gehalten. Luns: „Natürlich war es eine antideutsche Rede — wie konnte es anders sein zu jener Zeit?"

An der Haustür von Familie Luns in Rotterdam klingelt jedenfalls kurz danach das Verhaftungskommando. Der Offizier, der es führt, weist seinen Befehl vor. Er verlangt, daß Vater Luns mitkommt. Aber der 61jährige ist nicht da. Er liegt im Krankenhaus!

Ein allzu durchsichtiger Trick! So läßt der Offizier sich nicht einfach abspeisen. Er fragt, in welchem Krankenhaus Professor Luns liege. „In het ziekenhuis Prinsengracht!" [23]

[23] „Im Krankenhaus Prinsengracht!"

Dorthin begibt sich das Verhaftungskommando. Der behandelnde Arzt im Krankenhaus jedoch weist das Ansinnen des deutschen Offiziers entsetzt zurück: „Unmöglich! Professor Luns ist doch todkrank! Sie können ihn unter keinen Umständen mitnehmen."

Dann erfährt der Offizier, der alte Mann habe Magenkrebs.

„Gut", sagt der deutsche Soldat. „Wenn Sie mir schriftlich geben können, daß er binnen vierzehn Tagen sterben wird, dann lasse ich ihn hier!"

Der Arzt stellt die Bescheinigung ohne Zögern aus. Zwölf Tage später ist Professor Huib Luns tot – zwei Tage eher, als auf der Bescheinigung steht. An seiner Stelle werden jedoch zwei seiner Söhne verhaftet und als Zwangsarbeiter nach Deutschland gebracht!

*

Hubert („Huib") und George Luns sind in einem Arbeitslager in Gdingen [24] eingesetzt, westlich von Danzig. Beim Durcheinander und nach einem schweren Luftangriff durch amerikanische „Flying Fortress"-Bomber [25] gelingt es den beiden, gemeinsam aus dem Arbeitslager zu fliehen.

Zunächst können sie in einem Keller untertauchen, der voller deutschen Zivilisten ist, die selbst vor dem Angriff Schutz gesucht haben. Joseph Luns lacht und genießt es, wenn er heute die von den Brüdern oft erzählte Geschichte wiedergibt: „Sie freundeten sich dort mit zwei deutschen Frauen an. Deren Ehemänner waren Soldaten, vielleicht auch bereits gefallen. Jedenfalls nahmen die beiden Frauen meine Brüder auf. Ich habe den Eindruck, daß die Damen von meinen Brüdern auch eine Gegenleistung erhalten haben ..."

Dann ziehen die beiden weiter – von Haus zu Haus, von Adresse zu Adresse. Luns: „Anständige, hilfsbereite Deutsche haben den beiden weitergeholfen." George geht zum belgischen Widerstand und bringt es binnen kurzem zum Offizier in der Untergrundarmee. Er nimmt am Kampf in den Ardennen teil. Huib taucht unter und ist später als Architekt tätig.

Unterdessen fliegt Joseph Luns verschiedene Male von Portugal aus mit dem Flugzeug zur niederländischen Exilregierung in London, um den Kontakt zwischen ihr und der Botschaft in Lissabon aufrechtzuerhalten oder um sehr wichtige Aufträge mündlich zu erfüllen. Einmal, während eines besonders heftig aufgekommenen Sturmes, erlebt er bei Oporto eine Notlandung auf dem Strand, die für ihn mit knapper Not am Tod vorbeigeht. Beim zweiten Male ist seine Maschine kurz vor der englischen Küste, als sie hoch über sich in der Luft einen deutschen Jäger erkennen. Luns: „Unser Pilot konnte im letzten Augenblick in die Wolken wegtauchen. Noch im Zug von Bristol nach London zitterte ich schubweise – wie ein Kind, das nach langem und heftigem Weinen ab und zu noch nachschluchzt."

Im Frühjahr 1943 wird Joseph Luns von Lissabon an die Botschaft in London versetzt und gleichzeitig befördert. Als Botschaftssekretär ist er direkt seinem Chef, Botschafter

---

24) 1939–1945 wurde die Stadt in „Gotenhafen" umbenannt.

25) „Fliegende Festung" (Beschreibung und Fotos siehe in Kapitel 8 dieses Buches: „Der Bomber, der bei Düren runterkam"). Es handelt sich um den Angriff vom 9. Oktober 1943 auf den Kriegshafen Gotenhafen", bei dem 378 amerikanische Flying-Fortress-Bomber anflogen.

Eine Königin im Exil: Wilhelmina der Niederlande während des Krieges in London. 1948, drei Jahre nach der Rückkehr in die wieder freien Niederlande, dankt sie zugunsten ihrer Tochter Juliana ab.

Michiels van Verduynen, unterstellt. Verduynen ist als Minister ohne Geschäftsbereich gleichzeitig Mitglied des niederländischen Kriegskabinetts. Luns und die anderen fühlen sich, „als ob wir ein Land aus Beamten ohne Bürger bildeten. Unser Standardwitz dort lautete: ‚Wir kennen uns alle so gut – wir können ruhig Exzellenz' zueinander sagen!' Außerdem wurde dort in London der Kontakt zwischen den späteren Beneluxländern langsam aber sicher enger. Die Benelux wurde in London geboren!" [26])

Königin Wilhelmina der Niederlande erlebt Luns in der Londoner Zeit aus allernächster Nähe. Die niederländische Monarchie wohnt im vornehmen Maidenhead, wo ihr Haus auch einmal von deutschen Bomben getroffen und zum Teil zerstört wird. Luns: „Ich glaube, sie war stolz darauf, daß sie ebenfalls darunter zu leiden hatte wie alle anderen auch."

*

Die Tochter Königin Wilhelminas, Prinzessin Juliana, lebt zu dieser Zeit bereits seit drei Jahren mit ihren Töchtern im kanadischen Ottawa. Beatrix ist 1938 geboren, Irene 1939 und Margriet erst in diesem Jahr, 1943 [27]). Der Vater der Familie, Prinz Bernhard, dient in England bei der Royal Air Force und fliegt auch Einsätze in Europa,

26) Die erste offizielle Konferenz über die Gründung der Benelux fand jedoch erst zehn Jahre später (1953) in Hotel Prinses Juliana in Valkenburg (Provinz Niederländisch-Limburg) statt. Luns ist zu jener Zeit gerade ein Jahr Außenminister und für die Verwaltung des Ministeriums im Haag zuständig. Sein (gleichberechtigter) Außenministerkollege J. W. Bayen hingegen ist der „reisende Außenminister". Erst ab 1956 ist Luns alleiniger Außenminister (bis 1971).

27) Margriet wurde in Vanier, Ottawa, geboren.

Im kanadischen Exil, kurz vor der Rückkehr nach Großbritannien und in die Niederlande: Kronprinzessin Juliana und (von links) ihre Töchter Beatrix, Irene und Margriet. Margriet wurde in Ottawa geboren.

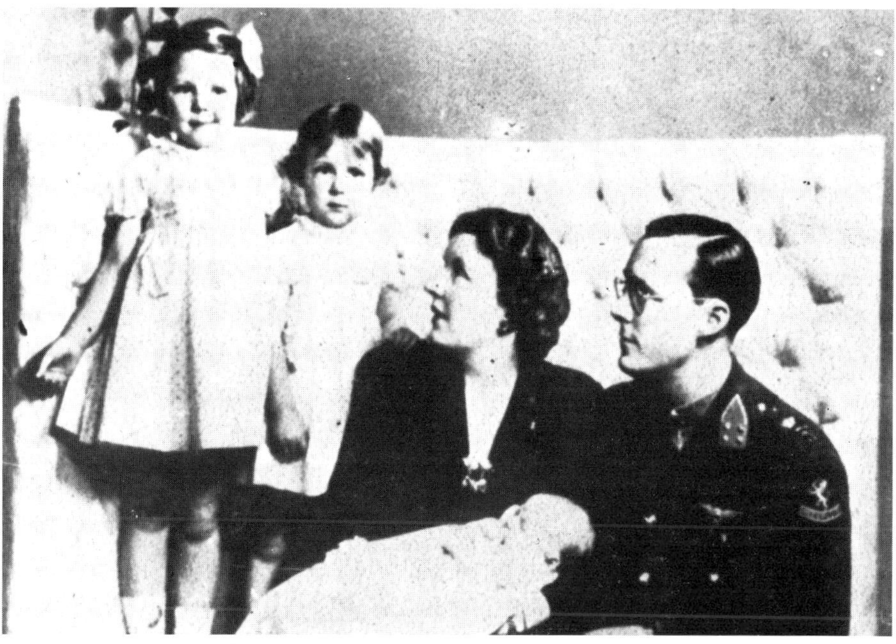

Die niederländische Königsfamilie im Krieg: Dieses Bild wurde als Negativ oder Positiv über den Niederlanden tausendfach aus Flugzeugen abgeworfen.

Prinz Bernhard als Flieger: Hier beim Besuch einer Spitfire-Einheit mit niederländischen Piloten auf einer Basis in Großbritannien.

allerdings nicht gegen Deutschland [28]).

Luns erlebt zu jener Zeit zahlreiche Luftangriffe auf London, vor allem durch V1- und V2-Raketen [29]). So sitzt er einmal im obersten Stock eines der typischen Londoner Doppeldeck-Omnibusse. Der Wagen fährt gerade durch die Oxford Street, eine der Hauptgeschäftsstraßen, und muß an einer Ampel halten. Da hört Luns das bekannte Geräusch in der Luft: Pfeifend und heulend nähert sich das Geschoß. Huuuuiii ... Dann einen Augenblick Stille: ROMMS!

Der stehende Omnibus schwankt von der Druckwelle, die von der Explosion her kommt. Nur drei Häuserblocks voraus ist das Geschoß niedergegangen. Ein älterer Herr, Londoner, wendet sich an Luns: „You know, I can't stand those flying things, they make me nervous. Is that the same with you?" [30])

Und Luns antwortet: „Ja, ganz genau dasselbe!" Dann, nach zehn Minuten, kann der Bus seine Fahrt fortsetzen. Sie passieren die Straße, in die sie auch eingebogen wären, wenn die Ampel nicht zufällig auf Rot gestanden hätte. Rauch quillt aus den Häusern. Große Löcher sind in den Fassaden. Trümmer und Fetzen sind überall. Auf dem Asphalt liegen Tote in Lachen von Blut ...

Die Menschen Londons erstarren, wenn sie das unheilverkündende Heulen der deutschen Raketen nur

---

28) Das wäre bei einer Notlandung zu riskant gewesen: Die Niederlande wären erpreßbar geworden. Über angeflogene Ziele berichtet Prinz Bernhard nicht gerne, aber er hat mir von einem Flug gegen den Bahnhof von Pisa erzählt. Auch gegen Ziele in Frankreich ist er geflogen.

29) Das „V" steht für „Vergeltungswaffe". Im Zielgebiet Groß-London schlugen 2419 V1 ein. Auf London wurden 1115 V2 abgefeuert.

30) „Wissen Sie, ich kann diese fliegenden Dinger nicht ausstehen, sie machen mich nervös. Geht Ihnen das auch so?"

aus der Ferne hören – wen wird es diesmal treffen? Luns: „Wir sitzen im Club beim Mittagessen. Da hängt wieder der bekannte Pfeifton in der Luft. Ich sitze gespannt da, Messer und Gabel senkrecht, und schaue vor mich hin. Das Gleiche tut mein Nachbar und dessen Gegegenüber, das Gleiche die drei Herren am Nachbartisch ... Dann wieder das abschließende ROMMS. Ist es zweihundert, dreihundert Meter weiter? Wir wissen es nicht. Wir sind noch einmal davongekommen. Die Mahlzeit wird einfach fortgesetzt ...“

Eines Tages ist Luns während eines Luftalarms in einem der großen, bombensicheren unterirdischen Schächte der Londoner Untergrundbahn. Neben ihm stehen zufällig zwei britische Offiziere, die ihn mehr als normal fixieren. Luns kann sich die Sache nicht erklären. Auch tuscheln die beiden miteinander. Luns schnappt nur auf, wie der eine der beiden zweimal zum anderen sagt: „It **must** be all right! It **must** be all right!“ [31)]

Erst als Joseph Luns nach Hause kommt, löst sich für ihn das Rätsel. Als er nämlich in den Spiegel schaut, sieht er, daß in seiner linken Jackentasche außen eine gefaltete Zeitschrift steckt. Es ist „Das Reich“, eine regelmäßig erscheinende Propagandazeitschrift aus Deutschland, die ihm über Lissabon nach London nachgeschickt wird. Und unter dem Titel der Zeitschrift ist fett die Überschrift eines Artikels zu lesen: „Und trotzdem! Von Reichspropagandaminister Dr. Josef Goebbels ...“

*

Gegen Kriegsende kehrt Prinzessin Juliana mit ihren Töchtern aus Kanada zurück. Sie kommt per Schiff in Schottland an, mit der „Queen Mary“. Joseph Luns hat den Auftrag, die Prinzessin und ihre drei Töchter abzuholen.

*

Als er ankommt, fährt gerade eine Schaluppe nach draußen, wo das Schiff vor Anker liegt, um Kronprinzessin Juliana und die kleinen Prinzessinen von Bord des Schiffes zu holen. In der Schaluppe sitzen eine Reihe chinesischer Offiziere, und Luns erinnert sich: „Am nächsten Tag stand dieses Bild in der britischen Presse. Ich war erstaunt über die Bildunterschrift. Denn dort stand: Die niederländische Thronerbin geht nach dem Exil in Kanada an Land, umgeben von hohen niederländischen Marineoffizieren – und es waren nur die kleingewachsenen Chinesen zu sehen!“

Während Prinzessin Juliana mit dem Flugzeug direkt nach London fliegt, um dort ihren Mann Prinz Bernhard und die Königinmutter Wilhelmina wiederzusehen, reisen Wilhelmina wiederzusehen, reisen die kleinen Töchter Beatrix, Irene und Margriet mit dem Zug von Schottland aus in die britische Hauptstadt. Eine Hofdame begleitet die Kinder – und Joseph Luns. Er hat im Nachtzug nach London ein Abteil reservieren lassen, und die Gesellschaft reist als „Herr Luns, Frau Luns, Fräulein B. Luns, Fräulein I. Luns und Fräulein M. Luns“. Der „Vater auf Zeit“ der kleinen Prinzessinnen erinnert sich: „Beatrix war noch ein kleines Mädchen, aber schon sehr anstellig.“

*

10. Mai 1945. Der große Krieg in Europa ist zu Ende. Im August kommt Luns nach über fünf Jahren

---

31) Es **muß** in Ordnung sein! Es **muß** stimmen!“

„Beatrix war noch ein kleines Mädchen, aber schon sehr anstellig": Dieses Bild zeigt die niederländische Thronerbin auf einem Oranierfest im Sommer 1945 auf Schloß Soestdijk. Links Gerard Rutten aus dem Stab Prinz Bernhards mit den Beatrix-Schwestern Irene (ganz links) und Margriet. Dieses Foto hat Prinz Bernhard mir aus seinem privaten Fotoalbum überlassen.

wieder für einen Besuch in die Heimat zurück. Die kleine Maschine landet auf dem noch von Bombentrichtern übersäten Flugplatz Schiphol bei Amsterdam. Der Vater von Joseph Luns ist während der Zeit seiner Abwesenheit gestorben. Am Flugplatz warten seine Mutter und die Brüder – er erschrickt, als er die abgemagerten Gesichter sieht. Sein Bruder George, der im belgischen Widerstand gekämpft hatte, nachdem er aus „Gotenhafen" flüchten konnte, ist inzwischen Oberleutnant bei den niederländischen Streitkräften und gerade zur niederländischen Militärmission in Bad Salzufflen versetzt, wo er ein paar Jahre arbeiten wird.

Joseph Luns jedoch bleibt nach wie vor Angehöriger der niederländischen Botschaft in London. Unvergeßlich ist ihm ein Treffen mit Montgomery, 1945 in Portsmouth. Der britische Feldmarschall muß im Beisein des Bürgermeisters von Eindhoven in der britischen Hafenstadt eine Fackel entzünden, die dann nach Eindhoven gebracht werden soll, seinem vormaligen Hauptquartier in den Niederlanden.

Bürgermeister von Eindhoven ist Meester Kolfschoten [32]). Er meint vor Eintreffen des britischen Feldmarschalls zu Luns, der ebenfalls auf die Ankunft des Briten wartet: „Ich habe hier eine silberne Dose mit dem Porträt von Montgomery. Die werde ich ihm im Namen der Stadt Eindhoven überreichen!"

32) Später Bürgermeister von Den Haag.

Karlspreisträger der Stadt Aachen unter sich: Von l. n. r. Dr. Joseph Bech, Hendrik Brugmans und Richard Coudenhove-Kalergi. Rechts Luns, der den Preis an diesem Tag erhielt (Aachen, 4. Mai 1967). Das Foto entstand kurz vor der Preisverleihung im Krönungssaal.

Endlich kommt Montgomery mit ein paar Adjutanten. Luns beginnt mit den Vorstellungen: „Feldmarschall, ich habe die Ehre, Ihnen den niederländischen Botschafter vorstellen zu dürfen!“

„Ja“, antwortet Montgomery, „ich erinnere mich an Sie, Herr Botschafter.“ Luns weiter: „Darf ich Sie mit dem Bürgermeister von Eindhoven bekanntmachen, dem früheren Justizminister im Kriegskabinett der Niederlande, Herrn Kolfschoten?“ Luns erinnert sich heute so: „In diesem Augenblick begann Bürgermeister Kolfschoten sofort zu sprechen. Er meinte: „General, waren Sie schon einmal in den Niederlanden?“ (wo doch Montgomerys Hauptquartier ausgerechnet in Eindhoven war!)

Ich sagte, um zwischen beiden zu vermitteln, zu Kolfschoten gewandt: „Der Feldmarschall hat die britischen Streitkräfte in den Niederlanden kommandiert!“

„O, das ist aber interessant, Herr General!“, meint Kolfschoten, und weiter: „General, kennen Sie eigentlich Eindhoven?“

Luns, inzwischen in leichte Panik geraten, betont nachdrücklich: „Das Hauptquartier des Feldmarschalls **war** in Eindhoven!“ Während der ganzen Zeit steht Montgomery, der sehr eitel ist, nur schweigend vor dem Bürgermeister und beugt sich langsam vor – und rückwärts ... Als er endlich weitergeht, fragt Kolfschoten ganz naiv bei Luns nach: „Wer war eigentlich dieser General?“

Damals war der Sohn bei der Marine: Die Kinder von Joseph Luns 1967 in Aachen, als der Vater den „Karlspreis" erhielt. Rechts der damalige Oberstadtdirektor von Aachen, Dr. Anton Kurze.

Luns trocken: „Graf Montgomery von El Alamein!"

*

1949 geht Joseph Luns von der niederländischen Botschaft in London zur Vertretung der Niederlande bei der UNO in New York. 1952 im Herbst wird er Außenminister, 1967 erhält er den Internationalen Karlspreis der Stadt Aachen, 1971 tritt er als Außenminister zurück und wird als Nachfolger von Manlio Brosio Generalsekretär der Nato in Brüssel. Und heute? Aus seiner langen Laufbahn, die ihm unter anderem einen der dicksten Diplomatenpässe Europas mit allerhand kuriosen und seltenen Stempeln und Dokumenten bescherte, hat er viele Freunde und Erinnerungen [33]. Sieben amerikanische Präsidenten hat er erlebt. Mit Couve de Murville ist er befreundet. Von Dag Hammarskjöld [34] besitzt er einen langen, persönlichen Brief, den dieser ihm zwei Wochen vor seinem Tode schrieb. Die Witwe von Dean Acheson schickte ihm die rote Toga und das Barret ihres verstorbenen Mannes, nachdem Luns wie Acheson (beide waren befreundet und gleich groß) den Ehrendoktor der Universität Oxford erhalten hat.

Auch mit Ludwig Erhard hatte Luns stets guten Kontakt, und er weiß zu berichten, daß Erhard nach dem Krieg der allererste Deutsche war, der einen niederländischen Orden erhalten hat — das Großkreuz im Orden von Oranien-Nassau [35].

Bruder George Luns ist heute Geschäftsmann, Bruder Huib arbeitet als Architekt. Die Tochter von Joseph Luns lebt mit der kleinen Enkelin in Den Haag, sein Sohn Huib ist in Haarlem im Marketing bei „Rank Xerox", nachdem er seine Studien in Lausanne und Stanford abgeschlossen hat.

Joseph Luns muß nur noch eines tun: seine Memoiren schreiben.

---

33) Nicht zuletzt seine zugängliche und humorvolle Art machte Luns sehr beliebt. Die oft so kühle Londoner „Times" schrieb über ihn: „Seine Witze und Clownerien haben den Konferenzen einen leichteren Anstrich gegeben, den sie dringend benötigten." (His jokes and clowning have added a lighter touch to meetings, that were badly in need of one.)

34) Der schwedische UN-Generalsekretär (seit dem 7. April 1953) stürzte bei einer Flugreise am 18. September 1961 aus bisher ungeklärten Gründen mit seiner Maschine ab und wurde getötet. Er war unterwegs von Leopoldville nach Nordrhodesien, wo er Friedensgespräche mit Moise Tschombé führen sollte.

35) Zufällig fand das Interview für die Geschichte von Joseph Luns am 3. Februar 1977 statt, einen Tag vor Ludwig Erhards 80. Geburtstag, der mir das Vorwort zu diesem Buch zugesagt hatte. Als ich Luns darauf ansprach, diktierte er folgendes Glückwunschtelegramm, das ich für ihn ins Deutsche übersetzte: „Meine herzlichsten Glückwünsche zu Ihrem 80. Geburtstag. Noch viele schöne Jahre. Mit Verehrung, Joseph Luns." Es war der letzte „Kontakt" zwischen beiden Politikern — Erhard starb genau 91 Tage später, am 5. Mai 1977.

Secondo Marinaz, Triest

11

Die Toten werden es nicht bekräftigen, aber die Überlebenden werden oft bestätigen, daß der Krieg der Höhepunkt in ihrem Leben war. (Herbert York, Kernphysiker)

Der Italiener und die Windmühle

Als Zwangsarbeiter 1944 in Aachen – Wein aus Tankzügen am Westbahnhof – Flucht in das Paulinenwäldchen – Bei den deutschen Soldaten in Haaren – SA schnappt zu im Bunker Liebigstraße – Gefangenenzug zum Westbahnhof – Deserteure auf dem Bahnhof von Goch – „Lastensegler in Wolfheze gelandet!“ – Wie General Kussin erschossen wird – Panzergräben bis zum Reichswald – Kriegsgerät an bunten Fallschirmen – Das Flugzeug streift die Windmühle – Brot und Milch vom russischen Mädchen – Milch und Melasse für die Flüchtlinge – Die deutsche Frau mit ihren zwei Kindern – In der Hölle von Rees – An der Maas „Rheinübergang“ geübt – Das Rheinufer steht in Flammen – Mit Lkw nach Kevelaer – Als Dolmetscher bei den Engländern – Die Tochter stirbt am Hochzeitstag – Suche nach der Frau am Niederrhein

Als Internierter aus Dalmatien nach Deutschland: Bahnhofsvorsteher Secondo Marinaz.

Der Mann spricht ein lebhaftes, wenn auch gebrochenes Deutsch. Er ist aus Triest gekommen, wo er als Bahnhofsvorsteher („Capostazione“) im Ruhestand lebt. Bei sich hat er seine Frau Zita und seine zwanzigjährige Tochter Grazia – und viele Dokumente. Stempel, Bescheinigungen, Kontrollkarten „für den Auslandsbriefverkehr“, einen „vorläufigen Fremdenpaß“ des Deutschen Reiches, ausgestellt in Aachen, die Registrationskarte der Amerikaner, die überall in Europa die „displaced persons“ (Internierten) wieder einsammelten und viele von den üblichen Postkarten, die er nach Hause schrieb. Auf ihrer Vorderseite steht unten links der Spruch, der zusammen mit der Briefmarke (6 Pfennig) und dem Adressen- und Absendervordruck die Postkarten zierte. Er lautet:

Gestempelt am 18. April 1944 in Aachen-Haaren: Eine Postkarte, die Secondo Marinaz damals von Aachen aus nach Hause schrieb.

DER FÜHRER KENNT NUR KAMPF, ARBEIT UND SORGE. WIR WOLLEN IHM DEN TEIL ABNEHMEN, DEN WIR IHM ABNEHMEN KÖNNEN.

Secondo Marinaz wollte ihm nicht einen Teil der Arbeit abnehmen – er mußte. Der 69jährige kann heute noch wie aus der Pistole geschossen „seine Nummer" hersagen, die man ihm im Kriegsgefangenenlager Stalag VI C in Meppen gegeben hat. Sie lautet 10 26 98.

*

Secondo Marinaz wird am 5. Oktober 1908 in Fiume [1] in Istrien geboren. Sein Berufsleben beginnt er nach dem Militärdienst bei den italienischen Eisenbahnen am Bahnhof von Triest. Am 28. Oktober 1942 wird Leutnant der Reserve Secondo

Kurz vor dem Abtransport nach Meppen in Deutschland: Secondo Marinaz im Juni 1943 als 35jähriger. Die Aufnahme entstand in Sibenik/Dalmatien.

1) Heute: Rijeka.

Als Militärtransportbegleiter und Bahnhofsvorsteher in Sibenik/Dalmatien: Secondo Marinaz (rechts stehend, mit Mütze) Ende Oktober 1942.

Marinaz von seiner vorgesetzten Stelle in Rom als Militärtransportbegleiter nach Dalmatien geschickt. Da er ungarisch und jugoslawisch spricht, macht man ihn zum Chef der Eisenbahner, die in diese Gegend abkommandiert sind. Er ist offiziell „Delegato dello Ferro vie dello Stato" – Vertreter der staatlichen Eisenbahnen und Bahnhofsvorsteher von Sibenik.

Im Juli 1943 wird Mussolini gestürzt, und Marschall Pietro Badoglio erhält vom italienischen König den Auftrag, die Regierung zu bilden. Badoglio schließt am 3. September 1943 einen separaten Waffenstillstand mit den Alliierten und verläßt damit das Kriegsbündnis der Italiener mit dem Deutschen Reich.

Zu dieser Zeit erhält auch Secondo Marinaz eines der Telegramme, die vom italienischen Militärkommando an alle Außenstellen verschickt werden. Der Inhalt lautet, man müsse sich von den Deutschen trennen und solle sich sammeln, um nach Hause zu kommen. Jetzt solle man außerdem Titos Leute jedwede Hilfe gewähren – den Partisanen, gegen die sie bisher gekämpft haben. Secondo Marinaz ist enttäuscht über den Frontwechsel. Wie viele seiner Kameraden sind nicht durch die Partisanen ums Leben gekommen?

Schon bald aber kommen die Deutschen und internieren die zurückgebliebenen Italiener. Mit Militärlastwagen werden sie am 2. Oktober 1943 nach Bihac gebracht. Dort trifft Secondo Marinaz viele Kollegen von der Bahn. Sie werden in einem Sondertransport zusammen mit Postbeamten nach Meppen in Deutschland gebracht. Dort blei-

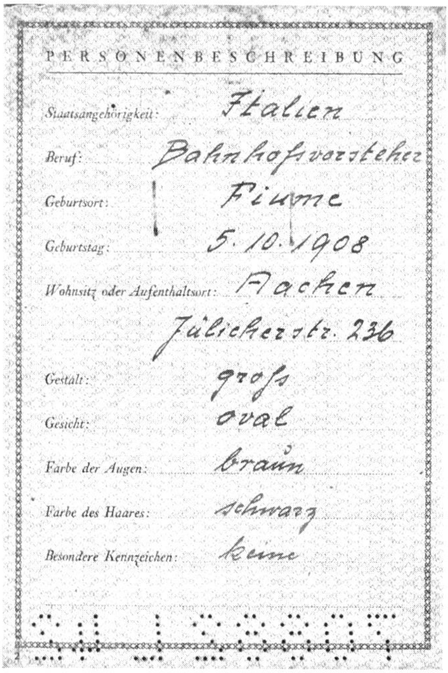

„Wohnhaft in Aachen, Jülicher Straße 236" und die „Aufenthaltserlaubnis Stadtkreis Aachen": zwei Seiten aus dem „vorläufigen Fremdenpaß" von Secondo Marinaz.

ben sie bis zum 27. November, dem Tag, an dem sie wieder per Bahn verschickt werden.

Die Fahrt geht nach Aachen.

Sie kommen am Hauptbahnhof an. Dort müssen sie sich in Reih und Glied aufstellen. Am Bahnhof ist Karl Schmidt aus Aachen. Er führt die Haldenverwertung in Aachen-Rothe Erde, ein Steinbruch- und Schlackenaufbereitungsbetrieb, der unter anderem auch Aschenmaterial für den Straßen- und den Sportplatzbau herstellt.

Karl G. Schmidt erinnert sich: „Bei uns mangelte es an Arbeitskräften. Eines Morgens hieß es: ‚Am Hauptbahnhof kommen vierzig Italiener an. Gehen Sie doch mal hin!' Als ich zum Bahnhof kam, da wimmelte es dort nur so von Lametta und Gold! Ich dachte, das sind ja alles Generale oder hohe Offiziere — in Wirklichkeit waren es aber italienische Bahnhofsvorsteher, die solcherart geschmückte Uniformen trugen. Ihr Sprecher war ein Mann namens Secondo Marinaz, der mir erklärte: ‚Wir sind alle IMIS und waren von den Deutschen im Lager Sibenik bei Spalato [2] interniert.' Es waren insgesamt 29 Personen."

Es sind nicht nur Bahnbeamte, sondern auch Leute von der Post, Polizisten, Lehrer und ein Maurer dabei. Karl Schmidt begleitet sie zum Barackenlager in Aachen-Forst am Freunder Weg: „Die klauten das Grünzeug dort aus den Gärten. Das konnte ich nicht unterbinden!" Er versucht, so gut es geht, ihre Ver-

2) Split.

Secondo Marinaz arbeitet bei Talbot in der großen Maschinenhalle an der Bohrmaschine.

pflegung etwas anzureichern. So kauft er in Holland einmal eine größere Partie Ölsardinen und besorgt auch Rotwein für die Italiener. Denn über den Bahnhof Aachen-West werden hin und wieder Tankzüge mit Wein aus Bordeaux geleitet. Schmidt: „Das war Beute-Rotwein. Der Waggon trug die Aufschrift: ‚Zum Luftwaffenkasino Berlin-Gatow.' Noch ein paar andere Leute, die auch ein Herz hatten, halfen mir. Wir haben nachts auf dem Bahnhof die Faßwagen von unten angebohrt und dann Eimer darunter gehalten. Später kam wieder ein Streichholz in die Öffnung und der Güterzug dampfte am nächsten Morgen ab in Richtung Berlin."
Zu Weihnachten bekommen die Italiener von Schmidt kleinere Geschenke und einen Tannenbaum.

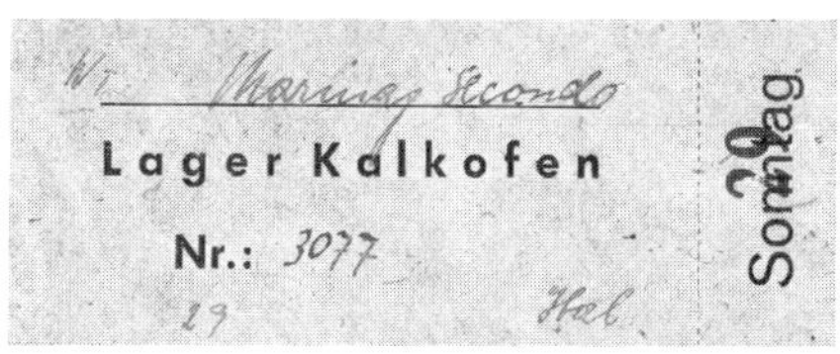
Marinaz Secondo
Lager Kalkofen
Nr.: 3077
Sonntag

Er wohnt im Lager Gut Kalkofen: Verpflegungsmarke aus dieser Zeit in Aachen.

Auch hat er ihnen geholfen, über die Bekanntschaft mit Herrn Tassistro Kontakt mit dem italienischen Konsul in Köln aufzunehmen. Dem gelingt es nach einigem Hin und Her tatsächlich aus den Internierten „Zivilarbeiter" zu machen. Secondo Marinaz erhielt auf diese Weise im Aachener Polizeipräsidium einen „vorläufigen Fremdenpaß".
Wenig später wird er in den Talbot-Fabriken an der Jülicher Straße 236 in Aachen eingesetzt. Am 11. Ja-

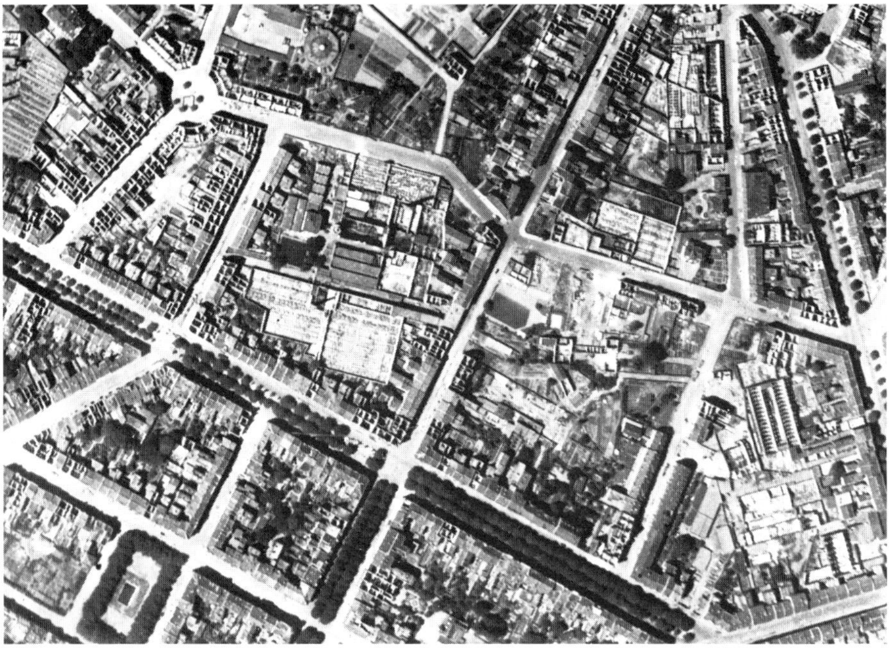

Während des Krieges streng geheim: Ein Luftbild von Zerstörungen, die britische und amerikanische Bomber in Aachener Industriebetrieben angerichtet haben, vor allem in der unteren Bildhälfte rechts.

nuar 1944 beginnt er dort mit der Arbeit.

Sie fällt ihm nicht schwer, weil er – zunächst bei Winand Nonn aus Würselen – als Hilfsarbeiter für die Mechaniker eingesetzt ist. Während seiner Ausbildung in Italien hat er nämlich einige Zeit an einem technisch-industriellen Institut gelernt. Zeitweise war er auch in einer Schiffsfabrik in Fiume beschäftigt und ist sogar zwischendurch als Elektriker und Maschinist auf einem italienischen Schiff gefahren. Hier bei Talbot arbeitet er in der großen Maschinenhalle an der Bohrmaschine.

Sie wohnen im Lager Gut Kalkofen. Der Lagerführer ist Herr Mellinger aus Emmerich. Später wird Marinaz in die Werkzeugabteilung versetzt, wo er mit Jean Louis aus Stolberg zusammenarbeitet. Sowohl mit ihm wie auch mit Winand Nonn freundet er sich sehr gut an.

Die Stadt Aachen ist in diesen Monaten ständigen Luftangriffen ausgesetzt. Hin und wieder kann Secondo Marinaz mit der Bevölkerung im Bunker Liebigstraße in Aachen Schutz suchen. Die Anzeichen dafür, daß die alliierten Truppen Aachen näherrücken, mehren sich. Immer mehr Leute verlassen die Stadt. Kranke werden vorsorglich frühzeitig evakuiert, Behörden ausgelagert.

Anfang September ist er entschlossen, selbst auch aus Aachen zu fliehen. Die Amerikaner und Engländer, so hört er, sollen nur noch zwanzig Kilometer vor der Stadt stehen ... Schon kurz danach beginnen die alliierten Truppen damit, zusätzlich zu den Bombenabwürfen auch Artilleriebschuß gegen die alte Kaiserstadt einzusetzen.

In der Nacht vom 4. auf den 5. September kann Secondo Marinaz im Lager Kalkofen keinen Schlaf finden. Die sich überstürzenden Ereignisse in den letzten Tagen haben ihn zu sehr aufgeregt. Über der Stadt dröhnt das unheimliche Brummen eines ostwärts in Richtung Deutschland fliegenden Bombenverbandes. Dann hebt wieder der Geschützdonner der Amerikaner aus der Ferne an.

In diesem Augenblick beschließ er, aus dem Lager zu fliehen. Hastig aber leise rafft er ein paar Sachen in einem Bündel zusammen und schleicht sich nach draußen. Eine Wache gibt es nicht — die Deutschen haben längst andere Sorgen! Schon bald ist er auf der Jülicher Straße. Er geht in Richtung Haaren. Wie er genau hierhergekommen ist, kann er heute nicht mehr erzählen. Aber er kommt endlich im Schutz des Paulinenwäldchens an *), wo er sich aus ein paar dicken Tannenzweigen über einer Mulde notdürftig ein Versteck herrichtet.

Fast eine Woche hält er es hier aus — von diesem Dienstag bis zum nächsten Montag, dem 11. September. Er leidet nachts unter der Kälte, tagsüber unter Hunger und Durst. Den Durst kann er an dem kleinen Bach unterhalb des Paulinenwäldchens löschen — der Hunger ist schon schlimmer. Bald sind die paar eingesteckten Kanten Brot aus dem Lager Kalkofen aufgebraucht.

Aber er traut sich nicht unter Menschen. In der Nähe ist eine Wirtschaft, zu der ein Hund gehört. Ab und zu bellt das Tier minutenlang hintereinander in seine Richtung. Was soll werden, wenn die Leute von der Gaststätte durch das dauernde Hundegebell aufmerksam werden und ihn hier im Wald finden. Was wird man mit einem ausgerissenen Zivilarbeiter machen?

Also bewegt er sich so wenig wie möglich in seinem unwirtlichen und unbequemen Tannenversteck. Er denkt viel an Zuhause. Wie wird es dort wohl gehen? Was macht seine Frau Zita? Hat sie überhaupt die Postkarten bekommen, die er ihr in regelmäßigen Abständen geschickt hat, damit sie weiß, wo er steckt?

Dann wieder denkt er plötzlich, er solle einfach zurückgehen und sich mit irgendeiner Ausrede im Lager Kalkofen melden. Aber mit jedem Tag, den er hier im Dunkel des Paulinenwäldchens zubringt, wird diese Möglichkeit schwieriger. Schließlich ist das Wochenende da — und er hat schon anderthalb Tage keinen Bissen mehr zwischen den Zähnen gehabt . . .

Am Montag, dem 11. September hält er es nicht mehr aus. Er muß sowieso bald weg, denn der Hund bellt immer öfter. Einmal sind auch schon zwei ältere Männer vorne am Rande des Wäldchens gewesen und haben die Gegend flüchtig abgesucht. Offenbar haben sie begriffen, daß der Hund dort im Wald irgendetwas wittert — vielleicht sind es abgestürzte amerikanische Flieger, die sich hier verborgen halten?

---

*) Das Paulinenwäldchen liegt auf der Höhe nördlich Aachen-Soers, zwischen Berensberg und Scherberg. Unbewußt hat Secondo Marinaz damit Aachen genau an der Stelle verlassen, die bis zuletzt, als die Amerikaner den Ring um die Stadt fast völlig geschlossen haben, noch als einzige offenbleibt. Kampfkommandant Wilck wird nämlich hier „in letzter Minute" in die belagerte Stadt eingeschleust. Er kommt wie wenig später auch eine zur Entlastung geschickte SS-Einheit durch die Wolfsfurth knapp östlich am Paulinenwäldchen. Vergleiche: Ch. Whiting/ W. Trees: Die Amis sind da! Wie Aachen 1944 erobert wurde, Seite 128 ff.

Wie lange, so denkt Secondo Marinaz bei sich, wird es noch dauern, bis eine deutsche Polizeistreife mit Hunden den Wald hier oben gründlich durchsucht?

Deshalb macht er sich an diesem Montagabend kurz nach Einbruch der Dämmerung auf den Weg. Er geht den Berg hinab in Richtung Haaren! Manche der Häuser, die vor einer Woche noch standen, sind inzwischen zu einem Haufen von Trümmern geworden . . . In Haaren selbst findet er eine Menge deutscher Soldaten vor, die sich offenbar auf dem Rückzug aus Frankreich befinden. Das erkennt er an den französischen Autos und anderen Gegenständen, die einige der fast zusammenhanglosen Trupps bei sich führen. Es herrscht ein unbeschreibliches Durcheinander. Secondo Marinaz gelingt es ohne irgendwelches Aufsehen, in einer Wirtschaft in Haaren, die voll von Soldaten ist, ein Bier zu trinken.

Als er das Glas geleert hat, macht er sich auf ins Lager Kalkofen, um etwas zum Essen zu finden. Die Straßen sind voller rückflutender Soldaten mit allen möglichen Fahrzeugen! Gegen zehn nach acht kommt er im Lager an. Ein Teil der Arbeiter ist wie er geflüchtet. Das Gebäude macht einen verlassenen Eindruck. Niemand scheint sich mehr darum zu kümmern, ob alle da sind oder nicht.

Er hätte längst ohne Gefahr zurückkommen können und nicht im Wald zu hungern und zu frieren brauchen! Bald findet er alte Bekannte, die ihn erstaunt fragen, wo er denn geblieben sei. Aber erst will er etwas zu essen haben.

Während er die köstlichen Bissen Brot langsam kaut, erzählen ihm die beiden Kameraden, daß man ihn sogar bereits für tot gehalten habe! Da aber sowieso in den letzten Tagen alles durcheinandergeraten sei, habe man keine Zeit gehabt, große Nachforschungen anzustellen.

Bald hat Secondo Marinaz sich erholt und beginnt, seinen Schlafplatz wieder ordentlich herzurichten. Aber lange wird er sich nicht mehr auf das in der vergangenen Woche so schmerzlich entbehrte warme Bett in einem richtigen trockenen Raum freuen können! Denn etwa gegen 21 Uhr beginnen plötzlich die Sirenen über Aachen zu heulen.

Das bedeutet Vollalarm!

Aus den Berichten der Kameraden und auf Grund dessen, was er gesehen hat, kann er sich denken, daß die alliierten Truppen jetzt noch viel näher vor der Kaiserstadt stehen als eine Woche zuvor, als er deswegen geflüchtet ist. Jetzt will er nach diesen Entbehrungen nicht riskieren, von einer Bombe getötet zu werden! So packt er denn wieder in aller Eile ein Bündel — diesmal die Essenssachen zuerst — und läuft in aller Eile in den Bunker in der Liebigstraße. Nach und nach füllt sich der Bunker. Es kommen alte Männer, junge Frauen und alte Mütterchen, bei ihnen sind Kinder in allen Lebensaltern. Auch einige seiner Kameraden aus dem Lager Kalkofen sind schon da oder kommen nach und nach in den Bunker.

Gut zwei Stunden später, vielleicht sind es auch nur anderthalb Stunden, können sie wieder aufatmen. Die Gefahr ist vorüber. Die tödliche Bombenlast ist über der Stadt an der deutschen Reichsgrenze abgeladen, ohne daß ihnen im Bunker etwas passiert ist.

Aber bevor sie das Gebäude verlassen können, findet eine Kontrolle

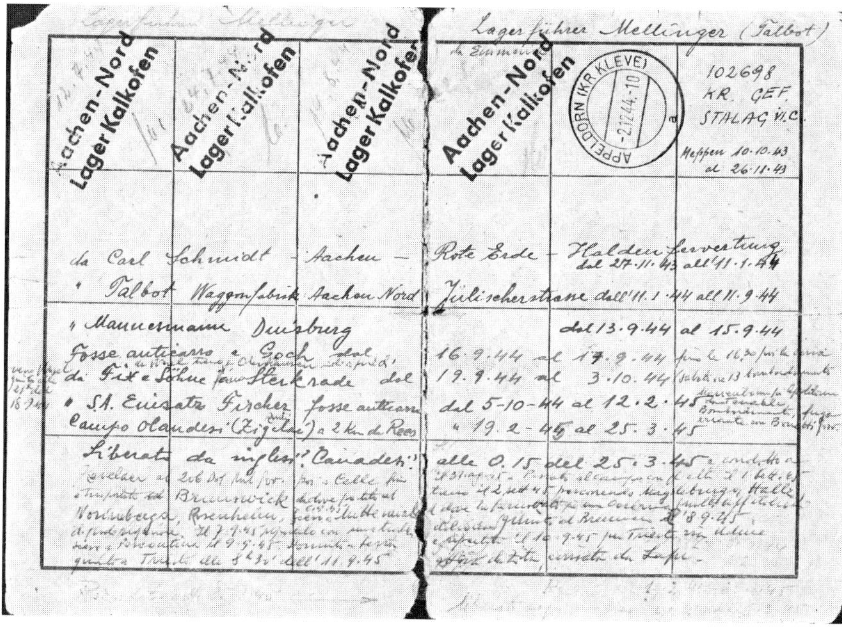

Aachen-Nord Lager Kalkofen

Aachen-Nord Lager Kalkofen

Aachen-Nord Lager Kalkofen

Lagerführer Mellinger (Talbot)

Aachen-Nord Lager Kalkofen

APPELDORN (KR. KLEVE) -2.12.44-10

102698 KR. GEF. STALAG VI C

da Carl Schmidt – Aachen – Rote Erde – Haldenverwertung dal 27.11.43 all'11.1.44

" Talbot Waggonfabrik Aachen Nord Jülicherstrasse dall'11.1.44 all 11.9.44

" Mannesmann Duisburg dal 13.9.44 al 15.9.44

fosse anticarro e Goch dal 16.9.44 al 17.9.44

da Fix e Söhne Sterkrade dal 19.9.44 al 3.10.44

" SA. Einsatz Fischer fosse anticarro dal 5-10-44 al 12.2.45

Campo Olandesi (Ziegelei) a 2 km da Rees " 19.2-45 al 25.3.45

Liberato da inglesi Canadesi alle 0.15 del 25.3.45

Der italienische Konsul in Köln bringt es fertig, daß er „Zivilarbeiter" wird. Deshalb erhält Marinaz im Aachener Polizeipräsidium einen „vorläufigen Fremdenpaß".

statt! An der Türe stehen zwei SA-Männer, begleitet von Aachener Polizei. Mann für Mann werden sie aus dem Bunker gerufen. Mitleidige Blicke der Aachenerinnen und Aachener im Innern des Bunkers folgen ihnen. Als Secondo Marinaz mit ein paar unwirschen Rufen nach draußen befohlen wird, denkt er bei sich, daß die ihm folgenden Blicke der Aachener nichts Gutes versprechen . . .

Draußen vor dem Bunker findet er die Kameraden. Sie alle müssen sich sammeln. Dann setzt sich der Zug von etwa zwanzig Männern in Bewegung. Es geht in Richtung Lager Kalkofen. Aber als sie eigentlich auf der Jülicher Straße nach links zum Lager abbiegen müßten, gehen die Gestapo-Leute einfach geradeaus weiter! Am Nordbahnhof befehlen sie, anzuhalten.

Während der eine der beiden SA-Männer aufpaßt, daß keiner aus der Gruppe der Fremdarbeiter ins Dunkel der Nacht entflieht, holt der andere einen Schlüssel hervor und schließt mit Hilfe einer Taschenlampe eine Halle am Bahnhof auf. Es ist das Magazin. Barsch wird ihnen befohlen, hier hinein zu gehen. Dann fällt die Türe hinter ihnen zu. Der Schlüssel wird umgedreht – es ist stockdunkel. Sie rätseln, was wohl mit ihnen geschehen wird.

*

Dienstag, der 12. September 1944. An diesem Morgen rührt sich nichts in oder vor ihrer unfreiwilligen Unterkunft. Die Ungewißheit über das ihnen drohende Schicksal wird dadurch nur noch größer. Hat man sie hier vergessen? Oder läßt man sie ganz bewußt hier zurück, während die Stadt evakuiert wird, um den Bombardement durch die angreifenden alliierten Truppen überlassen zu werden – ein Bombardement, das auch sie alle treffen wird? Die Spekulationen sind falsch. Denn gegen 17 Uhr macht sich jemand an der Türe zu schaffen. Dann geht sie auf. Sie werden – wiederum von SA-Leuten, aber nicht denselben wie gestern – aufgefordert, das Magazin zu verlassen. Wieder müssen sie sich formieren, wieder geht der Weg nicht zurück zum Lager Kalkofen, sondern in entgegengesetzte Richtung: zum Hansemannplatz. Dort biegt der traurige Zug rechts ab in die Monheimsallee. Sie passieren die Bastei – es geht geradeaus. Dann, am Ponttor, biegen sie nach rechts ab: Ihr Ziel ist der Westbahnhof!

Dort angekommen, finden sie noch andere aus ihrem Lager, aber auch ihnen völlig unbekannte Fremdarbeiter vor. Sie erhalten ein kleines Päckchen als Verpflegungsration. Dann müssen sie einen dort wartenden Güterzug besteigen. Nach einer guten halben Stunde fährt der Zug los in Richtung Westen. Es ist 18.30 Uhr am Dienstag, dem 12. September 1944.

*

Der Transport zählt zwischen 20 und 25 Waggons. Es mögen fast tausend Personen sein, so hat Secondo Marinaz auf dem Westbahnhof geschätzt, die mitfahren. Außer seiner Gruppe, den Italienern, sind Franzosen darunter, Russinnen und Russen, Belgier und Niederländer. Keiner hat eine Ahnung, wohin die Reise gehen soll. Oft wird mitten in der Nacht unterwegs angehalten, ohne daß sie sich erklären können, warum. Dann steht der Zug eine Stunde lang oder auch zwei ... Kein Flugzeug in der Luft, kein Geschützdonner in unmittelbarer Nähe und draußen um den Zug kein Laut – sie können sich nicht erklären, warum es so lange nicht vorwärtsgeht. Am Mittwochnachmittag erst sind sie in Essen. Dort haben sie Aufenthalt, weil die Stadt einen Luftangriff erleidet. Dann geht die Fahrt weiter nach Duisburg. Hier müssen sie aussteigen und werden von den Uniformierten, die den Transport begleitet haben, zu den Mannesmann-Stahlwerken gebracht. Notdürftig kommen sie für die Nacht in einer unbeheizten, aber trockenen Halle unter.

Aber schon am übernächsten Morgen Freitag, den 15. September, müssen sie weiterziehen. Zunächst zu Fuß – dann ein Stück per Bahn. Spätnachmittags kommen sie in Goch an. Eine Schule ist notdürftig als Internierungslager eingerichtet. Am nächsten Morgen, so sagt man ihnen, soll es weiter in Richtung Holland gehen – zu ihrem endgültigen Bestimmungsort. Sie ahnen nicht, daß an diesem Tag jenseits des Kanales, in Großbritannien, Teile der Invastionstruppen morgens enttäuscht die Flugzeuge wieder verlassen haben, in die sie siegessicher und startbereit geklettert waren: Britische und kanadische Fallschirmjäger, die bei Arnheim abspringen sollen!

Und Arnheim ist genau die Richtung, in die Secondo Marinaz und seine Kameraden am nächsten Morgen, dem Samstag, fahren werden. Sie übernachten notdürftig auf Stroh in den Räumen einer verlassenen Schule in der kein Unterricht mehr stattfindet. Die Nacht verläuft ruhig.

Samstagmorgen um 7 Uhr früh werden sie geweckt. Sie müssen in aller Eile einen Kanten Brot fassen und bekommen eine dünne, braune Flüssigkeit zu trinken, die nur entfernt an Ersatzkaffee erinnert. Dann formieren Sie sich und marschieren in Richtung Bahnhof. Aber sie können keinen Zug besteigen — auf den Perrons stehen gefesselte deutsche Soldaten, vermutlich Deserteure, so denkt Secondo Marinaz, die ins Innere des Reiches gebracht werden sollen. Rundum ist das Bahnhofsgebäude von deutschen Feldjägern umstellt. Sie können nicht einmal in den Bahnhof hineingehen.

Also müssen sie zu Fuß in Richtung Niederlande! Ihr Weg führt von Goch aus zum Grenzort Grunewald, am südlichen Rande des Reichswaldes gelegen. Der Marsch ist lang und ermüdend. Sie werden von einem SA-Begleitkommando geführt. Erst gegen 16 Uhr kommen sie an die Straße von Grunewald nach Ottersum-Gennep an.

Neben dem Kloster „Maria Roepaan“ [3] wird endlich „Halt“ befohlen. Dort stehen große Zelte, in denen bereits andere Arbeiter wohnen. Sie hören, daß diese schon seit über drei Wochen hier sind und Panzergräben ausheben müssen. Die Neulinge seien ihnen schon als Verstärkung für die Arbeit angekündigt worden, berichten die Arbeiter.

Bevor sie zu Bett gehen, bringt ihnen ein Bauer aus der Nachbarschaft ein paar Kartoffel und Äpfel. Secondo Marinaz erinnert sich: „Es war himmlisch. Ich wußte gar nicht mehr, wie köstlich ein Apfel schmecken kann!“ Zufrieden kauen sie im Dunkeln die unerwartet geschenkte Mahlzeit. Dann wird es still in den Zelten auf dem Acker neben dem Kloster Maria Roepaan.

Vorn links auf dem Feld übernachtete Secondo Marinaz: Hier stehen große Zelte für die Fremdarbeiter. Im Hintergrund das Kloster „Maria Roepaan“ an der Straße von Kleve über Grunewald nach Ottersum (NL) und Gennep. Das Gelände gehört zur Gemeinde Gennep.

Der Absprung bei Arnheim klappt nicht auf Anhieb: Mehrmals müssen die Fallschirmjäger in England in letzter Minute die Maschinen wieder verlassen, weil das Landeunternehmen verschoben worden ist . . .

*

Sonntag, der 17. September 1944. Unheimliche Geschäftigkeit herrscht an jenem Morgen auf allen Flugplätzen im Süden Englands. Kurz nach 10 Uhr startet dort die größte Luftflotte der Weltgeschichte, die jemals für eine einzelne Operation zusammengestellt worden ist. Von 27 verschiedenen Flugplätzen in England heben die Zugmaschinen mit den daranhängenden „gliders“ [4])

---

3) Etwa: Maria Hilf. Wörtlich: Maria ruf an.
4) Lastensegler.

ab, die außer dem Material Tausende von Soldaten transportieren. Insgesamt 35 000 Engländer und Amerikaner nehmen an der Invasion teil. Über dem Kanal bündeln sich die Flugzeuge zu zwei großen „Strömen“, die nahezu parallel den Kanal überfliegen.

Auf der Wasserstraße zwischen Großbritannien und Frankreich selbst liegen sogar unter jeder der beiden Überfliegungsrouten Konvois von Rettungsschiffen bereit: zweimal je zehn Schiffe, die notgewasserte Besatzungen retten sollen. „Unternehmen Markt und Garten“[5]) hat seinen Anfang genommen ... „Markt“, das ist das Codewort für die Landung einer kompletten alliierten Armee bei hellem Tageslicht hinter der deutschen Front in den Niederlanden. Ihr Ziel: Vereinigung mit den Truppen von „Garten“ und Marsch auf das Ruhrgebiet, in kühnen Plänen Montgomerys sogar der Vorstoß bis nach Berlin, in das Herz des Deutschen Reiches.

„Garten“ hingegen ist das Codewort für den Panzervorstoß der 2. englischen Armee, die an diesem Sonntagmittag um 14.35 Uhr von der belgisch-niederländischen Grenze bei Neerpelt und Valkenswaard her nach Norden in Richtung Eindhoven, Nimwegen und Arnheim vorstößt, um sich dort mit den gelandeten Fallschirmjägern der 1. englischen Luftlandearmee, der 82. und der 101. amerikanischen Luftlandearmee zu vereinigen[6]).

Ein Artillerieüberfall und tieffliegende Jagdbomber werden vorausgeschickt, bevor die englischen Panzer auf der Straße nach Norden vorpreschen! Dort sind inzwischen die Fallschirmjäger von „Markt“ gelandet – bei Arnheim und Wolfheze, bei Ede und bei Driel, bei Grave, Nimwegen und Groesbeek: in unmittelbarer Nähe des Reichswaldes! Hier ist auch Secondo Marinaz. Er befindet sich im Landebereich und der Angriffszone des 505. Regimentes der 82. amerikanischen Luftlandedivision, genannt „All American“, unter ihrem Kommandeur General Gavin ...

*

Unbeschreibliches Durcheinander und Verwirrung herrschen auf der deutschen Seite in den ersten Stunden der Luftlandung. Zufällig stehen jedoch die 9. SS-Panzerdivision „Hohenstaufen“ und die 10. SS-Panzerdivision „Frundsberg“ in unmittelbarer Nähe des Landeplatzes zur Eroberung der strategisch wichtigen Rheinbrücken direkt nördlich von Arnheim bereit. Zusätzlich ist das II. SS-Panzerkorps gerade in den Tagen vor der Luftlandung von der Eifel her in Richtung Doetinchem in Marsch gesetzt worden. Die Verlegung hat erst am 5. September begonnen. Die Panzer rasseln parallel zur deutsch-niederländischen

---

5) Market — garden.

6) Das Unternehmen endet mit einer Katastrophe bei den Alliierten, die nach neun Tagen mit 17 000 Toten, Verletzten und Vermißten sogar weit höhere Verluste als bei der Landung in der Normandie erlitten. Prinz Bernhard versicherte mir, er und seine niederländischen Widerständler hätten Montgomery vergeblich davor gewarnt, das Unternehmen „Garten“ durchzuführen, da es — wie sich auch tatsächlich zeigte — auf zu große Schwierigkeiten stoße. Die Soldaten nannten die Trasse nach Norden schon bald „die Straße zur Hölle“ (The Hell's Highway). General Sir Brian Horrocks, der mit seinem XXX. Panzerkorps vom Maas-Schelde-Kanal bei Neerpelt den Vorstoß Richtung Eindhoven zu führen hatte, schrieb mir dazu: „Als ich im Kino von Leopoldsburg meine Befehle zur Durchführung dieser Operation erteilte, war ich voll und ganz vom Erfolg überzeugt und mein ganzes Korps ebenso. Wir standen ganz im Banne der Euphorie der Befreiung und hatten doch täglich das Bild von in Unordnung fliehenden deutschen Truppenteilen vor Augen. Montgomery hatte mir befohlen: „Horrocks, bleib nicht stehen. Übe Druck aus — Tag und Nacht! Denn die Deutschen sind verdammt gute Soldaten und werden sich sehr bald von ihrem Debakel in der Normandie erholt haben.“

Grenze nach Norden. Jetzt stehen sie wie ein Riegel zwischen den gelandeten Truppen und deren Ziel, dem Ruhrgebiet.

*

Ungläubig und sogar ein wenig neidisch schaut an jenem Mittag Kurt Student vom Balkon eines Herrensitzes in Vught in den Himmel. Der frischernannte 54jährige Generaloberst ist Oberbefehlshaber der 1. Deutschen Fallschirmarmee und gilt als der Schöpfer der Fallschirmjägertruppe überhaupt. Offenbar ist jetzt eine Operation im Gange, die wie ein Spiegelbild der überfallartigen Landung deutscher Fallschirmjäger in Rotterdam und Den Haag vor vier Jahren gleicht, dem Angriff auf die Niederlande am 10. Mai 1940! Student traut seinen Augen nicht – der Himmel ist übersät von Flugzeugen!

Knapp 50 Kilometer nordöstlich, in Oosterbeek bei Arnheim, sitzt Generalfeldmarschall Walter Model, Oberbefehlshaber der Heeresgruppe B, gerade im Hauptquartier, einem requirierten Hotel, mit seinem Stab beim Mittagessen. Da platzen ein Leutnant und ein Oberstleutnant in die Tafelrunde: „Die Stabskompanie, die unser Hauptquartier bewacht, meldet gelandete Lastensegler in Wolfheze!"

Model reagiert sofort. Die Landung ein paar Kilometer entfernt kann nur eines bedeuten: Man hat es auf ihn persönlich abgesehen!

Die Tafelrunde löst sich sofort auf. Model erteilt ein paar knappe Befehle, das Hauptquartier sofort zu räumen. In aller Eile packt er seine persönlichen Sachen, steigt in seinen Wagen und befiehlt dem Fahrer: „Ab nach Doetinchem, zu Bittrich!" [7]

Dort angekommen, bezieht Model sein neues Hauptquartier jedoch nicht wie die anderen Stäbe im Schloß, sondern vorsichtshalber im Gärtnerhaus des Landgutes. So könnte man bei einem nochmaligen Kommandounternehmen gegen sein Hauptquartier unter Umständen wichtige Minuten gewinnen [8].

*

Andere hohe Offiziere sind weniger umsichtig als der an schnelle Entscheidungen gewöhnte Model. Unterwegs von seinem unterbrochenen Sonntag-Mittagessen in seinem Hauptquartier in Oosterbeek nach Doetinchem hat Generalfeldmarschall Model den Feldkommandanten von Arnheim, General Kussin getroffen. Kussin ist losgefahren, um sich ein Bild von dem Geschehen zu machen, das sich an diesem Sonntagmittag so auffällig um Arnheim zu konzentrieren scheint.

Model erteilt ihm den Befehl, wo immer er unterwegs vorbeikommt, Alarm zu geben und vor allem das Führerhauptquartier zu unterrichten. Dann trennen sich die beiden. Model fährt mit der Wagenkolonne seines Stabes in östliche Richtung, nach Doetinchem, Kussin fährt mit seinem DKW, den sein Fahrer steuert, in entgegengesetzte Richtung: nach Westen.

Nahe der Renkumer Heide, einer Landezone der englischen Luft-

---

7) General Bittrich, der Kommandeur des II. SS-Panzerkorps, das sich auf dem Marsch aus der Eifel nach Doetinchem/Arnheim befand. Das Hauptquartier Bittrichs war in einem Schloß bei Doetinchem.

8) Model, der die Lage zu dieser Zeit noch nicht überblicken kann, denkt zunächst tatsächlich an ein Kommandounternehmen gegen sein Hauptquartier und seinen Stab. Hitlers Reaktion auf die ersten einlaufenden Meldungen von Models knappem Entkommen aus der „Falle" ist ähnlich. Hitler meint, auch er würde zwei Fallschirmjägerarmeen für die Chance aufs Spiel setzen, das gegnerische Oberkommando in die Hand zu bekommen.

Die Mütze liegt noch auf dem Sitz: Der Fahrer von General Kussin, dem Feldkommandanten von Arnheim. Der General schlägt am Sonntagmittag der Luftlandung Warnungen in den Wind und fährt auf der Straße von Utrecht nach Arnheim direkt auf ein britisches Fallschirmjägerbataillon zu. Der General (Foto oben) und sein Fahrer (Foto unten) werden durch MG-Salven getötet.

Der blutige Weg nach Arnheim: 17 000 Tote, Verwundete und Vermißte kostet die Alliierten die neuntägige gescheiterte Operation „Markt und Garten". Das sind höhere Verluste als bei der Invasion in der Normandie (10 000 bis 12 000 Soldaten). Bild: Tote an einem Weg nach Arnheim, sechs Kilometer vor der Stadt.

landetruppen, trifft Kussin auf eine bereits alarmierte deutsche Einheit, die versucht, den Vormarsch der britischen Fallschirmjäger auf die Brücke von Arnheim aufzuhalten.

Kussin erschrickt, als er mit dem bloßen Auge die englischen Soldaten auf dem Heidegelände da hinten erkennen kann! Der Kommandeur der deutschen Einheit, Sturmbannführer Krafft, warnt den General davor, bei der Rückkehr nach Arnheim über die Hauptstraße zu fahren, die von Utrecht her kommt. Dort hätten sich bereits englische Soldaten befunden, so sei ihnen gemeldet worden.

Aber Kussin schlägt die Warnung in den Wind. Er will sich nicht über Feldwege mühsam nach Arnheim durchschlagen müssen. „Wir kommen schon durch", sagt er entschlossen, und steigt in seinen Wagen. Der setzt sich in Richtung Hauptstraße Utrecht-Arnheim in Bewegung.

Er fährt genau auf die Soldaten der britischen 1. Fallschirmjägerbrigade zu! Zu spät erkennt der Fahrer die rechts und links der Straße vorgehenden Engländer! Die Bremsen quietschen, verzweifelt legt er den Rückwärtsgang ein.

Vergeblich! Der Wagen kann nur noch wenige Meter nach rückwärts rollen. Dann bleibt er stehen. Die Fallschirmjäger des 3. Bataillons haben aus ihren Maschinenpistolen gemeinsam das Feuer auf den deutschen Kommandeurswagen eröffnet, und nicht nur das Fahrzeug ist von den Kugeln durchsiebt.

General Kussin und sein Fahrer sind tot. Mit platten Reifen steht das Fahrzeug auf dem Pflaster der Straße.

*

Aber die anfangs spektakulären Ausfälle und Verluste der Deutschen setzen sich nicht fort. Schon bald werden sie die Amerikaner und vor allem die Engländer an der

Secondo Marinaz am Sonntag der alliierten Luftlandung: Von Goch (unten rechts) ist er nach Grunewald, von dort aus auf niederländisches Gebiet Richtung Ottersum-Gennep (Provinz Limburg) marschiert. Beim Kloster Maria Roepaan (1) stehen die Rot-Kreuz-Zelte, in denen die Arbeiter übernachten. Dahinter sind die Panzergräben bis zum Reichswald zu graben (2). Bei (3) steht die Windmühle „Rust na arbeid" (Ruhe nach Arbeit). Links fließt die Maas. Bei Groesbeek (oben links) war einer der Hauptlandeplätze der Offensive.

Brücke von Arnheim einkesseln. Neun Tage lang wird sich ein Häufchen Engländer noch an der Brücke halten können — dann wird auch der letzte Widerstand erlöschen. Die eingekesselten Alliierten werden sich ergeben müssen. Das Luftlandeunternehmen „market-garden" wird scheitern!

*

Secondo Marinaz und die übrigen Fremdarbeiter können von dieser Entwicklung noch nichts ahnen, während sie an diesem Sonntagmorgen der Luftlandung zur Arbeit an den Panzergräben antreten müssen. Sie marschieren auf die Felder nordwestlich vom Kloster. Der Fußmarsch dauert vierzig Minuten. An der Arbeitsstelle in der Nähe des Reichswaldes, dessen Rand die niederländisch-deutsche Grenze bildet, haben die übrigen Fremdarbeiter bereits mit dem Ausheben der „fosse antecarri" [9]) begonnen.

Niederländer, Franzosen und Russen sind schon seit einiger Zeit an der Arbeit. Mißmutig greift auch Secondo Marinaz mit seiner Gruppe zu Hacke und Schaufel. Die Panzergräben werden parallel zur deutsch-niederländischen Grenze gegraben,

9) Anti-Panzer-Gräben.

Nach der Landung: Lastensegler der Operation „market-garden“. 2500 Lastensegler werden bei dem Unternehmen eingesetzt, außerdem fast 5000 Flugzeuge.

so daß vom Reichswald her eine Barriere bis zur Verbindungsstraße Kleve – niederländische Grenze – Ottersum – Gennep gebildet werden kann [10]). Die Arbeitsstelle von Secondo Marinaz liegt inmitten eines Tabakfeldes. Die Tabakblätter sind schon abgeeerntet. Die Fremdarbeiter sind traurig darüber – wie schön hätten sie sich auf diese Weise etwas Tabak zum Selbstdrehen von Zigarren beschaffen können!

Das Gelände, auf dem sie arbeiten, steigt nach Westen in Richtung Nijmwegen leicht an. Gegen Mittag wird eine Pause eingelegt. Die Vormänner beginnen damit, die Suppenration für die Fremdarbeiter auszuteilen. Dann hocken sie sich nieder und löffeln das dünne Zeug ... Es ist etwa 13.15 Uhr.

Wenig später horchen die ersten Männer auf. Von Westen her hört man ein Brummen, das langsam, aber stetig anschwillt. Dann erkennen sie am Himmel die ersten Maschinen. Es sind Kundschafterflugzeuge, die aus Richtung Holland kommen und geradewegs auf sie zufliegen. Ihnen folgen schwere Bomber.

Näher und immer näher kommen die Maschinen, ganz so, als wenn sie es direkt auf die Arbeiter hier unten abgesehen hätten. Dann, etwa anderthalb Kilometer vor ihnen, klinken sie die Bombenlast aus, die sie über den Kanal herangeführt

---

10) Wahrscheinlich sollte der Riegel weiter nach Süden vorgetrieben werden, südlich der Straße Kleve—Gennep bis nach Gennep und zur Maas, die ein natürliches Hindernis sein würde.

haben. Deutlich kann Secondo Marinaz die Detonationen erkennen, die da hinten das Wäldchen zerstören. Die Bäume werden von der Sprengwirkung zerrissen. Wenn die Bomben fallen, rasieren sie manche Stämme glatt ab.

Dann drehen die Bomber ab und fliegen in einer großen Kurve zurück nach Westen. Zehn Minuten später kommt die zweite Welle.

Dann, erst beim dritten Anflug, kommen die „richtigen" Bomber: Maschinen, die zunächst leichtes Geschütz und dann Fallschirmjäger über den vorbestimmten Landezonen niedergehen lassen. Es sind jene Flugzeuge, die hinter sich die Lastensegler gezogen hatten, deren Piloten ihre geschleppten Segler kurz vor Erreichen des Zieles selbst von der Zugmaschine abhängten, um sich auf eigene Faust einen Landplatz auszusuchen [11].

Secondo Marinaz und seine Kameraden sind völlig überwältigt von der unerwarteten Offensive aus der Luft und vor allem auch von der großen Machtentfaltung, die dieses Schauspiel für sie bedeutet. Wer solche Kräfte aus der Luft heranführen kann, der wird auch in der Lage sein, den Krieg bald zu seinen Gunsten zu beenden ... und zugunsten von ihnen allen, die an diesem Sonntagmittag so plötzlich mitten in das Kampfgeschehen hineingeraten sind!

Für Secondo Marinaz wird der Anblick in diesen Minuten Zeit seines Lebens unvergeßlich bleiben: „Die Fallschirme hatten verschiedene Farben, es war ein wunderbares Bild. Die friedlich-bunten Farben der Fallschirme, wie bei einer Kirmes, standen außerdem in krassestem Gegensatz zu dem tödlichen Kriegsgerät und den schwerbewaffneten Männern, die an ihnen auf die Erde niederschwebten."

*

So verwirrt wie das Wachkommando bei den Fremdarbeitern ist auch die deutsche Führung insgesamt. Zur Tarnung haben die Engländer bei Utrecht in großen Mengen Puppen an Fallschirmen abgeworfen, um so eine Landung dort vorzutäuschen und den deutschen Gegner möglichst lange über das wahre Ziel der Operation im dunkeln zu lassen: Die Eroberung der Brücken über den Rhein, die den Vorstoß ins Ruhrgebiet erlauben.

In aller Hast wird Secondo Marinaz und seinen Kameraden befohlen, ihr Material zu verladen und sich in südöstliche Richtung zurückzuziehen, damit sie erst einmal aus dem unmittelbaren Landebereich der Fallschirmjäger kommen, die höchstens 2000 Meter entfernt sind. So marschieren die Arbeiter denn von den Panzergräben weg in Richtung der Straße Gennep–Grunewald–Kleve.

Wenn sie die Straße erreicht haben, so heißt die allgemeine Losung, sollen sie versuchen, sich zurück nach Deutschland durchzuschlagen. Es ist genau der Weg, den sie erst gestern, am Samstag, in umgekehrter Richtung gekommen sind, um an den Panzergräben zu arbeiten ...

*

Sie marschieren mitten auf der Landstraße. Vor ihnen fährt ein Karren mit zwei Pferden, auf dem das Arbeitsgerät transportiert wird. Dahinter folgen sie zu Fuß, begleitet von einigen Männern der deutschen „Schutzkompanie". Einer der

---

11) Manche der Lastensegler versanken auf dem stellenweise sumpfigen Gelände. Noch heute, mehr als 30 Jahre nach dem Geschehen, hat man ihre Spuren auf unlängst gemachten Luftbildern erkennen können!

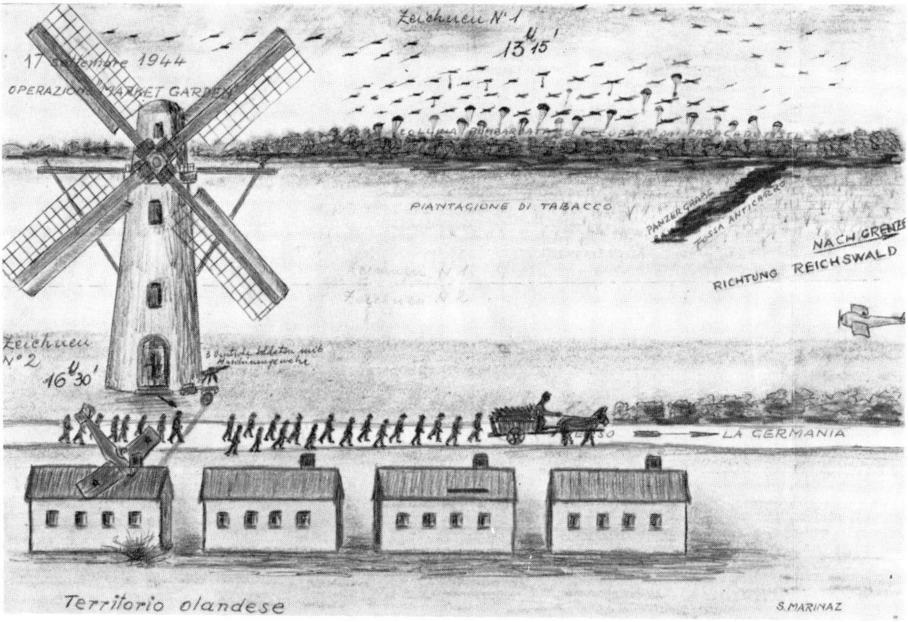

Der Zwischenfall an der Windmühle: Von rechts aus Richtung Deutschland/Reichswald fliegt ein alliiertes Kundschafterflugzeug gegen die Mühle „Rust na arbeid", an der ein deutsches Maschinengewehr postiert ist. Auf der Straße gehen die Arbeiter, Secondo Marinaz als Achtletzter. Bei einem der Manöver streift der Pilot mit einer Tragfläche die Mühle und stürzt auf das Dach des letzten Hauses gegenüber der Mühle. Der kanadische Pilot findet den Tod [14].

„IMI'S" [12] hat es sogar verstanden, ein großes Stück von einem Fallschirm mitzunehmen, der ganz in der Nähe ihres Arbeitsplatzes gelegen hatte. Die anderen beneiden ihn darum.

Am Ortseingang von Venzelderheide zwischen Ottersum und der deutschen Grenze machen sie Rast. Die Männer der Schutzkompanie wollen versuchen, Verbindung mit dem für sie zuständigen zentralen SA-Kommando aufzunehmen, damit sie erfahren, wie sie sich weiter verhalten sollen.

Wenig später kommt der Befehl, weiter zu marschieren: über die Straße zurück in Richtung deutsche Grenze. Von dort aus soll es nach Kleve gehen.

Wieder formiert sich die Gruppe hinter dem kleinen Karren. Es ist gegen 16.25 Uhr Secondo Marinaz geht als Achtletzter in der ganzen Gruppe.

Der Ort Venzelderheide besteht aus ein paar in ihrer Bauweise völlig gleichen Häusern an der rechten Seite und der gegenüberliegenden Mühle „Rust na arbeid" [13] aus dem Jahre 1880. An der Windmühle sind ein paar deutsche Soldaten, die hier mit einem Maschinengewehr Stellung bezogen haben. Als die Arbeitergruppe sich der Windmühle

---

12) IMI: Italienische Militär-Internierte (Italiani Militari Internati).

13) „Ruhe nach Arbeit".

14) Die Mühle müßte auf der Zeichnung eigentlich in der Mitte stehen, so daß zwei Häuser links (westlich) von ihr stehen.

Hier stürzte das kanadische Flugzeug auf eines der Häuserdächer: Venzelderheide. Die Neubauten wurden nach dem Krieg an derselben Stelle gebaut, an der die alten Häuser gestanden hatten.

Am Fuß der Mühle war ein MG postiert: Die Windmühle „Rust na arbeid", gegenüber den Häusern.

nähert, kommt von Westen her – aus Richtung Reichswald – ein Flugzeug geflogen. Es ist eine alliierte Kundschaftermaschine, die ungewöhnlich tief fliegt, etwa fünfzig Meter über dem Erdboden. Schnell hat der Pilot die Gruppe am Boden entdeckt und eröffnet aus seiner Bordwaffe das Feuer.

Die deutschen Soldaten an der Mühle schießen zurück. Dann schwenkt der Pilot plötzlich um die Mühle herum, um einen zweiten Angriff zu fliegen. Wahrscheinlich verliert er beim Zielen und Beobachten für kurze Zeit die Kontrolle über seine Maschine, denn während er gerade wieder die deutschen Soldaten beschossen hat und um die Mühle kurvt, kann er ihr nicht mehr rechtzeitig ausweichen. Mit einer Tragfläche streift die Maschine einen Mühlenflügel und schmiert über der etwa sechs Meter breiten Straße ab.

Das kleine Flugzeug stürzt genau auf das Dach eines der Häuser gegenüber der Mühle. Die Flugzeugschnauze dringt halb in den Dachstuhl ein.

Dies alles ist in Sekundenbruchteilen geschehen, und auch Secondo Marinaz ist ganz benommen von dem Vorfall, denn das linke Rad der Maschine hat sich während des Absturzes auf das Häuserdach gelöst und ist wie von einer Riesenfaust geschleudert, zischend genau vor ihm über die Straße geflitzt und auf die Mühle zugerast. Dort, an den Munitionskisten bei dem Maschinengewehr ist es aufgehalten worden... Wäre er anderthalb Meter weiter gewesen, dann hätte das Rad ihn glatt erschlagen!

Einer der SA-Männer läuft zu dem Haus, um den Piloten der Maschine festzunehmen. Aber der ist schon tot, ein baumlanger, junger Kanadier, wie der SA-Mann ihnen berichtet.

Dann treibt er sie zur Eile an: „Wir müssen schneller marschieren, damit wir aus der Gefechtszone herauskommen!" So ziehen sie weiter nach Osten.

Sie marschieren mit nur kurzen Unterbrechungen den ganzen Nachmittag und die folgende Nacht hindurch. Erst gegen Morgen um vier Uhr an diesem Montag, dem 18. September, dürfen sie sich auf einem Bauernhof zum Schlafen hinlegen. Secondo Marinaz und seine Kameraden kommen in einem Seitenraum eines Kuhstalles unter. Gegen fünf Uhr früh kommt ein russisches Mädchen, eine Fremdarbeiterin, um die Kühe zu melken.

Sie gibt Secondo Marinaz ein wenig Milch und einen Kanten Brot, den sie in ihrer Schürze hat. Beides duftet himmlisch.

Das ist wie ein Gottesgeschenk! Leise fragt Secondo Marinaz: „Kannst du mir sagen, wo wir hier sind? Wie heißt der Ort?"

Aber das Mädchen schüttelt nur verängstigt den Kopf. Es hat Angst und traut sich nicht zu antworten.

Der Kuhstall ist mollig warm, und der Geruch der Tiere stößt die Arbeiter nicht ab. Bald ist Secondo Marinaz, zufrieden und gesättigt durch die Milch und das Brot, in wohligen Schlaf gefallen...

*

Sie haben nur ein paar Stunden Ruhe. Am späten Vormittag des Dienstag müssen sie weiterziehen. Secondo Marinaz erkennt an den Häusern, was er vermutet hatte: Sie sind auf deutschem Gebiet.

Gegen Abend kommen sie in Wesel an. Aber im Lager für die Fremdarbeiter ist kein Platz mehr — zu viele Menschen sind wie sie aus den Niederlanden zurückgeflutet! Auf einer Wiese müssen sie sich notdürftig für die Nacht einrichten. Am nächsten Tag geht es vom Bahnhof aus mit dem Zug ins Ruhrgebiet. In Oberhausen steigen sie aus und gehen zu Fuß nach Sterkrade.

Sie werden in einer Fabrik für Ersatzbenzin in der Weißensteinstraße eingesetzt. Secondo Marinaz arbeitet hier bis zum großen Luftangriff am Wochenende des 30. September/1. Oktober. Bei diesem Angriff wird die Fabrik und auch das Lager der Fremdarbeiter zerstört. Alle Insassen, darunter außer den Italienern auch viele Niederländer, Belgier und Franzosen, werden wieder woanders eingesetzt... Marinaz kommt nach Appeldorn südöstlich von Kalkar. Die neunzig Arbeiter sollen unter Aufsicht der SA vom Dorf aus bis zum Rhein einen Panzergraben ausheben. Secondo Marinaz wohnt mit seinen Kameraden bei einem Bauern auf dem Behberhof. Sie bleiben hier bis zum 11. Februar 1945.

In dieser Nacht vom 11. auf den 12. Februar 1945 treffen die Geschütze der Operation „Veritable" [15] voll den Einsatzraum von Secondo Marinaz. Auf Kleve sind beim er-

[15] Veritable heißt wörtlich „echt", „wirklich". Die Operation im Gebiet zwischen Nijmwegen, Venlo und dem Rhein bei Wesel beginnt am 8. Februar 1945 mit einem der schwersten Trommelfeuer des 2. Weltkrieges. Auf einer Frontbreite von nicht ganz zehn Kilometern feuern die Engländer 500 000 Granaten ab. Am 13. Februar fällt der letzte deutsche Bunker im hartnäckig verteidigten Reichswald.

Giovanni Bonetti: Kamerad und Helfer von Secondo Marinaz, mit ihm zusammen in Appeldorn, Wesel und Rees 1944/45.

sten Angriff 1395 Tonnen Bomben niedergegangen. Die Stadt liegt in Schutt und Asche. Goch brennt nach einem Luftangriff mit 472 Tonnen Brandbomben. Die Bäume des Reichswaldes werden von der Artillerie der Engländer gefällt — was übrig bleibt, sind nur noch kurze, schwelende Baumstümpfe. In dieser Nacht marschieren die Engländer in Kleve ein . . .

Während dieser Luftangriffe verstecken Secondo Marinaz und sein Freund Giovanni Bonetti sich in einem Straßengraben. Sie sehen, wie die SA-Wachleute mit der Gruppe der Fremdarbeiter abmarschieren — sie gehen in Richtung Rees, wohl um dort hinter der Verteidigungslinie des Rheins in Sicherheit zu sein.

Die beiden Geflüchteten warten, bis alles ruhig ist. Dann gehen auch sie in die Nacht, die vom Donnern der Geschütze und dumpf brummenden Bombern erfüllt ist. Ab und zu erhellt eine Leuchtbombe gespenstische Szenen im Gebiet des alliierten Angriffes. Die beiden folgen nicht der großen Gruppe nach Rees, sondern gehen in entgegengesetzte Richtung, nach Süden, um so in ruhigeres Gebiet zu gelangen.

Gegen 23 Uhr klopfen sie am Rande von Marienbaum bei einem Bauern an. Auf die Bitte nach etwas Eßbarem dürfen sie Milch trinken, soviel sie nur wollen und können. Etwas anderes könne er ihnen nicht geben, erklärt der alte Bauer, auch kein Dach für die Nacht. So kauern sie sich wenig später in die Ecke einer Scheune, deren Tor sie heimlich öffnen können. Sie finden etwas Stroh und machen sich notdürftig ein Lager.

Am nächsten Morgen, es ist der 12. Februar, fühlt Secondo Marinaz sich hundeelend. „Ich möchte sterben, laß mich nur hier!“ sagt er immer wieder zu seinem Kameraden Bonetti, der aus Mailand stammt. Ob er die Milch zu hastig getrunken hat, oder ob sie nicht abgekocht war? Zu seiner großen Übelkeit hinzu kommt noch die Angst vor Entdeckung durch deutsche Soldaten, die in kleinen Gruppen immer wieder durch den Ort ziehen. Den ganzen Tag über verbergen sie sich. Dann, am Abend, ziehen sie weiter. Secondo Marinaz wird von seinem Freund mehr geschleppt, als daß er selber gehen kann . . .

In den nächsten drei Tagen irren sie umher, ziehen abends von Dorf zu Dorf und verstecken sich tagsüber. Einmal erhalten sie etwas Brot mit Melasse [16]. Ein andermal

[16] Melasse (zäher Rückstand bei der Zuckerfabrikation) wurde eigentlich bei der Tierfütterung, im Krieg aber auch als Ersatzmarmelade verwendet.

treffen sie zwei ihnen fremde italienische Militärinternierte, und der Zufall will es sogar, daß der eine der beiden aus Triest ist – wie Secondo Marinaz!

Sie dürfen mitkommen auf den Bauernhof der Kameraden, denn diese haben einen gutherzigen Hofherrn, wie sie Secondo und Giovanni berichten. Also steigen sie auf den Karren der beiden und fahren mit. Dort auf dem Hof gibt es Milch und Brot für sie. Am Abend dürfen sie im Stall übernachten. Sie liegen dicht bei den Kühen, um möglichst viel von deren Wärme mitzubekommen.

Am nächsten Morgen müssen sie weiter. Diesmal marschieren sie in Richtung Norden, um bei Rees über den Rhein zu kommen. Über Mörmter kommen sie nach Wardt. Von dort aus gehen sie in Richtung Vynen. Je näher sie dem Rhein kommen, desto ruhiger scheint es zu werden. Aber es ist eine bedrohliche und trügerische Ruhe, die hier herrscht!

Unterwegs hat Secondo Marinaz ein Erlebnis, das ihn an seine Jugend erinnert:

Am Nachmittag hat es stark zu regnen begonnen. Sie suchen schon ziemlich durchnäßt Unterschlupf in einem kleinen Unterstand am Straßenrand. Gegenüber steht ein einzelnes Haus. Sie werden von den Bewohnern gesehen, als sie in den Unterschlupf hineinkriechen.

Ängstlich schaut ihnen eine etwa dreißig Jahre alte Frau aus dem geschlossenen Parterrefenster des Hauses durch die Scheibe nach. Kinder sind offenbar auch im Haus. Um die Frau wegen der Anwesenheit der beiden fremden Männer zu beruhigen, entschließt sich Secondo Marinaz, nach gegenüber zu gehen und alles zu erklären. Die Frau öffnet die Türe zaghaft. Sie ist mißtrauisch. Zwei Kinder, etwa fünf und sieben Jahre alt, lugen mit großen Augen ängstlich hinter ihrem Rücken hervor.

„Wir sind versprengte Arbeiter", erklärt er ihr. „Wir wollen im Unterstand nur das Ende des Regens abwarten. Dann ziehen wir weiter, denn wir suchen Arbeit bei einem Bauern, damit wir uns etwas zum Essen verdienen können!"

Die Frau scheint ihm zu glauben. Dann sagt sie zögernd: „Warten Sie einen Augenblick!" Sie schickt die Kinder nach hinten, von wo aus sie neugierig den Fremden betrachten. Dann macht die Frau sich in der Küche zu schaffen.

In diesen Sekunden steht Secondo Marinaz das Bild aus seiner Jugend wieder klar vor Augen. Damals, während des 1. Weltkrieges, war er gerade so alt wie diese kleinen deutschen Kinder hier. Sie wohnten 1916 in Fiume, waren österreich-ungarische Bürger italienischer Sprache und sahen öfters im Hafen italienische Kriegsgefangene.

Vom Hunger getrieben und der Dunkelheit begünstigt, schlichen sich die Gefangenen abends zu ihren Häusern, um ein wenig Nahrung zu erbetteln. Und obwohl die Lebensmittel rationiert waren, haben seine Eltern den Gefangenen damals immer eine Kleinigkeit gegeben, sogar eine geröstete Kartoffel, wenn es nichts anderes gab – für jeden Gefangenen, der anklopfte, eine geröstete Kartoffel!

Damals, so durchzuckt ihn die Erinnerung, stand er als Kind genauso dort, wie jetzt in dieser Wohnung am Niederrhein die deutschen Kinder: Sie starren ihn an, als sei er von einem fremden Stern ...

Die Frau kommt zurück. Das reißt ihn aus seinen Gedanken. In der Hand hat sie ein Stück Brot.

„Hier! Nehmen Sie das. Ich habe nichts anderes. Mein Mann ist im Krieg und ich bin alleine und muß diese beiden Kinder durchbringen!" Secondo Marinaz ist gerührt. „Ich danke Ihnen, liebe Frau. Und ich verstehe Sie. Meine Frau ist in derselben Lage wie Sie – und ich befinde mich in einer Notlage, in der vielleicht auch Ihr Mann steckt! Ich danke Ihnen sehr!"

Dann geht er zur Türe hinaus und nach gegenüber in den Unterschlupf, um das Brot mit seinem Freund Giovanni zu teilen und gemeinsam zu essen.

Draußen hat es aufgehört zu regnen. Es ist auch noch nicht spät, sie könnten ohne Probleme weiter. Aber sie beschließen, hier noch etwas auszuruhen. Sie haben einen guten Platz gefunden – wer weiß, ob sie ein Dach über dem Kopf hätten, wenn sie jetzt weitergingen und heute abend mit der Dunkelheit auch die Kälte größer wird? Am nächsten Morgen werden sie bei Rees über den Rhein gehen!

*

Sie erreichen tatsächlich das andere Ufer. Aber jenseits des Rheines kommen sie nicht weit. Von einer deutschen Streife werden sie entdeckt, angehalten und in das Lager bei Rees gebracht. Hier leben 1600 Internierte und Deportierte. Die meisten von ihnen sind Niederländer. Sie nennen das Lager auf dem Gelände einer alten Ziegelei „die Hölle von Rees". Es sind viele Polizisten aus dem Raum Rotterdam–Den Haag unter den Gefangenen. Secondo Marinaz hat sich bald mit einem der Niederländer angefreundet. Er heißt Wouter de Zwart und stammt aus Den Haag.

Anfang März ereignet sich in dem Lager eine Katastrophe. Einer der Gefangenen hat eine Kerze im Stroh umfallen lassen, auf dem sie liegen. Secondo Marinaz schläft ganz in der Nähe. Nur wie durch ein Wunder kann er dem nächtlichen Chaos von Flammen und Qualm entkommen. Der Unterstand brennt lichterloh. Die meisten der Opfer fliehen, vom Feuer dorthin gedrängt, genau in die falsche Richtung: Fort vom Ausgang! In den hinteren Teil des Gebäudes, aus dem es kein Entrinnen gibt! Secondo Marinaz hingegen wagt den Sprung durch die Mauer aus Flammen ...

*

Am 12. März überfliegt ein alliiertes Flugzeug ihr Lager im Tiefflug und wirft Flugblätter ab. Secondo Marinaz stützt sich am Abend auf Wouter de Zwart und kann so eines der Flugblätter vom Dach des Hochofens holen. Es hatte sich dort festgeklemmt. Die Botschaft lautet: „Eure Befreiung ist nahe. Unsere Truppen werden euch bald herausholen!"

Die beiden diskutieren die Lage. Wouter de Zwart ist unbedingt dafür, sie sollten jetzt flüchten. Aber Secondo Marinaz will nicht weglaufen. Wo sollten sie auch hin? Unter Umständen werden sie so kurz vor der Befreiung im Kampfgebiet noch von den Alliierten für flüchtende deutsche Soldaten in Ziviluniform gehalten und einfach auf freiem Feld erschossen ...

An den häufiger werdenden Luftangriffen können sie ablesen, daß die Alliierten offenbar eine größere Aktion planen. Auch stellen sie bei den Wachmannschaften fest, daß

Im kleinen Hafen von Maastricht im Frühjahr 1945: Die Amerikaner ziehen Amphibienfahrzeuge an Land, die auf Lastwagen zum Rhein transportiert werden, damit sie dort zum Übersetzen verwendet werden können. Bis Maastricht kamen die Wasserfahrzeuge aus Antwerpen über den Wasserweg.

diese sich wohl darauf einrichten, in Kürze das Lager zu verlegen.
Und in der Tat. Bereits seit Anfang Februar hat der britische Feldmarschall Bernhard Montgomery mit den Vorbereitungen eines großangelegten Übersetzens über den Rhein bei Wesel begonnen. Für einige Monate werden zwischen Maastricht und Roermond ein paar Maasdörfer evakuiert und die Uferstreifen der Maas mit hohen Stacheldrahtzäunen abgesperrt, über die man als Sichtschutz auch noch Jutesäcke gehängt hat. Die Männer von vier Sturmdivisionen, die den Übergang als erste vollziehen sollen, üben an den Ufern der Maas, was sie später am Niederrhein nachvollziehen sollen. Montgomery und sein Stab wollen nichts dem Zufall überlassen. Zeitweise nimmt der Feldmarschall an den Übungen selbst teil und verlegt sein Hauptquartier in das große Kloster von Maasmechelen, unmittelbar an der Maas [17].

Einmal schlägt bei diesen Übungen eines der neun Meter langen Amphibienfahrzeuge („Büffel") mitten im Strom um. Das Fahrzeug läuft sofort voll Wasser und geht unter. Von den drei Mann Besatzung kann sich John Sheerer retten. Philip Harding wird nur noch tot geborgen — der dritte, Fahrer „Jimmy", wird niemals mehr gefunden werden... [18])
An das von den alliierten Truppen gehaltene Ufer des Niederrheins

17) Das Kloster liegt gut sichtbar rechts im Ort, wenn man die Autobahnbrücke der E 39 von Aachen nach Heerlen Richtung Hasselt/Antwerpen überquert hat.

18) Erst im Sommer 1977 konnte der „Büffel" aus einem sieben Meter tiefen Loch am Grund des Flusses unmittelbar an der Autobahnbrücke über die Maas bei Maasmechelen geborgen werden. Die Chauffeurskabine war leer — Jimmy ist also wahrscheinlich abgetrieben worden. Der tot geborgene Philip Harding liegt auf dem Ehrenfriedhof von Hasselt begraben. Der „Büffel" wird von der Gemeinde Maasmechelen als Mahnmal gegen den Krieg aufgestellt.

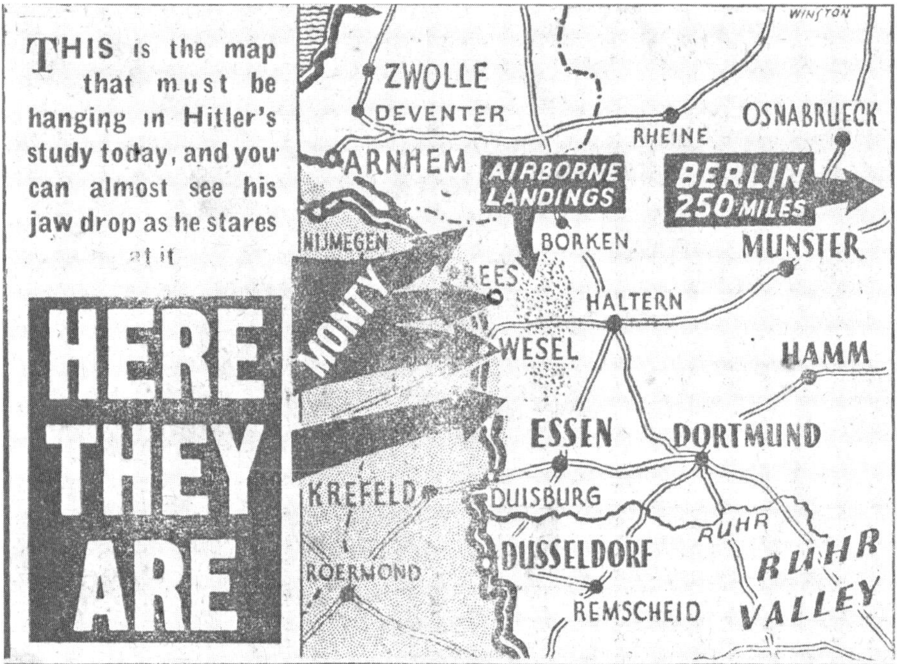

Aus dem Flugblatt, das Secondo Marinaz am 12. März 1945 auf dem Dach der Ziegelei im Lager Rees findet. Der Vormarsch der englischen Truppen wird angekündigt. Der zweite schwarze Pfeil von oben zeigt genau auf Rees.

selbst werden fast 2000 Geschütze und Unmengen von Munition geschafft. Unter dem Kommando Montgomerys stehen insgesamt 29 Divisionen, fast eine Million Soldaten, in der Hauptsache die 2. britische Armee mit kanadischen Einheiten unter General Crerar sowie die 9. amerikanische Armee. Über fünfzig Kilometer lang ist der Rauchvorhang in der letzten Phase der Vorbereitung des Angriffs, mit dem das herangeschaffte Material am linken Rheinufer vor den deutschen Verteidigern verborgen wird. Aber die Deutschen verfügen nicht über genügend Artillerie und Munition, um den Aufmarsch am anderen Rheinufer zu stören.

Die Landungsboote, Amphibienfahrzeuge, Brückenteile der Pioniere und die dann nachfolgenden Panzer stehen bereit. Der Angriff ist auf den 23. März 1945, abends 21 Uhr, festgesetzt worden. Sein Ziel: Wesel und Rees.

Und mittendrin in diesem Zielgebiet liegt die Ziegelei, in der Secondo Marinaz interniert ist: In Haldern an der Straße von Wesel nach Rees!

*

An diesem 23. März, an dem abends der Angriff auf Wesel und Rees als „Startschuß“ zur Überschreitung des Niederrheins unternommen wird, verlassen die SA-Wachmannschaften die Ziegelei und nehmen die Internierten mit nach Bocholt. Vorher werden die Zelte abgebrochen, in denen ein Großteil der Lagerinsassen untergebracht ist. Sie müssen die Zeltplanen zusammenlegen und auf den Wagen verladen. Die Zeltstöcke werden zurückgelassen [19].

Secondo Marinaz und etwa vierzig andere Internierte, die in den Gebäuden der Ziegelei selbst untergebracht sind, ziehen nicht mit nach Bocholt. Im allgemeinen Durcheinander achtet niemand mehr darauf. Die Zurückgebliebenen wollen sich lieber von den Alliierten überrollen lassen, wenn sie (wie durch die Flugblätter angekündigt) in diesen Tagen tatsächlich kommen. Sie wissen ja, wer im Lager Rees ist, wie die Flugblätter gezeigt haben.

Zusammen mit den Kameraden baut Marinaz sich den Brennofen der Ziegelei mit seinen dicken Wänden und der kleinen Eingangstür zu einem Notbehelfs-Luftschutzbunker um. Die Türe verstärken sie zum Schutz gegen Granatsplitter mit einer dicken Lage der zurückgelassenen Zeltstäbe und -Pfosten sowie mit allerhand gefundenen Knüppeln. So entsteht eine Palisadenwand.

Der Angriff am Abend ist fürchterlich. Noch in ihrem Schutzraum hören sie den Lärm der unaufhörlichen Detonationen am Rheinufer, die das Gebiet dort durch die Explosionen in ein einziges brennendes Gelände verwandeln. Im Schutz des Feuerüberfalles gehen die alliierten Soldaten über den Strom.

General Eisenhower selbst, Oberbefehlshaber der alliierten Streitkräfte in Europa, verfolgt am nächsten Morgen von einem Kirchturm aus den Übergang über den Rhein. Die Amerikaner haben den Frontabschnitt südlich der Lippemündung in den Rhein bei Wesel übernommen. Die Briten und die Kanadier gehen im nördlichen Abschnitt zwischen Wesel und Rees über den Fluß. Hier verfolgt der britische Premier Churchill zusammen mit Montgomery am 24. März den Fortgang der Aktion, die in der Nacht zuvor begonnen hat.

An diesem Morgen – die Landung am jenseitigen Ufer ist in der Nacht zuvor unter anderem bei künstlich erzeugtem Mondlicht vollzogen – brummt wieder eine Armada von Flugzeugen heran. Sie fliegen über die Köpfe der Verteidiger von der 1. deutschen Fallschirmarmee unter General Schlemm [20], der britischen, amerikanischen und kanadischen Angreifer sowie über Secondo Marinaz und seine Kameraden! Zwischen Rees und Wesel werden 14 000 englische, kanadische und amerikanische Soldaten mit 1 572 Flugzeugen (aus denen die Fallschirmspringer abspringen) und 1326 Gleitern (mit denen sie selbst landen können) [21] abgesetzt. Rund 3000 alliierte Jagdflugzeuge sichern an diesem Samstag als Begleitung die erneute Luftlandeoperation nach dem Debakel von Arnheim ...

*

Die kanadischen Soldaten erreichten die Ziegelei noch in derselben Nacht. Es ist 0.15 Uhr und der Sonntag des 25. März 1945 noch jung, als für Secondo Marinaz die Stunde der Befreiung schlägt. Einige versprengte SS-Soldaten liefern sich auf dem Hof ein Gefecht mit den vorrückenden Kanadiern.

---

19) Wahrscheinlich auf Befehl, da man das neue Quartier in Bocholt schon kannte, also wohl ein festes Gebäude.

20) General Schlemm sagte über die von Hitler befohlene „Riegelstellung“ am rechten Rheinufer, die Schlemm mit völlig unzureichenden Mitteln verteidigen sollte: „Das ist ein Phantasiegebilde!“

21) Ein eindrucksvolles Bild der am linken Rheinufer bereitstehenden amerikanischen Gleiter steht in „Schlachtfeld Rheinland“, Seite 133.

„Nicht schießen! Nicht schießen!" ruft Secondo Marinaz, als das Feuer aus den kleinen Maschinenpistolen der Kanadier sich auch gegen die Palisadenwand ihres „Schutzbunkers" im Brennofen der Ziegelei richtet. Er spricht ein wenig Englisch und ruft den Soldaten zu, wer sie sind.

Die Kanadier trauen dem Braten nicht. „Come out! Hands up!" [22]), ruft ein Soldat von draußen.

Secondo Marinaz tritt mit über dem Kopf erhobenen Händen vor die Türe. Er wird auf Waffen untersucht. Dann muß er zur Seite treten. Einzeln sollen die übrigen Internierten nach draußen kommen. Dort müssen sie sich in Formation aufstellen und werden von zwei kanadischen Soldaten mit der Waffe im Anschlag bewacht, bis der Widerstand der deutschen Soldaten gebrochen ist und der Rest der SS-Männer die Ziegelei durch den Seitenflügel verläßt, um sich im rückwärtigen Gelände zu verbergen.

Ein Uhr! Der Kampf ist vorbei. Sie dürfen sich etwas freier in der Mitte des Lagergeländes bewegen. Dann kommt ein kanadischer Soldat, der sie begleiten soll. Sie marschieren im Dunkel der Nacht nach Rees, wo sie eine Stunde später ankommen. Dann müssen sie warten — worauf, wissen sie selbst nicht. Nach zwei Stunden geht es weiter — zum Rhein!

Mit einem Amphibienfahrzeug werden sie über den Fluß gesetzt. Drüben landen sie in Niedermörmter. Hier sehen sie Massen von alliiertem Kriegsgerät, das an diesem Tag auf die andere Seite des Rheins geschafft werden wird, von der sie gerade kommen . . .

Nach einer kurzen Wartezeit, um viertel vor fünf an diesem Sonntagmorgen, kommen zwei Lastwagen gefahren. Sie steigen auf. Die Fahrzeuge setzen sich in Bewegung — nach rückwärts, hinter die Front. Über Appeldorn und Uedem werden sie nach Kevelaer gebracht. Dort wird ihnen eine Kirche als vorläufige Bleibe zugewiesen. Sie erfahren, daß sie einige Tage hier bleiben werden.

Am Sonntagmittag, dem 25. März 1945, beginnt Secondo Marinaz damit, sich einzurichten — so gut es eben geht. Er ist frei!

Aber es ist sehr feucht in der Kirche. Marinaz verträgt das nicht und leidet schon bald an einer schweren Bronchitis. Deshalb wird der Italiener mit der alliierten „Befreiungsnummer" G 11 29 34 62 aus der Kirche in eine Villa eingewiesen, die zum Teil als Behelfskrankenhaus eingerichtet ist. Hier bekommt er ein kleines, aber dafür trockenes und warmes Zimmer. Im übrigen darf er sich völlig frei bewegen.

Nach ein paar Tagen besucht ihn ein britischer Offizier, der sich mit ihm in Englisch unterhält. Nebenbei erkundigt er sich auch nach seinen Sprachkenntnissen.

Die sind gut: Secondo Marinaz spricht Italienisch, Deutsch, etwas Englisch, Ungarisch, Jugoslawisch und sogar ein paar Brocken eines Zigeunerdialektes auf dem Balkan. So kommt es, daß er Anfang April als Dolmetscher beim „206 Military Detachement" Dienst tut. Er kommt mit seiner Einheit nach Celle, wo sie in einer früheren deutschen Artilleriekaserne einquartiert werden.

Hier ist ein Sammelpunkt für viele ungarische, jugoslawische, italienische und rumänische Fremdarbeiter und Internierte.

---

22) „Raus. Und Hände hoch!"

Sie werden nach dem Wie und Warum ihres Aufenthaltes im Deutschen Reich befragt. Wenn sich Hinweise auf Verbrechen oder andere Dinge ergeben, werden ihre Aussage zu Protokoll genommen. Auch werden Nachforschungen nach vermißten Personen angestellt.
Secondo Marinaz hat es nicht schlecht dort. Er ist außerdem Augenzeuge so mancher Szene des deutschen Zusammenbruches. So sieht er einmal, wie die entwaffneten Mitglieder der letzten Reichsregierung unter Großadmiral Karl Dönitz auf dem Weg nach Nürnberg durch Celle kommen, nachdem sie im letzten Hauptquartier in Flensburg kapitulieren mußten[23].
Im Sommer 1945 fährt Secondo auch noch einmal zurück nach Aachen. Am 20. August kommt er in der Kaiserstadt an. Er ist erschüttert über die vielen Trümmer, die er vorfindet. Sechs Tage bleibt er in der Kaiserstadt. Bei Talbot holt er sich eine Bescheinigung über seine Arbeitszeit – wegen der Versicherung für später. Auch sucht er seinen Freund Winand Nonn, und er findet ihn tatsächlich!

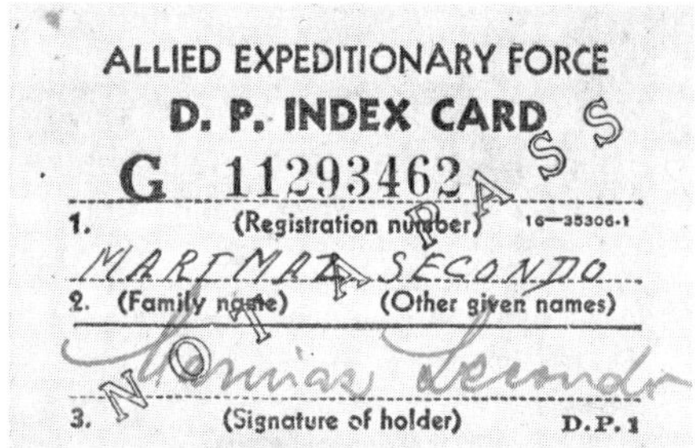
ALLIED EXPEDITIONARY FORCE
D. P. INDEX CARD
G 11293462
1. (Registration number) 16—35306-1
MARINAZ SECONDO
2. (Family name) (Other given names)
3. (Signature of holder) D.P.1
NOT A PASS

„Kein Paß“ (not a pass) steht auf der Registrierkarte der Allierten. Es ist die „displaced persons index card“. Dies ist die Karte von Secondo Marinaz.

Dann kehrt er zu seiner Einheit nach Celle zurück. Ganz überraschend erfährt er dort, daß sein größter Wunsch in Erfüllung geht: Am 2. September darf er nach Hause fahren! Der Militärtransport mit vielen anderen Italienern soll ab Celle gehen!

---

23) Dönitz hatte am 5. Mai 1945 die geschäftsführende Reichsregierung mit Sitz in der Marineschule in Mürwik (bei Flensburg) übernommen. Am 23. Mai wurde er dort mit seinem Stab von den Engländern verhaftet.

Bei der britischen Militärregierung in Celle: Secondo Marinaz im August 1945 mit den britischen Feldwebeln Joice (ganz links) und Mayor (Mitte).

Die Stunde der Befreiung: Französische weibliche Gefangene auf dem Nachhauseweg aus Deutschland, Frühjahr 1945.

Freigekommene Dienstverpflichtete am Niederrhein, Mai 1945.

Die Bahnreise geht über Braunschweig und Nürnberg. Dort haben sie über acht Stunden Aufenthalt – Gerüchte im Zug wollen wissen, dies hänge mit dem Nürnberger Prozeß zusammen [24]). Dann endlich geht es weiter, über den Brenner, nach Verona und nach Mestre bei Venedig. Von hier aus läßt Secondo Marinaz seine Familie zu Hause benachrichtigen.

Am 10. September kommt er an – und auf dem Bahnhof wartet seine Frau Zita, 29 Jahre alt, zusammen mit der kleinen Marina. Seine Tochter ist inzwischen dreieinhalb Jahre alt. Er hat sie zum letztenmal gesehen, als sie noch anderthalb Jahre war...

Gerührt fragte er das kleine Mädchen, ob es ihn überhaupt noch kenne, und dabei drückte er das Kind innig an sich. „Ja, Papa", antwortete Marina, „aber kannst du dich bitte rasieren?!"

An seinem Hause angekommen, wirft er sich auf den Boden und

24) Der Prozeß gegen 22 Hauptangeklagte begann erst am 14. November 1945. Dönitz erhielt zehn Jahre Gefängnis, die er in Spandau absaß.

küßt die Erde... Wenig später stürmt seine kleine Tochter durch das Haus und ruft immer wieder begeistert: „Auch ich habe jetzt meinen Vater! Auch ich habe jetzt meinen Vater zu Hause!“

*

In Triest erhält er schon kurz nach seiner Rückkehr wieder seine alte Stelle im Bahnhof. Im Sommer 1948 unternimmt er mit seiner Frau Zita und Tochter Marina eine Reise nach Aachen, um die alten Bekannten wiederzusehen: Winand Nonn und seine Familie in Würselen in der Klosterstraße, die seine allerbesten Freunde aus der Aachener Zeit waren. Dann Jean Louis und seine Frau Katharina aus der Martin-Luther-Straße in Stolberg [25] und Karl Schmidt von der Haldenverwertung in Aachen-Rothe Erde: „Wir waren sogar eine Woche lang seine Gäste in seinem Häuschen in Ovifat in Ostbelgien.“ Secondo Marinaz ist ebenso Gast der Pensionäre von Talbot, die sich zusammen mit Richard Talbot einmal im Monat an einem Stammtisch in der Jülicher Straße treffen. Auch die Familie Tassistro, die ihn damals mit dem italienischen Konsulat in Köln in Verbindung brachte, besucht er in der Aachener Großkölnstraße.

1957 kommt dann ein schwarzes Jahr für die Familie Marinaz: Tochter Marina leidet an einem Herzfehler, wie sich bei einer Untersuchung herausgestellt hat. Das Kind muß operiert werden. Die Herzoperation wird am 14. Juni 1957 durchgeführt. Anfänglich scheint alles gutgegangen zu sein – aber zwölf Tage später ist die arme Marina tot. Das Mädchen ist nur fünfzehn Jahre alt geworden. Es ist am Hochzeitstag der Eltern gestorben!

Ab 1946 wieder in der alten Stelle auf dem Bahnhof von Triest: Secondo Marinaz.

Der Schmerz der beiden ist unsäglich. Andere Kinder haben sie nicht. Secondo Marinaz erinnert sich: „Wir wollten auf der Stelle sterben. Dann haben wir uns aber gesagt, daß wir wenigstens einen neuen Anfang versuchen sollten. So wurde unsere zweite Tochter Grazia geboren.“

Das Mädchen kommt zehn Monate später, am 22. Mai 1958, zur Welt. In mehr oder weniger regelmäßigen Abständen besucht Secondo Marinaz die alten und neuen Freunde, die er in der Region Aachen hat – die Bahnreisen sind für ihn ja sowieso sehr billig. Bei seinen Aufenthalten versucht er ebenfalls, im niederländischen Grenzgebiet Freunde aus der Zeit im Lager Rees und Leute am Niederrhein ausfindig zu machen, wie etwa den Bauern, in dessen Scheune er übernachten durfte.

Schließlich wird er zum Stationschef in Triest befördert – zum „Capostazione superiore F. S.“ am Vorortbahnhof „Trieste Campo Marzio Smistamento“. Der Bahnhof, so berichtet Secondo Marinaz nicht ohne Stolz, „hat 68 Gleise und kann insgesamt 1670 Waggons aufnehmen.“

---

25) Beide sind inzwischen gestorben, aber Secondo Marinaz steht mit ihrem Sohn Friedrich Louis in Verbindung.

Familie Marinaz 1977 zu Besuch in Würselen: Links Frau Zita Marinaz, rechts Tochter Grazia (19). Secondo Marinaz ist alle zwei Jahre im Rheinland zu Besuch.

Er sucht noch eine Frau am Niederrhein, die ihm damals half: Secondo Marinaz (rechts) im Sommer 1977 in Aachen im Gespräch mit Wolfgang Trees.

1971 tritt Secondo Marinaz in den Ruhestand. Seitdem widmet er sich stärker seinen Hobbys. Er sammelt Münzen, Postkarten und Briefmarken, letzteres schon seit fast fünfzig Jahren – mit Unterbrechungen ... Nebenbei ist er als Dolmetscher tätig, macht hin und wieder eine kleine Führung für Fremde oder arbeitet als Übersetzer. Zeitweilig hatte er auch im Badeort Grado eine Stelle als Verwalter eines kleinen Bungalowdorfes.

*

Und heute? Viele Jahre sind seit jenen dramatischen Tagen vergangen, als er in Dalmatien auf einen Lastwagen verladen wurde, als er in seiner Uniform im Aachener Hauptbahnhof auf das Unbekannte wartete, das auf sie alle zukommen würde – als er schließlich im Güterwagen in Richtung Ruhrgebiet fuhr und über ihnen die Flugzeuge der Alliierten mit ihrer tödlichen Last flogen.

Secondo Marinaz denkt nicht mit Bitterkeit an diese Jahre zurück – im Gegenteil. Er ist ein lebendiges Beispiel für den Willen zur Versöhnung. „Niemals", so erklärt er, „außer einem einzigen Mal, bin ich wirklich schlecht behandelt worden." Und diese Ausnahme verschweigt er hartnäckig: „Es war nur eine unbedeutende Episode!" Er kennt keinen Haß.

Seine Frau Zita lebt noch mit ihm. Grazia, ihre zweite, aber einzig lebende Tochter, ist inzwischen neunzehn Jahre alt und hat in Triest eine Ausbildung als Buchhalterin absolviert. Im Sommer 1977 waren die drei wieder einmal in Aachen und Würselen zu Besuch. Bei dieser Gelegenheit traf ich auch mit dem jetzt 69jährigen Secondo Marinaz zusammen und besprach mit ihm noch einmal seine Erlebnisse von damals. Er bedauerte, daß es ihm trotz seiner Bemühungen nicht gelungen war, am Niederrhein jene Frau wiederzufinden, die den beiden durchnäßten italienischen Fremdarbeitern damals auf der Flucht und beim Unterkriechen in den Behelfsunterstand ein Stück Brot gegeben hatte. Gerne hätte er sich bei ihr persönlich bedankt.

„Aber", so endet Secondo Marinaz, „ich bin sicher, daß sie sich in der Geschichte erkennt, wenn sie diese Zeilen liest. Ich wünsche ihr und ihren Lieben ein glückliches Leben, Zufriedenheit und Wohlergehen ..."

Anton Schräger (†), Aachen / Ferdinand Theuer (†), Aachen

12

He hällt d'r Papp si Schlöffje, si leitzte, ruht sich uss.
För os hat hä jeschravelt, bes dat wir stärk un jruß.
(Rheinischer Grabstein)

Anton Schrägers Tod im Lager Rennes

Eine Dreiecksgeschichte, wie sie nur der Krieg schreiben kann – „Et is dr Papp! Wie zwei Dröppe Water!" – Soldat auf „Land Tirol" in Forst – Das Mädchen mit dem Henkelmann – Eschweiler, Hermann-Göring-Kaserne – Objektschutz in Dinant – Fliegeralarm in Düren – Ein Gottesdienst im „Sender Smolensk" – Ministranten sind zwei Feldwebel mit Ritterkreuz – Nach der Beichte weint der Landser – Heldentod mit 20 Jahren: Für Ehre, Volk und Vaterland – Der Irrweg von Ferdinand Theuer – Munitionslager Wulfen, Benzinlager Rom – In einem Hohlweg bei Mons ... – In 50-Mann-Zelten im Lager Rennes – Suppe aus Gras und Hundeknochen – Das Treffen mit Anton Schräger – Paul Weidehoff: „Er starb gegen 8.30 Uhr!" – Das ‚Galoppkommando' des Marinefeldwebels – Bei Bauer Tremel in der Bretagne – Beim Schachspiel Nachricht von der Freilassung – 8. März 1948: „Meine Mutter weinte" – Ein Bilderbuch aus der Gefangenschaft – Der schöne Traum von einem selbstgebackenen Kuchen – Die Tochter trägt ein Jackenkleid zu Ehren ihres Vaters – Das Zeugnis für Paul Weidehoff und seine Heimkehr: Die Frau und zwei Kinder sind erschossen worden

3. November 1976. Tag der Hubertusjagd: Auftakt zum Halali. Es ist eine Dreiecksgeschichte, mit der ich zu tun habe – ein kantiges, spitzes Dreieck, so böszackig, wie es eben nur der Krieg schreiben kann. Heute besuche ich die beteiligte Frau in ihrer Wohnung. Sie heißt Annemarie Nicoll und wohnt im Nordviertel Aachens. Die Straße heißt „Zum Kirschbäumchen".

Die Frau in den Vierzigern hat mich vor ein paar Tagen angerufen. Im Rahmen der Bildserie „Schlachtfeld Rheinland" ist ein Bild ihres Vaters erschienen, das die Tochter niemals zuvor gesehen hat[1] – alles, was

Irrfahrt durch französische Gefangenenlager: Ferdinand Theuer 1977 in Aachen.

[1] „Schlachtfeld Rheinland", Seite 140 unten links.

Annemarie Nicoll (ganz links) 1943 mit der Mutter und einigen Geschwistern. Von links nach rechts: Annemarie (12), Daniel (6), Mutter Josefine Schräger geb. Kohl, Stiefschwester Maria (16) und die Brüder Josef (hinten, 15) und Josef (vorne, 9). Maria lebt heute als Frau van den Daele in Zelzate bei Antwerpen. Der ältere Bruder Peter (nicht auf dem Bild) fällt im Jahr dieser Aufnahme zwanzigjährig als Oberschütze einer Flakabteilung.

sie bisher in Händen hielt, war die Bestätigung seines Todes in Frankreich im berüchtigten Gefangenenlager Rennes im Dezember 1945.
„Mattschö, meine Papa is in de Zeitung!", hatte sie an jenem Morgen wie elektrisiert gerufen. Dann rief sie mich an. Ich versprach, ihr das Originalbild mitzubringen, damit sie mehr Einzelheiten sehen könne.
Jetzt steige ich hinauf am „Kirschbäumchen", bis zur dritten Etage. Klingel. Eine freundliche Frau, zwei Wellensittiche und ein Kanarienvogel. Auf dem Fernsehapparat bunte Bilder.
„Et is dr Papp!" Wie zwei Dröppe Water!" sagt sie völlig sicher nach einem Blick auf das Originalfoto. Der Mann ist Anton Schräger aus Aachen! Ein Irrtum ist ausgeschlossen. Denn wenig später habe ich zwei weitere Zeugen, die genau das bestätigen – und die der Tochter sehr viel über ihren Vater erzählen können. Der eine ist Kriegskamerad von Vater Schräger und heißt Ferdinand Theuer. Er wohnt in Aachen gegenüber dem Kreishaus, unweit der Normaluhr und war damals mit Anton Schräger in Rußland und auch im Gefangenenlager in Rennes.
Der andere heißt Paul Weidehoff, lebt in Düren als Rentner und war damals Sanitäter im gleichen Lager: Er hat Anton Schräger sterben sehen und erzählt heute, 1976, der Tochter etwas über die näheren Umstände des Todes ihres Vaters!
Aber ich will die Geschichte von vorne erzählen, so wie sie sich aus dem kriegsbedingten Dreieck herauslesen ließ. Vorweg gedenke ich Ferdinand Theuers, der mir einen Großteil dieser Dinge berichtete.

Keiner von uns ahnte im Oktober 1976, bei den Interviews, daß er nur noch acht Monate zu leben habe...

*

Anton Schräger wird am 16. Oktober 1904 geboren. Später erlernt er den Beruf des Webers. Er arbeitet in der Tuchfabrik Delius in der Aachener Mauerstraße. Im September 1939 wird er zur Infanterie eingezogen, zum Landesschützenbataillon 490. „Es war das Jahr", erinnert sich Frau Nicoll, „als ich in St. Jakob zur ersten heiligen Kommunion ging. Wir wohnten Jakobstr. 188."

Anton Schräger ist zunächst in Aachen eingesetzt, auf „Land Tirol" in Forst, um dort Gefangene zu bewachen, in den Baracken gegenüber der Haltestelle. Annemarie erinnert sich: „Ich mußte ihm als junges Mädchen oft einen Henkelmann dorthin bringen – das Essen behagte ihm nicht. Manchmal kam er auch nach Hause. Dann brachte er oft einen oder zwei Gefangene mit zum Essen.

Am 4. April 1942, zu Ostern, wird die dritte Kompanie des Landesschützenbataillons nach Rußland abkommandiert. Es sind alles Väter kinderreicher Familien, die noch so lange in der Heimat Dienst tun durften. Anton Schräger ist seit dem 6. Oktober 1930 in zweiter Ehe verheiratet und hat insgesamt drei Töchter und fünf Söhne, davon drei Kinder aus der ersten Ehe.

Schräger und die Kameraden der 3. Kompanie werden nach Düren gebracht, wo die Militärtransportzüge bereitstehen. Aber die Soldaten müssen zunächst noch warten, und sammeln sich an der Zehnthofstraße, in der Tunhalle des Gymnasiums. Etliche Männer sind bereits

Anton Schräger und seine Frau Josefine geborene Kohl, Aachen 1943.

in der Halle – und einer von ihnen ist Ferdinand Theuer aus Aachen.

*

Ferdinand Theuer ist am 21. Juni 1908 in der Kaiserstadt an Deutschlands Westgrenze geboren. Von Beruf ist er technischer Angestellter einer Textilfabrik. Am 15. Juni 1940 ist er in Graudenz eingezogen worden – am Tag, als die Deutschen in Paris einmarschierten. Zwei Monate bleibt er dort.

Dann wird er nach Eschweiler in die Hermann-Göring-Kaserne versetzt [2]). Ab 1. Oktober 1940 tut er Dienst in Charleroi und Valenciennes. Sie bewachen Bahnstrecken – „und wir konnten Wein und Cognac genug von unserem Sold kaufen!"

---

2) Nur einige Zeit später, bei der Schlacht um Aachen, ist hier der Stab der 12. deutschen Infanteriedivision („die wilden Büffel") eingesetzt. Siehe „Die Amis sind da", Seite 56.

Objektschutz in Frankreich und Belgien, Versetzung nach Smolensk: Ferdinand Theuer als Soldat.

Im April 1941 wird er nach Dinant an der Maas verlegt und ist hier ebenfalls im Objektschutz eingesetzt: sie müssen die Brücken über die Maas sowie die Tunnel links und rechts des Ufers bewachen. Dann werden sie, es ist inzwischen November 1941, nach Binche bei Mons abkommandiert. Ihr Quartier ist das Kloster Sacre Coeur! Schließlich wird ihr Haufen aufgeteilt — ein Teil der Kameraden wird nach Rußland geschickt, ein anderer Teil wird in alle Himmelsrichtungen abkommandiert — warum, das weiß kein Mensch.

Ferdinand Theuer jedenfalls erhält einen Marschbefehl nach Düren, in die Landwehrkaserne. Hier ist er zwei Wochen lang. Dann heißt es, es gehe nach Rußland. In der Turnhalle sollen sie sich alle sammeln ... So kommt es, daß er hier auf Anton Schräger und dessen Kameraden trifft ...

*

Die Gruppe steht an der Stirnwand der Turnhalle. Ferdinand Theuer schaut zu ihnen, weil er die vertrauten Aachener Dialekt-Klänge erkennt. Aber er kennt keine von den Soldaten. Trotzdem macht er sich mit ihnen bekannt.

Er hört, daß sie von der 3. Kompanie sind, „alles Väter von kinderreichen Familien" und findet schnell Kontakt. Ein Soldat, mit dem er sich etwas länger unterhält, ist auf der Schreibstube, wie sich herausstellt. Und da Ferdinand ihm von seinen vier Brüdern erzählt hat, die ebenfalls unter den Waffen stehen, meint der „Schreibstubenhengst": „Mensch, melde dich doch, dann kannst du ja auch zur 3. Kompanie!" Und in der Tat. Er meldet sich und wird wenig später der 3. Kompanie zugeteilt. Am Nachmittag gibt es Fliegeralarm über Düren. Ihr Zug kann den Bahnhof nicht verlassen. Sie müssen warten bis Mitternacht — dann steigen sie in die Güterwaggons, je vierzig Mann in einen. Sie liegen auf dem Wagenboden auf Stroh.

Eine Woche lang müssen sie fahren, dann, freitags abends, kommen sie auf dem Bahnhof von Smolensk an — wieder bei Fliegeralarm! Als sie endlich in Ruhe aussteigen können, treffen sie im Bahnhof auf die Männer eines Verwundetentransportes, die mit dem Zug zurückfahren sollen, der sie gerade erst hierher gebracht hat.

„Mensch, wo wollt ihr denn noch hin?!", sagen die Verwundeten zu den frisch herangeführten Männern. Macht bloß, daß ihr hier wegkommt, sonst kommt keiner von euch jemals wieder lebend nach Hause!" Mit mehr als gemischten Gefühlen treten die unerfahrenen Soldaten ihren Dienst an: Objektschutz an Brücken und Eisenbahnen. Ferdinand Theuer freundet sich besonders mit Willi Otten aus Aachen, Christian Kronen aus Burtscheid und mit Anton Schräger an. Eines Samstagabends ruft der Kompaniechef zum Appell. Der Haupt-

In Rußland bei Smolensk: Ferdinand Theuer (rechts) mit seinem Freund Willi Otten aus der Aachener Elsaßstraße und einem unbekannten Kameraden. [3])

mann gibt mit lauter Stimme bekannt: „Morgen früh um 10 Uhr im Sendesaal des Senders Smolensk katholischer Gottesdienst!"

Lautes Lachen bei den Männern. Dann plötzlich Stille, und der Kompaniechef, im Zivilberuf Rektor einer Schule, sagt eisig in die verstummende Runde hinein: „Ihr könnt ruhig lachen! Aber wir werden unseren Herrgott alle zusammen noch bitter nötig haben!"

Am nächsten Morgen sind alle Männer dabei – und die lautesten Lacher stehen ganz vorne, damit der Hauptmann sie sehe. Als Ministranten dienen zwei Feldwebel mit dem Ritterkreuz.

Anton Schräger hat gebeichtet und geht während der Messe zur Kommunion. Als sie den Raum nach Ende der Feier verlassen, sagt er zu Ferdinand Theuer: „Ich muß mal. Ich komme gleich wieder!" Und verschwindet hinter dem Gebäude.

Aber er taucht nicht wieder auf. Beunruhigt geht Theuer nach dem Kameraden sehen – und findet ihn bitterlich weinend.

„Mensch, Toni, was ist denn mit dir los?"

Anton Schräger hört nicht auf zu weinen. Dann faßt er sich und sagt dem Kameraden: „Seit ich aus der Schule kam, war ich nicht mehr in der Kirche. Heute war ein schöner Tag für mich. Zum erstenmal habe ich wieder gebeichtet.

*

Im Juni 1943 wird Schräger zurück in die Heimat geschickt. Er hat eine schwere Venenentzündung in den Beinen. Er kommt nach Münster in

---

3) Als Willi Otten sehr spät aus russischer Kriegsgefangenschaft nach Aachen heimkehrte, verabredete sich Ferdinand Theuer mit Christian Kronen aus Burtscheid, den Willi zu besuchen. Am Tag, als sie zu ihm wollten, stand seine Todesanzeige in der Zeitung! Er war drei Wochen nach der glücklichen Heimkehr gestorben.

Der älteste Sohn von Anton Schräger: Peter fiel an der Ostfront.

die „Dreizehner-Kaserne“ und wird der Genesungskompanie im Grenadier-Ersatzbataillon 58 zugeteilt. Von hier aus schreibt er an seine Familie, die zusammen mit vielen anderen Familien aus Aachen in Wahrenbrück bei Bad Liebenwerda [4] evakuiert ist.

Dies ist genau die Zeit, in der sein ältester Sohn stirbt. Der 20jährige Peter Schräger ist als Oberschütze einer Flackabteilung an der Ostfront eingesetzt. Er fällt im Juli 1943 „für Ehre, Volk und Vaterland“. Auf seinem Totenzettel, gedruckt bei G. Och in Aachen, heißt es: „Gedenket im Gebete an den in Gott

4) Siehe Kapitel 4. Johanna und Ludwig Nümbrecht waren auch in Bad Liebenwerda.

Für Ehre, Volk
und Vaterland

Herr, gib ihnen die
ewige Ruhe. Amen.

Jesus! Maria! Josef!

Du warst so jung, Du starbst zu früh,
wer Dich gekannt vergißt Dich nie.

Gedenket im Gebete
an den
in Gott ruhenden Krieger

Peter Schräger
Oberschütze in einer Flak-Abt.

welcher am 17. Juli 1943 bei den Abwehrkämpfen an der Ostfront in soldatischer Pflichterfüllung im jugendlichen Alter von 20 Jahren den Heldentod starb.
Geboren am 18. April 1923 zu Aachen war er seinen Eltern und Geschwistern einen lieben Sohn und stets hilfsbe-

Gefallen „für Ehre, Volk und Vaterland“: Der Totenzettel von Peter Schräger, Oberschütze in einer Flakabteilung. Er wurde nur 20 Jahre alt.

Vater Anton Schräger (ganz links auf dem Leiterwagen) am 14. Oktober 1944 in Aachen. Die Gruppe Soldaten hat sich nach dem Ultimatum der Amerikaner ergeben. Die Stadt fällt erst am 21. Oktober 1944.

Gefangene deutsche Soldaten in Aachen, 18. Oktober 1944. In der Mitte ein Amerikaner, hinten links ein US-Militärfahrzeug. Aachen fiel am 21. Oktober 1944.

ruhenden Krieger Peter Schräger, Oberschütze in einer Flak-Abteilung, welcher am 17. Juli 1943 bei den Abwehrkämpfen an der Ostfront in soldatischer Pflichterfüllung im jugendlichen Alter von 20 Jahren den Heldentod starb."

*

Anton Schräger bleibt lange in Münster. Dann, im Sommer 1944, wird er nach Euskirchen versetzt. Begeistert schreibt er an seine Frau in Bad Liebenwerda: „Bald sollen wir nach Aachen kommen. Ich werde versuchen, unsere Wohnung schon herzurichten. Der Krieg wird nicht mehr lange dauern, dann haben wir es gleich schön!"

Aber es kommt ganz anders. Anton Schräger gerät mitten in die schwere Schlacht um Aachen. Am 14. Oktober 1944, eine Woche vor dem endgültigen Fall der Stadt, wird er von den Amerikanern gefangengenommen.

Mit ein paar Kameraden wird er von einem amerikanischen Kriegsberichterstatter fotografiert, während sie auf einem Bollerwagen an der Wand eines Schuppens sitzen — offenbar ein bei den Amerikanern beliebtes Motiv, wie verschiedene Aufnahmen eines solchen Wagens zeigen.

Dann werden sie über die Grenze nach Belgien in ein Sammellager gebracht. Wenig später fahren sie mit dem Zug ins Kriegsgefangenenlager in Frankreich.

*

Sein früherer Kamerad aus der Zeit in Smolensk, Ferdinand Theuer, ist zu dieser Zeit schon gefangen. Auch er war aus Smolensk versetzt worden, weil er schwer krank geworden war: Er litt unter einer Gewebevereiterung. Man verlegt ihn nach Elsaß-Lothringen. In Mörschingen bei Metz soll er wieder gesund werden. Sein Arm ist bis oben hin vereitert.

Dann, als er wieder halbwegs in Ordnung ist — die verletzte Hand wird ihm zeit seines Lebens zu schaffen machen — kommt er wieder zu einer Objektschutz-Abteilung. Sie sind in Lüdenscheid, Recklinghausen, Osnabrück und Gelsenkirchen eingesetzt, bevor sie zur Bewachung eines Munitionslagers und einer Fabrik nach Wulfen bei Dorsten geschickt werden. Dort werden Granaten gefüllt. Dann geht es ab nach Italien, wo sie bei Rom ein Bezinlager zu sichern haben [5]. Später ist er in Campo Basso und Pescara. Im November 1943 ist er wieder in Deutschland eingesetzt, im Januar 1944 muß er zur Bewachung von Brücken nach Le Cateau in Frankreich.

Ende August 1944 befinden sie sich auf dem Rückzug durch Belgien. Dort wird er am 2. September von einer amerikanischen Panzereinheit gefangengenommen. Es ist 10 Uhr abends, sie befinden sich in der Nähe von Mons, und ihr Lastwagen, natürlich völlig überladen, fährt sich in einem Hohlweg fest. Bevor es ihnen gelingt, den Wagen wieder flott zu bekommen, geraten einige Benzinfässer auf der Ladefläche durch Beschuß in Brand.

Sie müssen sich ergeben — einer der Soldaten schwenkt ein weißes Taschentuch. Die Gruppe, die an

[5]) Ferdinand Theuer sagte mir etwas bitter: „1975 war ich in Rom. Abends übernachteten wir Pilger in einem Kloster. Eine Nonne fragte mich, ob ich schon einmal in Italien gewesen sei. ‚Ja', sagte ich, ‚im Krieg'. Da klappte sie zu wie ein Scheunentor und sprach kein einziges Wort mehr mit mir — dabei hatte ich nur Benzin bewacht und keinen einzigen Schuß abgegeben!"

diesem Abend mit in Gefangenschaft gerät, zählt alles in allem etwa fünfzig Soldaten.

Am nächsten Tag werden sie in ein anderes Sammellager in der Nähe von Mons gebracht. Es ist eine einfache Wiese, auf der sie die ganze Zeit lang in Hockstellung verharren müssen. In der folgenden Nacht regnet es in Strömen – sie aber müssen ungeschützt und in der unbequemen Stellung bleiben. Vom 4. bis 9. September 1944 sind sie in der Festung Maubeuge in Frankreich. Dann werden sie nach Maroire ins „Schlammlager“ gebracht, dann nach Chartres. Dort ist er bis zum 3. Oktober.

Und dann jagen sich die Versetzungen von einem Lager ins andere nur noch so! Insgesamt 25 verschiedene Lager lernt Ferdinand Theuer auf diese Weise „von innen her“ kennen. Er ist in St. Menehould und in Verdun, im luxemburgischen Diekirch und in Stenay, im Arbeitslager Quimper, beim Straßenbau in Plouec, wo sie die Straße zur Mühle begradigen müssen, in Thiers-la-Grande, in Douai und in Sedan.

Im Sommer 1945 schon erhält er indirekt Nachricht von seinen Eltern – über einen Aachener Soldaten, der sie kannte und durch Zufall getroffen hatte. Denn ihn erreicht ein kleines Zettelchen, auf dem mit dickem Blaustift geschrieben steht: „Ferdi Theuer aus Aachen, Lager V, soll sich in Lager I melden bei Unteroffizier Heinz Wernerus. Selbiger kann Auskunft gegen über den Verbleib der Eltern. Lager I, H-Kompanie, 3. Zug, Zelt 37.“

Die längste Zeit ist Ferdinand Theuer im Lager Rennes. Die Amerikaner übergeben die deutschen Soldaten den Franzosen, und das Regime wird mit einem Schlage

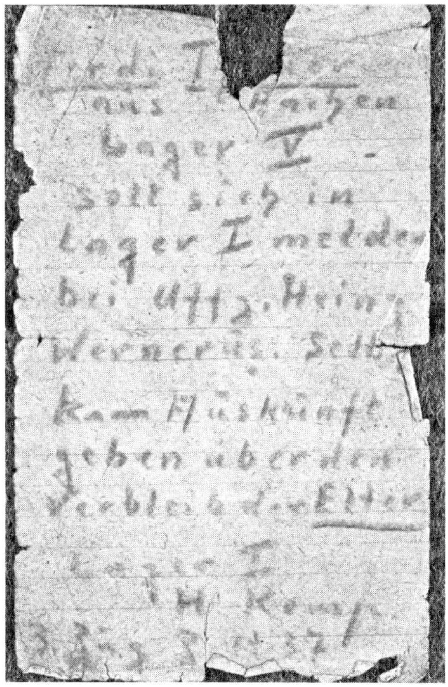

Die erste Nachricht über das Schicksal der Eltern war für Ferdinand Theuer stets ein wichtiges Andenken: „Ferdi Theuer aus Aachen, Lager V, soll sich in Lager I melden bei Unteroffizier Heinz Wernerus. Selbiger kann Auskunft geben über den Verbleib der Eltern. Lager I, H-Kompanie, 3. Zug, Zelt 37.“

strenger. Im Hauptlager von Rennes hausen 65 000 deutsche Soldaten. Sie leben in Fünfzig-Mann-Zelten. Pro Tag und Kopf gibt es ein Stückchen Brot und zweimal täglich „eine gesalzene Wassersuppe mit ein paar dünnen Fädchen Sauerkraut darin“. Wie viele seiner Kameraden leidet Ferdinand an einem Hungerödem. Er kann nicht mehr sprechen – nur noch ein Hauchen kommt ihm von den Lippen.

Jeden Morgen holen die Kameraden die Toten aus den Zelten und bringen sie zum Lazarett, wo die Leichenwagen stehen. Dort werden die

„Lausstunde" im Lager: Ferdinand Theuer zeichnete das Bild in Frankreich.

Soldaten in Särge gelegt und wegtransportiert. Ferdinand Theuer: „Wir dachten damals, es seien immer wieder dieselben Särge, die am anderen Morgen da standen, so daß also unsere Kameraden einfach so in die Erde bestattet wurden. Aber Beweise hatten wir natürlich nicht."

Die Gefangenen liegen in ihren Zelten auf dem nackten Lehmboden. Wer ein Stück Karton im Rücken hat, der ist schon zu beneiden um seinen kostbaren Besitz. Theuer berichtet: „Hinter dem Zelt war eine Pißrinne. Wenn wir uns da zu lange aufhielten, dann schossen die Franzosen einfach. Auch am Abend, wenn irgendwo verbotenerweise noch Karten gespielt wurde, um sich ein wenig abzulenken. Es wurde einfach in das Zelt geschossen. Einmal hat ein Kamerad auf diese Art und Weise einen Bauchschuß erlitten."

Wer „Beziehungen" hat, dem geht es weitaus besser – er kann sich zum Beispiel aus der Küche ein paar Knochen organisieren, um daraus eine Suppe zu kochen – es sind Hundeknochen.

Im Juli 1945 schlurft Ferdinand Theuer langsam durch das Lager schaut sich ein wenig rechts und links um. Da wird auf einmal aus einem der Zelte sein Name gerufen. Er tritt näher und erkennt an der linken Seite seinen Kameraden Anton Schräger!

Drei Jahre lang, seit der Zeit in Smolensk, haben sie sich nicht mehr gesehen.

„Mensch, Ferdi, bin ich froh, einen Bekannten zu treffen! Erzähl', wie es dir ergangen ist. Entschuldige, daß ich nicht aufstehen kann. Aber ich kann meine Beine nicht bewegen. Ja Jong, da siehste, was aus mir jeworden ist..."

Dann steckt Anton Schräger sich eine „Zigarette" an.

Erstaunt fragt Theuer, was der Freund denn da rauche: „Och, das sind Brombeerblätter, die haben die Jungs mir mitgebracht."

„Ich an deiner Stelle würde dieses Zeug nicht rauchen", warnt Ferdinand Theuer den Kameraden. Dann läßt er sich berichten, wie die Kämpfe in Aachen abgelaufen sind. Fast einen Monat lang sind die beiden zusammen. Dann, Mitte August 1945, wird Ferdinand Theuer in das Lager Quimper versetzt. Die beiden verlieren sich aus den Augen.

Bis zum Januar 1946 ist er in Quimper im Arbeitslager. Seine Hände, Arme und Füße eitern. Nur im Ätherrausch wird ihm – ohne ordnungsgemäße oder örtliche Betäubung – ein Fußnagel gezogen. Der behandelnde Arzt ist der Sohn eines Professors von der Aachener TH. Ohne Hilfe muß Ferdi Theuer die 70 Meter vom Zelt aus durch den Morast zur Latrine humpeln. Damit der Fuß nicht verschmutzt wird, bindet er sich ein Brett darunter.

Aus dem „Bilderbuch des Lagerlebens", das Ferdinand Theuer sich zeichnete. Hier sitzt er auf einer „C-Ration" und hat eine ebensolche Nahrungsmittelkiste vor sich. Er hat einen Kuchen gebacken, der strahlend auf der Spitze einer Pyramide aus Eiern, Butter, Zucker und allen anderen Zutaten steht.

Und wieder werden jeden Morgen die Leichen der toten Kriegsgefangenen weggebracht. Die deutsche Lagerführung hat angeordnet: „Ein letzter Gruß gilt unseren toten Kameraden!" Sie stehen stramm vor den gestorbenen Lagerinsassen.

Den Rest des Tages sind die Soldaten damit beschäftigt, sich der Läuse zu erwehren.

Im Februar 1946 kehrt Theuer wieder ins Lager Rennes zurück. Anton Schräger trifft er nicht mehr an – er ist im Oktober gestorben, kurz nach Ferdinand Theuers Versetzung!

*

Sanitäter im Lazarett von Rennes ist zu dieser Zeit Paul Weidehoff aus Düren, von Geburt her Brandenburger aus Landsberg an der Warthe. Der damals 37 Jahre alte Sanitätssoldat ist im Rußlandfeldzug gewesen und wird als Angehöriger der 50. Infanteriedivision bei Brest von den Amerikanern gefangen genommen. So kommt er ins Lager Rennes. Eines Abends im Oktober 1945 wird er im Lazarett angerufen. Es ist kurz nach 23 Uhr. Es werde ein Kamerad gebracht, der nicht mehr laufen könne, heißt es am Telefon.

Wenig später treffen die Soldaten ein – und auf der Trage liegt völlig apathisch Anton Schräger. Paul Weidehoff wäscht ihn, untersucht ihn zusammen mit dem Arzt und packt ihn dann ins Bett. Der Arzt

Paul Weidehoff aus Düren war im Krieg Sanitätssoldat. Im Kriegsgefangenenlager in Rennes war er im Lazarett: Er wurde Zeuge von Anton Schrägers Tod.

stellt eine allgemeine Körperschwäche fest. Paul Weidehoff erinnert sich: „Die aßen ja alles, kochten sich Suppe aus Gras oder brannten sich Eicheln und starben an Blausäure. Ich hatte den Mann schon vorher einmal gesehen, denn die waren mit Kohlezügen gekommen. Die hatten wie die Schweine ausgesehen, völlig verdreckt!"

Drei Tage lang liegt Anton Schräger ganz und gar apathisch im Krankenrevier in Rennes – dann stirbt er, abends gegen 20.30 Uhr. Paul Weidehoff: „Ich habe ihn weggebracht in die Leichenbaracke. Als ich zurückkam, war der nächste schon gestorben. Ich brachte auch diesen fort. Anton Schräger ist auf dem Ostfriedhof von Rennes begraben. Wie, das weiß ich nicht."

*

Schwer zu leiden haben sie in einem der Lager unter einem Marinefeldwebel, der die eigenen Gefangenen schikaniert. Für die geringste Kleinigkeit werden Männen in das Lagergefängnis gesperrt. Um sieben Uhr früh werden sie aus ihren Zelten gejagt und müssen Formaldienst auf den Wiesen machen – in den Händen halten sie statt der Gewehre Stöcke. Die geschwächten Gefangenen müssen die Arme in Vorhalt bringen, und der Marinefeldwebel aus Berlin tritt seine Mitgefangenen so heftig in den Bauch und gegen die Schienbeine, daß sogar der französische Posten ihn mit Schimpfworten eindeckt.

Ferdinand Theuer: „Der nannte das alles sein ‚Galoppkommando'. Später, als wir heimkehrten, haben wir ihn zu mehreren aus dem Zug geworfen. Er wurde dadurch getötet. Das ist mir noch jahrelang durch den Kopf gegangen."

Ende August 1947 erhält er eine Postkarte von seinem Kameraden

CORRESPONDANCE DES PRISONNIERS DE GUERRE
Kriegsgefangenenpost
CARTE-RÉPONSE 480
Antwort-Postkarte
FRANCO DE PORT
GEBÜHRENFREI
Au prisonnier Ferdinand
An den Kriegsgefangenen THEUER
EXPÉDITEUR - ABSENDER
Nom et Prénom : CLAUSEN
Vor-und Zuname FRANZ
Lieu : AACHEN
Ort
Rue : WALDHOTEL
Strasse
Arrondissement AACHEN
Kreis
Département Nord Rhein
Landestell, Provinz u. s. w.
N° matricule : 1333662
Gefangenennummer
Dépôt n° : CXI
Lagernummer
Désignation du dépôt : Lamballen (C. d. N.)
Lagerbezeichnung
FRANCE (FRANKREICH)

Détacher le long du pointillé ! Hier abtrennen !
Ce côté est réservé aux parents du prisonnier de guerre. N'écrire que sur les lignes et lisiblement.
Diese Seite ist für die Angehörigen des Kriegsgefangenen bestimmt. Deutlich und nur auf die Zeilen schreiben.

Aachen 22.8.1947
Lieber Ferdinand. Vielen Dank für die liebe Karte.
Bin gesund Oktober 1945 aus Englischen Gefangen-
schaft entlassen worden. Familie war in Moresnet
geblieben. Bin bei einer Baufirma tätig. Zuerst mit
Schaufel, jetzt mit Feder. Bei Dir zu Hause alles ge-
sund. Komm bald Heim. Gruß Dein alter Franz.

„Lieber Ferdinand, komm bald heim!" Postkarte an Ferdinand Theuer von Franz Clausen aus Aachen geschickt.

Im Arbeitseinsatz beim Bauern Emanuel Tremel in Pommerit Jaudy in der Bretagne: Ferdinand Theuer zeichnete den Hof, auf dem er eingesetzt war.

Franz Clausen aus Aachen, dem er zuvor Grüße geschickt hatte. Der Franz schreibt ihm:
„Lieber Ferdinand! Vielen Dank für Deine liebe Karte. Bin gesund Oktober 1945 aus englischer Gefangenschaft entlassen worden. Familie war in Moresnet geblieben. Bin bei bei einer Baufirma tätig. Zuerst mit Schaufel, jetzt mit Feder. Bei Dir zu Hause alles gesund? Komm bald heim. Gruß, Dein alter Franz."

Abschiedsgruß von den Kameraden in der Gefangenschaft: „Flieg weg und komm nie wieder!“

Ferdinand Theuer jedoch geht es gar nicht gut. Er hat Gelbsucht. Im Arbeitslager sagt ihm der Arzt: „Sie werden wohl nie mehr nach Hause kommen!“ Da er aber Mitleid mit Theuer hat, „versetzt“ der Arzt ihn in die Landwirtschaft, zum Bauern Emanuel Tremel in Pommerit Jaudy in der Bretagne. Tremel war selbst Gefangener bei einem deutschen Bauern in Leipzig gewesen. Er ist der ärmste Bauer im Dorf, hat zwei Pferde und acht Kühe. Ferdinand Theuer arbeitet täglich acht bis zwölf Stunden — „er hat mich nicht sonderlich schlecht, aber auch nicht sonderlich gut behandelt. Pro Tag bekam ich einen Franc, das waren rund 15 Pfennige. In vierzehn Monaten bekam ich da in der Bretagne von ihm ein Ei, ein Stück Kuchen und zu Weihnachten ein Päckchen Gauloises geschenkt. Die französischen Kinder riefen mir auf der Straße nach: „Salle boche!“ [6]. Ich antwortete ihnen dann: „Comme vous!“ [6]. Immerhin nahm ich dort bei Bauer Tremel in zwei Monaten 25 Kilogramm zu.

Auf der Rückseite eines Stückchens Papier, auf dem er sich französische Vokabeln notiert hat, die in der Praxis der Landwirtschaft vorkommen, skizziert er sich das Anwesen, auf dem arbeitet.

*

Ende Februar 1948, Ferdinand Theuer ist längst bei Bauer Tremels weg und wieder in einem Lager, diesmal in Thiers-la-Grande, sitzt er an einem Sonntagnachmittag beim Schachspiel. Sie sind etwa zwanzig Gefangene, die sich in der „Schachgesellschaft“ zusammengetan haben und jetzt sozusagen um die „Vereinsmeisterschaft“ spielen. Ferdinand Theuer führt!

Er ist gerade in ein längeres Spiel mit einem Kameraden aus Hamburg vertieft. Die Sache ist aber praktisch schon für ihn entschieden, und es bedarf nur noch einiger weniger Züge — da werden sie gestört. Peter Wolter aus Aachen kommt.

„Mensch, Ferdi!“, sagte der, „du wirst schon seit über zwei Stunden gesucht. Du sollst ins Lagerbüro kommen. Morgen wirst du entlassen!“

Ferdinand Theuer erhebt sich und schaut den Peter ungläubig an. Dann wendet er sich an den Hamburger Kameraden und sagt zu ihm: „Du hast gewonnen. Nimm du dir den Punkt!“ Und er macht sich auf zum Lagerbüro.

Wenige Tage später geht es heimwärts — über Valenciennes, Douai, Sedan, das deutsche Bretzenheim, Munsterlager und Münster, wo sie die letzte Nacht verbringen. Am

[6]) Dreckiger Deutscher! — Selber dreckig!

Der Marsch in die Heimat: Mit Eimer, Schemel und strahlender Sonne . . .

8. März 1948 kommen sie in Aachen an. Ferdinand Theuer schämt sich wegen seiner lumpigen Kleider. Deshalb möchte er zusammen mit seinem Kameraden Stassen „hintenrum“ nach Burtscheid gehen. Weil aber die Brücke gesprengt ist, müssen sie wohl oder übel über die Kurbrunnenstraße.

Dann klopft er zu Hause an: „Meine Mutter weinte“ . . .

In weniger als einer halben Stunde sind alle acht Geschwister versammelt! „Die Hälfte“, so erinnert Ferdinand Theuer sich, „war verheiratet – und ich hatte nichts davon gewußt!“

Den ganzen Abend lang muß er erzählen. Um die unsagbaren Zustände begreiflich zu machen, zeigt er seinen Familienangehörigen ein kleines Büchlein, das er sich in der Gefangenschaft selbst hergestellt hat. Es enthält insgesamt zwölf Zeichnungen auf äußerst dünnem, durchsichtigem Papier und veranschaulicht das Leben im Lager Rennes. Den Titel hat er sich kunstvoll außen auf den Deckel aus braunem Karton geschrieben: „Aus dem Leben der Gefangenschaft zu Rennes/ Bretagne, 1945.“

Auf den Bildern sieht man, wie zwei Gefangene an einer Eisenstange einen Kübel tragen: „Kübelkommando, im gleichen Schritt und Tritt“; wie dürre, superschlanke Männer vor einem Brett stehen und zu dritt die neuesten Nachrichten lesen: „Nur vier Wochen alt.“ Dann ein neues Blatt: Die gleichen drei beim Essenfassen. Kommentar zur Zeichnung aus Ironie darüber, daß in der Suppe kein einziges Gemüseblätt-

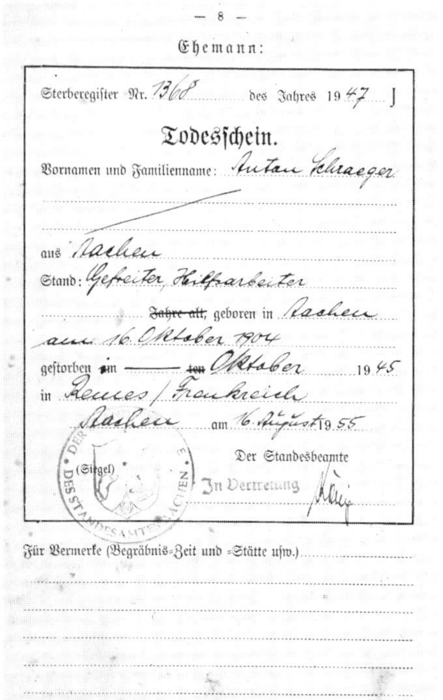
— 8 —

Ehemann:

Sterberegister Nr. 1368 des Jahres 1947 J

Todesschein.

Vornamen und Familienname: Anton Schraeger

aus Aachen

Stand: Gefreiter, Hilfsarbeiter

~~Jahre alt~~, geboren in Aachen

am 16. Oktober 1904

gestorben ~~im~~ —— ~~im~~ Oktober 1945

in Rennes / Frankreich

Aachen am 16. August 1955

(Siegel) Der Standesbeamte

In Vertretung

Für Vermerke (Begräbnis-Zeit und -Stätte usw.)

Der Todesschein für Anton Schräger, aus dem Sterberegister des Jahres 1947. Die Rubrik „Vermerke“ (unten) für Begräbnis-Zeit und -Stätte blieb damals offen. Erst heute, dank meiner Nachforschungen, könnte sie ausgefüllt werden . . .

chen steckt: „Ich bin so satt – ich mag kein Blatt!“

Ein anderer Gefangener wird bei der „Laus-Stunde“ gezeigt, und seinen eigenen Traum zeichnet Ferdinand Theuer ebenfalls auf: Er sitzt auf einer „C-Ration“, hat eine ebensolche volle Nahrungsmittelkiste vor sich und backt einen Kuchen, der strahlend auf der Spitze einer Pyramide aus Eiern, Butter, Zucker und allen anderen Zutaten besteht.

*

Annemarie Nicoll, die Tochter von Anton Schräger, erfährt erst relativ spät, daß ihr Vater gestorben ist. Ihre Stiefmutter hat zwar die Nachricht erhalten, diese aber den Kindern verschwiegen. Erst beim Besuch einer Freundin entnimmt die Vierzehnjährige dem Gesprächszusammenhang, daß mit dem Vater etwas passiert sei. Dann, nachdem der Besuch weggegangen ist, fragt sie die Mutter geradeheraus, was nun mit dem Vater geschehen sei. So erfährt sie die Wahrheit.

*

Tagelang ist das Mädchen wie vor den Kopf geschlagen. Es kann gar nicht begreifen, was geschehen ist. Einen Anzug des Vaters, den die Mutter weggeben will, trennt die Tochter auf und näht sich ein Jackenkleid daraus, das sie zu Ehren ihres Vaters trägt: „Er hat für uns Kinder immer das Letzte gegeben!“

Als der Sanitäter Paul Weidehoff aus der Kriegsgefangenschaft entlassen wird, bekommt er ein vom Stationsarzt des Lagers und dem Lagerführer des Hospitals unterschriebenes Zeugnis mit auf den Weg. Es ist auf der Rückseite einer französischen Landkarte geschrieben und lautet:

„Der Sanitäter Paul Weidehoff hat unter meiner Leitung ein halbes Jahr gearbeitet. Ich lernte ihn als einen Mann kennen, der sein Fach vollkommen beherrscht und alles mit größtem Fleiß und Energie durchführte. Besonders hervorheben möchte ich, daß er in der Massage mit besonderem Feingefühl Hervorragendes leistete. Selbst unter den schwierigsten und deprimierendsten Verhältnissen erwies sich Weidehoff den Kranken gegenüber stets als vorbildlicher Kamerad. Dr. Illig, Stationsarzt.“

Mit diesem Zeugnis kommt Paul Weidehoff nach Hause. Die Nachricht, die ihn dort erwartet, trifft

Anton Schrägers Tochter Annemarie Nicoll 1977 zusammen mit Ferdinand Theuer (†), dem Kriegskameraden von Schräger. Die Tochter sah das Bild ihres Vaters in Aachen erst 1976 – ich fand für sie den Kriegskameraden Theuer und den Sanitäter aus Düren, der Zeuge war, wie Anton Schräger im Kriegsgefangenenlager in Rennes starb.

ihn wie ein Hammerschlag: Seine Frau und zwei seiner Kinder sind von den Russen erschossen worden – zur gleichen Zeit, als er in die Gefangenschaft geriet!
Seine zwei anderen Kinder überleben die MP-Salve im Schloß und können aus dem in Brand gesteckten Zimmer flüchten. „Zwanzig Russen wollte ich zur Rache mit dem Knüppel totschlagen!", erinnert sich Paul Weidehoff – „aber heute hat sich das gelegt."

*

Ich sprach mit dem Sohn, der als siebenjähriger Junge den Überfall überlebte. Der Junge heißt Alfred Weidehoff und wohnt heute in Euskirchen. Kapitel 13 behandelt sein Kriegsschicksal.

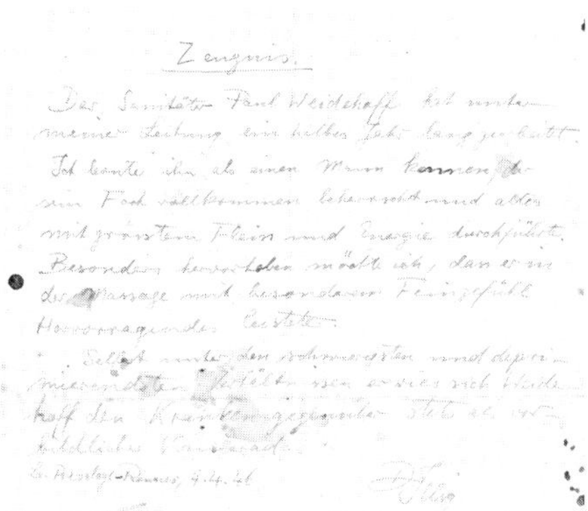

Zeugnis.

Der Sanitäter Paul Weidehoff hat unter meiner Leitung ein halbes Jahr lang gearbeitet. Ich lernte ihn als einen Mann kennen, der sein Fach vollkommen beherrscht und alles mit größtem Fleiß und Energie durchführte. Besonders hervorheben möchte ich, daß er in der Massage mit besonderem Feingefühl Hervorragendes leistete.
Selbst unter den schwersten und deprimierendsten [illegible] erwies sich Weidehoff den Kranken gegenüber stets als ein [illegible] Kamerad.

[illegible] Rennes, 9.4.46

[illegible]
Lagerführer des Hospitals

Illig
Stabsarzt

Vom Stationsarzt Dr. Illig im Lager Rennes unterschrieben: Das Zeugnis für den Sanitäter Paul Weidehoff.

Alfred Weidehoff, Euskirchen

13

Erst jetzt, nach der Wiederkehr, war ich heimatlos geworden. Und ich wußte nicht, wie ich je wieder Heimat finden würde. (Carl Zuckmayer)

Der Junge, der das Blutbad überlebte

Euskirchen, vierte Etage – Kriegsjahr 1944: die Familie flieht – Bei einem Bauern auf dem Heuwagen – Unterkunft im Schloß – Am nächsten Morgen: „Unten stehen russische Soldaten mit Pferden – Uhren, Ringe und ein Wecker – Alle Flüchtlinge werden in einen Raum getrieben – Schüsse, bis keine der Frauen mehr steht – „Wir müssen weg, die Mutti ist tot!" – Die Schwester ist am Hals getroffen – Drei Kosaken kommen zurück – Flucht durch den Schloßpark und Versteck auf dem Heuboden – Eine Roßkur mit Urin gegen Kopfläuse – Der Suchdienst in Hamburg ermittelt – Onkel Walter sagt: „Dein Vater lebt und wohnt im Westen!" – Alfred wandert nach Australien aus – Fünf Jahre nicht in Deutschland – Urlaub für sechs Wochen in Düren und nie mehr zurück nach Australien – Mit 25 000 Mark in Düren – „Ich habe Onkel Walter niemals mehr gesehen!" – Der Suchdienst fragte zweimal nach der Frau mit dem Bauchschuß

Ein Neubauviertel am Rande von Euskirchen. Erst kürzlich sind die Straßennamen aufgehängt worden. Es ist ein schöner Samstagmittag. Die Frau in der Frittenbude an der Ecke kennt noch nicht einmal den Namen jener Straße 150 Meter weiter, aus der doch ihre Kundschaft kommt.

Ich klingle in der vierten Etage des großen Wohnhochhauses. In der offenen Türe steht der Alfred Weidehoff. In blauen Socken und blauem Pullover mit roten Mustern. Ich finde es sympathisch, daß er kein Aufheben macht. Keine sichtbaren Vorbereitungen, kein „Gedöns" wie so manches Mal bei Beginn eines Interviews.

33 Jahre nach den Schüssen, die seine Mutter und zwei Geschwister töteten: Alfred Weidehoff aus Euskirchen.

Im Wohnzimmer sitzt ein Teddybär in einem Kinderstühlchen. Töchter-

Nur zwei überlebten die Garben aus Maschinenpistolen. Von links nach rechts: Hertha (†), Kurt (hinten, †), Alfred, Mutter Klara (†) und Hildegard Weidehoff.

chen Bianca, erst elf Monate alt, schläft im Nebenzimmer in der Wiege. Frau Weidehoff ist einkaufen. Und während ich ihn hier mir gegenüber auf dem Sofa sitzen sehe, freue ich mich mit Alfred Weidehoff, daß er überhaupt noch lebt. Denn genausogut hätte er jetzt schon 33 Jahre lang steif und starr im Grabe liegen können – seit damals, als er die Schüsse aus den russischen Maschinenpistolen überlebte, die auf dem Schloß ein Blutbad unter den Frauen und Kindern anrichteten.

*

Kriegsjahr 1944. Vater Paul Weidehoff ist Berufssoldat, unter anderem in Rußland im Einsatz. Seine Kinder kennen ihn kaum: so ist eben die Zeit! Seine Frau Klara Weidehoff lebt mit Hertha, Hildegard, Alfred und Kurt in Meseritz. Hildegard ist zwölf, Kurt 15, Hertha neun und Alfred erst fünf Jahre alt. Herbst 1944 müssen sie wie so viele flüchten – „die Russen rücken immer näher!" Die Familie zieht zu Fuß los. Nur das Allernötigste kann Klara Weidehoff mitnehmen – es ist nicht viel.

Später nimmt ein mitleidiger Bauer sie auf seinem Heuwagen mit. Dann trennen sie sich wieder von dem Bauern und schließen sich einer Gruppe von etwa 25 Personen an – alles Mütter mit ihren Kindern. So kommen sie in den kleinen Ort Schmermeißel bei Zielenzig in der Nähe von Frankfurt an der Oder.

Es ist Abend, und am Portal des Schlosses öffnet man ihnen auf ihr Klopfen. Gott sei Dank! Sie dürfen übernachten. Die „Gnädige Frau" hat Mitleid mit ihnen. Erleichtert gehen die Frauen über die breiten Treppen des Eingangs, durch den Wintergarten und in das Haupthaus hinein. Verteilt auf mehrere Räume in der ersten Etage betten sie sich zur Nacht. Alfred und seine Geschwister sind alle im gleichen Zimmer untergebracht, mit der Mutter zusammen.

*

Am nächsten Morgen ist ihr Schreck beim Erwachen groß: Unten im Hof des Schlosses stehen russische Soldaten! Sie haben Pferde bei sich und tragen kurze Maschinenpistolen. Es sind etwa fünfzig Mann. Wer von den Flüchtlingen im Inneren des Hauses noch schläft, der wird von den anderen geweckt. Ängstlich drängen die Frauen sich in einem größeren Raum mit ihren Kindern zusammen.

Dann dringen die Soldaten in das Schloß ein – die Türe zum Wintergarten haben sie einfach aufgebrochen. Schlafraum für Schlafraum wird bei den Flüchtlingen untersucht – die Eindringlinge wollen Schmuck haben und Uhren. Einzeln verlangen sie von den Frauen, sie sollten ihnen die Sachen geben.

Die Mutter von Alfred Weidehoff gibt ängstlich einem Russen ihre Armbanduhr, ihre Ringe, sogar noch einen Wecker dazu. Mehr hat sie nicht. Auch die übrigen Frauen der Gruppe geben ihre Uhren und den Schmuck ohne Widerstände ab. Nur die Gutsherrin weigert sich. Nicht einmal den Schmuck, den sie bei sich trägt, will sie abgeben. Sie schimpft und droht den Soldaten, sie werde sich bei ihrem Kommandeur beschweren.

Aber das macht keinen Eindruck. Die Gesten der Soldaten werden immer drohender, die Frau schimpft immer lauter. Dann wird sie, während sie anfängt zu zetern, von zwei Russen nach draußen gezerrt. Die Tür schlägt zu – dann hören die Zurückgebliebenen einen Schuß. Wenig später sehen sie die Gutsherrin tot im Flur auf der Erde liegen.

Die Soldaten haben inzwischen begonnen, das ganze Schloßgebäude systematisch zu durchsuchen. Dann, nach etwa zehn Minuten, werden Kommandos gegeben: alle Flüchtlinge müssen aus den oberen Räumen des Gebäudes nach unten gehen. In einem großen Zimmer rechts des Eingangs, neben der großen Diele, werden sie zusammengetrieben.

Das Zimmer mißt etwa vier mal sieben Meter. An der einen Längswand steht ein großes Doppelbett mit einer schweren Decke darauf, eine der Schmalwände hat ein Fenster. Daneben steht eine Nähmaschine. Dort steht Alfred Weidehoff mit seinen drei Geschwistern.

Die Frauen müssen stehenbleiben – die Kinder dürfen sich hinlegen. In der offenen Türe stehen zwei Soldaten mit ihren Maschinenpistolen. Alfred Weidehoff: „Ich hätte nie gedacht, daß sich so etwas auch einem so kleinen Kind, wie ich es damals war, so scharf einprägt. Alles läuft noch heute vor meinem geistigen Auge wie im Film ab. Wir waren zehn bis zwölf Kinder. Ich hatte eine übermächtige Angst. Wenn ich gekonnt hätte, dann wäre ich in ein Mauseloch gekrochen!"

So liegt er auf dem Boden, schließt die Augen und hält sich die Ohren zu. Und dann fallen die Schüsse!

Einige Frauen schreien, andere sinken still nieder: „Es wurde geschossen, bis kein Mensch mehr stand. Die Soldaten sprachen noch miteinander – dann war es mucksmäuschenstill!"

Kurz macht der kleine Junge die Augen auf – dann schließt er sie

Der Vater ist Berufssoldat: Familie Weidehoff im Krieg. In der hinteren Reihe von links nach rechts Paul Weidehoff, seine Frau Klara und die Kinder Kurt, Hildegard und Hertha. Vorne rechts Sohn Alfred, links daneben Schwägerin Rosalia Schön mit ihrem Baby.

wieder ganz erschreckt. Vor sich sieht er, wie ein Haufen blutverschmierter Körper beieinander liegt. Noch schrecklicher: Neben ihm liegt sein Bruder Kurt! Er hat eine Kopfschuß erhalten, und ein Strahl von Blut schießt dem Jungen im Bogen aus der Schläfe! Was er die nächsten Minuten tat oder dachte, kann Alfred heute nicht mehr sagen. Dann beginnt er leise zu rufen: „Hildegard! Mutti!" Die Mutter bleibt still – die Schwester meldet sich. Auch eine Frau fängt an zu wimmern. Sie hat mehrere Bauchschüsse erhalten.

Der Junge will die Mutter suchen, aber die Hildegard faßt den Bruder fest am Arm und sagt leise: „Wir müssen hier weg! Die Mutti ist tot!" Alfred widerstrebt. Dann plötzlich aber bemerken sie Brandgeruch. Qualm entwickelt sich im Zimmer. Und: noch jemand meldet sich! Ein kleiner Junge, der Sohn der Nachbarfamilie Schön aus Meseritz, hat die Schüsse ebenfalls überlebt. Ab und zu unterdrückt hustend, die im Bauch getroffene Frau unterstützend, die sich die Treppe hinabquält, gehen sie so leise wie möglich hinunter zum Haupteingang des Schlosses.

Der Junge erzählt ihnen, daß er von einem abprallenden Geschoß am Backenknochen getroffen sei und deshalb oben im Zimmer zeitweilig bewußtlos war: „Einen Splitter hatte ich auch im Mund – den habe ich ausgespuckt!"

Aber auch die Schwester ist getroffen, wie Hildegard jetzt erst den anderen zeigt: Am Hals hat sie einen Streifschuß bekommen. Ein altes Handtuch, das sie irgendwo unterwegs gefunden hat, legt sie als Notverband um die Wunde, die anfangs stärker geblutet hat.

Aber was ist das bißchen Blut, verglichen mit der Lage der armen

Frau! Erschöpft hat sie sich an den Fuß der Treppe gesetzt. Ihr ganzer Unterleib ist blutdurchtränkt.

Vorsichtig schauen die Kinder durch einen Spalt in der Türe am Haupteingang. Draußen stehen drei Kosaken bei ihren Pferden und unterhalten sich. Dann – das Herz bleibt ihnen fast stehen vor Angst! – wendet sich einer der Soldaten plötzlich zur Treppe und kommt auf den Haupteingang zu!

So flink wie sie können, verschwinden die drei Kinder im Keller, wo sie mit klopfendem Herzen mucksmäuschenstill in einer dunklen Ecke verharren. Dann hören sie, wie oben der Kosake flucht und offenbar die beiden anderen herbeiruft. Die Frau an der Treppe stöhnt noch einmal auf – und dann wird die Eingangstüre zugeschlagen.

Nichts mehr – keine Geräusche! Nur der Rauch wird langsam immer dichter. Mit Mühe nur können sie sich das Husten verkneifen.

Es mag eine gute halbe Stunde vergangen sein, da wagen sie sich wieder nach oben. Jetzt prasselt das Feuer in den oberen Etagen bereits hörbar! Dicke Rauchschwaden wälzen sich rollend durch das Treppenhaus.

Wieder wagen sie einen Blick durch die Türe nach draußen in den Hof. Er ist leer. Alle Soldaten sind weg. Ein einziger Mensch ist zu sehen: Die arme Frau, die von den zurückkehrenden Soldaten am Fuß der Treppe entdeckt worden war. Sie liegt da, als ob sie tot sei.

Vorsichtig schaut Hildegard sich noch einmal rechts und links um – dann huscht das Mädchen die Stufen der Freitreppe hinab zu der angeschossenen Frau. Sie ist bewußtlos, aber offenbar lebt sie noch. Rasch kehrt das Mädchen zurück.

„Als Andenken an Hildegard" steht in mädchenhafter Schönschrift auf der Rückseite dieses Bildes: Hildegard Weidehoff kurz nach dem Krieg.

„Wir müssen sehen, daß wir Hilfe finden!", sagt sie zu den beiden andern. Deshalb machen sie sich auf den Weg. Bald erreichen sie die Grenze des Schloßparks und überqueren eine große Wiese – da sehen sie in einiger Entfernung wieder russische Soldaten! Die haben ihrerseits die Kinder entdeckt und schauen zu ihnen hinüber und gestikulieren. Die drei bekommen es mit der Angst zu tun und laufen weg, so schnell sie können. Aber niemand folgt ihnen. Bald kommen sie an einzeln stehende Bauernhöfe, in denen noch Leute sind.

Die russischen Soldaten sind hier bereits durchgezogen. Die Kinder

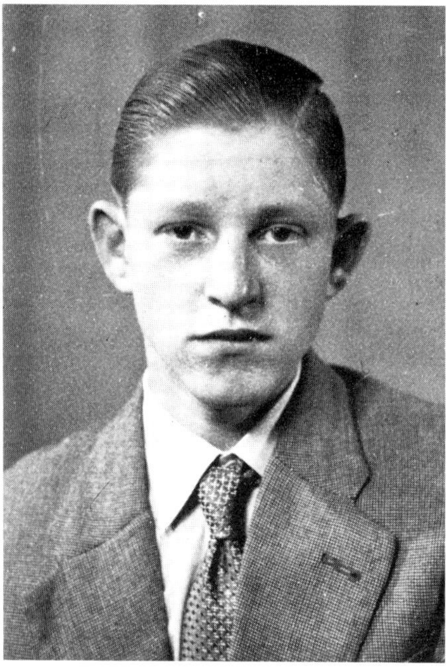

Alfred Weidehoff kurz nach dem Krieg: Klempnermeister Walter Wohlleben will ihn adoptieren, doch dann kommt die Nachricht vom Suchdienst aus Hamburg: „Dein Vater lebt und wohnt im Westen!“

erzählen vom Schicksal der Frau am Schloß, und einige beherzte Leute machen sich unter der Führung von Hildegard auf den Weg dorthin. Alfred bleibt auf dem Bauernhof. Und tatsächlich! Nach einer Weile kommt die Gruppe mit der Frau zurück, die auf einem Handkarren gefahren wird. Sie wird vorläufig erst einmal auf dem Heuboden versteckt. Hildegard und Alfred werden nie erfahren, was aus ihr geworden ist . . .

*

Die beiden Kinder werden zunächst auf einem Bauernhof in der Nähe untergebracht, auf dem auch schon andere Jugendliche sind. Bald hat der kleine Alfred Kopfläuse und die Krätze. Da werden ihm die Haare abgeschnitten und man reibt die Kopfhaut mit Urin ein: „Ich hab' geschrien wie am Spieß und hatte dicken Schorf auf dem Kopf, aber es hat geholfen!“

Nach einiger Zeit werden sie weiter geschickt, in ein Kinderheim namens Luisenhof, „da gab es jeden Tag Kartoffelsuppe“ . . . Dann werden sie nach Sachsen gebracht, in ein Kinderheim in der Nähe von Leipzig. So geht der Krieg für Alfred und Hildegard Weidehoff zu Ende: Die Mutter und zwei Geschwister sind tot, vom Vater, der Berufssoldat ist, erreichte sie seit Jahren keine Nachricht mehr . . .

*

1945. Die Menschen versuchen sich wieder hochzurappeln. In das Kinderheim kommen regelmäßig Leute, die ein elternloses Kind aufnehmen möchten. Eines Tages kommt ein Mann, der einen Jungen sucht: er ist bereit, Alfred aus dem Heim zu holen! Aber: er möchte nur einen Jungen, nichts weiter. Schwester Hildegard will er nicht mitnehmen. Der Junge sträubt sich. Auch die Schwester ist dagegen, daß sie beide getrennt werden. Schließlich nimmt das fremde Ehepaar dann doch die beiden Kinder mit.

Die Leute heißen Wohlleben. Onkel Walter und Tante Anna, wie Hildegard und Alfred fortan ihre Stiefeltern nennen, besitzen ein Klempner- und Installationsgeschäft. Die Mutter führt den Laden, der Vater macht die Reparaturen draußen. Die beiden haben ihren einzigen Sohn im Krieg verloren.

Alfred wird sehr streng gehalten. Den Wohllebens geht es gut. Aber trotzdem wird hart gearbeitet und kein unnötiger Aufwand betrieben. Onkel Walter nimmt Alfred schon sehr früh mit auf die Außentermine.

Die höchsten Dächer muß der Junge mit hinauf, wenn die Arbeit es erfordert. Er soll das Geschäft schließlich einmal erben ... Deshalb will das Ehepaar den Alfred auch adoptieren. Um ganz sicher zu gehen, fragt Walter Wohlleben beim Suchdienst in Hamburg nach, um etwas über das Schicksal von Paul Weidehoff in Erfahrung zu bringen. Er gilt als gefallen, zumindest als verschollen, aber beides ist nicht richtig: Der Hamburger Suchdienst findet ihn! Er lebt bei Salzuflen im Ort Bimsen-Ahmsen.

Onkel Walter berichtet dem Jungen lapidar, was er in Erfahrung gebracht hat: „Dein Vater lebt und wohnt im Westen!"

*

Eines Tages im Jahre 1951 steht dann sein leiblicher Vater im Laden. Er trägt einen weißen Trenchcoat. Alfred Weidehoff weint, aber er weiß bis heute noch nicht, warum eigentlich: über den wiedergefundenen Vater oder darüber, daß er ahnt, daß er sich jetzt wohl bald von Onkel Walter und Tante Anna trennen muß.

Sein Vater erzählt ihm, wie es ihm in den zurückliegenden Jahren ergangen ist: daß er nach seinem Einsatz in Rußland bei Brest von den Amerikanern gefangen genommen wurde, die Zustände in verschiedenen französischen Kriegsgefangenenlagern überlebte und am 14. Mai 1946 wegen „bronchitischem Asthma" in die Heimat entlassen wurde.

Seitdem arbeitet er als Melker in Bimsen-Ahmsen. Seine Kinder hat er zuletzt gesehen, als sie fünf und zwölf Jahre alt waren – jetzt sind sie zwölf und sechzehn. Und Paul Weidehoff hat inzwischen wieder geheiratet.

Eines Tages steht er im Laden und möchte seinen Sohn sprechen. Er kommt aus dem Westen und trägt einen Trenchcoat... Paul Weidehoff 1977.

Sohn Alfred Weidehoff: „Außer den Tränen empfand ich nichts bei dem Wiedersehen. Ich kannte ja keine Elternliebe. Drücken und „herzen" und so was, das gab es für uns nicht." Aber während er selbst bereit ist, dem Vater in den Westen zu folgen, weigert sich seine Schwester. Die Sechzehnjährige, die als Magd arbeitet, hat bereits einen festen Freund, von dem sie sich nicht trennen will.

„Wenn du mich zwingst, mitzugehen, dann springe ich aus dem Fenster!" sagt das Mädchen zu dem Vater. Sie bleibt drüben. Später tut es ihr leid, daß sie so hart zum Vater war.

So reist denn Alfred allein mit Paul Weidehoff in den Westen Deutsch-

Fünf Jahre in Australien, wo es ihm sehr gut geht: Alfred Weidehoff (rechts).

Aus Australien zurück und verheiratet: Alfred Weidehoff und seine Frau (Hochzeitsbild). Heute hat Alfred selbst eine Tochter, Bianca.

lands. Er ist enttäuscht. Aus dem gesicherten Wohlstand bei Onkel Walter und Tante Anna kommt er in die sehr bescheidenen Verhältnisse seines Vaters, der als Melker bei einem Bauern arbeitet. Auch findet er anfangs keinen Kontakt zu seiner Stiefmutter: „Sie wollte mich drücken, aber ich reagierte schroff: „Ich mag das Tätscheln nicht!"

Wochenlang ist der Junge wie krank. Dann allmählich gewöhnt er sich ein. Er hat noch zwei Brüder und eine Schwester, die seine Stiefmutter aus ihrer ersten Ehe mitgebracht hat[1]. Und wenig später, 1952, wird auch ein neues Kind geboren, die Erika[2].

*

Alfred Weidehoff erlernt den Beruf des Melkers. 1957 legt er in Kleve die Prüfung ab. Aber er hat keine rechte Freude an seinem Beruf. Deshalb sucht er sich eine andere Tätigkeit. Er geht zunächst „zum Bau" und arbeitet einige Zeit in den verschiedensten Stellungen.

Dann jedoch macht er den Führerschein der Klasse II und verdingt sich als Fahrer. Und schließlich faßt er einen ganz anderen Entschluß: Er will auswandern und sein Glück in der Fremde versuchen! Das Ziel heißt Australien. Am 10. Oktober 1964 fährt er weg. Es wird volle fünf Jahre dauern, bevor er Deutschland wiedersehen wird.

Er lebt in Perth in Westaustralien und es geht ihm blendend dort. Zunächst macht er den englischen Führerschein, um auch hier als Kraftfahrer zu arbeiten. In seiner Freizeit unternimmt er ausgedehnte Streifzüge ins Innere des Landes — er schätzt die Ruhe und die Einsamkeit. Auch für den Wassersport hat er Zeit und Lust.

---

1) Ihr erster Mann ist im Krieg gefallen.
2) Erika Weidehoff, heute Frau Erika Papp.

1969, fünf Jahre nach seinem Abschied, kehrt er für einen Heimaturlaub zurück. Am 8. Juli 1969 trifft er in Düren ein, wo seine Eltern wohnen. Die Rückfahrkarte für das Schiff hat er in der Tasche – und 25 000 Mark, die er in Australien angespart hat.

Er lebt gut in Düren. Besucht alte Freunde, macht sich schöne Tage, unternimmt Reisen, geht häufig aus. Nach Ablauf der sechs Wochen löst er die Schiffskarte ein – er fährt nicht zurück nach Australien: „Irgendwie ergab sich das so."

Drei Monate lang arbeitet er nicht. Und er macht wieder interessante Reisen, meist innerhalb Deutschlands. Schließlich sind von den 25 000 Mark nur noch 4000 Mark vorhanden. Da nimmt er wieder eine Stelle an, als Fernfahrer. Schließlich zieht er nach Euskirchen, weil er dort eine Stelle hat und heiratet.

*

Und heute?

Alfred Weidehoff ist noch immer Fahrer. Er bringt Öl zur Privatkundschaft. Seine Eltern leben in Düren, seine Schwester Hildegard in der DDR. Geträumt von dem Vorfall damals vor 33 Jahren im Schloß hat er nie. Aber er denkt natürlich oft daran. Zweimal bereits kam eine Suchdienstkarte vom Roten Kreuz, in der nach dem Schicksal der Frau mit den Bauchschüssen gefragt wurde. Alfred Weidehoff kann die Frage nicht beantworten. Aber eine andere wohl:

Heute als Fahrer in Euskirchen: Alfred Weidehoff 33 Jahre nach den Schüssen, die er überlebte.

„Ob der Vorfall im Schloß entscheidend dafür war, daß mein Leben so verlaufen ist?"

Alfred Weidehoff schüttelt den Kopf: wohl kaum. Denn: „Wenn kein Krieg gewesen wäre, dann wäre ich ja auch Melker geworden. Geändert hätte sich vielleicht nur etwas, wenn ich damals bei meinen Pflegeeltern geblieben wäre. Dem Onkel Walter bin ich heute noch dankbar dafür, daß ich nicht machen durfte, was ich wollte. Er hat mir Schliff beigebracht. Ich habe ihn niemals mehr wiedergesehen."

Paul Demez, Jalhay

14

Urteile sind Gefolterte. Sie werden gefällt und vollstreckt, verhängt und vollzogen.
(Elazar Benyoetz, israelischer Schriftsteller)

Paul Demez, Todeskandidat aus Verviers

Im Amtszimmer des Kripochefs ein Schild aus der Gestapohaft – Im Jesuitenkolleg Rue de Rome – Lüttich, Place St. Lambert – Der Sohn wird sechzehn Tage vor Kriegsausbruch geboren – Vereidigung in Brüssel – Für die Staatssicherheitspolizei ein Büro in Vielsalm – Flucht mit den Franzosen, Stukas auf der Landstraße – Ein Sonntag mit Bomben in Amiens – Zwei Frauen im Notgefängnis – Schüsse in Abbeville und 21 Tote – „Die 12. Armee existiert nicht mehr!" – Illegale Druckerei – Verhaftung in Verviers, 18. Februar 1941 – Im Gefängnis in Aachen am Adalbertsteinweg taucht die Mutter auf – General von Falkenhausen zieht den Fall nach Lüttich – Krank im Zuchthaus Rheinbach – Mit „Kettenhunden" über Düren und Aachen nach Lüttich – Als Todeskandidat in Landsberg – Am 29. April sind die Amerikaner da, sieben Stunden nach der SS! – Musik und die Familie am Bahnhof in Verviers – „Ich kannte meinen Jungen nicht!" – Das Schicksal General von Falkenhausens – Was Falkenhausen in das Buch beim Zoll in Bildchen schrieb – „Es gibt überall gute und schlechte Kerle, in jedem Volk, partout monsieur!"

Sommer 1939, unbeschwert von Mobilmachung und Krieg, die unaufhaltsam näherrücken: Paul Demez mit seiner Tochter. Er trägt die Kluft der Pfadfinder, denn er ist Distriktkommissar im Bezirk Eupen–Malmedy–St. Vith beim Katholischen Pfadfinderverband, den „Baden-Powell-Scouts" in Belgien.

Das Amtszimmer des Kripochefs im Arrondissement Verviers ist ein hoher Raum mit einer schönen Holztür und hölzernen Fensterläden. Links hängt ein Bild von Königin Fabiola, rechts das von König Baudouin. Daneben an der Wand eine Urkunde der „Republika Polska", von General Wladislaw Anders unterschrieben, dem Kommandeur der polnischen Armee bei den alliierten Streitkräften.

Der untersetzte Mann am Schreibtisch, grauer Anzug, goldgeränderte Brille, blaue Krawatte ist der „Commissaire Principal de la Police Judiciaire de Verviers". Er trägt am Revers ein Abzeichen, das etwa vierzig Leute in Belgien vorweisen kön-

Im Hof des Gerichtsgebäudes in Verviers: Paul Demez mit dem Schild das an seiner Zellentür hing.

nen. Es ist der Freundschaftsbund der „condammnés à mort“ – der zum Tode verurteilten. Das Schild, das nach seiner Haft im Aachener Gefängnis, im Zuchthaus Rheinbach und in der Festung Landsberg an seiner Zellentür hing, ist als Bild gerahmt ebenfalls im Amtszimmer. Es verzeichnet nüchtern die folgenden Angaben: „Demez Paul, Straftat: Spionage usw. Strafdauer: von 22. 10. 1941, Strafe bis zur Entscheidung ausgesetzt.“ Paul Demez war zweimal zum Tod und zu acht Jahren Zuchthaus verurteilt – die Hinrichtung wurde mehrmals verschoben.

*

Paul Demez wird am 9. Februar 1913 in Bilstain geboren. Er geht im Jesuitenkolleg „Saint Francois Xavier“ in der Rue de Rome in Verviers zur Schule und macht das humanistische Diplom. Dann studiert er zwei Jahre lang Kriminalrecht an der Universität in Lüttich und absolviert seinen Wehrdienst, achtzehn Monate lang.

Er ist beim 2. Radfahrer-Schützenregiment, in dem nur junge Leute aus Eupen, Verviers, Malmedy, Stavelot und Spa dienen. Die vierte (der sieben) Kompanien besteht übrigens nur aus deutschsprachigen Belgiern. Im August 1935, Paul Demez ist 22 Jahre alt, geht er zur Kripo in Lüttich, die im Zentrum der Stadt im Justizpalast an der Place St. Lambert residiert.

Anfang 1938 heiratet der junge „inspekteur“ (Inspektor) Paul Demez Renée Loneux, die Tochter eines Chirurgen aus Verviers. Am 22. Januar 1939 wird Tochter Lucie gebo-

Am 25. August 1939 ist Mobilmachung in Belgien. Leutnant der Reserve Paul Demez ist in Esneux bei Lüttich stationiert. Die Aufnahme ist im Februar 1940 gemacht.

Lüttich im Krieg. Am 8. September erreichen die amerikanischen Truppen die Stadt — zwei Tage später stehen sie vor Aachens Stadtgrenze.

ren, am 24. April 1940 Sohn Paul – sechzehn Tage vor Ausbruch des Zweiten Weltkrieges!

Seit der Mobilmachung am 25. August 1939 ist Leutnant der Reserve Paul Demez in Esneux bei Lüttich eingesetzt. Sein Peloton zählt 105 Mann. Am 30. April 1940, es ist ein Dienstag, läßt der Oberst Paul Demez rufen. Er teilt ihm kurz und knapp mit: „Demez, Sie müssen sich morgen um 10 Uhr in Brüssel melden!"

„Warum, Herr Oberst?"

„Sie verlassen unser Regiment, weil Sie Kriminalpolizist sind. Ab morgen wird eine Polizeitruppe für die Staatssicherheit zusammengestellt. Sie sind dorthin versetzt."

Am nächsten Morgen ist er in Brüssel. Die Vereidigung geht schnell über die Bühne. Dann folgt ein Zweitages-Kurs als Schnellausbildung. Paul Demez wird der Abteilung „Gegenspionage" des Staatssicherheitsdienstes zugeteilt. Chef der neuen Einheit ist Generalkommissar Florent Louwage, der in Kokzijde residiert. Erst im März 1940 hatte er den Auftrag erhalten, die neue Polizeieinheit zu bilden [1]. Paul Demez wird als Amtsbereich der Sektor St. Vith/Vielsalm zugewiesen, da er Deutsch spricht. Bei den Jesuiten in Verviers war nämlich Deutsch die erste zu lernende Fremdsprache.

Der Grenzbezirk ist groß und ausgedehnt, ländlich strukturiert. De-

---

1) Louwage war vor dem Krieg bis zum 10. Mai 1940 Generalsekretär der Interpol. Nach 1945 baute er diese internationale Polizeiorganisation wieder auf, wurde ihr Vorsitzender und später erster und einziger Ehrenvorsitzender, als er mit 65 Jahren aus dem Amt schied.

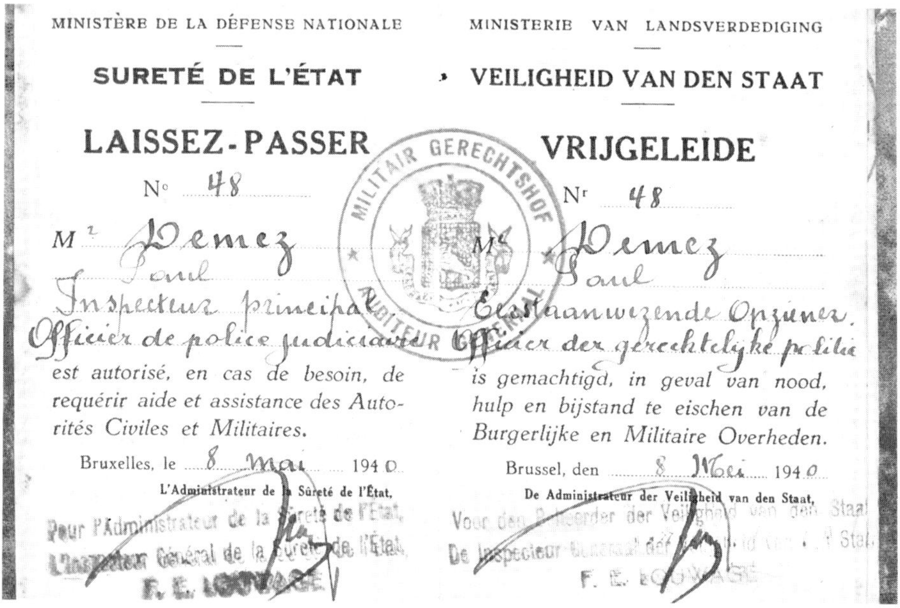

MINISTÈRE DE LA DÉFENSE NATIONALE — MINISTERIE VAN LANDSVERDEDIGING

SURETÉ DE L'ÉTAT — VEILIGHEID VAN DEN STAAT

LAISSEZ-PASSER — VRIJGELEIDE

MILITAIR GERECHTSHOF — AUDITEUR GENERAAL

N° 48 — Nr 48

Mr Demez Paul — Mr Demez Paul

Inspecteur principal — Eerstaanwezende Opziener

Officier de police judiciaire — Officier der gerechtelijke politie

est autorisé, en cas de besoin, de requérir aide et assistance des Autorités Civiles et Militaires.

is gemachtigd, in geval van nood, hulp en bijstand te eischen van de Burgerlijke en Militaire Overheden.

Bruxelles, le 8 Mai 1940 — Brussel, den 8 Mei 1940

L'Administrateur de la Sûreté de l'État, — De Administrateur der Veiligheid van den Staat,

Pour l'Administrateur de la Sûreté de l'État, L'Inspecteur Général de la Sûreté de l'État, F. E. LOUWAGE

Voor den Beheerder der Veiligheid van den Staat, De Inspecteur Generaal der Veiligheid van den Staat, F. E. LOUWAGE

Zwei Tage vor Ausbruch des Zweiten Weltkrieges von Florent Louwage unterschrieben: Der Ausweis von der Staatssicherheitspolizei für Paul Demez, datiert vom 8. Mai 1940.

mez steht es frei, ob er sein Ein-Mann-Büro in St. Vith oder in Vielsalm aufmacht. Er entscheidet sich für Vielsalm, wo er zwei Zimmer mietet, die sein „Büro" sind. Am 8. Mai wird er mit den anderen noch einmal nach Brüssel beordert, um weitere Instruktionen für die Arbeit zu erhalten. Abends sagt man ihnen: „Sie schlafen hier in Brüssel und verlassen die Stadt nicht!" Dann hört Paul Demez am 10. Mai um vier Uhr morgens über sich das Brummen der Flugzeuge.

Der zweite Weltkrieg hat begonnen!

Zu seinem Büro in Vielsalm kann er nicht zurück. Manche Brücken sind gesprengt, ein Wagen steht ihm nicht mehr zur Verfügung. So muß er sich zunächst in Diksmuide beim Staatssicherheitsdienst melden. Dort erhält er den Auftrag, zusammen mit Joseph Dehennin aus Brüssel als Verbindungsoffizier zwischen dem belgischen Staatssicherheitsdienst und den französischen Streitkräften zu arbeiten. Sie werden dem Stab der 9. französischen Armee zugeteilt, der in Vervins westlich von Sedan liegt.

Aber die Armee unter General Corap muß schon am 16. Mai kapitulieren. Paul Demez und Joseph Dehennin ziehen mit den französischen Truppen zurück — weg von den nachrückenden Deutschen! Dann gehen sie weisungsgemäß zur 12. französischen Armee. Die Fahrt geht nach Westen. Die beiden Belgier sitzen in einem französischen Militärfahrzeug. Ihr Fahrer, ein eingezogener Soldat, ist im Hauptberuf Taxifahrer aus Paris. Auf den Straßen stauen sich die Fahrzeuge der Flüchtlinge. Mit Autos, Pferdekarren, Fahrrädern, ja sogar mit

Omnibussen und Bollerwagen flüchten ganze Familien nach Süden.

Wenn die deutschen Stukas kommen, rennen die Leute rechts und links des Weges in die Felder. Gnadenlos fegen die Maschinengewehre der deutschen Flugzeuge die Straßen leer. Paul Demez erinnert sich: „Einmal erlebte ich eine gespenstiSzene. Die Straße war völlig leer – bis auf ein einziges Fahrzeug. Es war ein brennendes Auto, und darin saßen sechs Personen, aufrecht, als wenn sie noch lebten: Vater, Mutter, drei Kinder und die Großmutter. Man hätte hinlaufen mögen, um sie aus den Flammen zu retten – aber sie waren schon alle getötet durch Schüsse aus einem Bord-MG."

*

Am 19. Mai 1940 kommen sie in Amiens an. Es ist ein Sonntag. Die Bombardierung der Stadt übersteht Paul Demez in einem Keller. Am 24. Mai kommen sie in Rouen an. Dort werden sie von französischen Offizieren angesprochen: „In der Stadt befindet sich eine größere Gruppe von belgischen Gefangenen. Schauen Sie sich die Leute doch einmal näher an!"

Paul Demez erhält von Dehennin den Auftrag, der Sache nachzugehen. Nacheinander besucht er das Gefängnis von Rouen, eine Schule sowie den Messepark der Stadt, die beide in ein Internierungslager verwandelt worden sind. Schon bald kann er sich ein Bild machen. Die meisten der festgenommenen Leute wissen nicht einmal, weswegen man sie verhaftet hat. Alle haben ihre Identitätspapiere abgeben müssen. Sie hausen unter den primitivsten hygienischen Umständen in den improvisierten Notgefängnissen.

Das Mädchen Gaby in der Gefängniszelle in Abbeville: Das Foto entstand, als sie ein Jahr nach dem Vorfall Abbeville besuchte. Sie war als Achtzehnjährige die Jüngste aus der Gruppe der Deportierten.

Joseph Dehennin, der Freund und Vorgesetzte von Paul Demez während der Tätigkeit als Verbindungsoffizier bei der französischen Armee. Dehennin kauft in Rouen die notwendigsten Dinge für Mutter und Tochter Geerolf, während Paul Demez für die beiden aus eigener Tasche die Fahrkarte von Rouen nach Bordeaux bezahlt.

Gabrielle Geerolf, eine der nach Abbeville Deportierten. Sie hat nicht einmal mehr einen Kamm — nur die Kleider und Schuhe, die sie trägt.

Aus der Befragung der Gefangenen kann Paul Demez Folgendes rekonstruieren: der größte Teil der Gefangenen gehört zu einer Gruppe von 78 Personen, die am 10. Mai 1940 in Belgien in „Schutzhaft" genommen worden sind, weil sie aus irgendwelchen Gründen — teils zu Recht, teils zu Unrecht — als Sicherheitsrisiko für die belgischen Behörden galten. Am 15. Mai bereits wurden sie nach Frankreich deportiert und kamen unter französische Aufsicht. Tagelang währte ihre Irrfahrt, bis sie nach Abbeville kamen. Dort sperrte man die Leute im Kellerraum unter dem Tanzpavillon der Stadt ein.

Dreiviertel der Gruppe sind Ausländer — Juden, die vor den Nationalsozialisten aus Deutschland nach Belgien geflohen waren und Italiener, die vor Mussolini flüchteten, Kommunisten, Rexisten [2], Anhänger flämischer Sprachparteien, einige Spione für die deutsche Abwehr, aber auch Leute, die rein zufällig, ohne irgendeinen Grund, von der Straße weg verhaftet worden sind. 21 dieser Leute werden am 20. Mai 1940 ohne voraufgegangenen Prozeß in Abbeville standrechtlich erschossen. Dann gelingt es einem Offizier, weitere Erschießungen zu verhindern [3].

Die übriggebliebenen Gefangenen bleiben jedoch weiterhin in Haft und werden von den zurückweichenden französischen Einheiten jeweils mitgenommen. So kommen sie auch nach Rouen.

Zwei Frauen, die unter anderem auch im Messepark untergebracht sind, erwecken bei den beiden belgischen Offizieren besonderes Mitleid. Es handelt sich um Frau Gabrielle Warris und ihre achtzehnjährige Tochter Gaby. Bei dem Drama in Abbeville ist die 60jährige Mutter von Frau Warris erschossen worden. Im Laufe des Gespräches mit den beiden erfahren Demez und Dehennin, daß die Frauen eigentlich stellvertretend für Herrn Warris gefangen genommen worden waren, der sich in den Niederlanden befand. Dehennin jedenfalls kann einen begleitenden französischen Offizier davon überzeugen, daß die beiden Frauen freikommen müssen. Er stellt ihnen spontan sein Hotelzimmer zur Verfügung und schärft ihnen ein, sie sollten auf keinen Fall das Zimmer verlassen, da sie den Franzosen immer noch verdäch-

2) Mitglieder der von Léon Degrelle gegründeten Partei „Rex".

3) Die deutsche Besatzungsmacht führte vom 6.—8. Januar 1941 vor dem Kriegsgericht Groß-Paris den Prozeß gegen die beiden verantwortlichen Offiziere Caron und Mollet, die am 7. April 1942 auf dem Mont Valérien bei Paris gemäß dem Urteil des Kriegsgerichtes erschossen wurden.

Dies ist der Tanzpavillon von Abbeville in Frankreich. Unter ihm befindet sich ein Kellerraum, in dem die 78 Deportierten eingeschlossen waren. Dann wurden 21 von ihnen herausgeholt und ohne Prozeß erschossen.

Ohne Prozeß erschossen: Einige der 21 Toten nach dem Massaker von Abbeville. Die deutschen Besatzungsbehörden, die diese Aufnahme machten, setzten eine Untersuchungskommission ein und ließen einen Prozeß führen, bei dem die beiden Verantwortlichen Offiziere zum Tode verurteilt wurden. Die Exekution fand statt. Die Toten auf dem Bild sind vier Belgier, ein Niederländer und zwei Italiener.

Die Wirkung der V2 in Lüttich: Bei einem Einschlag sind zahlreiche Menschen getötet worden.

tig seien. Dann besorgt er über die französischen Kollegen vom Deuxième Bureau einen vorläufigen Passierschein [4], der die beiden Frauen als Evakuierte ausweist. Außer den Kleidern, die sie anhaben und den zerschlissenen Schuhen, besitzen die beiden Frauen gar nichts mehr, nicht einmal einen Kamm oder ein Stück Seife! Deshalb geht Dehennin in die Stadt und besorgt ihnen ein paar der allernotwendigsten Dinge. Dann bringen die beiden belgischen Offiziere die Frauen zum Bahnhof. Paul Demez kauft aus eigener Tasche eine Fahrkarte für die zwei Frauen. Sie wollen nach Bordeaux, denn dort hatten sie vor dem Krieg einen Händler, von dem sie immer Wein bezogen. Sie hoffen, ihn dort anzutreffen.

Paul Demez gelingt es, nach der Abreise der beiden Frauen auch noch einige andere Landsleute freizubekommen. Die Franzosen aber werden mißtrauisch. Es kommt zu Spannungen, weil die französischen Behörden glauben, die Verhafteten seien alle Spione. Auch Demez selbst macht sich dadurch bei den Franzosen unbeliebt, die ihn bald „boche du Nord“ [5] schimpfen.

Mit den Franzosen macht Paul Demez jedoch den Rückzug in die Normandie mit. Dort erklären ihm die französischen Militärstellen: „Ihre Aufgabe ist beendet. Sie sind frei, zu gehen. Die 12. Armee existiert nicht mehr!“

Da er gehört hat, daß die Belgier von der Staatssicherheitspolizei sich bei Bordeaux sammeln, fährt er ebenfalls dorthin. Und in der Tat! Fleront Louwage ist auch schon dort! Nach und nach sammeln sich etwa hundert Belgier. Louwage bekommt von den deutschen Besatzungsbe-

4) „Sauf-Conduit Provisoire“.

5) Boche, Schimpfwort für die Deutschen.

hörden einen Sammelpassierschein – dann kehren sie nach Brüssel zurück. Es ist eine einzige lange Autokolonne. Am 15. Juli 1940 sind sie wieder in der belgischen Hauptstadt.

*

Schon bald wird Paul Demez nach Verviers zur Kriminalpolizei versetzt – „ich war ja Vervierser!" Auch arbeitet er im Auftrag des englischen Geheimdienstes, der ihn im August 1940 rekrutiert hatte. Auf eigene Faust jedoch druckt er Flugblätter, die gegen die Besetzung Belgiens protestieren und in denen die Besatzungsmacht angeklagt wird. Sein erstes Flugblatt trägt den Titel „La Belgique libre", bewußt gewählt in Anlehnung an einen Flugblatt-Titel aus dem Kriege 1914-18, den Paul Demez einfach umdrehte: „La libre Belgique".

Paul Demez berichtet: „Ich verwendete immer nur die Durchschläge der Flugblätter. Das Original vernichtete ich. Mit dem Durchschlag ging ich dann zu verschiedenen Freunden und sagte: Schau mal, das lag bei mir im Briefkasten. Sollen wir 250 davon drucken? Das taten wir dann auch. Und regelmäßig schickte ich einen Abzug zu anderen Freunden, die ihrerseits dann wieder 250 Exemplare nach dieser Vorlage herstellten."

Schon früh ist Demez den Deutschen verdächtig. Aber nachweisen kann man ihm nichts. Dabei übertreibt er nicht. Bis zum Februar 1941 druckt er abends in einem Keller insgesamt elf Flugblätter. Das zwölfte ist gerade in der Planung – da wird er verhaftet.

*

Es geschieht am 18. Februar 1941. Paul Demez ist abends bei seinen

V-2-Einschlag in Lüttich während des Krieges: Ein verletztes Mädchen wird davongetragen.

Eltern in deren Wohnung in Verviers in der rue Laourex Nr. 30. Als es schellt, steht vor der Türe ein Kommissar der Staatspolizei in Eupen mit zwei Beamten. Die beiden Begleiter halten ihm rechts und links eine Pistole in die Rippen, als sie ihn abführen: „Ich konnte nicht fliehen."

Die Fahrt geht nach Eupen, zur Dienststelle der Gestapo im Lascheterfeld, zum Kommissar. Eine römische Münze, die Paul Demez aus Liebe zu seinem Hobby Archäologie immer bei sich hat, wird mit Interesse beschlagnahmt. Der Vernehmungsbeamte hält die Münze für das Erkennungszeichen bei den Spionagetreffs, die er Demez unterstellt. Er wird die Münze deshalb niemals wiedersehen ...

„Du mußt doch sprechen, Paul!" sagt seine Mutter, als sie dem Sohn in Aachen im Gefängnis gegenübergestellt wird. Man hatte ihr die Worte genau vorgesagt, mit denen Sie den Sohn zu einem Geständnis bewegen sollte. Die Frau mußte in Aachen ihre Zivilkleider ablegen und die Kluft des Gefängnisses anziehen.

Er wird nach Aachen geholt und im Gefängnis am Adalbertsteinweg in Häftlingskleidung gesteckt, um Paul Demez damit unter Druck zu setzen: Joseph Loneux, Chirurg in Verviers, der Schwiegervater von Paul Demez. Neben ihm, Mitte hinten: Die Tochter des Ehepaares Loneux, Frau Demez.

Dann beginnt das erste Verhör. Paul Demez: „Ich wurde mit der Faust geschlagen." Das Protokoll dieses ersten Verhöres durch den deutschen Kriminaloberassistenten muß er unter Druck unterschreiben – man hält ihm die Pistole an die Schläfe. Sieben Monate später erzählt Paul Demez das vor dem Kriegsgericht. Erst später wird Paul Demez erfahren, daß ein unter Druck gesetzter Kamerad bei der Folter seinen Namen genannt hat. Sie sind trotzdem Freunde geblieben ...

Dann kommt er nach Aachen, wo er drei Monate bleibt. Immer wieder wird er unter Druck gesetzt. Er solle „alles gestehen", wird ihm vorgehalten. Um ihn mürbe zu machen, greift die Vernehmungskommission sogar zu einer List. Die 60jährige Mutter von Paul Demez und sein Schwiegervater werden unter dem Vorwand, sie könnten dem Inhaftierten nützen, nach Aachen geholt und müssen dort in den Räumen der Stapo Häftlingskleidung anziehen. „Rein zufällig" sieht Paul Demez die beiden dann nach einer Vernehmung auf dem Flur. Seine Mutter sagt ihm die Worte, die man ihr genau vorgesprochen hat: „Du mußt doch sprechen, Paul!" Aber er leugnet weiter und rettet damit einen Mitarbeiter und die Organisation.

Später teilt man ihm mit, auch sein Stiefvater komme „noch an die Reihe":

Hier wurde Paul Demez verhört, hier saß er im Gefängnis, hierher brachte man seine Mutter und den Schwiegervater und steckte sie in Häftlingskleidung, um Demez so unter Druck zu setzen: Das Gerichtsgebäude/Gefängnis (dahinter) am Aachener Adalbertsteinweg.

„Nur mit Rücksicht auf seine Krankheit haben wir ihn noch verschont. Ihre Schwiegermutter und ihre Frau haben wir auch verhaftet."
Paul Demez glaubt es Wort für Wort – zwei der Verhafteten hatte er doch selbst in Aachen gesehen!

*

Inzwischen aber ist es durch die Intervention von Freunden in Verviers gelungen, die deutschen Besatzungsbehörden in Belgien darauf aufmerksam zu machen, daß der „Fall Demez" eigentlich ja in ihre Zuständigkeit falle und nicht in Aachen abgehandelt werden dürfe [6]. Die Sache dringt durch bis zu General Alexander von Falken-

Das Schild vor seiner Gefängniszelle hat Paul Demez bis heute bewahrt. Unten rechts steht: „Strafe bis zur Entscheidung ausgesetzt" – gemeint ist die Todesstrafe.

hausen, der seit dem 20. Mai 1940 Gouverneur in Belgien ist.
Falkenhausen, der schon im 1. Weltkrieg im deutschen Generalstab gedient hatte und seit 1927 Kommandeur der Infanterieschule Dresden gewesen war, arbeitet insgeheim mit dem deutschen Widerstand zusammen und ist bestrebt, bei seiner Amtsführung die Grundsätze des Völkerrechts zu beachten [7].

---

6) Schon das Auftreten der Stapo Eupen bei der Verhaftung in Verviers war nach Lage der Dinge nicht korrekt, viel weniger der Transport von Demez nach Aachen.

7) Durch die Veröffentlichungen zweier ehemaliger britischer Kriegskorrespondenten und die Erinnerungen des früheren deutschen Botschafters Ulrich von Hassel wurde aufgeklärt, daß gerade die Ablehnung völkerrechtswidriger Methoden durch von Falkenhausen sowie sein vielfach bezeugter Kontakt zum deutschen Widerstand nach dem 20. Juli 1944 zu seiner Entfernung aus dem Amt und Verhaftung führten. Er kam in das Konzentrationslager Dachau. Léon Blum, der ihn dort kennenlernte, erreichte nach dem Kriege, daß von Falkenhausen von der französischen Kriegsverbrecherliste gestrichen wurde. Nach Gefangenschaft bei den Engländern wurde er Anfang 1948 den belgischen Behörden übergeben. Sein Prozeß vor dem Militärgericht in Lüttich fand vom 25. September 1950 bis zum 9. März 1951 statt. Obwohl das Gericht mit Zuschriften aus belgischen Kreisen überschüttet wurde und auch Belgier, darunter höhere Offiziere, zu seinen Gunsten aussagten, wurde von Falkenhausen zu zwölf Jahren Zwangsarbeit verurteilt, da er für die Erschießung von 240 Geiseln verantwortlich gewesen sei. Falkenhausen verzichtete auf Berufung. Seine Entlassung erfolgte jedoch wenig später auf dem Wege des Gnadenerweises. Von Falkenhausen hatte bis zu seiner Entlassung eine Haftzeit von sechs Jahren und acht Monaten in 58 verschiedenen Lagern und Gefängnissen in sechs verschiedenen Ländern hinter sich.

Der Galgen im Zuchthaus Rheinbach: am 29. Juni 1945 werden drei deutsche Zivilisten gehängt, weil sie einen abgesprungenen amerikanischen Piloten durch Schüsse und Schläge getötet haben sollen.

So gelingt es tatsächlich, das Verfahren nach Lüttich zu ziehen. Paul Demez wird zum Militärgefängnis in Lüttich gebracht. Sein Prozeß beginnt am 25. September 1941. Drei Tage dauert die Verhandlung beim Kriegsgericht der Oberfeldkommandantur Lüttich, dann folgt am 27. September die Verurteilung: zweimal zum Tode wegen Spionage, elf Jahre Zuchthaus wegen der Flugblätter und zwei Jahre Gefängnis wegen des Abhörens englischer Sender [8].

Zu seiner Bestätigung muß das Urteil noch verschiedene Stellen passieren: in Lüttich, Brüssel und beim Oberkommando der Wehrmacht in Berlin. Dreieinhalb Monate lang bleibt Paul Demez noch im Militärgefängnis Lüttich. In der Zwischenzeit teilt ihm Kriegsgerichtsrat Major Geller [9] mit: „Voila, Herr Demez, ihr Urteil ist bestätigt. Die Hinrichtung ist jedoch auf unbestimmte Zeit hinausgeschoben. Sie müssen jetzt hoffen, daß die Verschiebung bis zum Ende des Krieges gültig ist. Dann werden Sie nämlich zu lebenslänglich begnadigt!"

8) In der Anklageverfügung des Gerichtes der Oberfeldkommandatur Lüttich vom 13. August 1941 heißt es, Demez sei angeklagt „weil er dringend verdächtigt ist, durch mehrere selbstständige Handlungen im Jahre 1940 und 1941 sich in Verviers und Umgebung durch Spionage schuldig gemacht zu haben. Er hat heimlich im Kriegsgebiet der deutschen Wehrmacht versucht, von Alexander und Maria Tiege Nachrichten einzuziehen in der Absicht sie dem Feinde oder zu dessen Handlungen mitzuteilen." Dann folgten weitere Anklagepunkte, unter anderem das Schreiben „deutschfeindlicher Hetzschriften". Außer Maria Tiege aus Welkenraedt, einer kaufmännischen Angestellten, war auch der katholische Vikar Julius Mossay aus Verviers als Helfer zusammen mit Demez angeklagt. Mossay wurde jedoch freigesprochen. Nach dem Kriege war er Dechant von Stavelot, wo er heute im Ruhestand lebt. Auch Maria Tiege lebt noch.

9) Im Zivilberuf war er Richter in Mönchengladbach. Paul Demez: „Er war kein Nazi!"

Einer der drei in Rheinbach gehängten Zivilisten, Peter Kohn, vor seiner Hinrichtung.

Geller ist sehr nett zu Paul Demez. Er gestattet auch, daß Frau Demez den Gefangenen hin und wieder besuchen kann. Trotzdem wird er verlegt. Am 15. Januar 1942 wird er nach Deutschland gebracht. Bis Oktober 1942 ist er im Zuchthaus Rheinbach. Dort wird er schwer krank. Fast vierzig Tage lang liegt er auf dem nackten Fußboden unter einem Fenster, ohne richtiges Essen, das man ihm eingeschränkt hatte – dann rettet ihn der Zufall.

Denn die Geheime Feldpolizei Lüttich verdächtigt einen der Unteroffiziere aus dem gleichen Regiment, in dem auch Paul Demez diente. Die Deutschen glauben er habe mit Demez unter einer Decke gesteckt. Um die beiden „Spione" gegenüberzustellen, wird Demez nach Lüttich geholt: „Dieser Irrtum hat mir das Leben gerettet!"

Zwei „Kettenhunde"[10] nehmen Paul Demez an der Zellentür in Rheinbach in die Mitte. Die Reise geht mit dem Zug über Düren und Aachen nach Lüttich. Drei Monate lang ist er im Militärgefängnis. Dank der Rotkreuzpakete mit dem Lebertran kommt er dort wieder etwas zu Kräften.

Im Februar 1943 wird er zurück nach Rheinbach gebracht, im August verlegt man ihn ins Zuchthaus Ludwigsburg: „Dort hatten nach Bombenangriffen und Zerstörungen sie nur noch eine Guillotine, vor der mir graute!" Der Vorstand des Zuchthauses war im 1. Weltkrieg Kommandant eines Lagers mit französischen Gefangenen gewesen. De-

[10] Feldgendarmen, die wegen ihrer Uniform so genannt wurden. Um ihren Hals hing an einer Kette ein halbmondförmiges Schild mit der Aufschrift „Feldgendarmerie".

Die erste Hinrichtung eines deutschen Zivilisten nach dem Kriege geschah im Zuchthaus Rheinbach, in dem auch Paul Demez gesessen hatte. Der gehängte Deutsche wurde von einem Militärgerichtshof der 15. US-Armee für schuldig befunden, einen am 15. August 1944 mit dem Fallschirm abgesprungenen amerikanischen Flieger zusammen mit zwei anderen durch Schüsse und Schläge getötet zu haben.
Bildrand obere Ecke rechts: ein Amerikaner. Unter den Stiefeln ist die Klappe zu sehen, nach deren Öffnung der Todeskandidat nach unten fiel.

mez: „Es war ein Offizier, aber ein schlechter Kerl. Gegen Kriegsende wird Paul Demez noch einmal verlegt — nach Landsberg. Zu Fuß müssen sie dorthin marschieren.

*

Am 15. April 1944, so weiß der Todeskandidat von damals, heute, erteilt der „Reichsführer SS" Heinrich Himmler den Befehl, alle politischen Gefangenen in den Lagern zu töten [11]. Die Männer in Landsberg ahnen davon nichts — und können auch nicht ahnen, wie nahe die Amerikaner schon sind.
Eines abends gegen 21 Uhr erscheint beim Direktor der Anstalt auf der Feste Landsberg der höchste Chef der Waffen-SS im Gebiet sowie ein Offizier der Wehrmacht. Der SS-Mann eröffnet dem Direktor, einem älteren Herrn Jansen aus Aachen: „Der Befehl des Reichsführers SS ist auszuführen!"
Jansen aber weigert sich. Er sei ein alter Mann und habe nichts mehr zu verlieren. Die Erschießung werde er jedoch nicht dulden, und schließlich: „Ich bin hier der Leiter und verantwortlich für diese Leute — Sie nicht!" Auch der Wehrmachtsoffizier schwenkt ein und pflichtet Jansen bei: Die Wehrmacht bestehe aus Soldaten und kämpfe gegen den Feind. Gefangene zu töten, liege nicht in ihrem Aufgabenbereich. Der SS-Offizier jedoch besteht auf dem Auftrag, den er erhalten hat.
Gerade während dieser Diskussion eröffnen die Amerikaner draußen einen schweren Angriff. Es ist abends gegen 22 Uhr. Die Offiziere müssen schleunigst auf ihren Posten — ganze sieben Stunden später, um fünf Uhr früh am 29. April 1945, sind die amerikanischen Soldaten an der Festung und übernehmen das Kommando! Sie sind frei — beinahe!

*

Der erste Befehl der Amerikaner jedoch lautet: Alle bisherigen Aufsichtsbeamten bleiben auf ihren Posten!" Sie müssen jedoch Zivil-

11) Die Verfügung, per Fernspruch von der Reichsführung SS am 14. April 1945 erteilt, lautet:
An die Lagerkommandanten der Konzentrationslager. Die Übergabe kommt nicht in Frage. Das Lager ist sofort zu evakuieren. Kein Häftling darf lebendig in die Hände des Feindes fallen. Heinrich Himmler, Reichsführer SS.

kleidung tragen. Die Gefangenen dürfen inzwischen, jedes Land für sich, ihre Sprecher wählen. Insgesamt sind es vierzehn Gruppen. Die stärkste ist mit 250 Personen die der Griechen. Die belgischen Gefangenen sind 36 an der Zahl. Paul Demez wird zu ihrem Delegierten und Sprecher gewählt. Die Sprecher wiederum wählen aus ihren Reihen einen Gesamtvorsitzenden. Ein niederländischer Arzt wird dazu bestimmt. Paul Demez: „Es war alles so unwirklich für uns — er bekam sogar ein Gehalt..." Wenige Tage später unterschreibt Paul Demez den Amerikanern ein Protokoll, in dem die tapfere Handlungsweise von Jansen geschildert wird.

Als Delegierter verfügt Paul Demez über die Schlüssel der Zellen seiner belgischen Mithäftlinge und über einen Passierschein, der ihm gestattet, sich frei in Landsberg zu bewegen. Er geht in die Stadt zur amerikanischen Kommandantur und bittet darum, daß die schwerkranken Belgier als erste und so bald wie möglich nach Hause fahren dürfen. So sieht er auch die Stadt Landsberg einen Tag nach der Einnahme durch die Amerikaner: „Ich traute meinen Augen nicht. An jedem Haus, ohne Ausnahme hing ein großes Bettuch aus den Fenstern. Hatten die Deutschen denn solche Angst?"

Die 1200 Inhaftierten müssen noch drei Wochen warten. Inzwischen erhalten die Delegierten die Akten der Mithäftlinge. Jeder für sich sollen sie die Mitgefangenen in drei Gruppen einteilen: „politische Gefangene", Kriminelle und „Zweifelsfälle".

Paul Demez trennt seine Gruppe so: neun „politische", acht „Zweifelsfälle" (darunter zum Beispiel jemand, der falsche Lebensmittelkarten gedruckt hatte: um der Besatzungsmacht zu schaden oder um sich zu bereichern?). Neunzehn teilt er der Rubrik „Kriminelle" zu.

Die neun politischen Gefangenen, zu denen Paul Demez sich selber auch zählt, dürfen zuerst nach Hause. Die Reise geht zusammen mit den französischen Häftlingen durch das Allgäu nach Lörrach in Baden. Befördert werden sie von Lastwagen, die einer französischen Division gehören, die in der Nähe von Landsberg liegt. Mitten im Allgäu bereitet Paul Demez für seine Gruppe in einem Landgasthof ein Mittagessen: „Ich war Pfadfinder und konnte gut kochen..."

Am nächsten Tag sind sie in Mühlhausen. Die Freiheit beginnt mit der Entlausung... Dann werden sie einem Kurzverhör durch die Franzosen unterzogen. An jedem Tisch sitzt ein Beamter oder eine Beamtin. Einzeln müssen die Ex-Häftlinge vortreten.

Paul Demez wird von einer etwa dreißig Jahre alten Französin befragt. Sie trägt eine Uniform der Armee.

„Wie heißen Sie?", fragt die junge Frau.

„Paul Demez".

„Woher kommen Sie?"

„Aus Landsberg."

„Weshalb waren Sie dort?"

„Das interessiert hier nicht! Ich bin Belgier. Das zu klären ist Sache der belgischen Regierung."

Die junge Soldatin ist überrascht über den heftigen Ton. „Bitte warten Sie", erklärt sie Paul Demez. Dann verschwindet sie zum Chef. Nach etwa zehn Minuten kehrt sie wieder.

„Ça va!" In Ordnung. Sie können passieren.

Der Hauseingang von Familie Demez in der Avenue de Spa in Verviers. Aus Anlaß der Rückkehr von Paul Demez haben Verwandte und Freunde Blumen geschickt. In der Türe Frau Demez mit Sohn und Tochter im Mai 1945.

Zurück aus der Haft in Deutschland: Paul Demez als junger Kripochef in Verviers, fünf Monate nach seiner Rückkehr (Ende 1945).

In Omnibussen geht es zum Bahnhof. Der Zug fährt nach Paris. Etwa sechzehn Stunden sind sie unterwegs. Es gibt Verzögerungen auf der Strecke. Und besonders schnell fährt der Transport auch nicht – quälend langsam für die Gefangenen, die bald wieder ihre Angehörigen sehen sollen . . . Jeder erhält ein Paket vom Roten Kreuz – Nahrungsmittel.

In Paris werden sie im Hotel Lutetia untergebracht – dort, wo während des Krieges die deutsche Staatspolizei ihren Sitz hatte. Demez und seine Mithäftlinge weigern sich, in Paris zu übernachten. Sie wollen heim! Paul Demez: „Wir nahmen den allerersten Zug nach Belgien!"

Von Brüssel aus schickt er ein Telegramm nach Hause in Verviers, daß er angekommen ist [12]).

Dann fährt der Zug endlich in Verviers ein!

Paul Demez erinnert sich: „Ich war einfach überwältigt. Vier Jahre lang war ich wie ein Nichts behandelt worden, wie ein Lappen nur – und da stand ein Orchester am Bahnsteig und spielte für mich! Meine Frau, Freunde, Bekannte, die Eltern! Meine Kinder erkannte ich erst gar nicht – der Kleine war neun Monate alt, als ich verhaftet wurde. Und jetzt war er fünf!

Um 21 Uhr an diesem Abend beginnt eine Feier im Verwandtenkreis. Bis morgens früh um zwei muß er erzählen.

Am nächsten Tag erscheint Josef Lebrun, sein Vorgesetzter, Commissaire en chef der Kripo Lüttich. Er teilt ihm mit: „Du wirst die Brigade in Verviers organisieren. Wir haben während deiner vierjährigen Ab-

12) Eine Mitteilung, die er direkt nach der Befreiung aus Landsberg schickte, ist niemals angekommen.

wesenheit ausgemacht: „Wenn er zurückkommt, dann bekommt er diese Stelle!“

*

Das Leben spielt sich wieder ein. Eines Tages wird in Verviers im Gefängnis ein Deutscher eingeliefert, der zu verhören ist. Als Paul Demez ihm gegenüber sitzt, erkennt er ihn sofort: Das ist der Mann der Stapo Eupen, der ihn damals in der Wohnung seiner Eltern verhaftet hat!
Der Deutsche hingegen erkennt Paul Demez nicht. Der Kommissar fragt ihn: „Haben Sie während des Krieges Leute in Verviers verhaftet?“
„Nein“, antwortet der Deutsche. Aber allein im „Fall Demez“ hat er drei Personen in Verviers verhaftet!
Paul Demez insistiert. Dann erinnert sich der Gefangene: „Ja, ja, einmal. Stimmt, er hieß Demez.“

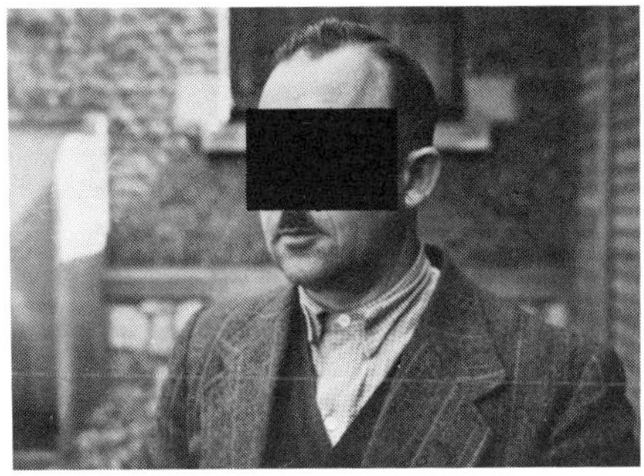

Einer der Männer, die Paul Demez verhafteten, saß später im Gefängnis in Verviers. Paul Demez machte 1946 dort im Gefängnishof dieses Bild von seinem Häscher.

Auf Geheiß des belgischen Kommissars schreibt er den „Fall“ nieder, wie er aus der Sicht des Deutschen war. Paul Demez: „Die Geschichte hat einige Fehler. Aber das ist für uns Kriminalbeamte eine normale Sache. Das stellt man immer wieder

Grausiger Fund in Mechernich: Die Hand eines Toten ragte aus dem Sand, als im April 1953 bei Mechernich Kinder in einer Sandgrube „Räuber und Gendarm“ spielten. Es bestätigte sich, was schon immer gemunkelt wurde: 1944 hatte die Gestapo hier elf Fremdarbeiter aus dem Osten erschossen und verscharrt.

Beim Unterzeichnen der Trauungsurkunde: General a. D. von Falkenhausen und Cécile Vent, die Witwe eines Industriellen aus Verviers, am 21. September 1960 in Nassau an der Lahn.

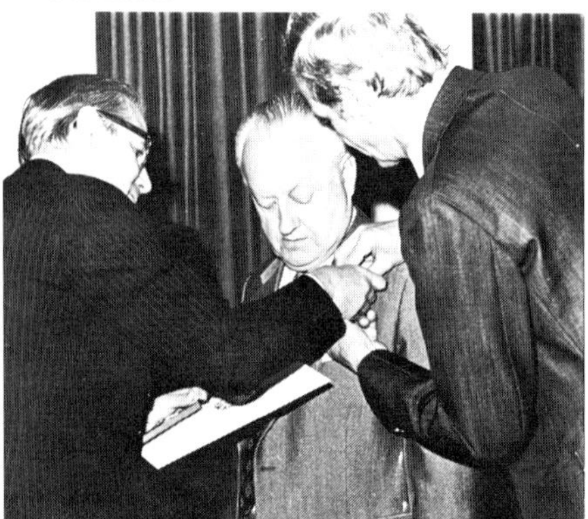

Im deutschen Konsulat in Lüttich, Mai 1965: Paul Demez (Mitte) erhält das Bundesverdienstkreuz Erster Klasse der Bundesrepublik Deutschland. Links der deutsche Konsul in Lüttich, Goldschmitt, rechts der Aachener Polizeipräsident Friedrich Fehrmann.

fest. Ich habe diesen Zettel heute noch ..."

Nach drei Wochen entdeckt der Verhaftete, wer der vernehmende Beamte ist. Er fragt ihn geradeheraus: „Sind Sie Herr Demez?"

Paul Demez nickt. Der Gefangene hat mit dem Gefängnisgeistlichen gesprochen, der ihn fragt, ob Herr Demez ihn gut behandelt habe ...

Nach drei Jahren, so erinnert sich Paul Demez, wurde der Deutsche freigesprochen. Etliche Jahre später hört der belgische Kommissar, daß der Deutsche wegen der Erschießung von Fremdarbeitern bei Mechernich zu sieben Jahren Zuchthaus verurteilt worden ist.

General a. D. Alexander von Falkenhausen kehrte nach dem Kriege am 27. März 1951 aus Belgien nach Deutschland zurück. Paul Demez steht zufällig in Bildchen am Grenzübergang, als der Wagen aus Brüssel mit von Falkenhausen kommt. Sein Enkel holt ihn ab. Paul Demez ist wie elektrisiert von dem Zusammentreffen, denn schließlich hat ja von Falkenhausen das Gnadengesuch von Paul Demez befürwortet, als der General Gouverneur in Belgien war. Der enttäuschte Adlige schreibt in das Gästebuch der deutschen Grenzbeamten: „Ingrata Belgia, non possidebis ossa mea! [13])

Falkenhausen, der 1878 auf dem Rittergut Blumenthal im Kreis Neiße (Schlesien) geboren worden war, läßt sich nach seiner Freilassung in Nassau an der Lahn nieder. Für eine Überraschung sorgt der inzwischen 82jährige noch einmal im August 1960, als er die Belgierin Cécile Vent aus Verviers heiratet, die Witwe eines Industriellen aus dieser Stadt. Die beiden kannten

---

13) Undankbares Belgien, meine Knochen wirst du nicht besitzen!

„Die Takenplatte zeigt 'Notre Dame de Luxembourg'!" Paul Demez 1977 vor seinem Haus in Jalhay zwischen Eupen und Verviers.

sich seit dem Krieg. Frau Vent war zeitweilig auch in Gestapo-Haft [14]. Und Paul Demez?
Er ist all' die Jahre Kripochef in Verviers gewesen, mit einem Bezirk von rund 260 000 Menschen und einer 178 Kilometer langen Grenze zwischen Gemmenich und Ouren mit dem deutschen Nachbarland. 1964 besuchte er einmal die Feste Landsberg, wo er Häftling, Todeskandidat gewesen war.
Verdienste hat er sich in seiner Heimat um den Aufbau und Kontakt der „kleinen Interpol", der Zusammenarbeit der belgischen, deutschen und niederländischen Polizeiinstanzen im Städtedreieck Aachen–Verviers–Maastricht erworben. Zu den belgischen und alliierten Auszeichnungen kam auch ein deutscher Orden, das Verdienstkreuz I. Klasse. Das war im Mai 1975.
Kürzlich erst, am 9. Februar 1978, ist Paul Demez, Commissaire der 1er Classe aux delégations judiciaires, in den Ruhestand getreten. Jetzt hat er mehr Zeit für sein Hobby, die Archäologie – „Kriminalistik in die Vergangenheit", wie er das zu nennen pflegt.

*

Wie ist sein Urteil über damals? Was sagt er heute dazu? Würde er dasselbe wieder tun? „Ich wäre ein ganz anderer Mensch ohne diese vier Jahre und vier Monate ... Ich habe erfahren, das Leben zu verstehen. Ich sehe es anders als die anderen. Man versteht den relativen Wert einer jeden Sache besser. Ich hatte Zeit genug in jenen Jahren, Bilanz zu ziehen. Und, glauben Sie

14) Von Falkenhausen starb am 31. Juli 1966 im Alter von 87 Jahren.

mir: Es gibt überall gute und schlechte Kerle. In jedem Volk, partout monsieur! Niemals darf man alle über einen Kamm scheren. Und ich würde dasselbe wieder tun. Man ändert seine Grundsätze nicht vom Schwarzen ins Weiße oder umgekehrt, n'est-ce pas? [15] Wenn ich erneut unter den gleichen Bedingungen und Umständen meine Pflicht gegenüber der Gemeinschaft zu erfüllen hätte, der ich angehöre, würde ich, so denke ich, in gleicher Weise handeln."

---

[15] N'est-ce pas?: Nicht wahr?

Elisabeth Pelgrin, Aachen

15

Die Menschen sagen immer: die Zeiten sind schlecht, wir leben in einer schwierigen Zeit. Lebe gut und die Zeiten sind gut! Wir selbst sind die Zeiten. Sie sind nur das, was wir daraus machen. (Augustinus, 354-430)

Die Flucht vor den Bomben nach Hauset

Ein Haus in Aachens Südviertel – „Das Menschliche ist letzten Endes doch auf der Strecke geblieben!" – Bomberströme über Aachen – Bei Familie Gatz an der Göhl – „Dann setzt der Führer die V 2 ein!" – Verhör durch die Amerikaner – Der Tierarzt schlachtet eine Sau – Die Amerikaner befreunden sich mit der weiblichen Dorfjugend ... – „Tournez!" im Gefängnis in Lüttich – Der Mann mit dem Wassereimer an der Weißhausgasse – Das Nahrungsmittellager ist leer - besenrein! – Zum Namenstag ein Fäßchen Heringe aus Eupen – Oberbürgermeister Oppenhoff steigt auf den Tisch, um zum Weihnachtsfest etwas zu sagen – Als Geschenk ein Stückchen Harzer Käse – Ein Stück Seife vom Besatzer – Ein Stadtstaat Aachen in Gerechtigkeit und Frieden

Der erste neblige Oktobertag. Vor einem Haus in Aachens Südviertel – „damals kostete der Quadratmeter zehn Mark, heute schon 200!" – fährt ein eleganter Mercedes aus der Garage. Das Tor schließt sich automatisch. Der Hausherr grüßt kurz und fährt weg.

Drinnen ist alles in modernem Stil eingerichtet. Elisabeth Pelgrin empfängt mich in der Diele: eine Dame mit rundlichem Gesicht und gesunden, roten Bäckchen. Ihre Augen sind lebhaft, ihr Erinnerungsvermögen auch.

Wenig später sitzen wir in meinem Wagen. Die Fahrt geht nach Köpfchen, zur belgischen Grenze, nach jenseits, wo sie damals wohnte. Und während wir so fahren, sagt sie nachdenklich: „An die Zeit von damals denke ich mit Wehmut zurück. Wir waren so guten Willens und voller Idealismus, aber was ist

Flüchtet vor den Bomben auf Aachen ins nahe Hauset: Elisabeth Pelgrin damals.

Hier fand Elisabeth Pelgrin Unterkunft: Gaststätte Zur Geul, Karl Gatz.

daraus geworden? Das Menschliche ist letzten Endes doch auf der Strecke geblieben!"

*

Als der Krieg beginnt, ist Elisabeth Pelgrin 26 Jahre alt. Sie ist in der katholischen Jugend gewesen und „da waren es vor allem Jesuiten wie Pater Schütz, Albert Stein und Pater Grauvogel, die uns das geistige Rüstzeug gaben, im Streit der Zeit zu bestehen." In besonderer Weise, so meint sie heute, war es der Kaplan in der Aachener Pfarre St. Adalbert, Joseph Buchkremer [1], der die Zeichen der Zeit früh durchschaut habe „und leider in all' seinen Prognosen Recht behalten sollte."

Im September 1944 arbeitet Elisabeth Pelgrin in der Lebensmittelgroßhandlung Anton Filser in der Ursulinerstraße 7–9. Von „Handel" ist jedoch zu dieser Zeit, als die alliierten Truppen gegen die deutsche Grenze aufmarschieren, kaum noch die Rede. Sie können lediglich jene spärlichen Waren verteilen, die ihnen selbst zugeteilt werden. Alle männlichen deutschen Arbeitskräfte sind zum Dienst mit der Waffe eingezogen. Als Fahrer stehen dienstverpflichtete Ausländer zur Verfügung – Zwangsarbeiter, die ihre Arbeit begreiflicherweise mit Unbehagen und teilweise sogar in bewußter Fahrlässigkeit verrichten.

Wie viele Aachener Einwohner geht die junge Frau schon seit 1943 zum

---

[1] Seit dem 28. Oktober 1961 Weihbischof von Aachen, während des Krieges im Konzentrationslager Dachau in Haft gewesen.

Schlafen nach Hauset — so ist man wenigstens sicher vor den zahlreichen nächtlichen Bombenangriffen gegen die Stadt, die an einer Haupteinflugschneise der gegnerischen Bomberströme ins deutsche Reich gelegen ist. Elisabeth Pelgrin wohnt bei Familie Gatz an der Göhl. Am 10. September 1944, einem Sonntag, ist sie wieder auf dem Weg nach Hauset. Unterwegs kommen der Gruppe von Aachenern deutsche Soldaten entgegen, die sich über das Verhalten der Zivilisten sehr wundern. Unmißverständlich tippen die Landser sich mit dem Zeigefinger an die Stirn: „Ihr seid wohl nicht ganz bei Trost — ihr lauft ja direkt in die Front hinein. Der Tommy schießt sich gerade auf den Westwall ein!"

Sie rechnen mit dem Kommen der Engländer, an Amerikaner denkt kein Mensch.

Auf der Eupener Straße vor Köpfchen sind die großen alten Bäume gefällt und liegen jetzt als Sperre mitten auf der Straße. Am Grenzübergang werden Elisabeth und ihr Chef von einem Feldwebel der deutschen Wehrmacht angehalten. Er fragt danach, wohin sie wollten, aber der 44jährige Lebensmittelhändler wischt alle Einwände beiseite: „Ich habe Frau und Kinder in Hauset, ich muß unbedingt dorthin!" Der Soldat läßt sie passieren, rät aber, sie sollten den Weg durch „die Stöck" nehmen. Da seien sie weniger gefährdet. Und: „Wenn es in der Luft pfeift, dann legen Sie sich auf den Boden! Gehen Sie nicht zu nahe hintereinander, damit einer den anderen bergen kann, wenn er getroffen ist."

Elisabeth Pelgrin hat aber keine Angst — die Bombennächte in den Kellern waren schlimmer. Glücklich

Herr Filser, der Chef von Elisabeth Pelgrin: „Lassen Sie mich durch, ich habe Frau und Kinder in Hauset!"

Die weiße Fahne hängt am Wasserwerk von „Altenberg, Kreis Eupen": Das Gebäude steht heute noch, genau auf der Grenze zwischen Aachen-Bildchen und dem belgischen Kelmis - Neu-Moresnet.

kommen sie an. Aber am nächsten Morgen, dem Montag, ist der Rückweg nach Aachen nicht mehr möglich. Immer noch setzen sich deutsche Truppen in Richtung Aachen ab. Es sind junge Burschen in voller Montur mit Stahlhelm und geschulterter Panzerfaust, denen die Uniform viel zu groß zu sein scheint.

Die Offiziere, die sie danach fragen, ob sie mit zurück nach Aachen gehen könnten, lehnen das ab. Sie raten ihnen vielmehr, in den Häusern zu bleiben und das Vorbeirollen der Front abzuwarten. Andere Soldaten sagen: „Wenn wir erst hinter dem Westwall sind, dann setzt der Führer die V 2 ein und wir kommen wieder zurück!" Die letzten Soldaten sprengen noch die kleine Brücke über die Göhl am Gasthaus Gatz — mit 25 Kilogramm Dynamit. Bei Gatz fliegen durch den Luftdruck alle Dachpfannen in die Luft. Aber die amerikanischen Panzer werden wenig später ohne Probleme rechts und links des Brückchens mitten durch den Bach fahren können... Auch die Eisenbahnbrücke in Hergenrath wird gesprengt.

*

Am Dienstag sieht ein Bewohner von Hauset einen amerikanischen Panzerspähwagen, der aber wieder zurückfährt. Die Nacht verbringen sie alle im Keller — zwei Ehepaare mit zusammen fünf Kindern, eine Großmutter, eine Tante der Familie und Elisabeth Pelgrin selbst. Draußen können sie den Geschützdonner hören. Aber sie können nicht genau feststellen, aus welcher Richtung er nun wirklich kommt.

Dann, mitten in der Nacht, donnert es an die Tür. Vier bis an die Zähne bewaffnete Amerikaner stehen vor ihnen! Elisabeth ist wütend. Nicht, als ob sie noch an einen Sieg Hitlers geglaubt hätte. Aber sie denkt an all' die Mühen und Strapazen, an all' das nutzlos vergossene Blut deutscher Soldaten, die keine Nazis waren, sondern ehrlich glaubten, ihr Vaterland zu verteidigen!

Die Amerikaner beginnen sofort mit einem „Verhör". Sie wollen unbedingt erfahren, ob die deutschen Truppen oder die Bewohner von Hauset die kleine Brücke in die Luft gesprengt hätten. Dann bleibt bis zum Morgen ein Posten vor der Türe stehen. Wenig später werden sie von Offizieren des CIC [2] verhört. Die Fragen sind sachlich. Elisabeth Pelgrin: „Sie machten wohl einen Unterschied, weil wir in Belgien waren und wenn auch als Deutsche, so doch sicherlich mit gutem Gewissen dort geblieben waren."

Nach dem Verhör gibt Frau Gatz erst einmal allen ihre Buttertrommeln zurück. Sie sind von den Deutschen einkassiert und plombiert worden, damit keiner selbst Butter machen könne. Dann läßt sie ihr Schwein schlachten — „denn wer weiß, wenn die Deutschen wiederkommen, ist es wieder vorbei mit dem Schlachten!" Das arme Vieh, eigentlich noch gar nicht fett genug, muß wegen dieses Umstandes sein Leben lassen... Die Schwierigkeit ist nur, daß kein Metzger da ist. Dann aber machen sie einen Tierarzt ausfindig, allerdings: zum letzten Mal hat er in seinem Praktikum vor 25 Jahren eine Sau geschlachtet! Elisabeth erlebt die Einzelheiten nicht mit. Sie ißt aber gerne von der köstlichen Bratwurst, die dabei herauskommt.

Die „Reichsdeutschen" müssen sich ab sofort jeden Tag einmal auf dem

---

[2] Counter Intelligence Corps, Organisation des amerikanischen Heeres für militärische Abwehrfragen (Gegenspionage).

„Führer, wir danken Dir!" Dieses Schild hatte der Bürgermeister von Eupen kurz nach dem Einmarsch deutscher Truppen in Eupen-Malmedy-St. Vith am Rathaus anbringen lassen . . .

. . . vier Jahre später wurden die Symbole des Nazi-Reiches in Eupen zerstört: Hier wird der Schaukasten mit Bildern „aus den NSV Kindergärten des Kreises Eupen" (so die Aufschrift im Kasten) mit einem Gewehrkolben zertrümmert. Rechts oben eine Hand, die ein Foto abzieht.

Im Hotel Schmitz-Roth in Eupen: eine amerikanische Band spielt für die essenden Kameraden. Auf der Trommelfläche ein Foto von Adolf Hitler.

„Hier mußte ich mich nach dem Fall von Aachen jeden Morgen melden": Elisabeth Pelgrin heute vor dem Rathaus von Hauset.

Bürgermeisteramt melden. Je Person bekommen sie fünfhundert Reichsmark abgestempelt. Wenn die verbraucht sind, so erklärt man ihnen, werden wir weitersehen. Elisabeth Pelgrin: „Die nächsten Wochen verlebten wir wie Ferien auf dem Lande, mit Äpfelpflücken und Einwecken, Hühner füttern und anderen Arbeiten: „Die amerikanischen Soldaten befreundeten sich mit der Dorfjugend, besonders mit der weiblichen . . .

*

Am 10. Oktober 1944 hören sie in Hauset von dem Ultimatum, das den Verteidigern von Aachen unter Oberst Wilck von den Amerikanern gestellt worden ist. Elisabeth ist fest überzeugt, daß der Krieg zuende ist. Aber wie groß ist ihre Ent-

Um die Innenstadt wird noch gekämpft: Aachen, 16. Oktober 1944.

täuschung, als am nächsten Tag die Bombardierung der Stadt einsetzt! Sie kann die Flugzeuge sehen und teilweise auch die Bomben, wenn sie ausgeklinkt werden. Es ist schrecklich für sie, so die Zerstörung der Heimat miterleben zu müssen! Noch in der Nacht beben die Fenster im Hause Gatz beim Abfeuern der schweren Geschütze, die rings um Hauset aufgestellt sind. Eine Salve nach der anderen wird nach Aachen gefeuert. Dann, am 21. Oktober, fällt die Stadt als erste Großstadt im deutschen Westen den Amerikanern in die Hände.

Elisabeth will unbedingt einmal hineingehen, um sich den Zustand nach den großen Angriffen anzuschauen. Sie freundet sich sogar mit ein paar amerikanischen Soldaten an, die in Hauset Kaffee trinken kommen. Und einer der Amerikaner verspricht: „Wenn wir nach Aachen fahren, nehmen wir Sie im Jeep mit in die Stadt!" Aber dann erfährt sie, daß dies den Amerikanern doch noch verboten ist.

An deren Benehmen muß man sich erst gewöhnen – sie legen die Beine auf den Tisch und sprechen mit jemandem, während sie den

Aachen drei Tage nach dem Fall: Blick vom Denkmal des „wehrhaften Schmiedes" aus in die Jakobstraße. Links das Kloster der Schwestern vom armen Kinde Jesu (24. Oktober 1944).

Kaugummi noch im Mund haben. Auch der militärische Dienst läuft bei denen eher menschenschonend und „gemütlich" ab. Manchmal, noch mitten im Kampf um die Stadt Aachen, sind sie selbst bei Beschuß durch das Dorf gegangen und haben den Helm wie ein Körbchen im Arm getragen. Ja, von Zeit zu Zeit legen sie ihn sogar auf die Straße und benutzen ihn als Sitzgelegenheit!

In Altenberg werden die „Schlafgäste" aus Aachen von einigen Belgiern schikaniert und denunziert. So wird ein Rechtsanwalt aus Aachen verhaftet. Elisabeth Pelgrin: „Und das nur deshalb, weil er Parteimitglied war. Verbrochen hatte er weiter nichts. Er wurde nach Lüttich ins Gefängnis gebracht. Die Zellen dort waren arg überfüllt. In der Nacht legten sie sich auf den Boden — auf die Seite, denn um auf dem Rücken zu liegen, war nicht genug Platz vorhanden. Und alle paar Stunden rief einer an der Zellentür: „Tournez!" Dann legten sie sich auf die andere Seite."

Aber Elisabeth selbst hat Glück. Sie wird von den Amerikanern und den Belgiern korrekt und fair behandelt. Am 30. Oktober erhält sie ihren ersten Passierschein, mit dem sie Aachen besuchen darf. Es werden jeden Tag nur ein paar ausgestellt, manchmal zwei und manchmal fünf. Man muß dafür anstehen, aber sie erwischt schließlich doch einen. Sie fährt mit dem Fahrrad, zunächst den gewohnten Weg über die Eupener Straße. Aber die ist zur „Militärstraße" erklärt worden und darf von Zivilpersonen nicht benutzt werden. Leute, die hier angetroffen werden, so erfährt Elisabeth in der Stadt, werden in das Gefängnis am Adalbertsteinweg gebracht und können nur nach schwierigen Verhandlungen wieder herausgeholt werden!

*

Sie selbst wird an der Eupener Straße vom Militärposten zurückgeschickt und versucht, über Hergenrath-Bildchen nach Aachen zu kommen. Es ist ein unheimlicher Weg. Absolute, drohende Ruhe herrscht hier. Keinen Menschen hört sie, keinen Vogel. Ein einziges Mal trifft sie unterwegs auf einen amerikanischen Militärposten. An der Unterführung Weißhausgasse[3]) ist ein Mann, der einen Eimer Wasser aus einem Bombentrichter holt. Elisabeth Pelgrin unterhält sich mit ihm und erzählt im Verlauf des Gespräches, daß die Leute in Hauset alle Heimweh nach Aachen haben. Aber der Mann warnt sie: „Wenn Sie keinen Keller mit einigen Vorräten haben oder wissen, wohin Sie

---

3) Heute Weißhausstraße in Aachen.

Sie kletterten aus ihren Trümmern und gingen ins Internierungslager Aachen-Brand: Foto aus Aachen, zwei Tage vor dem Fall der Stadt (19. Oktober 1944).

gehen können, dann bleiben Sie, wo Sie sind. Wir haben kein Wasser, keinen Strom, kein Brot — nichts! Ich hole mir hier Wasser, das wir zuhause abkochen, um davon eine Suppe zu bereiten!"

Entmutigt besucht sie das Haus von Bekannten in der Kulprie [4]. Es ist erhalten und leer, aber völlig durchstöbert worden. Der Inhalt von Schränken und Schubladen ist herausgezerrt und liegt auf dem Boden. Ihre Stimmung sinkt noch tiefer! Sie geht zum Haus von anderen Bekannten im Grindelweg nachschauen, Haus Lutitz, aber das ist teilweise abgebrannt. An der Kreuzung Salierallee/Eupener Straße schickt ein Militärposten sie schließlich zurück. Sie darf nicht in die Stadt hinein — trotz ihres Passierscheines. Es hilft nichts, daß sie ihn immer wieder vorzeigt. Aachen, so erklärt der Posten ihr, stehe unter Militärkontrolle. Zivilisten dürften die Stadt nicht betreten.

*

Den nächsten Versuch, Aachen in der Innenstadt zu besuchen, macht sie am 2. November. Diesmal geht sie zu Fuß. Das Fahrrad ist bei den vielen Bombentrichtern doch nur hinderlich gewesen. Sie hat es mehr

[4] Querstraße der Malmedyer Straße im Stadtteil Burtscheid.

tragen müssen, als sie darauf fahren konnte!

Diesmal hat sie jedoch einen Passierschein, auf dem eingetragen ist, daß sie sich beim Stadtkommandanten zu melden habe. Unter anderem möchte sie die Lebensmittelvorräte aus der Großhandlung holen lassen und sie unter den Bewohnern der Stadt verteilen. Als sie aber endlich das Lager betreten kann, glaubt sie ihren Augen nicht: die ganzen Vorräte sind aufgeladen worden, die Räume sind leer. Besenrein! [5]

Ihre Enttäuschung ist groß. Aber trotzdem beschließt sie, in Aachen zu bleiben. Ihre Wohnung in der Theaterstraße 85 [6] steht noch, wenn sie auch durchstöbert worden ist wie all' die anderen Häuser. Die Fenster fehlen, die Haustüre ist einfach eingetreten worden. Aber im Anbau ist ein Zimmer, das wenigstens trocken scheint.

Außer ihr wohnt niemand im Haus — und ihr größter Besitz ist eine Kerze ... Als sie die auch noch verliert, hat sie abends gar nichts mehr, weder Licht noch Wärme. Bei Anbruch der Dunkelheit muß sie sich deshalb notgedrungen immer ins Bett legen. Mit dem Mantel — und vor die Schlafzimmertüre stellt sie innen einen Stuhl.

An einem der nächsten Tage, Mitte November 1944, geht sie zur Stadtverwaltung und meldet sich dort an, um beim Wiederaufbau mitzuhelfen. Die Verwaltung Aachens ist im Regierungsgebäude am Theaterplatz untergebracht [7]. Elisabeth Pelgrin wird der Abteilung Ernährung zugeteilt, Zimmer 23. Ihre Tätigkeit besteht darin, die nach Aachen zurückkehrenden Lebensmittelhändler zu registrieren und vor allem nach ihren eventuell noch in der Stadt vorgefundenen Beständen zu fragen. Aber bald wechselt sie von dieser Abteilung Handel zur Abteilung Handwerk über, die im gleichen Raum arbeitet [8]. Ihren Namenstag am 19. November 1944 feiert sie in eigener Erinnerung „großartig" — im Keller zwar, aber mit einem Faß voller Heringe, daß jemand aus Eupen „besorgt" hatte... Große Erlebnisse sind für sie auch die Messen im Dom mit Bischof Johannes Joseph van der Velden — „und dazu die Musik von Professor Rehmann!"

Unvergeßlich wird das erste Weihnachtsfest nach Einstellung der Kampfhandlungen in Aachen im Dezember 1944, während im übrigen Reichsgebiet noch der Krieg wütet und die Winterschlacht in den Ardennen, der letzte große deutsche Angriff im Westen, seit dem 16. Dezember begonnen hat.

„Dieses Weihnachtsfest", so erinnert sich Elisabeth Pelgrin, „hat Oberbürgermeister Franz Oppenhoff allen, die dabei waren, für ein Leben lang ins Gedächtnis gepflanzt." In einem großen, fensterlosen Raum des Regierungsgebäudes versammeln sie sich. Herr Prömper hat aus dem verminten Stadtwald sogar ein richtiges Tannenbäumchen besorgt. Dann beginnt Oppenhoff mit seiner Ansprache.

Da man ihn nicht gut versteht, steigt er auf einen Tisch. Er spricht etwa eine Viertelstunde lang, „so voller Herzlichkeit und Wärme —

[5] Erst später erfährt sie, daß die Vorräte von NSDAP-Leuten weggefahren worden sind.

[6] Das Haus steht nicht mehr. Heute ist an dieser Stelle die Hamburg-Mannheimer Versicherung.

[7] Just dort, wo Wilhelm Johnen von der Gestapo verhört worden war. Siehe Kapitel 6.

[8] Geführt von Walter Bachmann, der seit dem 4. März 1945 der ersten deutschen Handwerkskammer vorstand. Er blieb im Amt bis zum März 1975.

Bischof Johannes Joseph van der Velden predigt im Aachener Dom. Getreu der Devise „der Hirte bleibt bei seiner Herde" hatte der in seinem Bistum außerordentlich beliebte Bischof die Kämpfe um die Stadt Aachen als deren heimlicher Bewohner mitgemacht. Das Bild entstand beim Hochamt vom Sonntag, dem 3. Dezember 1944 – zwei Wochen vor Beginn der Ardennenoffensive, fünf Monate vor Kriegsende. Zu dieser Zeit war die Stadt Aachen schon mehr als einen Monat lang in amerikanischer Hand.

da blieb kein Auge trocken." Oppenhoff schließt auch die Verwandten jenseits der Front, im noch umkämpften Reichsgebiet, in die Stunde der Besinnung ein [9]. Denn fast alle haben sie „drüben" noch Angehörige, um die sie bangen müssen. Etwa eine Viertelstunde lang dauert die Feier. Manche Teilnehmer weinen. Am Ende gibt es als Weihnachtssonderzuteilung für jeden ein Stück Harzer Käse. Dann gehen die Angestellten still nach Hause. Elisabeth Pelgrin: „Frau Filser buk Plätzchen" ...

*

Ihr „Gehalt" besteht in dieser Zeit aus täglich einem Teller warmer Suppe aus Gemüse und Kartoffelabfällen, die in Wurstbrühe gekocht sind. „Wer die Wurst aß, wer weiß?" Die Suppe gibt es gegenüber dem Theater im Hotel „Vier Jahreszeiten" am Kapuzinergraben [10], während die Amerikaner separat im Suermondtmuseum essen, wo die Militärverwaltung untergebracht ist. Einmal, als Elisabeth Pelgrin dort zu tun hat, wirft ein Offizier der Militärverwaltung ihr ein Stück

9) An jedem Baum, so hatte Reichspropagandaminister Joseph Goebbels erklärt, werde ein Aachener baumeln. In Monschau haben deutsche Soldaten die unter US-Verwaltung stehenden Bürger zum Teil als „Verräter" beschimpft, als die Rundstedtoffensive begann.

10) Anfang der sechziger Jahre geschlossen.

Er stieg auf den Tisch und hielt eine Weihnachtsansprache: Franz Oppenhoff, Aachens Oberbürgermeister im Jahre 1944/45. Im Frühjahr 1945 wurde er von einem Werwolf-Kommando erschossen.

Seife über den Tisch zu. Ihr Stolz ist verletzt, sie will es nicht nehmen, tut es dann aber doch, um den „hohen Herrn" nur ja nicht zu verärgern...
In der Stadt herrscht große Solidarität. Jeder einzelne, der aus den Lagern in Brand oder in Hombourg jenseits der deutsch-belgischen Grenze zurückkommt, wird freudig begrüßt. Wenn man sich gegenseitig besucht, muß Nachtzeug und die Verpflegung mitgenommen werden, denn nach 17 Uhr darf wegen der Ausgangssperre niemand mehr auf die Straße. Welches Glück, wenn jemand eine Karbidlampe besitzt und einen trockenen Luftschutzkeller! Sie alle haben wenig, aber das Wenige wird geteilt. Und wer etwas handwerkliches Geschick hat, der hilft bei der Instandsetzung der Wohnungen.

Die Rollen sind vertauscht: Der Gerichtssaal im Aachener Regierungsgebäude wird jetzt von den Amerikanern benutzt. Links und rechts die britische und die französische Flagge. Der Richter ist Hauptmann Leslie E. Dawson aus New York, Mitglied der Militärregierung Aachen. Das Bild entstand im Februar 1945 (Aachen war als erste Großstadt im deutschen Westen am 21. Oktober 1944 gefallen).

Elisabeth Pelgrin heute vor der Gaststätte „Zur Geul“, wo sie damals Zuflucht fand.

Eine Sitzung mit Bürgermeister „Bubi“ Hirtz ist ihr ganz besonders in Erinnerung. Bäckermeister Gehlen, ein Lebensmittelhändler und der Landwirt Arnold Deden aus Laurensberg sind auch dabei. Die größte Sorge gilt den Müttern mit kleinen Kindern sowie den Alten und Kranken. Gemeinsam überlegen sie, wie Gruppen zum Abernten der Felder gebildet werden können, wie man in Zukunft den Vieh- und Futterbestand erfassen kann, wie Milch verteilt werden soll.

Elisabeth Pelgrin im Rückblick: „Es hat Leute gegeben, die sich zu Unrecht an der verlassenen Habe der geflüchteten Bewohner bereichert haben, aber ich selbst habe keine kennengelernt. Die mir bekannten Personen hatten alle einen ungeheuren Idealismus. Wir dachten, unser kleiner Stadtstaat Aachen werde eine Zukunft der Gerechtigkeit und des Friedens in Freiheit und gegenseitiger Achtung begründen. Das höchste Gehalt für den Oberbürgermeister betrug 400 Mark, ich selbst bekam ab Dezember 140 Mark. Ich weiß nicht, wie oft ich damals geschrieben habe: ‚This is to certify, that ...‘ [11]) und dann kam, daß dieser Bäcker sich aus jener Bäckerei, die verlassen war, fünf Zentner Brikett holen durfte oder dort Mehl und da Bottiche, die er beim Backvorgang nötig hatte. Alles wurde gewissenhaft registriert. Wir wollten später den zurückkehrenden Bürgern den Wert dafür erstatten. Es gab auch keine Haßgefühle gegen Parteigenossen. Wir saßen alle in einem Boot, jeder tat das Seinige. Die schrecklichen Ungerechtigkeiten, Verleumdungen

11) Hiermit wird bestätigt, daß ... oder: Dies dient zur Bestätigung dessen, daß ...

und Lügen, die dann die sogenannte Entnazifizierung mit sich brachte, kam erst nach Mai 1945 . . .“

*

33 Jahre sind seitdem über Aachen hinweggegangen. Die Stadt ist wieder aufgeblüht. Die Häuser sind neu erstanden. Aber wenn Elisabeth Pelgrin durch die Straßen wandert, sieht sie oft genug all' das vor sich, wie es sich ihr unauslöschlich eingeprägt hat.

Dann freut sie sich über den geleisteten Wiederaufbau – und trauert der menschlichen Solidarität von damals nach – damals, im Winter 1944 im zerbombten Aachen.

Joseph Wetsels, Sint Geertruid

16

Nos-avans sti á dicausse, a l'dicausse de Banbwés. I gn-aveuve bran mint dé l'pausse, mins d'sous i gn-aveuve nin spés. (Wallonisches Lied) 1)

Ein Panzervorstoß auf den „Mückenhof"

Als die Amerikaner kommen, fragen sie nach holländischem Käse – Gleiter, die nach Fort Eben Emael fliegen – Nach der Landung in der Normandie kauft Joseph Wetsels einen Film in Belgien – Geschützdonner aus Richtung Hasselt und aus Lüttich – General Schmidt hat seinen Gefechtsstand im Pfarrhaus von Banholt – Der deutsche Kommandant von Lüttich ist in der Zitadelle eingeschlossen – General Schmidt bei Erkundung verwundet – „Heute wurde Mesch befreit vom Nazitum!" – Die Amis kommen zwischen Grenzpfahl 35 und 36 über einen Acker – Herr Gillissen holt Milch und wird von den Amerikanern per Panzer nach Hause gebracht – Granateinschlag im Kuhstall – Maria Graven ruft: „De Ingelschen sunt doa!" – Apfelfladen für die Amerikaner, da peitschen Schüsse durch die Luft – Rund um den Wagen liegen drei tote deutsche Soldaten – Die Amerikaner kochen Kaffee im Kuhstall – „Well", sagt er, „wir sind jetzt in Holland - habt ihr auch guten Käse?" – Sergeant Houser hißt die Flagge, eine Zigarette lässig zwischen den Lippen – „Und, Jungens, habt ihr jetzt keine Pferde mehr nötig?"

Es ist ein Bauernhof im romantischschön gelegenen Ort Sint Geertruid, mitten im südlimburgischen Hügelland mit seinen jahrhundertealten Fachwerkhäusern. Der Hof liegt auf dem Berg – auf der Maasterasse, kurz bevor das Gelände talwärts geht. Es ist nur ein Steinwurf bis zur belgischen Grenze. Das viereckige Anwesen aus roten Backsteinen mit seinem anheimelnden Holztorbogen ist Anno 1900 erbaut.
Drinnen arbeitet der Bauer Joseph Wetsels – Overall und leichte

„Die amerikanischen Schützen gingen über den Acker zwischen Grenzpfahl 35 und 36!" Joseph Wetsels heute, 34 Jahre nach den Septembertagen 1944.

1) Das Wallonische entstand ursprünglich aus dem Volkslatein der römischen Soldaten. Übersetzung des Zitates: „Wir sind zur Kirmes gegangen, der Kirmes von Li Banbwes. Es gab dort viel Teig, aber darauf lag's nicht dick."

GRENZKARTE
GRENSKAART

Dem/der Voor: W E T S E L S. (a)

Joseph Johannes Gerardus (b)

geb. in / geboren te: St. Geertruid

am / op den: 14 April 1924.

Staatsangehörigkeit / nationaliteit: Nederlander.

ansässig in / wonende te: St. Geertruid Moersl@g I.

(h)

(i)

wird die Einreise nach Belgien gestattet zwecks
geldig voor toegang tot België, ten einde landbouwwerk te verrichten.
(d)

(k)

auch ausserhalb eines Grenzübergangs; ~~nur bei dem(n)~~
Grenzübergang(en) Vitschen en grenspaal

Joseph Wetsels damals: Mit dieser Grenzkarte, beglaubigt durch die Sicherheitspolizei, Außenstelle Maastricht, durfte er über die nahe belgische Grenze, ohne die offiziellen Übergänge benutzen zu müssen. Nach der Invasion in der Normandie kaufte er sich in Belgien einen Film . . .

Glatze, frischrote Bäckchen und große Bauernhände, dazu eine weichgefärbte Dialektstimme.

Damals, vor 34 Jahren, war er Zeuge eines historischen Augenblickes. Er erlebte, wie die Amerikaner zum erstenmal überhaupt im Zweiten Weltkrieg niederländischen Boden betraten, an der Maas zwischen Visé und Eijsden. Am Hof von Joseph Wetsels Eltern wird am 13. September 1944 die niederländische Flagge gehißt — von Amerikanern, die ihn fragen: „Well, wir sind jetzt in Holland — habt ihr auch guten Käse?"

*

September 1944. Joseph Wetsels ist im April zuvor zwanzig Jahre alt geworden. Den Krieg hat er von Anfang an bewußt miterlebt. Am 10. Mai 1940 ist der Bauernsohn zufällig ganz früh draußen auf der Wiese hinter dem Hof gewesen und hat über sich die durch die Luft zischenden deutschen Gleiter gesehen, deren Ziel das belgische Fort Eben Emael ist. Es liegt nur drei Kilometer Luftlinie vom elterlichen Bauernhof entfernt.

Während der Kriegsjahre ist Joseph Wetsels regelmäßig drüben in Belgien. Sie haben Wiesen und Ackerland jenseits der Grenze. Er bekommt deshalb von der Sicherheitspolizei, Außenstelle Maastricht, eine sogenannte „Grenzkarte". Sie erlaubt ihm den Grenzübertritt auch außerhalb der offiziellen Übergangsstellen.

Als im Sommer 1944 die alliierte Invasion an den Stränden in der Normandie stattfindet, kauft Joseph Wetsels sich bei einem seiner Besuche in Belgien in 's Gravenvoeren einen Film, in der Drogerie Cerfontaine: „Du konntest in Belgien noch mancherlei Dinge bekommen, die es bei uns in den Niederlanden längst nicht mehr gab! Ich habe den Film gekauft, um ihn bei unserer Befreiung bei der Hand zu haben. Damit habe ich von Anfang an ganz fest gerechnet!"

Am 5. September 1944 hören sie auf der Höhe über der Maas aus der Ferne Artillerielärm. Der Geschützdonner kommt aus der Richtung Hasselt und von Süden her aus dem Raum Lüttich. Tag für Tag wird der Lärm lauter — Zeichen dafür, daß die deutschen Truppen immer weiter in Richtung auf die Westgrenze des Deutschen Reiches zugetrieben werden.

*

Der Zustand der deutschen Truppen ist desolat. Die 116. Panzerdivision meldet, daß sie lediglich noch über achtzehn Panzer, zwei schwere Panzerabwehrkanonen und ganze 600 Mann verfügen kann. Generalleutnant Hans Schmidt ist mit seiner 275. Infanteriedivision auch nicht viel besser dran. Die Truppe ist südwestlich von Brüssel eingeschlossen und versprengt worden, bevor sie sich auf den Rückzug in Richtung Westwall und deutsche Grenze machen kann.

Der 49jährige Schmidt, 1914 zur Armee gegangen und im Ersten Weltkrieg als Kompaniechef an der Ost- und Westfront eingesetzt, hatte den Zweiten Weltkrieg als Bataillonskommandeur begonnen. Er kämpfte zunächst im Polenfeldzug und wurde dann in Frankreich zum Oberst befördert. 1943 wurde er zum Generalmajor ernannt. Sein Einsatz vor Aachen wird, ohne daß er es ahnt, sein letzter „richtiger" sein. Denn die Reste seiner Einheit werden noch in diesem Herbst bei Aachen völlig aufgerieben [2].

Schmidt hat nur noch 2000 Soldaten, davon nur 400 Mann echte Kampftruppen, die obendrein schlecht ausgerüstet sind. Immerhin kann er sich bei der Sammelstelle der 7. Armee in Maastricht, die von Oberst Klosterkämper [3] geleitet wird, leichte und schwere Infanterie sowie viele Offiziere und Unteroffiziere besorgen. Auch genügend Mannschaften kommen zusammen, so daß er sogar zwei neue Infanteriebataillone bilden kann. Sie werden zunächst auf dem Westufer der Maas bei Wandre und Visé eingesetzt. Alles zusammen hat Schmidt schließlich 5000 Soldaten zur Verfügung.

Hin und wieder werden die deutschen Soldaten beim Rückzug auf dem rechten Maasufer von Heckenschützen unter Feuer genommen. In den Häusern hängen die belgische und einfache rote Fahnen. Das Hauptquartier von General Schmidt ist bis zum 9. September Bemelen bei Maastricht, etwa vier Kilometer östlich der Stadt. Hier erreicht ihn auch ein persönliches Telegramm von Adolf Hitler, in dem befohlen wird, das Fort Eben Emael mit einem Bataillon zu besetzen und „bis zum letzten Mann und zur letzten Patrone" zu halten. Aber ab-

---

[2] Generalleutnant Schmidt selbst gerät am 6. Mai 1945 bei Tangermünde in Gefangenschaft.

[3] Vergleiche Kapitel 17.

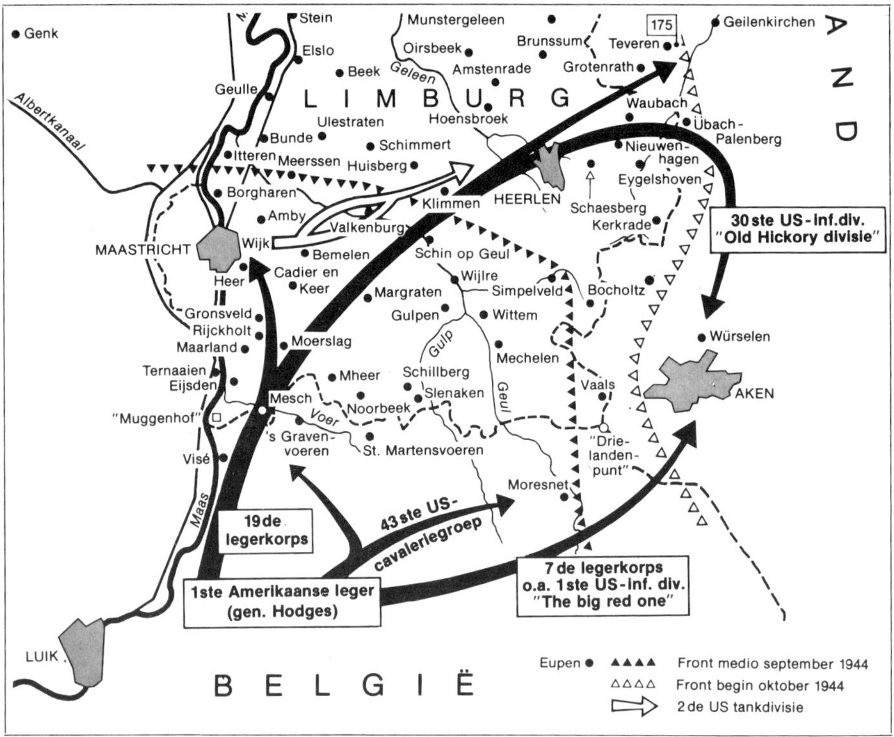

Der Aufmarsch der Amerikaner gegen Aachen Mitte September 1944: Mit der 1. US-Armee von General Hodges kommt die 30. US-Infanteriedivision („Old Hickory") von Lüttich aus über Visé an die belgisch-niederländische Grenze. Bei Mesch betreten die ersten amerikanischen Soldaten überhaupt niederländischen Boden. Das erste befreite Haus ist der „Muggenhof" (unten links, nördlich von Visé). Die Amerikaner ziehen weiter nach Wijck und Maastricht. Joseph Wetsels lebt in Moerslag (in der Gabelung des Pfeiles links). Der Frontabschnitt zwischen Eijsden und Sint Maartensvoeren wurde von der 275. Infanteriedivision verteidigt. Nach Westen hin schlossen sich ihr an (in etwa dem Verlauf der belgisch-niederländischen Grenze folgend) die 49. Infanteriedivision und die 116. Panzerdivision. (Karte aus: Wolfgang Trees/Charles Whiting: Van dolle dinsdag tot bevrijding. Ons langste oorlogsjaar. Haarlem 1977)

gesehen davon, daß weder Soldaten noch die notwendige Munition und Ausrüstung für diesen Zweck zur Verfügung stehen – die Besetzung des Forts hätte auch gar keinen militärischen Sinn. Seine Schießscharten zeigen maaswärts, dorthin, wo die deutschen Truppen stehen. Dem anrückenden Gegner jedoch kehrt das Fort den Rücken zu . . .

Am 10. September 1944, es ist ein Sonntag, verlegt General Schmidt den Divisionsgefechtsstand in das Pfarrhaus von Banholt, unweit Noorbeek und Sint Geertruid am Wege nach Margraten gelegen. Voller Sorgen fragt er sich, wie lange er die Front noch halten kann – „wir können uns glücklich schätzen", so notiert er sich, „wenn wir unsere Position gegen den so stark überlegenen Feind überhaupt halten können, der sogar Mörser einsetzen kann, über die wir nicht verfügen."

Er wird, was er noch nicht weiß, mit seiner Division die Hauptlast des amerikanischen Angriffes zu tragen haben!

*

Dann kommt der Dienstag, 12. September 1944. Es ist ein schöner, sonniger Herbsttag. Generalleutnant Friedrich August Schack, Befehlshaber des LXXXI. Armeekorps [4], hat am Abend zuvor seine drei Divisionen — die 275. Infanteriedivision unter General Schmidt, die 116. Panzerdivision („Windhund-Division") und die 49. Infanteriedivision — südlich von Maastricht ein Stück zurückgenommen. Während die 116. Panzerdivsion eine neue Front bei Moresnet errichtet, nehmen auch die beiden anderen Divisionen ihre neue Stellung ein: die 49. ID im Bereich Aubel als direkter Nachbar der 116. Panzerdivision, die 275. ID als Nachbar der 49. ID im Abschnitt zwischen Sint Maartensvoeren und der Maas.

Die vorderste Verteidigungslinie ist das Flüßchen Voer [5], dessen Verlauf hier ungefähr der belgisch-niederländische Grenze folgt. Bei Eijsden fließt die Voer in die Maas. Den drei deutschen Divisionen, denen sich im Norden in Maastricht die 176. Division von der 1. Fallschirmjägerarmee anschließt, stehen die gut mit Nachschub und Treibstoff versehenen Amerikaner gegenüber. Die 1. US-Armee unter General Hodges ist nach der Landung in der Normandie über Paris quer durch Frankreich und Belgien unaufhaltsam nach Westen vorgerückt. Luxemburg und Bastogne sind bereits in der Hand der Amerikaner. Hasselt ist in alliierter Hand, Lüttich ebenfalls.

Am Freitag, vier Tage zuvor, sind die amerikanischen Panzer in das Zentrum der wallonischen Maasmetropole vorgestoßen und haben die Zitadelle umstellt. Vergeblich hat die 105. Panzerbrigade einen Vorstoß unternommen, um die Deutschen zu befreien. Der deutsche Kommandant von Lüttich, Generalmajor Bock von Wülfingen, bleibt in seinem Gefechtsstand auf der Zitadelle eingeschlossen. Auch die Funkverbindung mit dem kommandierenden General reißt ab ...

Aber an diesem sonnigen Morgen des 12. September hat auch General Schmidt besonderes Pech. Um seinen Einheiten die neuen Positionen zu erklären, fährt er zusammen mit seinem Adjutanten zu den vorgeschobenen Linien der neuen Front. Auf dem Weg von Mesch nach 's Gravenvoeren verfahren sie sich, ohne es zunächst zu merken. Plötzlich geraten sie auf 80 Meter in Sichtweite einer amerikanischen Streife, die sie sofort unter Feuer nimmt. Es sind etwa 15 Amerikaner, die sich gerade, von Süden her kommend, auf die deutsche Front zubewegen.

Ihre Situation ist beinahe hoffnungslos! Der Fahrer stoppt. Wenden kann er nicht. Die Deutschen stürzen aus dem Wagen, aber zwei von ihnen werden sofort getroffen: General Schmidt an der linken Hüfte und der Fahrer des Wagens tödlich. Er bleibt neben der offenen Türe des Wagens auf der Straße liegen. Während der Adjutant von Schmidt nach rückwärts läuft, wird auch er am Bein getroffen. Aber Schmidt verliert ihn aus den Augen.

---

[4] Im Verband der 7. Armee unter General Erich Brandenberger. Siehe „Die Amis sind da! Wie Aachen erobert wurde", Anzeige am Ende des Buches.

[5] In Karten auch als „Le Fouron" zu finden. Das Gebiet untersteht heute der flämischen Verwaltung in Hasselt.

Die Wunde des Generals ist nicht allzu ernst. Der Knochen ist unverletzt. Rennend und auf allen vieren kriechend, aber immer noch unter dem Feuer der Amerikaner, kommt er rund 200 Meter weit weg von den Amerikanern. Er wähnt sich schon in Sicherheit, da sieht er plötzlich zu seinem Entsetzen, daß auch rechts von ihm, keine 50 Meter entfernt, eine amerikanische Patrouille geht, wohl als Flankenschutz für die erste Gruppe.

Der General verhält sich mucksmäuschenstill. Erst nach einer Viertelstunde kriecht er vorsichtig weiter, jede nur mögliche Deckung benutzend. Erst nach zwei Stunden erreicht er wieder seine Einheit. Ein Gegenstoß zur Rettung des Adjutanten bleibt ergebnislos – er ist längst von den Amerikanern gefangengenommen. Schlimm ist jedoch, daß der gefangen genommene Stabsoffizier alle aktuellen Befehlsunterlagen bei sich hat, die Schmidt an diesem Morgen den vorgeschobenen Einheiten erklären wollte. Jetzt müssen in aller Eile die Befehle geändert werden, bevor die Amerikaner aus den erbeuteten Unterlagen Nutzen ziehen können.

*

Joseph Wetsels in Moerslag hat um halb neun an diesem Dienstag die Schüsse gehört, die von den Amerikanern auf den Wagen des deutschen Generals abgegeben worden sind. Aber er kann sich den Grund natürlich nicht erklären. Er ahnt lediglich, daß die amerikanischen Soldaten näher auf das Dorf vorrücken. Die meisten Dorfbewohner hocken wegen des Artilleriefeuers seit Tagen in den Kellern ihrer Höfe. In Mesch, das noch näher an der Grenze liegt, schreibt der Pastor an diesem Nachmittag ins Kirchenbuch: „Heute wurde Mesch vom Nazitum befreit!" Die Amerikaner sind da.

Die Männer, die da auf niederländisches Gebiet vorrücken, sind Soldaten der 30. US-Infanteriedivsion („Old Hickory"), die wegen ihres Einsatzes den Beinamen „the workhorse of the western front" [6]) bekommen hat. Während die a-Kompanie des 117. Regimentes die niederländische Grenze zwischen Grenzpfahl 35 und 36 überschreitet – es ist ein Acker, der keinerlei Deckung bietet – und gegen den Ort Mesch vorrückt, werden weiter westlich an der Maas die allerersten Niederländer von den Amerikanern befreit: es sind die Bewohner eines Bauernhofes nahe der Maas in saftigen, teils nassen Wiesen.

Der einsam gelegene Hof heißt wegen der Mückenplage in der Niederung der „Muggenhof". Er liegt auf der östlichen Maasseite am Weg von Visé nach Eijsden und Maastricht und ist das erste Haus diesseits der Grenze, wenn man von Belgien aus kommt, 560 Meter von der Grenze entfernt.

Gegen 12.30 Uhr sind die Amerikaner da. Sie kommen mit ein paar Halbkettenfahrzeugen, drei Panzerspähwagen (reconnaissance cars) und fünf Jeeps. Vorsichtig nähern sie sich dem Hof. Familie Smeets sitzt drinnen gerade beim Mittagessen, als die Niederländer die Militärfahrzeuge kommen hören. Die Begrüßung ist herzlich, aber kurz. Weder der Bauer noch die Ameri-

6) Das Arbeitspferd der Westfront. Die Division befreit auch Maastricht, am 13. September den Stadtteil Wijck auf dem östlichen Maasufer, am 14. September die Stadt selbst. Ein Foto der aus diesem Anlaß von den Veteranen gestifteten Erinnerungsplakette siehe Seite 106.

Der Muggenhof an der belgisch-niederländischen Grenze, so, wie ihn die von links aus Belgien kommenden Amerikaner sahen. Das Foto ist von 1977.

kaner sind sich des historischen Augenblicks bewußt: Nach vier Jahren und vier Monaten ist der „Mückenhof“ das erste Haus auf niederländischem Gebiet, das nicht mehr unter deutscher Besatzung steht!
Bauer Smeets will die bereitgehaltene niederländische Flagge hissen, aber das finden die Amerikaner zu riskant. Das würde nur das Feuer der Deutschen auf den Hof lenken, meinen die Soldaten. Nach einer halben Stunde fahren die Amerikaner weiter – nach Norden in Richtung von Schloß Eijsden, um auch dort die Lage zu erkunden. Gegen 17 Uhr kehren sie zurück und stellen im Obstgarten des Muggenhof einen Panzer auf, die Kanone nach Eijsden gerichtet.
Familie Smeets wird am gleichen Abend aus Sicherheitsgründen auf die belgische Seite geschickt, wo sie auf dem Hof „De Schans“ bei Familie Duyssens in Moelingen unterkommt. Die Amerikaner erwarten, daß es am Muggenhof Kämpfe gibt. Aber alles bleibt ruhig ...
Am nächsten Morgen, dem Mittwoch, dürfen die Bewohner des Hofes schon wieder zurück, um die Tiere zu versorgen. Zufällig kommt auch Herr Gillissen aus Eijsden, der auf dem Muggenhof immer die Milch holt. Es wird ein Erinnerungsfoto von der ganzen Familie gemacht.
Wenig später kann Gillissen mit den Amerikanern zurück nach Eijsden fahren. Die Bewohner dort staunen nicht schlecht, als sie ihren

Die Leute vom Muggenhof, die ersten befreiten Niederländer (Foto vom 13. September 1944): Im Panzer unten ein US-Soldat, vorne rechts Vater Smeets, hinter ihm seine Frau, dahinter Herr Gillissen aus Eijsden, der auf dem Hof immer die Milch holen kam.
Auf dem Panzer oben von links nach rechts die Kinder Hubert Smeets, Haushälterin Fräulein Caterine Roebroeks, Willy Smeets, der heute den Bauernhof führt, Bauer Duyssens, ein Nachbar und Sohn Jef Smeets.

Dorfgenossen hoch oben auf einem amerikanischen Panzer heimkehren sehen – mit einer Kanne Milch in den Händen!

*

Während die Amerikaner am Dienstagmittag gegen halb eins auf dem Muggenhof angelangt sind, herrscht noch keine fünf Kilometer nordöstlich in Moerslag eine unwirkliche, unheimliche Stille. Am Nachmittag sieht Joseph Wetsels von seinem Standort hinter der Fenstergardine im ersten Stock des Bauernhofes, wie eine Gruppe von etwa siebzig deutschen Soldaten in Gefechstkleidung vorbeizieht. Sie tragen Panzerfäuste und MG's bei sich. Er schaut auf die Uhr. Es ist genau zwei Minuten nach fünf. Die Deutschen gehen zurück in Richtung Sint Geertruid, weg von den Amerikanern ... [7]. Dann, gegen 17.30 Uhr, beginnt amerikanisches Artilleriefeuer. Es scheint, als ob die Amerikaner sich genau auf ihren Bauernhof einschießen wollten!

Rundum ist die Luft von Pulverdampf und Schwefelgeruch erfüllt.

7) Am 13. September erhält Schmidt den Befehl, mit seinen Einheiten auf die Linie Cadier en Keer — Gulpen zurückzugehen, also auf den Reichsweg Maastricht—Vaals.

Der Qualm der Explosionen weht wie Nebel durch die Luft. Sie zählen etwa 150 Granateinschläge. Ein Geschoß trifft offenbar den Kuhstall. Aber keiner der sechs Menschen im Keller wagt es, oben nachzusehen: Mutter Josefine Wetsels (ihr Mann ist 1931 gestorben), der älteste Sohn Alfons (29), der zwanzigjährige Joseph Wetsels und die drei Töchter Maria (23), Oktavia (24) und Henriette (26).

Dann tritt plötzlich Stille ein. Kurz berät sich die Familie. Sie wollen versuchen, die dreihundert Meter nach unten ins Dorf zu laufen, wo sie wohl sicherer sein werden. Denn ihr Hof liegt auf dem Hügel, der von Belgien her gut beschossen werden kann. Wenn sie jedoch bergab ins Dorf laufen, sind sie dort unten hinter dem Berg viel besser geschützt.

Langsam kommen sie aus dem Keller hervor. Zu ihrem Schrecken sind noch drei deutsche Soldaten im Innenhof des Anwesens.

„Wo sind die anderen Soldaten?" fragen sie die Niederländer. Joseph Wetsels antwortet als erster: „Ich habe gesehen, wie sie in Richtung Sint Geertruid weggelaufen sind!" So verlassen sie alle zusammen den Bauernhof. Ängstlich laufen sie nach unten ins Dorf und klopfen am ersten Hof an. Eilig werden sie hineingelassen.

Sie brauchen nicht mehr lange zu warten. Gegen 18 Uhr hören sie eine Frauenstimme. Die Schwester des Ehepaares Graven, die 35jährige Maria Graven, ruft: „De Ingelschen sunt doa!" [8])

Joseph Wetsels hört es und verläßt den Keller. Vorsichtig schaut er durch die Hoftüre nach draußen. Auf der Wiese steht ein Soldat! Er hat sich leicht hinter eine Hecke geduckt, das Gewehr im Anschlag. Es ist offenbar ein Offizier. Als er den jungen Mann entdeckt, sagt er nur „Hallo!" Dann winkt er nach rückwärts einigen Kameraden, die näher herankommen. Nach und nach kommen auch die übrigen Bewohner von Moerslag aus ihren Häusern.

Bald sind die zehn Amerikaner von neugierigen Zivilisten umdrängt. Familie Frambach hat an diesem Nachmittag fünfzehn Apfelfladen gebacken. Die werden jetzt den Befreiern angeboten! Die Spannung hat sich gelöst.

Doch plötzlich wird die Gruppe aufgeschreckt. Gewehrschüsse peitschen durch die Luft! „Deutsche Soldaten!", so kombiniert Joseph Wetsels. Eine der Kugeln schlägt unmittelbar neben der Gruppe im Tor des Bauernhofes ein.

Die Amerikaner gehen sofort in Deckung. Die Deutschen Soldaten haben sich hinter einer Hecke verschanzt. Etwa zehn Minuten währt das Gefecht. Dann ergeben sich zwei, der eine ist am Kopf verwundet. Der dritte bleibt tot hinter der Hecke liegen... Es sind die drei Soldaten, die vorher noch im eigenen Hof gestanden hatten, als Joseph Wetsels aus dem Keller kam! Aber kaum scheint die Lage geklärt, da gehen plötzlich wieder alle Amerikaner in Deckung und machen den Zivilisten Zeichen, sie sollten eiligst in den Kellern Deckung suchen. Denn über Funk ist den Amerikaner ein feindliches Fahrzeug angekündigt. Der Wagen kommt aus Richtung Eijsden. Als er durch Moerslag fährt, eröffnen die Amerikaner plötzlich alle zugleich

---

8) „Die Engländer sind da!"

Auf dem Weg von Mesch nach Sint Geertruid: Zerschossene und liegengebliebene amerikanische Panzer.

das Feuer auf das Fahrzeug. Ein einziger Soldat kann entkommen.
Später geht Joseph Wetsels sich das Auto anschauen. Es trägt die Firmenaufschrift vom Holzhandel Severijns in Maastricht. Rund um den Wagen liegen drei tote deutsche Soldaten. Die Amerikaner sind nach den Schüssen auf den Wagen zwei Kilometer weiter nach Sint Geertruid vorgegangen, wo noch ein deutscher Wachposten an der Kirche steht. Er wird von den Amerikanern umzingelt und in den Fuß geschossen, so daß er sich ergeben muß.

*

Es ist 20 Uhr an diesem Dienstagabend.
Familie Wetsels ist wieder in den eigenen Bauernhof auf der Höhe zurückgekehrt. Unterwegs haben sie den Offizier getroffen, den Joseph Wetsels am Nachmittag als allerersten an der Hecke gesehen hatte.
Er fragt ihn, ob er auf dem Bauernhof übernachten wolle. Der Offizier bedankt sich auf Französisch[9]. Quartier habe er bereits. Dann aber zögert er.
„Well", sagt er, „wir sind jetzt hier in Holland – habt ihr auch guten Käse?"
Joseph Wetsels nickt. Es ist zwar nicht der echte, sondern nur Ersatzkäse. Aber er lädt den Offizier ein, hereinzukommen. Er folgt dem Jungen und probiert von dem Stück, das die Mutter ihm vorlegt. Dann verschwindet er draußen im Dunkel. Beim Abschied sagt er noch: „Morgen gehen wir nach Maastricht!" Familie Wetsels schläft die Nacht im Keller. Die Hausbewohner fürchten, daß es noch einmal Artilleriebeschuß geben wird.
Aber die Nacht verläuft völlig ruhig.

*

Mittwoch, der 14. Sepetmber 1944! Morgens gegen sechs Uhr früh sind die Amerikaner in Maastricht auf dem westlichen Ufer angelangt. Die Stadt ist endgültig befreit. Auch in Moerslag sind mehr Amerikaner als am Abend zuvor. Joseph Wetsels staunt nicht schlecht, als er in den Kuhstall kommt.
In einer Ecke sitzen drei amerikanische Soldaten und machen ein Feuerchen. Sie haben Pulverkaffee bei sich, den sie in ihren Kochgeschirren über dem Feuer erhitzen. Joseph bekommt zwei Päckchen Zigaretten, Chesterfield und Philipp Morris. Im Seitengebäude sind noch mehr Soldaten. Der Junge entdeckt, daß eine Kuh bei dem Artilleriebeschuß am Vortag schwer getrof-

9) Seine Mutter ist Frankokanadierin, wie Joseph Wetsels später erfährt.

Feldwebel Houser hißt die Flagge, die Zigarette lässig im Mund: 11 Uhr am Mittwoch, dem 13. September 1944, am Bauernhof von Joseph Wetsels in Moerslag bei Sint Geertruid. Die Bahnen der Fahne hatte eine der Schwestern erst kurz zuvor zusammengenäht und die Fransen daran befestigt.

„Hier wurde die Fahne gehißt“: Joseph Wetsels vor dem Hoftor seines Bauernhofes, Moerslag 1 in Sint Geertruid.

fen worden ist. Das Tier muß noch an diesem Vormittag notgeschlachtet werden.

Sie aber wollen „die Befreiung“ feiern!

Die Mutter holt die Flagge aus dem Wäscheschrank im Schlafzimmer. Es ist die Fahne, die sie sonst immer aus Anlaß der Fronleichnamsprozession am Fahnenhalter neben dem Hoftor aufhängen. Die drei Bahnen mit den verschiedenen Farben sind auseinandergetrennt, weil sie wegen der Farben immer getrennt gewaschen werden müssen. Die Bahnen sind fix und fertig gewaschen und gebügelt und brauchen nur noch zusammengenäht zu werden. Das macht eine der Schwestern. Unten an die Fahne näht sie ein Band aus Zierfransen.

Um elf Uhr ist es soweit – die Fahne kann aufgehängt werden. Für die Zeremonie genügt nicht ein einfacher Soldat – es wird ein Feldwebel geholt, der die Flagge mit eigener Hand zu hissen hat. Es ist Sergeant Oscar Houser, d-Kompanie, 1. Bataillon, 117. Infanterieregiment der 30. US-Infanteriedivision „Old Hickory“ ...

Joseph Wetsels hebt seine Agfa-Klappkamera und macht ein Foto. In der Kamera ist der Film, den er sich für 20 belgische Franken beim Drogisten Cerfontaine gekauft hatte.

Vier deutsche Gefangene werden abgeführt: In Moerslag am 13. September 1944. Joseph Wetsels sagt zu den Gefangenen: „Auf Wiedersehen in Berlin!“

Wenig später kommen Amerikaner mit vier gefangenen deutschen Soldaten.

Joseph Wetsels steht zufällig mit dem Nachbarn Johan Frijns auf der Straße, als die Gruppe mit ihren beiden amerikanischen Bewachern vorbeimarschiert. Frijns, der für die deutsche Besatzung ein paar Pferde hatte abliefern müssen, kann sich eine Bemerkung nicht verkneifen.

Höhnisch fragt er: „En, jongens, hebt ier nu geen Pferde mie nüedig?“ [10]) Und Joseph Wetsels ruft ihnen übermütig zu: „Auf Wiedersehen in Berlin!“

Dann macht er ein Foto von der Szene.

10) Und, Jungens, habt ihr jetzt keine Pferde mehr nötig?

Hans-Georg Michael, Duisburg

17

Daraufhin brachten der Kriegstribun Quintus Sulpicius und Brennus, der Fürst der Gallier, in einer Unterredung die Sache zustande, und mit 1000 Pfund Gold wurde der Preis des Volkes, das bald die Welt beherrschen sollte, festgelegt. Der Schande, die an sich schon groß genug war, schloß sich eine weitere Schmach an: Die Gallier hatten falsche Gewichte mitgebracht, und als der Tribun sie zurückweisen wollte, warf der übermütige Gallier noch sein Schwert zu den Gewichten und ließ das einem Römer unerträgliche Wort hören: Wehe dem Besiegten! (Livius V 48, 8-9)

Der Jabo-Angriff bei Schloß Bleijenbeek

Ein deutscher Leutnant im Brückenkopf an der Maas – Der Mann mit dem RO 80 auf dem Rückweg von Brüssel – Kriegsschule in Halle an der Saale und Kommando an die Westfront – Funkmeßstellung „Bazi" in der Peel – Die Blitzmädels im Kloster Venraij – Propagandamärsche durch die Stadt Arnheim – Im Wald zwischen Merselo und Overloon – Kampf mit dem Rücken zur Reichsgrenze – Nachts strahlen die Amis die Wolken an – Drei Fähren über die Maas – Ein SS-Panzer fährt über die Brücke in Venlo, da kracht sie zusammen – Deutsche Artillerie auf den Höhen rings um Venlo – 3. Dezember 1944: Die Deutschen gehen zurück über die Maas bei Venlo – Vier Soldaten auf Patrouille in einem Kübelwagen – Drei Mann sind tot, nur einer lebt noch – Im Lazarett in Groningen und per Schiff nach Bremen – Währungsreform und 40 Deutsche Mark, 300 Kilometer per Motorrad, „stündlich eine Reifenpanne" – Vertreter für die Platte „Mariandl" – Die deutsche Stabskarte und eine englische Karte vom Brückenkopf an der Maas hat er hinübergerettet

Der Mann ist gerade aus Brüssel gekommen. Er fährt einen schnellen RO 80. Gelegentlich muß er vom heimischen Duisburg, wo er Ratsherr der Freien Demokraten und Kaufmann ist, in die belgische Hauptstadt. Sein Sohn studiert übrigens in Belgien.

Manchmal macht er einen kleinen Abstecher auf dem Rückweg von Europas Metropole an den Rhein. Es ist jedesmal ein Ausflug in die eigene Vergangenheit – 34 Jahre zurück, zu einer Dienstfahrt, die ihn fast das Leben kostete. Die Splitter der Geschosse eines alliier-

Hans-Georg Michael heute: Ein Jabo-Angriff an der Maas hat Spuren nicht nur im Gedächtnis hinterlassen.

Die „Blitzmädels", die bei der Auswertung der hereinkommenden Daten helfen, sind im Kloster von Venraij untergebracht... Bild: Alliierte Soldaten gehen gegen das Kloster vor. Die alliierte Zensur hat die Einheitszeichen auf den Ärmeln geschwärzt.

ten Jagdbombers haben ihre Spuren bis heute im Gesicht des damaligen Leutnants Hans-Georg Michael hinterlassen.

*

1943 ist Fähnrich Michael 22 Jahre alt. Er nimmt teil am Offizierslehrgang an der Kriegsschule in Halle an der Saale. Der junge Sachse, der den Lehrgang besteht, wird kurz danach wieder nach Rußland versetzt. Dann erhält er Anfang 1944 seine Versetzung an die Westfront. Da er am längsten in Rußland gedient hat, kommt er in den Genuß, an die „ruhige" Front abrücken zu dürfen.

Im Mai 1944 kommt er ins Rheinland. Bei Geldern geht es über die deutsch-niederländische Grenze nach Venraij, von dort aus weiter in das einsame Heide- und Sumpfgebiet der „Peel", das nur mit wenigen Bauernhöfen und Torfstecherhütten besiedelt ist. In dieser Peelstellung ist Hans-Georg Michael der Funkmeßstellung „Bazi"[1] zugeteilt. Die Stellung ist bei De Rips in der Peel, nördlich von Deurne, westlich von Overloon gelegen.

Mit Hilfe dieser Funkmeßstellung werden bei den englischen und amerikanischen Angriffen auf das Ruhrgebiet die deutschen Jäger geleitet. In De Rips ist die Gerätestellung. Die Auswertung findet in Veulen südlich von Venraij statt, in Baracken, die in einem kleinen Waldstück verborgen sind. Die „Blitzmädels", die hier an der Auswertung der hereinkommenden Daten arbeiten, sind im Kloster von Venraij untergebracht...

Zwei Monate tut Hans-Georg Michael hier einen ziemlich ruhigen und eintönigen Dienst, dann erfährt er im Juli 1944, daß er nach Arnheim zu einem weiteren Lehrgang kommandiert worden ist. Anfang August wird seine gesamte Kompa-

[1]) Bayerisch für „Kumpel".

Durchsiebt im Kampf um Arnheim: Eine Lokomotive der niederländischen Eisenbahnen. Hans-Georg Michael wurde eine Woche vor der Luftlandung in Arnheim aus der Stadt versetzt.

nie nach Arnheim transportiert — mitten hinein in die Rückzugs- und Auflösungserscheinungen der deutschen Einheiten, die aus Frankreich und Belgien zurück ins Deutsche Reich fluten. Während der „große Treck" aus der Normandie zu Fuß, auf Pferdekarren, Lastwagen und in Personenautos vorbeizieht, ist die Lehrgangskompanie gleichzeitig zur Luftwaffen-Wachkompanie abgestellt. Hans-Georg Michael: „Jeden zweiten Tag machten wir unseren Propagandamarsch durch die Stadt. Die Parole hieß: „Den anrückenden Gegner spätestens an der Reichsgrenze zum Stehen zu bringen!"

Eine Woche vor der Luftlandung in Arnheim am 17. September 1944 wird der Lehrgang aufgelöst. Die einzelnen Einheitsführer fordern in Erwartung der schweren Abwehrkämpfe im Vorfeld der Reichsgrenze ihre Leute zurück. Hans-Georg Michael kommt wieder in die Meßstellung bei De Rips. Für den Fall, daß der Feind die Stellung unmittelbar bedroht, ist Befehl zur Sprengung gegeben.

Am Sonntag der Luftlandung [2]) beobachten sie die niedergehenden Fallschirme am Horizont und sind froh darüber, daß sie so kurz zuvor aus Arnheim abgerückt sind! Im Wäldchen in Veulen graben sie sich ein. Die erste Sperrstellung für den anrückenden Gegner soll der Kanal der „Zuid-Willems-Vaart" auf der

2) Vergleiche hierzu den Bericht von Secondo Marinaz in Kapitel 11, der die Luftlandung nur 22 Kilometer nordwestlich von Michaels Standort erlebte.

Kapitulation in den Niederlanden: deutsche Soldaten nach ihrer Gefangennahme. Im Hintergrund der britische Bewacher.

Linie zwischen Weert, Nederweert, Someren und Helmond sein. Die 180. Infanteriedivision, auf dem Rückzug aus dem Kessel von Falaise, soll diese Linie halten. Von Veulen im Westen sind es bis zu dem östlich gelegenen Kanal etwa neunzehn Kilometer. Der Hauptgefechtsstand der 180. ID ist in Asten.

Aber die Amerikaner können durchbrechen. Die Stellung in De Rips wird befehlsgemäß mit Hilfe von Benzinkanistern in Brand gesteckt. Die Luftnachrichteneinheit von Hans-Georg Michael wird kurzfristig der 180. Infanteriedivision unterstellt. Die Division wird von Oberst Klosterkämper geführt, der gerade in jenen Tagen zum General ernannt wird [3]. Klosterkämper erhält den Auftrag, parallel zum Verlauf der deutsch-niederländischen Grenze den Abschnitt zwischen Overloon und Helenaveen zu halten — kaum 20 Kilometer westlich der deutschen Grenze im Bereich zwischen Kevelaer, Geldern und Herongen.

Hans-Georg Michael selbst ist im Wald zwischen Merselo und Overloon im infanteristischen Einsatz. Die Amerikaner und Engländer versuchen aus Richtung Mill und Antonis einen Durchbruch durch die deutschen Stellungen. Bei Overloon prallen die Gegner heftig aufeinander. Als Verstärkung in der „Schlacht um Overloon" wird auf deutscher Seite eilends die 6. Fallschirmjägerdivision in Venlo ausgeladen. Die gut achttausend Mann kommen Anfang Oktober an [4].

---

3) Das Divisionsabzeichen waren die Buchstaben Kk.

4) Zu dieser Zeit sind die Amerikaner weiter südlich bei Aachen längst auf deutschem Gebiet. Aachen fällt am 21. Oktober, während die Maaslinie noch hält.

Die Devise für die mit dem Rücken zur Reichsgrenze kämpfenden deutschen Truppen heißt: „Je länger ihr den Feind von der Maas weghaltet, desto besser können wir östlich der Maas die Stellungen zur Verteidigung der Heimat aufbauen!"

Der deutsche Brückenkopf zur Verteidigung an der Maas zerfällt in drei Abschnitte. Im Norden steht die 6. Fallschirmjägerdivision auf der Linie Boxmeer-Vierlingsbeek-Overloon, im Mittelabschnitt die 180. Infanteriedivision (Westrand Overloon-Merselo-Helenaveen) [5] und im Süden eine weitere deutsche Division im Raum von Helenaveen über Meijel bis zur Maas bei Neer-Beesel und Waaij.

Hans-Georg Michael erlebt das Bombardement bei Overloon als „die bittersten Tage, weil wir munitionsmäßig den Alliierten hoffnungslos unterlegen waren. Wir hatten die Front gehalten, obwohl die übrigen deutschen Einheiten seit Juli aus Frankreich zurück in das Reichsgebiet fluteten – oft genug an uns vorbei. Unsere große Enttäuschung war, daß die mit viel propagandistischem Aufwand gepriesenen Westwallbunker leer waren – ohne Armierung!"

Mitte Oktober werden sie bis zum Nordrand von Venraij zurückgedrängt, dann bauen sie eine neue zurückgenommene Front auf der Linie Maashees-Ostrand Venraij-Veulen- Maasbree bis Tegelen auf, die sie von Mitte Oktober bis zum 15. November halten können. Dann brechen die Amerikaner von Süden her durch. Sie setzen ganze Scheinwerferbatterien ein und strahlen von unten her die Wolken an – auch nachts! Durch das von den

[5]) Dies war die alte „Peelstellung".

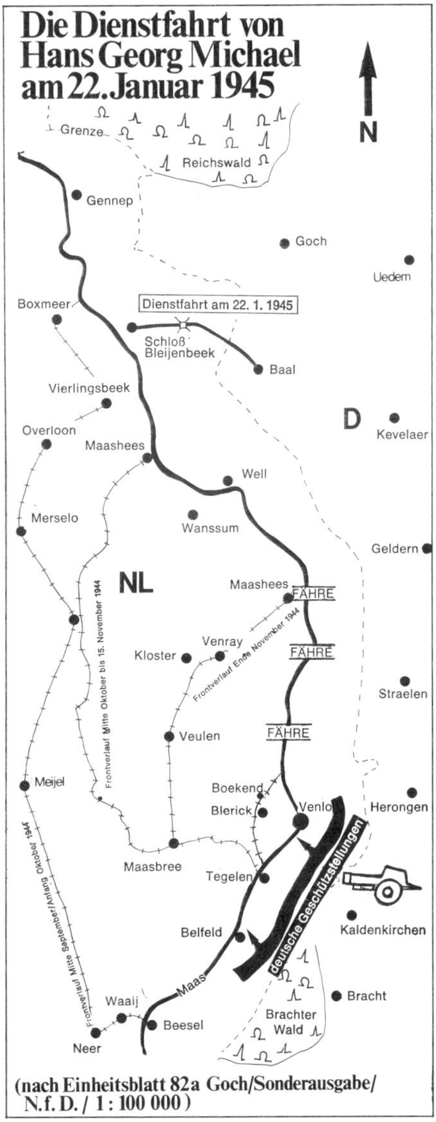

Der deutsche Brückenkopf an der Maas Ende 1944: Vor den anrückenden Amerikanern, Engländern und Kanadiern müssen sich die Reste von drei deutschen Divisionen mit dem Rücken zur Maas und zur Grenze des Deutschen Reiches verteidigen. In der Nacht zum 3. Dezember 1944 wird als letzter Ort im Brückenkopf Blerick geräumt, der auf dem Ostufer der Maas gelegene Stadtteil von Venlo.

Venlo 1945: Die zerstörte Brücke über die Maas von Blerick nach Venlo.

Wolken reflektierte Licht wird das gesamte Kampfgebiet in eine Art Dämmerschein getaucht, der den Amerikanern und Engländern Vorteile bringt: sie können stündlich angreifen, die Deutschen müssen allezeit auf der Hut sein, während die Amerikaner nur die Scheinwerfer anzustellen brauchen und sich zurückziehen können: „die Deutschen greifen doch nicht an!“
So haben Hans-Georg Michael und seine Kameraden Nacht für Nacht die eigene Unterlegenheit und hoffnungslose Lage vor Augen ... Auch der deutsche Nachschub ist nur behelfsmäßig organisiert. Im gesamten Brückenkopf an der Maas stehen nur drei Fähren zur Verfügung: eine zwischen Grubbenvorst und Velden, eine bei Lottum und die dritte bei Broekhuizenvorst. Tagsüber sind diese Fähren nur bedingt einsetzbar, denn unablässig patrouillieren die alliierten Jagdbomber die Maas auf und ab. Nur nachts können die Fähren in Betrieb genommen werden.
Mitte Oktober greifen die Engländer aus der Luft rücksichtslos die Innenstadt von Venlo an, um die deutsche Besatzung in die Knie zu zwingen. Der am Tag geführte Angriff bringt weitaus mehr Zerstörungen als die vorangegangenen Erdkämpfe. Die Maasbrücke zwischen Venlo und Blerick ist jedoch nur teilweise getroffen. Sie steht noch, wenn sie auch einen Knacks erhalten hat. Es wird den Deutschen verboten, mit schwerem Gerät, natürlich vor allem mit Panzern, über die Brücke zu fahren.
Dann jedoch werden SS-Einheiten aus dem Raum Straßburg nach Venlo verlegt. Mit dem allerersten Panzer der Einheit geht es natürlich sofort über die Maasbrücke, die prompt zusammenkracht. Der Panzerkommandant, ein Leutnant, wird

Der Kampf um Venlo: Ein britischer Soldat am „Antoniusplein".

per vor der Truppe vorgelesenem Divisionsbefehl „wegen Ungehorsam vor dem Feind" zum Tode verurteilt, jedoch wird die Vollstreckung des Urteils „bis zum Endsieg ausgesetzt".

Anfang November nehmen die Deutschen ihre Front wieder einmal zurück. Bei den Kämpfen am Ostrand von Horst erfährt Hans-Georg Michael verspätet von seiner Beförderung zum Leutnant. Die Front verläuft jetzt auf der Linie Broekhuizenvorst-Melderslo-Ostrand Horst-Sevenum-Maasbree-Tegelen. Aber immer enger wird der Bogen, mit dem die Alliierten die deutschen Truppen an die Maas zurückdrängen. Ende November wird Blerick, der auf dem Westufer der Maas gelegene Stadtteil Venlos, von den Deutschen evakuiert. Die Evakuierung wird den Niederländern angekündigt, aber während sie am Ufer auf die Fähre warten, beginnen die Kanadier von der Blerik'schen Heide her mit ihrer Artillerie zu schießen. Rund zwanzig der wartenden Zivilisten werden durch den Beschuß getötet.

Hans-Georg Michael ist inzwischen Regimentsartillerieoffizier des Regimentes 22 K und kann die Situation der eigenen Truppe auf seinen Karten, darunter auch von den Engländern erbeutete[6], sehr genau verfolgen.

Beim Kampf um die deutsche Stellung in Blerick stehen die deutschen Artilleriegeschütze am östlichen Maasufer auf den Höhen rings um Venlo. Eine Abteilung (mit fünfzehn Geschützen) befindet sich auf

[6] „Die englische Karte war besser als das, was wir hatten", meint Michael heute. Sie war (im Gegensatz zu den deutschen Karten) in Farbe und verzeichnete alle — gerade für das Kampfgebiet Niederlande so wichtigen — Grachten und Gräben in blauer Farbe, obwohl die Karte nur eine „First (emergency) edition" war, also eine erste Eil-Ausgabe.

Frei! Russische Fremdarbeiterinnen, in Venlo nach Abzug der deutschen Besatzung fotografiert.

Mehr durch Luftangriffe als durch Erdkämpfe zerstört: Amerikanischer Jeep an einer Straßenkreuzung in Venlo, 1945.

der Heide am Ostrand von Tegelen bei der Ziegel- und Dachpfannenfabrik, eine Abteilung Nebelwerfer steht in der Nordspitze des Brachter Waldes südöstlich von Leenhorst und die dritte Geschützabteilung südöstlich von Belfeld im Wald.

Aber die Stellung auf dem westlichen Ufer der Maas ist unhaltbar geworden. Die Deutschen sind nicht nur auch an Feuerkraft, sondern auch an Munitionsvorrat den Alliierten weit unterlegen. In der Nacht zum 3. Dezember leitet der Divisionskommandeur selbst die Rücknahme auf das östliche Ufer der Maas — es geht kein Mann dabei verloren, aber der Brückenkopf existiert nicht mehr.

*

Mitte Dezember wird Hans-Georg Michael mit seinen Kameraden im neuen Maasabschnitt (am östlichen Ufer) nördlich von Venlo eingesetzt, bei der 180. Infanteriedivision, die den Raum von Broekhuizenvorst (südlich) bis Gennep (nördlich) hält. Während sie hier kämpfen, erreicht den Regimentskommandeur von Hans-Georg Michael über die Weihnachtstage 1944 eine niederschmetternde Nachricht: Der Sohn des Obersten der Reserve Freiherr von Zehrenkroock[7] ist über Weihnachten wenig mehr als hundert Kilometer südlich bei den Kämpfen in der Ardennenschlacht gefallen.

Zum Artillerieregiment von Michael gehört übrigens auch Major Dr. Eulen, der Leiter der nach dem Ersten Weltkrieg neugegründeten deutschen Kriegsgräberorganisation. Er wird wenig später, im Januar 1945 bei den Kämpfen im Regimentsabschnitt am Ostufer der Maas getötet. Sein Grab ist auf dem Kriegsgräberfriedhof in Weeze, auf dem fast ausschließlich Soldaten liegen, die bei den Kämpfen um diesen Maasbrückenkopf oder im Raum Kleve-Goch fielen[8].

Seit der Neujahrsnacht 1945 hat die 180. Infanteriedivision den Befehl als Ablenkungsmanöver zu der Ardennenoffensive einen Brückenkopf bei Wanssum (westlich Twi-

Kriegselend: Verwundeter niederländischer Junge mit einem „Halma"-Spiel.

Nach der Eroberung Venlos: Feldmarschall Montgomery auf der Notbrücke über die Maas zwischen Venlo und Blerick.

stede/Geldern) auf dem Westufer der Maas aufzubauen. Aber der Aktion ist nur geringer Erfolg beschieden. Hans-Georg Michael kann nicht ahnen, daß er praktisch nur

---

7) Er war Rittergutsbesitzer aus Pommern und schon 62 Jahre alt, jedoch nach Kriegsbeginn wieder eingezogen worden.

8) Der erste Präsident der Bundesrepublik Deutschland, Professor Theodor Heuß, eröffnete diesen Soldatenfriedhof 1950. Dr. Eulen zu Ehren steht auf dem Zentralmahnmal in Stein gemeißelt der Spruch: „Der im Gedächtnis des Volkes gegründet das Grab der Soldaten, fand als Soldat hier sein Grab. Denk Deiner Toten, o Volk."

Kapitulation der deutschen Garnison in Venlo: Rund 200 Mann ergaben sich.

noch wenige Tage zu kämpfen hat und haarscharf am Tod vorbeikommen wird ...

*

Es geschieht am 22. Januar 1945. In der Nähe ist ein amerikanischer Bomber abgestürzt, der auf der Rückkehr aus dem Ruhrgebiet in Brand geschossen wurde. Zu viert machen sie sich in einem Kübelwagen auf Patrouille in Richtung Afferden, um nach der Besatzung zu fahnden und in dem Bomber vielleicht Material zu entdecken. Außer dem Fahrer sitzen in dem Auto der Regimentsadjutant, Oberleutnant Otto Landwin, Oberfeldwebel Wolfgang Wunderlich, der aus Kulmbach stammt, und er selber. Unterwegs machen sie einmal kurz halt, um sich die Füße zu vertreten. Bei dieser Gelegenheit macht der Fahrer mit dem Apparat von Leutnant Michael ein Foto von den dreien, wie sie im Schnee stehen. Dann fahren sie weiter.

Von Afferden aus fahren sie östlich in Richtung Burkel, passieren dann Schloß Bleijenbeek und biegen dann genau gegenüber dem Schloß links in den Feldweg ein, der in Richtung „De Hooge Heide“ führt, ein etwa vier Quadratkilometer großes freies Gelände zwischen der Grenze und der Maas, auf dem die Maschine niedergegangen ist.

Da nähern sich von Osten her ein paar alliierte Jagdbomber!

Eine der Maschinen fliegt genau auf ihren Kübelwagen an und nimmt ihn in das Fadenkreuz der Bordkanonen! Wie schwerer, prasselnder Regen gehen die Kugeln auf den Wagen nieder und durchsieben alles. Es dauert nur ein paar Sekunden – dann ist der Spuk vorbei. Der Fahrer sackt hinter dem Steuer zusammen – tot. Der Oberleutnant vorne rechts ist von ein paar Kugeln

Eine Stunde vor dem Tod entstand diese Aufnahme: Bei einem Jagdbomberangriff bei Schloß Bleijenbeek an der Maas am 22. Januar 1945 wurde Leutnant Hans-Georg Michael (links) schwer verwundet, überlebte jedoch. Die beiden Kameraden wurden getötet: Oberfeldwebel Wolfgang Wunderlich aus Kulmbach (Mitte) und Oberleutnant Otto Landwin starben auf der Stelle. Auch der Fahrer des Kübelwagens, der diese Aufnahme machte, wurde getötet (22. Januar 1945).

in der Brust getroffen — tot. Auch Otto Landwin regt sich nicht mehr. Nur Hans-Georg Michael fühlt in der plötzlichen Stille, daß ihm Blut in den Mund läuft — und daß er lebt!

Sein rechter Fuß ist zerschossen, er hat Splitter im Mund, die durch die Wangen eingedrungen sind und einen Streifschuß im Nacken. Die Schmerzen sind fürchterlich. Dann verliert er die Besinnung — wie er ins Lazarett gekommen, ist, kann er sich später nicht erklären.

Jedenfalls fällt er für den Dienst aus. Anfang Februar 1945 kommt er nach Norden, in das Lazarett in Groningen. Niederländische Ärzte, „denen bin ich sehr zu Dank verpflichtet", sagt er heute, flicken ihn dort wieder zusammen. Bis Anfang April liegt er dort. Dann kann er wieder aufstehen und leichtere Arbeit verrichten. Dann, Mitte April, kehrt er über den Hafen Delfzijl gegenüber Emden nach Deutschland zurück: per Schiff, nach Bremen.

*

Mai 1945. Hans-Georg Michael erlebt das Ende des Krieges in seiner

Heimat in Freital bei Dresden. Sein Vater hat in dem kleinen sächsischen Örtchen ein Lebensmittelgeschäft eingerichtet. Mit dem aus dem Sudetenland zurückflutenden Flüchtlingsstrom kommt auch die Berliner Beamtentochter Gundula Richter in den Ort – die spätere Frau Michael. Schon bald verlassen die beiden wegen der politischen Zustände den Ort und gehen nach Duisburg. Hans-Georg Michael ist Vertreter für eine sächsische Musikinstrumentenfirma.

Dann ist Währungsreform, 1948. Mit vierzig neuen „Deutschen Mark" ausgerüstet, fährt er auf einem alten Motorrad 300 Kilometer weit – „stündlich eine Reifenpanne!" – nach Diepholz, weil er gehört hat, daß dort wieder Schallplatten hergestellt werden. Die Firma Pallas hat hier mit ihrem Hauptkunden, dem Plattenlabel „Austrophon", die Produktion wieder aufgenommen.

Hans-Georg Michael wird kurz danach, 1949, Vertreter für die Austrophon im Ruhrgebiet. Einer der ersten „Hits" damals, er kommt von Pallas: „Mariandl, -andl, -andl, hast mich am Bandl, Bandl, Bandl" . . .

Wenige Jahrzehnte später ist Hans-Georg Michael der größte Tonträger-Sortimenter der Bundesrepublik. Die „Michael und Co. Schallplatten Vertriebsgesellschaft" macht 100 Millionen Jahresbruttoumsatz. Von 1948, als das Unternehmen drei Mitarbeiter und ein Motorrad zählte, ist Michael auf eine Belegschaft von 100 Mitarbeitern und 50 Last- und Personenwagen gekommen.

*

Heute ist Hans-Georg Michael sozuzusagen im „selbstverordneten Ruhestand", wenn auch nicht ganz. Aber die schwere Verwundung vom Januar 1945 bei Schloß Beijenbeek an der Maas macht ihm wieder zu schaffen.
Er hat den Plattenvertrieb veräußert, ist aber noch im Rat der Stadt Duisburg, steht ehrenamtlich dem Verkehrsausschuß vor und führt ein Verwaltungs- und Beratungsbüro in Duisburg – bei „HGM", so sein Markenzeichen, hat Reserve keine Ruh'.
Und manchmal schaut er auf die alten englischen und deutschen Stabskarten vom Brückenkopf an der Maas, die er über alle Fährnisse hinweg gerettet hat. Wie in einem Buch liest er darin, wenn er in Gedanken über die Wassergräben, halb eingestürzten Brücken und zerschossenen Landstraßen geht. Für ihn ist es ein Buch, das vor 34 Jahren geschrieben wurde.

Waltraud Sayelhi, Aachen

I think I could write a book about Aachen from october 15 to october 21 1944 — but then that would be just one soldiers story down one street [1]).

(Roger W. Aldinger, Sigourney, Iowa/USA, 1977 über seinen Einsatz an der Krefelder Straße 1944 in Aachen)

18

Als Mädchen zur Stunde Null in Aachen

Im Traum fliegt der Lousberg wie ein Vulkan durch die Luft — „Sobald Waltraud einen Mann erblickt, sie keinen Blick hinüberschickt" — Mit der Untertertia der Viktoriaschule nach Malmedy evakuiert — Im Venn blühen die Narzissen — Der letzte Zug nach Aachen — Bei Lammersdorf hält der Transport, dann kommen von Westen her Bomber — „Winkt, um Gottes willen, tut etwas!" — Chaos auf Aachens Hauptbahnhof — Fünf Personen im Keller — Hysterische Schreie im Bunker an der Ludwigsallee: zwei Jungen werden als Plünderer erschossen — Die SA „räumt ab" in den Häusern an der Rolandstraße, wo Wagen mit Berliner Kennzeichen vorgefahren sind — Deutsche Soldaten in den Gärten an der Pippinstraße — Metzger Quadflieg kommt mit Fleisch aus der Soers — Wanzen im Bunker Sandkaulstraße — Im Rütscherbunker stehen jede Menge Pferde, edle Tiere und auch Ackergäule — Sammelpunkt Johannes-Höver-Haus — „Mensch, sagt Niedlich, aufgepaßt! Hier sind wir in der ersten Linie!" — SS kommt in den Keller — Der Rudi und wie er verwundet wird — Waltraud muß dolmetschen — „Five civilian prisoners" eine Nacht lang im Keller — Vier Wochen lang im Lager Brand — Nachts kommen die Amis zu den Mädchen im Zimmer gegenüber — Pro Tag ein Teller Suppe und „Manöverplätzchen" — Der Vater kehrt 14 Tage vor Kriegsende heim: verkleidet als ‚Fremdarbeiter', mit Fahrrad und Baskenmütze

Ein klarer Novembertag. Waltraud, geborene Barth, ist mit einem Perser verheiratet und heißt heute Frau Sayelhi. Sie wohnt im Aachener Stadtteil Hanbruch und hat zwei Kinder, einen Sohn und eine Tochter. Dazu: manchmal Träume. Es sind Träume, in denen der Lousberg

Waltraud Sayelhi heute: Manchmal träumt sie, der Lousberg fliege wie ein Vulkan in die Luft.

1) Übersetzung: Ich glaube, ich könnte ein ganzes Buch über Aachen in der Zeit zwischen dem 15. und dem 21. Oktober 1944 schreiben — aber dann wäre es nur die Geschichte eines einzigen Soldaten in einer einzigen Straße. (Roger Aldinger war an der Krefelder Straße eingesetzt, wo ganz in der Nähe in einem Keller Waltraud Sayelhi mit ihrer Mutter untergekommen war.)

Unbeschwert, kurz vor den schrecklichen Erlebnissen im Krieg: Waltraud Barth mit ihrer Mutter.

„wie ein Vulkan“ in die Luft gesprengt wird, in denen ein SS-Mann hemmungslos schimpft und teuflisch lacht, wenn er es ein paar Amis „gegeben hat“, in denen ein amerikanischer Koch das Essen anbrennen läßt... Dann wieder stieben Pferde aus dem Bunker in der Rütscher Straße, rundherum wird geschossen, und überall liegen Tote.

Dazu kommen wirkliche Erinnerungen: „Ich war vierzehn Jahre alt, ein kleines Mädchen mit Zöpfen. Und rundherum waren nur Männer. Nahe getreten sind mir die Amerikaner nie, das machten die nicht. Aber manchmal waren sie wie die Tiger, ziemlich angriffslustig. Im Jugendheim Kalverbenden hatten die farbigen Soldaten den ganzen Erdboden vollgemacht, ihn als Toilette benutzt. Und ich durfte ihn saubermachen... Dennoch gaben sie uns Kindern immer Schokolade und behandelten uns nett. Die Erlebnisse von damals machten mich sehr schüchtern. Ich hatte die Männer im Krieg gesehen und schaute danach nie einen Mann an. Zum Abitur dichteten deshalb meine Mitschülerinnen einen Vers über mich. Er lautete: „Sobald Waltraud einen Mann erblickt, / sie keinen Blick hinüberschickt. / Voll Abscheu wendet sie sich ab, / wie es ihr der Verstand eingab.“

Waltraud Sayelhi war: ein Mädchen zur Stunde Null in Aachen.

*

Waltraud Barth wird im April 1930 geboren. Nach dem großen Bombenangriff auf Aachen am 11. April 1944 wird sie mit ihrer Klasse, der Untertertia der Aachener Viktoriaschule, nach Malmedy evakuiert. Mit dem Zug fahren sie durch die Eifel. Die Route führt über Monschau. Die Narzissen blühen, die Landschaft ist friedlich. In der Nähe von Malmedy, im Weiler Hedomont, wird Waltraud bei Familie Eubelen, einem Bauern, untergebracht [2]. Die Leute sind sehr nett, auch deren Nachbarn, andere Einwohner der Gegend jedoch nicht. Einmal wird sie beim Himbeerpflücken von Belgiern im Wald entdeckt, die das Mädchen als „salle boche“ [3] beschimpfen: „Wir machen euch alle kaputt, wenn Hitler erst besiegt ist!“

Ihre Mutter, Hubertine Barth, geborene Bertrand, harrt derweil in Aachen in der demolierten Wohnung aus, in der die Fensterrahmen fehlen. Der Vater ist Soldat und bei der Bewachung von gefangenen belgischen und französischen Soldaten im Ruhrgebiet eingesetzt. Wenigstens kann die Mutter noch mit ihrer Tochter telefonieren — und alle vierzehn Tage kommt sie zu Besuch nach Malmedy.

---

2) Nach dem Krieg hat sie ihre damaligen Gasteltern mehrmals besucht.

3) Dreckige Deutsche.

Im August 1944 läßt sich absehen, daß die alliierten Truppen unaufhaltsam gegen die Westgrenze des Deutschen Reiches vorrücken. Die Mutter sorgt sich um die Tochter und schreibt ihr Anfang September nach Malmedy: „Du kannst nicht länger dort bleiben. Bald komme ich dich holen." Das Mädchen wehrt sich dagegen. Es möchte gern in Malmedy bleiben. Aber die Mutter drängt: „Du hast noch nichts zu wollen!" Und auch die Lehrerin sagt: „Ihr müßt in den nächsten Tagen heimkehren, sonst ist es endgültig zu spät!"

Am 11. September 1944, einem Montag, ist es endgültig soweit. Auf dem Bahnhof in Malmedy drängen sich Frauen, ältere Männer und Kinder vor dem letzten Zug, der nach Aachen fahren soll. Die Abteile sind völlig überfüllt. Waltraud zum Beispiel kann nur mit einem Bein auf dem Boden stehen ... Überall liegen Koffer, stapeln sich Kisten. Wie die Heringe sind sie zusammengequetscht. Dann rollt der Zug an, und es werden ihnen drohende Fäuste und Flüche von herbeigeeilten Malmedyern mit auf die Reise gegeben.

Als sie in Lammersdorf bei den Junkerwerken ankommen, hält der Zug an.

„Aussteigen! Alles aussteigen!" rufen einige der begleitenden Bahnbeamten. „Der Zug muß sofort geräumt werden!"

Die Reisenden wissen nicht, was eigentlich los ist. Koffer, Kisten und Pakete müssen sie in den Abteilen einfach stehen lassen – nur hinaus aus dem Zug lautet die Devise! Kaum sind sie auf dem Bahnkörper, da erscheinen auch schon Flugzeuge am Horizont. Sie kommen von Westen und nähern sich sehr rasch.

Die Kinder der Familie Eubelen in Hedomont bei Malmedy. Bei dieser Bauernfamilie war Waltraud Barth als junges Mädchen evakuiert, bevor sie wieder nach Aachen zurückkehrte.

Dann „tauchen" die unheimlichen Maschinen und fliegen direkt auf die Menschen neben den Geleisen zu!

Waltraud Sayelhi erinnert sich: „So eine schreckliche Minute habe ich noch nie in meinem Leben mitgemacht. Sie flogen ziemlich tief über unsere Köpfe hinweg. Ich schätze, es waren nur zwanzig Meter Höhe. Auf die Rümpfe war das kanadische Hoheitszeichen gemalt. Ich konnte die Köpfe der Piloten ganz deutlich erkennen."

Einer der älteren Männer ruft den Frauen geistesgegenwärtig zu: „Winkt, winkt, um Gottes Willen tut etwas! Zieht eure Taschentücher und zeigt euch freundlich, nicht ängstlich!" Das tun sie dann auch, und schon haben die Flugzeuge eine Schleife geflogen und kommen

Das Haus in der Chlodwigstraße, wo Waltraud zunächst wohnte, bevor sie in die Rolandstraße „umzog".

wieder zurück. Es ist der Zielanflug auf die Himmelsleiter!

„Rrrrr!" tönt es aus den Bordkanonen der Maschinen. Immer und immer wieder. Fast eine Viertelstunde lang fliegen sie Angriffe auf die Straße von Monschau nach Aachen, an deren Rand später alles übersät von toten und zerfetzten Menschen ist, von liegengebliebenen Karren und zerschossenen Autos ... Nur auf die Frauen und Kinder neben dem Zug ist kein einziger Schuß abgegeben worden.

Dann endlich kann die Fahrt nach Aachen weitergehen. Mit Verspätung kommen sie im Hauptbahnhof an. Dort drängen sich die Zivilisten auf den Bahnsteigen. Dazwischen ist SS und SA, sind Bahnpolizisten und Soldaten. „Wir müssen weg, wir müssen weg von hier!" [4]) Aber ihre Mutter entscheidet sich anders. Sie sagt: „Ich fahre nicht mehr weiter. Wir haben den Krieg ohnehin verloren. Das Risiko auf der Flucht ist viel zu groß. Hier zu Hause haben wir immer noch die größten Überlebenschancen!"

*

Trotz der Beschädigungen am Dach durch Brandstabbomben und die herausgedrückten Fenster ist das Doppelhaus in der Pippinstraße sonst noch ziemlich gut in Ordnung. Die Zwischendecken sind aus Beton gegossen, sodaß das Haus den Bomben relativ gut standhalten konnte. Außerdem hat die Mutter einen schönen Vorrat im Keller angelegt. Sie hat dort viele Lebensmittel, vor allem: viel Eingemachtes.

Sie selbst haben in dem Haus die Wohnung in der zweiten Etage gemietet. Der Hauseigentümer, Familie Krings, ist auch noch da. Der Vater ist an Krebs erkrankt, die 25jährige Tochter Martha lebt bei den beiden Eltern. Die Mieter in der ersten Etage jedoch sind bereits nicht mehr in ihrer Wohnung. Waltraud Sayelhi: „Sie hatten die Stadt verlassen. Der Vater war bei der Wehrmacht und hatte viele Eingezogene vom Wehrdienst zurückgestellt. Dem ist es deswegen nicht schlecht ergangen – da floß der Alkohol in Strömen ..."

So sind sie denn alle zusammen nur zu fünf Personen in dem großen Haus. Wegen der vielen Bombenangriffe sind die Kellerwände zur anderen Hälfte des Doppelhauses durchbrochen, sodaß man sich im Notfall dorthin retten kann. Hin und wieder flüchten sie jedoch vor den Angriffen auch in den nächst-

[4]) Die Evakuierung Aachens wird an diesem 11. September 1944 angeordnet.

Neben den Gräbern gefallener Soldaten die beiden Gräber der als Plünderer erschossenen Jungen (kleine Kreuze hinten). Im Hintergrund der Sanitätsbunker Saarstraße, rechts oben das Ponttor. Vergleiche hierzu das Bild in „Die Amis sind da!", Seite 246.

gelegenen Bunker an der Ludwigsallee, dessen Stollen in den Salvatorberg hineinlaufen. Am Donnerstag, dem 14. September, bei einem Luftalarm, erreichen sie gegen Mittag hastig laufend den schützenden Bunker. Sie sind etwa zwei oder drei Stunden darin, als eine Gruppe Männer hereinkommt und Ruhe verlangt. Dann wird der Räumungsbefehl verlesen. Die Mutter von Waltraud wird ironisch: „Das ist ja ein herrliches Geburtstagsgeschenk! Aber wir bleiben lieber hier, wir gehen nicht fort!" Gerüchte im Bunker besagen, die „Engländer" stünden bereits im Aachener Wald.

Plötzlich kommt noch eine andere Gruppe von Leuten in den Bunker. Aufgeregt erzählen sie: „Da sind zwei Jungen, die haben in der Peterstraße geklaut – und jetzt stellen sie die auch noch an die Wand, vor dem Bunker an der Saarstraße!"

Im Bunker herrscht deswegen große Aufregung. Die Tante eines der Jungen ist mit im Schutzraum und fängt hysterisch an zu schreien, als sie die Nachricht von der Erschießung hört. Sie wird von mehreren Leuten festgehalten, damit sie nicht nach draußen vor den Bunker stürzt und die 250 Meter zum Bunker an der Saarstraße läuft. Herr Krings, der Mitbewohner in der Pippinstraße, sagt: „Die bringen es noch fertig und stellen uns auch an die Wand! Mit denen gehen wir auf keinen Fall mit! Wenn nur die Engländer bald hier wären!"

Dann wird befohlen, daß keiner in der nächsten Stunde den Bunker verlassen darf – wahrscheinlich, weil die beiden Jungen in dieser Zeit als Plünderer erschossen werden... Eine hochschwangere Frau beginnt ebenfalls hysterisch zu schreien. Bald danach setzen ihre Wehen ein.

Dann endlich dürfen sie den Bunker wieder verlassen. Die Mutter sagt zu Herrn Krings und zu Waltraud: „Um Gottes Willen – jetzt aber nichts wie weg hier, sonst ist es auch mit uns bald zuende!" Sie verkriechen sich in ihren Keller in der Pippinstraße und halten sich in den nächsten Tagen mucksmäuschenstill. Keiner darf sich tagsüber oben im Haus, geschweige denn im Garten oder auf der Pippinstraße zeigen. Nach und nach fängt Herr Krings die Hühner, die frei in den Gärten hinter ihren Häusern herumstreunen. Die Tiere werden geschlachtet und nachts gargekocht oder gebraten. Das Schlachten besorgt ihnen Herr Niedlich, der mit seiner Frau und drei Töchtern als Obdachloser – der 58jährige ist Lagermeister in einem Aachener Betrieb gewesen – in das Haus Pippinstraße 1 eingewiesen worden ist. Das Gebäude steht an der Ecke zur Rolandstraße [5].

Herr Niedlich kann von seinem Fenster aus auch gut die Vorgänge in der Rolandstraße beobachten. Eines Mittags kommt er in den Keller des Doppelhauses herübergeschlichen und berichtet: „Nun stellt euch das vor: erst werden die beiden Jungen als ‚Plünderer' erschossen, und was tun die Herren jetzt? Die klauen selber alles, was nicht niet- und nagelfest ist! Die Rolandstraße steht voller Wagen der SA mit Berliner Kennzeichen! Und geladen wird jede Menge! Besonders das Warenlager der Familie Sinn [6] hat es ihnen angetan! Da wird Stunde um Stunde geladen, und auch oben drauf noch eine Lage Tuche von Sinn, um die Beute gegen Regen zu schützen!"

Herr Krings und seine Tochter Martha gehen neugierig mit durch die Keller der Pippinstraße zurück, um auch einmal nach den plündernden SA-Männern zu lauern: tatsächlich! Sie hoffen nur, daß die Plünderer nicht auch noch in ihre Häuser kommen und sie dort entdecken, da ja der Aufenthalt in der Stadt verboten ist. Aber nichts rührt sich. Sie haben noch einmal Glück gehabt...

*

Eine ganze Woche lang verbringen sie dort unten im Keller, ohne sich nach oben zu wagen. Herr Krings als alter Soldat hat sie eingewiesen, wie sie sich zu verhalten haben. Dann fällt das Wasser aus. Die Toiletten funktionieren nicht mehr, Ratten sind im Keller – und die Amis schießen von der Krefelder Straße her wie die Wilden auf die belagerte Stadt! [7] Die Geschosse, die der Krefelder Straße gelten – es kommen immer vier zugleich – verirren sich häufig in die Pippinstraße.

---

5) Zwei Bilder dieses Hauses siehe Seite 308 (hier sind die Einschüsse der damaligen Gefechte noch bis heute zu sehen).

6) Ein Aachener Textilhaus. In der Rolandstraße wohnten außerdem die Familien Monheim (Schokoladefabrik), der Direktor der Aachen-Münchener Versicherungsgesellschaft und der Aachener Altoberbürgermeister Farwick, der im Oktober 1941 verstorben war.

7) Einer der Soldaten, die an dieser Krefelder Straße kämpfen, ist der Amerikaner Roger W. Aldinger, der mir in einem Brief das Zitat am Anfang dieses Kapitels schrieb. Vergleiche auch: Die Amis sind da! Wie Aachen 1944 erobert wurde, Seite 83ff.

Nach Ablauf dieser Woche sind plötzlich im Garten hinter dem Haus deutsche Soldaten. Sie installieren hier vier Granatwerfer.

„Heiliger Strohsack! Wenn die uns bloß nicht verraten!", stöhnt Herr Krings. Dann schickt er seine Tochter Martha vor, damit sie bei den Soldaten „Schönwetter mache". „Um Gottes Willen, verratet uns nicht!" bittet das Mädchen – aber ihre Bitte ist eigentlich überflüssig, wie sich bald herausstellt. Die Soldaten sind Sachsen und überaus freundlich und nett. Und ihre Kommentare?

„Mensch, wo denkt ihr hin! Wir verraten euch doch nicht! Wir haben den Scheißkram doch selbst bis hier oben stehen. Kämen die Amis doch, diese Feiglinge! Warum gehen die nicht vor? So was haben wir noch nie erlebt! Was stellen die sich eigentlich vor, was wir wunders an Verteidigung hier in Aachen haben?!"

Dann besorgen die Soldaten Kommißbrot und Fleisch. Dazu kommt das Eingemachte aus dem Keller von Frau Barth. Sie kocht für Soldaten wie Kellerbewohner zusammen.

Eine Woche lang leben sie so recht gut. Die Frauen fühlen sich durch die Anwesenheit der Soldaten auch etwas geschützter als zuvor. Nur ein einziges Mal wird diese Zeit durch ein grausiges Erlebnis unterbrochen: in einer Nacht gibt es einen solchen Lärm im Haus, daß die Bewohner aus dem Halbschlaf hochschrecken und glauben, ein ganzer Bomber sei auf das Dach des Hauses gefallen. Dann erkundigen sie sich ängstlich bei den Soldaten im Garten, was denn passiert sei.

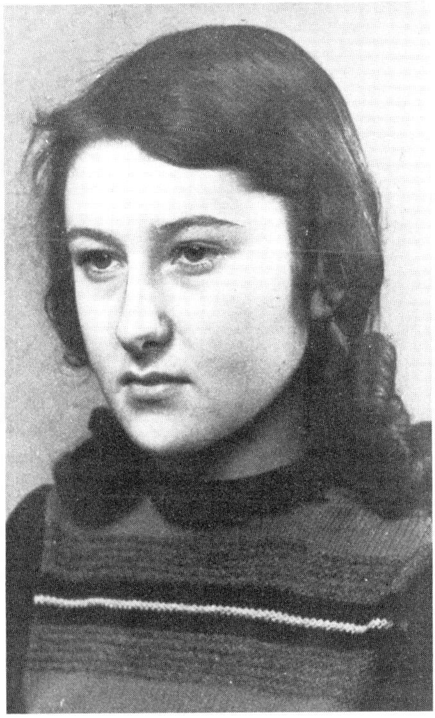

Waltraud Barth ein Jahr nach Kriegsende, 1946: „Sobald Waltraud einen Mann erblickt, sie keinen Blick hinüberschickt ..."

Die grausige Wahrheit entdecken sie schließlich selbst: bei einem der Granatwerfer hat es einen Rohrkrepierer gegeben. Alle vier Soldaten sind dabei zerfetzt worden. Die übrigen Soldaten sind nach diesem Unglück nur noch zwei Tage lang in ihrem Garten. Dann nehmen sie einen Stellungswechsel vor, weil die Amerikaner offenbar ihren Standort entdeckt und sich auf sie eingeschossen haben. Zum Abschied nehmen sie noch einen Feldpostbrief an den Vater von Waltraud mit.

Dann ziehen die Soldaten ab. Ein älterer Mann verabschiedet sich besonders herzlich von ihnen. Er freut sich sehr darauf, daß der Krieg bald zuende ist und daß er seine Frau

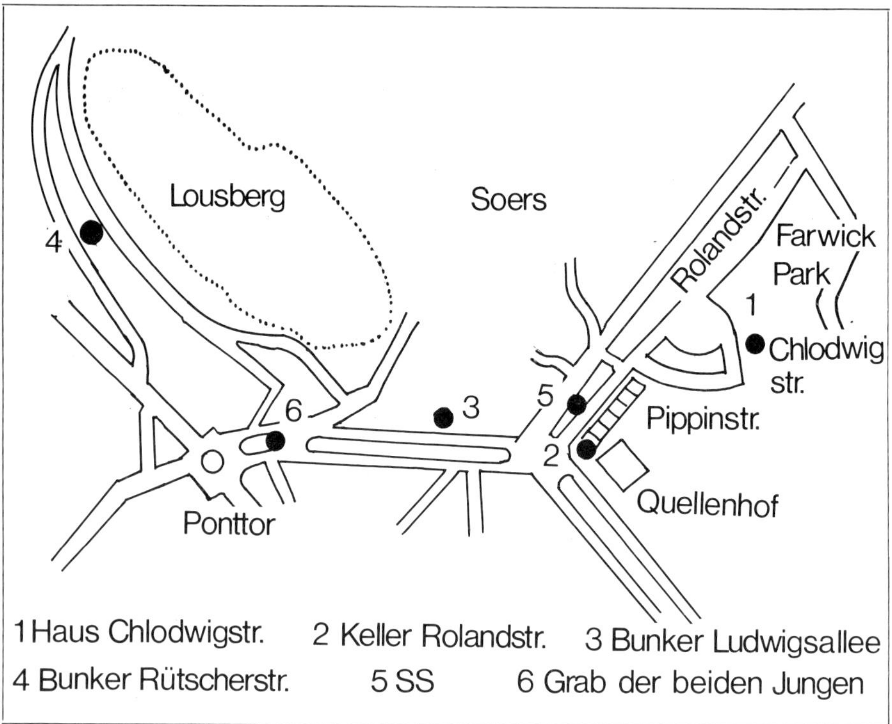

Das Stadtviertel, in dem Waltraud Sayelhi den Kampf um Aachen aus nächster Nähe miterlebte: 1: Zunächst wohnen sie im Haus in der Chlodwigstraße Nr. 6. 2: Im Hotel Quellenhof ist zeitweise der Kampfkommandant von Aachen. Hier holt Frau Perlia die Vorräte. Die Ecke mit dem Punkt bezeichnet den Anfang der Rolandstraße, an deren Ecke zur Pippinstraße Waltraud Sayelhi im Keller ausharrt. 3: Hier ist der Bunkerstollen in der Ludwigsallee, in dem sie von der Erschießung der beiden Jungen hören. 4: Der Bunker in der Rütscher Straße. Hier kapituliert der Kampfkommandant von Aachen am 21. Oktober 1944. Waltraud Sayelhi und ihre Mutter haben den Bunker schon vorher wieder verlassen und sind in die Rolandstraße zurückgekehrt. 5: Hier auf dem Rasenstück zwischen Krefelder Straße und Rolandstraße liegen die SS-Soldaten, die von einem amerikanischen Panzer zusammengeschossen werden. Der Panzer kommt von Norden her (dort, wo „Rolandstraße" auf der Karte steht). 6: Hier in der Grünanlage ist das Grab der beiden erschossenen Jungen, schräg gegenüber dem Bunker Saarstraße (siehe Foto Seite 297).

und seine Kinder wiedersehen kann, von denen er ihnen oft berichtet hat.

Aber gerade diesen Mann sehen sie später in der Pippinstraße: er ist tot!

*

Jetzt, während die Soldaten weg sind, fühlen sie sich wieder wie abgeschlossen — es kommt nichts mehr an „Nachschub", den die Soldaten meist aus dem Quellenhof bekamen, Brot etwa und andere Grundnahrungsmittel, die dort noch in großer Menge gestapelt liegen. Aber von Herrn Niedlich erfahren sie, daß in der Paßstraße eine Bäckerei sei, in der noch Brot gebacken werde. Die Mutter von Waltraud ist bereit, sich dorthin zu schleichen, um etwas zu organisieren.

Stunde um Stunde verrinnt – aber die Mutter kommt nicht! Ist ihr etwas passiert? Dann endlich erscheint die Frau, und in der Tat: es hat einen Zwischenfall gegeben! Sie ist unterwegs in eine Streife gelaufen. Die SA-Leute wollen sie mitnehmen, da niemand mehr in der Stadt verbleiben dürfe. Aber sie hat geschrien und sich gewehrt und gerufen, sie habe ein kleines Kind in der Stadt, das sie unmöglich allein zurücklassen könne. „Es ist drei Jahre alt, ich muß es erst holen! Ich kehre wirklich zurück!" Die SA-Männer haben ein Einsehen und lassen sie ziehen – „aber innerhalb einer Dreiviertelstunde müssen Sie wieder zurück sein!"

Die Mutter will auch tatsächlich zurückkehren. Aber Herr Krings kann sie davon abbringen – sie hat den SA-Leuten ja ihre Adresse nicht genannt. Also kann sie auch ruhig hierbleiben!

Ein paar Tage lang wagen sie es wiederum nicht, sich außerhalb des Hauses zu zeigen. Dann taucht bei ihnen plötzlich der Metzger Quadflieg mit seiner Frau auf. Das Ehepaar wohnt eigentlich in der Sandkaulstraße. Es war auf einen Bauernhof in die Soers geflüchtet, dort aber wieder weggegangen, als die Amerikaner Stück für Stück der zum Teil jahrhundertealten bäuerlichen Anwesen im Soerstal von Würselen her unter gezielten Beschuß nahmen. Mit einer Menge Fleisch von notgeschlachteten Kühen ist das Ehepaar zu Herrn Niedlich an der Ecke Rolandstraße/Pippinstraße geflüchtet. Aber Niedlich muß die beiden abweisen, weil er nicht genügend Platz hat: „Gehen Sie doch um die Ecke nach Krings! Da sind auch noch andere Leute, und Platz haben die genug. So wächst die Fünfergemeinschaft um zwei weitere Personen . . .

*

Am Morgen des Dienstag, 10. Oktober 1944, kommt Herr Niedlich aufgeregt zu ihnen und zeigt ihnen das amerikanische Ultimatum an den Kampfkommandanten, Oberst Wilck, das tausendfach über der Stadt niedergegangen ist[8]. Ärgerlich sagt er zu der Hausgemeinschaft: „Warum kommen die Amerikaner denn nicht – warum stellen die überhaupt noch ein Ultimatum?" Er fügt hinzu, daß er gehört habe, Aachen sei eingeschlossen. Deshalb sei keine Gefahr mehr, daß sie noch aus der Stadt geschickt werden könnten. Jedoch könnten sie auch nicht so nahe an der Krefelder Straße bleiben, weil dies, wie aus dem wachsenden Beschuß abzuleiten sei, wohl eine der Hauptstoßrichtungen sei, über welche die Amerikaner vorrücken wollten[9]. „Wie ich gehört habe", so fährt Herr Niedlich fort, „ist der Sandkaulbunker noch offen – dorthin müssen wir gehen!"

Gesagt getan. Schweren Herzens machen sie sich auf den Weg. Fleischtöpfe, Decken und Kerzen schleppen sie mit. Und auch sonst noch alles, was ihnen notwendig erscheint. Der Sandkaulbunker ist ziemlich voll, und für Waltraud wird es eine unangenehme Erfahrung – zum erstenmal in ihrem Leben macht sie mit Wanzen Be-

---

[8]) Das Ultimatum ist in „Die Amis sind da/Wie Aachen 1944 erobert wurde" auf den Seiten 106 und 107 abgebildet. Es verlangte sofortige Übergabe, andernfalls werde die Stadt völlig vernichtet. Oberst Wilck verweigerte die Übergabe, daraufhin folgte ein schreckliches Bombardement der Stadt.

[9]) Das war richtig.

kanntschaft ... Die erste Nacht vergeht und wieder ein halber Tag, da bemerken sie, daß im Bunker allmählich der Sauerstoff knapp wird. Denn die Ventilatoren des Bunkers arbeiten nicht. Auch elektrisches Licht ist wegen des Stromausfalles nicht vorhanden. Sie sind in einer dunklen Höhle mit zunehmend schlechter werdender Luft gefangen! Die paar Flammen der Dauerbrenner, die hier und da in Betrieb sind und ihre nächste Umgebung nur spärlich beleuchten, werden wegen des Sauerstoffmangels auch immer kleiner. Waltraud will hinaus aus dem Bunker und bittet ihre Mutter darum, daß sie fortgehen möge – „lieber draußen den Bomben ausgesetzt, als hier drinnen in Dunkelheit und schlechter Luft weiter ausharren müssen!"

Die Mutter versucht tatsächlich, den Bunker zu verlassen. Aber am Eingang ist Polizei postiert, die niemanden mehr hinausläßt.

*

Wenige Tage später ändert sich die Situation. Die Polizei befiehlt, den Bunker zu räumen, da der Kampfkommandant mit seinem Stab vom Quellenhof in den Sandkaulbunker umziehen müsse. Weil die Zivilisten nicht in den als Sanitätsbunker benutzten Schutzraum in der Saarstraße gehen können[10], bleibt ihnen nur der Bunker Rütscher Straße als Ausweg. Zusammen mit der jungen Frau Perlia und Familie Niedlich ziehen Mutter und Tochter Barth los. Schon bald verfolgt sie in der Rehmstraße amerikanisches Feuer. Herr Niedlich erklärt ihnen, wie man sich einzeln, von Hauseingang zu Hauseingang springend, langsam aus dem Bereich der amerikanischen Schützen entfernt, und so gelingt ihnen dies auch.

Am Ponttor wird die Sache kritisch, weil sie alle zusammen den großen Platz überqueren müssen, während die amerikanische Artillerie genau dorthin schießt. Die Schußfolge, so ermittelt Herr Niedlich in einer Viertelstunde Wartezeit, beträgt dreieinhalb Minuten – in dieser Zeit müssen sie es geschafft haben, vom Ponttor her die Rütscher Straße zu erreichen!

Wie die Hasen rennen sie schließlich im Zick-Zack-Kurs über die Straße. Es glückt! In der Rütscher Straße selbst ist alles noch ziemlich ruhig. Auch die Häuser scheinen ziemlich intakt zu sein. Im Bunker selbst ist die untere Schutzraumfläche ganz mit Artilleriepferden belegt – schöne, edle Tiere sind dabei, aber auch Ackergäule. Bei den Pferden sind deutsche Soldaten. Waltraud und ihre Mutter atmen auf – dieser Bunker ist sehr viel geräumiger. Außerdem sind weniger Leute darin. Und: im Innern läuft ein Generator! Die Ventilatoren arbeiten, Licht gibt es jedoch nur in der Etage mit den Soldaten.

Waltraud Sayelhi erinnert sich genau: „Wir saßen in einem kleineren Raum auf Bunkerbänken. Uns gegenüber war ein ukrainisches Ehepaar mit ein paar Kindern. Die beiden Eltern nahmen Nahrungsmittel in den Mund, kauten diese vor und gaben sie dann den Kindern zu essen. Ich war verblüfft darüber. Deswegen habe ich diese Szene bis heute so genau behalten."

Aber die relativ ungestörte Zeit im Rütscherbunker dauert auch nicht lange. Nach drei Tagen heißt es, auch dieser Bunker müsse geräumt werden. Der Kampfkommandant

[10]) Das Sanitätskreuz, wie auf dem Bild auf Seite 297 abgebildet, ist bis auf den heutigen Tag in verwaschener Form auf der Seitenwand des Bunkers sichtbar.

Die Amerikaner feuern auf Aachens Innenstadt: Ein Panzer an der Ecke Krefelder/Kardinalstraße. Gegenüber sind die Giebel der Rolandstraße, in der Waltraud Sayelhi die Kämpfe von ihrem Kellerversteck aus miterlebt.

müsse wieder umziehen. Waltraud Sayelhi: „Den haben wir vielleicht verflucht, aber nur im Stillen! Vor dem Bunker war schon Polizei aufgezogen, als ein Beamter hereinkam und uns den Zwangsumzug mitteilte. Er sagte, wir würden nach Würselen abtransportiert."

Als Sammelpunkt wird das Johannes-Höver-Haus angegeben, das am Ende der Straße ebenfalls geschützt hinter dem Lousberg liegt. Dort sollen sie auf Lastwagen und andere Fahrzeuge steigen. Herr Niedlich hat sofort einen Plan bereit. Er sagt zu den anderen: „Wir geben uns ganz erfreut und stimmen allem zu – aber wenn uns keiner sieht, verschwinden wir im erstbesten Hauseingang und warten, bis alles wieder ruhig ist!" Das gelingt ihnen dann auch ganz gut. Nur die Familie Krings haben sie bei diesem Manöver aus dem Auge verloren – jetzt sind nur noch Familie Niedlich, Frau Perlia, Waltraud und ihre Mutter zusammen.

Sie verhalten sich mucksmäuschenstill, fast atemlos, bis draußen alle Leute vorbei sind und kein Geräusch mehr zu hören ist. Dann warten sie zur Sicherheit noch eine Stunde lang, bevor sie sich durch den Hintereingang des Hauses in den Garten trauen. Sie werden versuchen, wieder nach Hause zu kommen! [11]) So klettern sie am Ende

[11]) Der Luftlinienabstand vom Bunker Rütscher Straße bis zur Ecke Roland-/Pippinstraße beträgt nur 1,4 Kilometer.

des Gartens mit Hilfe dort gefundener Stühle über die Mauer, überqueren eine Straße und kommen an der Nizzaallee aus. Vorsichtig von Haus zu Haus schleichend kommen sie bis zur Kupferstraße, die sie bis auf den Salvatorberg führen soll. Den müssen sie überqueren. Unterwegs steht Herr Kamps in der Tür, dessen Tochter Waltraud gut kennt. „Was?", fragt Kamps ganz ungläubig, „ihr wollt über den Salvatorberg? Da müßt ihr doch mitten durch die Front, da sind doch längst die Amis! Und außerdem: die Strecke könnte vermint sein. Ihr müßt höllisch aufpassen."

Aber trotzdem wollen sie es riskieren. Herr Niedlich sagt: „Gut, ich gehe vor. Wir gehen nur dort, wo noch unbeschädigter Asphalt ist. Dann sehen wir genau, was los ist!" Die schweren Bäume der schönen alten Allee [12]) sind zum Teil gefällt worden und liegen als Straßensperren quer zur Fahrtrichtung. Vorsichtig überwinden sie die Hindernisse. Sie gehen um Bombentrichter herum, stolpern über im Weg liegende Äste und beeilen sich, so gut es eben geht, weil sie auf der Straße von unten her – aus Richtung Krefelder Straße – sehr gut gesehen werden können. Aber ob da auf der Straße wirklich noch Asphalt liegt oder nicht, kann Waltraud gar nicht mehr erkennen. Voller Angst fürchtet sie, daß jeden Augenblick eine fürchterliche Explosion die Luft zerreißt und sie alle miteinander tötet.

Als sie schließlich unten an der Krefelder Straße ankommen, sehen sie dort einen liegengebliebenen amerikanischen Panzer! Herr Niedlich warnt sie eindringlich: „Jetzt müssen wir unheimlich aufpassen. Das ist das sichere Zeichen, daß wir uns in der vordersten Linie befinden! Aber wir müssen durchkommen zu unserem Haus!"

Hastig überqueren sie die Krefelder Straße, die weißen Taschentücher in der Hand, und laufen dann den kleinen schrägen Abhang hinunter, der als Grasfläche die Rolandstraße von der höhergelegenen Krefelder Straße trennt [13]). Erleichtert darüber, daß vom Tivoli her niemand auf sie geschossen hat, wollen sie gerade auch die Rolandstraße überqueren, da erstarren sie vor Schreck.

Da vorne, an der Ecke Rolandstraße/Pippinstraße, steht ein Posten der SS! Freundlich lächelnd, die Taschentücher so gut wie es eben geht versteckend, nähern sie sich dem Soldaten.

„Menschenskinder, was machen Sie denn noch hier? Wir befinden uns doch direkt im Schußfeld der Amerikaner! Wissen Sie das nicht?! Wo kommen Sie überhaupt her?"

Herr Niedlich murmelt etwas wie eine Erklärung. Sie könnten gleich alles erzählen. Aber erst einmal sei es wichtig, in das Haus und in Sicherheit zu kommen! Das sieht der SS-Mann auch ein.

Unten im Keller treffen sie fünf Kameraden des Postens an der Ecke an. Sie gehören zu einer Panzereinheit – dem 2. Bataillon (Bucher) der SS-Kampfgruppe Diefenthal. Sie haben im Keller ein Funkgerät, und seitwärts in der Pippinstraße steht ein Panzerspähwagen. Der Führer der kleinen Gruppe ist ein

---

[12]) Wegen der abends dort flanierenden Liebespaare im Volksmund auch „Seufzerallee" genannt.

[13]) Jeder Einpendler, der aus dem Norden nach Aachen kommt (aus Richtung Alsdorf/Würselen) kennt dieses Rasenstück, das sich von der Villa auf der Kuppe der Krefelder Straße bis hinab zur Bastei hin zieht. Es spielt im Verlauf der Geschichte von Waltraud Sayelhi noch eine dramatische Rolle.

blonder, hochgewachsener junger Soldat mit Namen „Rudi“ [14], der im Ruhrgebiet als Bergmann ausgebildet worden ist.

Merkwürdig ist nur, daß drei der fünf Soldaten im Keller keinen Ton sprechen. Das Wort führen immer nur die beiden anderen.

Aber schon bald haben sie herausbekommen, wie das zu erklären ist, als sie nämlich die beiden anderen fragen: „Sprechen die denn kein Deutsch?!“

„Nein“, antwortet einer der beiden Soldaten, „der da ist ein Iwan, ein Hiwi“ [15], während er auf einen 18jährigen Soldaten zeigt. Sie hätten ihn aus Rußland mitgebracht. Der zweite sei Ungar, der dritte Rumäne, der nur gebrochen Deutsch sprechen könne.

Betreten schauen die Zivilisten sich an. „Um Gottes Willen – wo sind wir hier bloß gelandet! Da draußen steht der Ami und beschießt uns, und hier drinnen befinden wir uns in einer ‚internationalen' Gesellschaft! Wie soll das bloß mit uns enden?“

*

Schon bald gewinnen sie jedoch Zutrauen zueinander. Besonders mit dem Rudi kommen sie gut ins Gespräch. In einer Pause fragen sie ihn einmal: „Rudi, wie stellst du dir den Ausgang der ganzen Sache überhaupt vor?“ Fanatisch antwortet der 22jährige: „Wir halten die Stellung! Wir gehen auch nicht in Gefangenschaft. Und ihr könnt euch uns anschließen, dann brauchen wir uns auch um das Essen keine Sorgen mehr zu machen. Ich teile euch schon ein! Frau Perlia kann ja in den Quellenhof gehen, da ist noch jede Menge Essen zu holen. Und dann könnt ihr davon etwas Gutes kochen. Ihr kommt uns gerade gelegen. Aber macht euch ja keine falschen Vorstellungen darüber, was euch erwartet, wenn es hier richtig mit dem Kämpfen losgeht! Ihr seid ja freiwillig hergekommen und habt euch das selber eingebrockt – jetzt könnt ihr die Suppe auch auslöffeln. Wir jedenfalls werden bis zum Letzten kämpfen. Da gibt es überhaupt kein Pardon. Wir haben die Anweisung, ‚verbrannte Erde' zu hinterlassen. Dann wird hier alles in Brand gesteckt. Das ist ein harter Kampf, so ist nun einmal der Krieg!“

Dann kommen andere Soldaten in den Keller, insgesamt mehr als zehn Mann von der benachbarten Gruppe in der Rolandstraße. Einer der SS-Offiziere schimpft hemmungslos und zeigt eine geradezu diabolische Freude, als er prahlend seine letzte Heldentat erzählt. Zusammen mit drei Soldaten ist er durch die Gärten der Roland- und der Pippinstraße zur Chlodwigstraße vorgestoßen, wo die ersten Amerikaner liegen [16]. Die MP lässig im Arm, bequem in den Türrahmen gelehnt, berichtet er: „Denen haben wir's aber noch mal gezeigt, hä, hä, hä! Karten haben die Brüder gespielt! Wir haben mit dem Gerät an der Wand gehorcht. „Was?“, haben wir gesagt – „die spielen Karten? Denen werden **wir** jetzt mal was vorspielen! Und dann rein mit der Panzerfaust in den Keller und Rumms, ha ha ha!“

Schrecklich ist für Waltraud die Erfahrung, wie der Mann sich ehrlich freut, daß er die Soldaten dort drü-

---

14) Den Familiennamen hat Waltraud Sayelhi bis heute nicht erfahren.

15) Hilfswilliger.

16) Im Keller von Haus Gobelet, Chlodwigstraße 6.

ben im Keller töten konnte. Und dann erzählt er weitere Dinge. So hätten sie beispielsweise auch einen unterirdischen Gang vom Badehaus im Quellenhof zum Neuen Kurhaus entdeckt. Durch den seien ein paar Soldaten mit Handgranaten und Panzerfäusten gekrochen und hätten die bereits im Neuen Kurhaus eingenisteten Amis „ausgeräuchert". Dann seien die Soldaten durch den Gang wieder unbeschadet zurück zum Quellenhof gekrochen. Auch zum Observatorium auf dem Wingertsberg gebe es einen Stollen, in dem sie gewesen seien.

*

Drei Tage lang sind sie mit den SS-Soldaten im Keller zusammen. Nachts kochen sie für die Männer. Aus Frankreich haben die sogar noch ein Faß Butterschmalz! Und aus den Vorräten im Quellenhof kommen Dinge, die sie in den letzten Monaten überhaupt nicht mehr gesehen haben: Kaffee, Schokolade, Tee, Braten und Kartoffeln! Dazu kann Herr Niedlich immer noch Hühner rupfen ... Hin und wieder kommen auch jüngere SS-Soldaten von den benachbarten Gruppen, um etwas mitessen zu können.

Und ältere Soldaten, die am Rolandplatz liegen, kommen ebenfalls abends durch die Kellerdurchbrüche zu ihnen [17]. Sie sind nicht von der SS und haben außer dem Dauerbrot keinerlei Verpflegungsrationen mehr. Sie flüstern den Zivilisten zu, daß sie sich bald den Amerikanern ergeben würden — „wir ergeben uns ganz früh, aber hier seid ihr sicherlich verloren! Wir sagen zwar den Amis bescheid, daß ihr hier seid, aber was mit der SS passiert, das ist uns völlig wurscht!" In dieser Nacht, kurz vor Morgengrauen, setzt plötzlich ein unheimlich starker Beschuß ein.

„Aha", sagt Herr Niedlich, „jetzt naht das Ende! Die schießen sturmreif." Und da schlägt auch schon ein Volltreffer in ihrem Haus ein! Die Mutter geht in den Nebenraum und beruhigt Waltraud: „Bleib noch etwas liegen, ich mache nur noch schnell Kaffee, bevor wir von hier wegmüssen!" Etwa fünf Minuten liegt das Mädchen alleine in dem Raum. Da hört es plötzlich draußen ein zaghaftes Wimmern. „Helft mir, helft mir, ich bin verwundet!"

Immer wieder ruft ein Soldat. Da steht Waltraud auf und geht durch die Luftschutztür in den Nebenraum.

„Mama, da draußen liegt ein verwundeter deutscher Soldat, der ruft um Hilfe." Aber die Mutter kann natürlich nichts unternehmen. Deshalb ruft sie den Rudi herbei und macht ihn auf den Verwundeten aufmerksam.

„Tut mir leid", sagt der Rudi achselzuckend, „aber da kann ich nichts machen. Die haben sturmreif geschossen — gleich wird es ernst werden! Dann kommt der Angriff."

Aber die Mutter und das Mädchen lassen nicht nach, für den verwundeten Soldaten zu betteln. Schließlich ist es dem Rudi zuviel. Mehr aus Ärger darüber, daß die beiden ihn nicht in Ruhe lassen als aus Mitleid mit dem verwundeten Kameraden da draußen packt er sich seinen Helm und sagt unwirsch: „Also los, dann helft mir!"

Und er geht vorsichtig nach draußen — inzwischen ist es fast ganz hell

---

17) Die Amerikaner hielten bei ihren Einsätzen ziemlich regelmäßige „Dienstzeiten" ein, wenn es die Kampfhandlungen nicht gerade unmöglich machten. So herrschte nachts relative Ruhe.

geworden — und schaut sich rechts und links um. Dann macht er Anstalten, sich an den verwundeten Soldaten da hinten heranzupirschen. Aber er hat kaum drei Schritte machen können, da peitschen Schüsse durch die Luft.

Peng! Ping. Peeiing!

Waltraud hört etwas klatschen und läßt vor Schreck den Dauerbrenner zu Boden fallen, den sie in der Hand hat.

Da draußen liegt der Rudi auf der Straße — verwundet! Das Rufen des verwundeten Soldaten war eine List der Amerikaner [18]! Und jetzt ruft der Rudi selber, man solle ihm doch helfen. Aber dann kann er sich doch mühsam zurück in den Hauseingang schleppen, ohne daß weitere Schüsse fallen. Die beiden Frauen ziehen ihn in das Haus. „Luft!", flüstert er nur noch — dann wird er bewußtlos! Der Rudi hat zwei Lungensteckschüsse erhalten.

Ängstlich und mucksmäuschenstill stellen die Zivilisten sich im nächsten Raum hinter die Luftschutztür aus Stahl. Wann werden die Amerikaner wohl kommen? Die Stille wird unheimlicher, je länger sie warten. Die Minuten verrinnen wie Stunden. Die Spannung wird unerträglich, und auch die übrigen Soldaten warten gespannt auf das, was sich ereignen wird.

Dann bricht Frau Perlia die Stille und redet auf den zweiten deutschen Soldaten ein, der mit den drei anderen noch bei ihnen ist.

„Also Junge, jetzt sei doch vernünftig! Der Amerikaner ist schon nebenan. Ob wir den Krieg gewinnen oder nicht, das ist doch jetzt egal. Wie unsere Situation jetzt ist, geht es für uns doch um Leben oder Nichtleben! Und das Wichtigste, das mußt du dir für dein ganzes späteres Leben merken, ist nun einmal dein eigenes Leben. Unser Leben übrigens auch, und es gibt keinen Wert, keinen Staat und nichts auf der ganzen Welt, was wichtiger ist als das Leben. Das ist einmalig, und das ist das Wichtigste."

Aber der Soldat bleibt hart.

„Das kann ich nicht tun", sagte er. „So einfach ist das nicht, wie ihr das seht. Wenn ich jetzt aufgebe, dann sind die anderen dran, meine Kameraden! Und außerdem haben wir jetzt den Verwundeten hier. Wenn ich ..." — aber während er noch weiterreden will, wird er von Frau Niedlich unterbrochen. Die Frau kann einfach nicht mehr — die 55jährige Dame bekommt einen Schreikrampf. Sie ist außer sich und weiß nicht mehr, was sie tut.

„Ich kann nicht mehr! Ich kann nicht mehr!" schreit sie — reißt die Türe auf und stürzt einfach nach draußen. Und da steht auch schon ein Amerikaner, direkt hinter der Türe. Der ist völlig verdutzt und überrumpelt, als die laut schreiende Frau aus dem Raum kommt, aber Frau Niedlich ist noch lange nicht beruhigt. Sie ist völlig von Sinnen, umarmt den Soldaten, küßt ihn auf die Wangen und zieht ihn am Arm: „Kommen se, kommen se rein hier! Wir sind friedliche Zivilisten, überzeugen Sie sich doch selbst!"

Inzwischen versucht Frau Perlia, die Frau wieder etwas zu beruhigen. Mit einem Blick über die Schulter des vordersten amerikanischen Soldaten sieht sie hinter diesem noch sieben oder acht weitere stehen, einige davon mit Handgranaten in

---

[18]) Die 1. US-Infanteriedivision, die Aachen erobert, hat viele Deutsch-Amerikaner oder Söhne von ausgewanderten Deutschen in ihren Reihen, darunter etliche Soldaten aus Aachen selbst oder der näheren Umgebung.

Das Haus an der Ecke Rolandstraße (links)/ Pippinstraße (rechts) ist erobert. Ein Amerikaner hißt oben im Fenster (Pfeil) die US-Flagge. In diesem Haus im Keller wohnten die Zivilisten, darunter Waltraud Sayelhi, zusammen mit dem SS-Mann „Rudi" und den anderen deutschen Soldaten.

Das gleiche Eckhaus von damals heute: Waltraud Sayelhi zeigt auf den Kellerraum, in dem sie lebte und schließlich von den Amerikanern gefangen genommen wurde. Bis auf den heutigen Tag sind am Eckhaus die Spuren der Kämpfe von damals deutlich auszumachen. Links zweigt die Pippinstraße ab.

der Hand – fertig zum Abziehen. Wahrscheinlich wollten sie damit die Stahltüre zu dem Raum sprengen, in dem die Zivilisten so mucksmäuschenstill abgewartet haben, was passieren würde.
Und drinnen, bei ihnen, brutzelt noch immer so friedlich die Gans auf dem Feuer ... Herr Niedlich faßt sich als erster.
„Waltraud", sagt er, „jetzt bist du dran!" Das Mädchen hat von der Schule her Englischkenntnisse und soll den Amerikanern die Situation erklären. Also berichtet Waltraud den Soldaten, daß hier im Keller SS-Soldaten lägen, und dort hinten auch noch welche, und weiter auch – „aber hier liegt der Anführer. Er ist verwundet!" Dabei zeigt sie auf den Rudi, der noch immer bewußtlos am Boden liegt.
Die Amerikaner hören sich ruhig an, was das Mädchen erzählt. Und dann kommt das Tollste! Einer der Amerikaner sagt: „Also prima, dann geh' jetzt rüber und hol' die anderen Soldaten da 'raus!"
Waltraud ist völlig verdattert über diesen Befehl. Mit ein paar Halbsätzen erklärt sie ihn ihrer Mutter und Herrn Niedlich.
„Also, du mußt nachfragen, was sie genau meinen. Du verstehst das einfach nicht, hörst du?", schärft Herr Niedlich dem Mädchen ein.
Und sie sagt tatsächlich: „Ich verstehe nicht genau, was Sie wollen.

Was meinen Sie?“ Noch einmal erklärt der Amerikaner dasselbe. Aber Waltraud schüttelt nur den Kopf und schaut abwechselnd den Amerikaner und ihre Mutter an.

Die Amis verständigen sich kurz und holen dann einen Soldaten von draußen herein. Er spricht österreichischen Dialekt und unterhält sich mit den Aachenern. „Gut“, sagt Herr Niedlich endlich, „ich gehe nach draußen und versuche, die Soldaten zu überreden.“

Seine Frau ist aber gar nicht damit einverstanden und regt sich sehr über das Vorhaben ihres Mannes auf. Aber es gelingt ihm, sie zu beruhigen: „Ich bin ja gleich wieder da! Es wird mir schon nichts passieren. Die kennen mich doch!“

So tritt er aus dem Hauseingang, und während er losgeht, ruft er ununterbrochen: „Nicht schießen! Ich bin der Herr Niedlich! Bitte nicht schießen, ihr kennt mich ja!“ Tatsächlich! Kein Schuß fällt, nichts. Die Soldaten kennen seine Stimme. Niedlich berichtet später, was er den Soldaten sagt: „Euer Haus hier ist umstellt. Ihr habt keine Möglichkeit, lebend hier herauszukommen, wenn ihr euch nicht freiwillig ergebt! Also los, macht Schluß. Was wollt ihr denn sonst schon noch machen?!“

„Ja aber der Rudi, der verblutet inzwischen! Wir wollen uns ergeben, wenn wir mit den Verwundeten zusammen sein können, damit wir für sie sorgen können!“

Mit dieser Botschaft der Soldaten kehrt Herr Niedlich nach etwa acht Minuten zu den Amerikanern in den Keller zurück. Die aber weisen das Ansinnen der Soldaten schlichtweg zurück – „das gibt es nicht! Dann wird eben doch noch gesprengt!“

Noch einmal geht Niedlich zurück. Und wieder ruft er unterwegs: „Nicht schießen, der Herr Niedlich kommt!“ – und wieder bleibt er etwas länger. Seine Frau macht sich große Sorgen und ruft herüber: „Nun komm doch endlich zurück!“

Wenig später ist er da. „Ihr könnt beruhigt sein. Sie kommen jetzt gleich rüber!“ Und auf das mit den Soldaten verabredete Zeichen, das Niedlich herüberruft, kommen die deutschen Soldaten tatsächlich aus ihrem Haus heraus!

Ein amerikanischer Soldat haut demjenigen, der als erster herauskommt sofort auf den Kopf. Der zweite Soldat erhält einen Tritt in den Hintern. Den anderen ergeht es ähnlich. So geraten sie alle in die Gefangenschaft.

Es ist Mittwoch, der 18. Oktober 1944, kurz nach zehn Uhr morgens.

*

Die Soldaten werden woanders hingebracht. Die Zivilisten jedoch werden in ein kleines Räumchen gesperrt, vor dem sofort ein Posten aufzieht. Er kann durch eine kleine Luke in der Türe hineinschauen. Draußen hängt ein handgemaltes Schild: „5 civilian prisoners“ [19]. Sie sind von der Bürokratie der 1. US-Infanteriedivision, wegen ihres Divisionszeichens auch „die große rote Eins“ genannt [20], vereinnahmt worden . . .

Inzwischen ist auch der verletzte Rudi abgeholt worden, nachdem er gut eine Stunde bewußtlos dort im Keller gelegen hat. Zwei US-Sanitäter schaffen ihn vorsichtig fort. Er wird gut behandelt, wie sie später erfahren. Ein anderer Soldat hat im

19) Fünf Zivilgefangene.

20) The big red One.

Rolandstraße, Aachen, nach der Kapitulation: Der Keller, in dem Waltraud Sayelhi lebte, liegt unter dem hellen Haus mit dem spitzen Giebel (Bildmitte), an dessen Ecke (beim Baum) die Pippinstraße (links) in die Rolandstraße (Blickrichtung) einmündet. Der Fotograf stand kurz vor dem Rolandplatz.

Fenster des Hauses im ersten Stock die amerikanische Flagge gehißt. Sie selbst haben etwas Kaugummi und Schokolade erhalten. Zur Toilette können sie nur in Begleitung eines amerikanischen Soldaten gehen, der darauf besteht, daß die Türe sperrangelweit offenstehen bleibt – aber er dreht sich wenigstens um.

Draußen ist der Kampf inzwischen noch längst nicht zuende. Dreizehn deutsche Soldaten haben sich nämlich noch immer nicht ergeben. Sie waren ursprünglich in den Häusern an der Rolandstraße und haben sich jetzt in den Büschen auf dem Rasenstück zwischen Roland- und Krefelder Straße verschanzt. Und sie schießen von dort auf die Amerikaner im Eckhaus Roland-/Pippinstraße!

Peng peng peng peng!

Peng! Peng peng peeeiiiing. Peng.

Die Amerikaner schießen zurück.

Und dann: Ratatatatatatatt! Die Deutschen haben sich hinter ihren Maschinengewehren verschanzt und denken gar nicht daran, aufzugeben! Vielmehr wollen sie versuchen, die Amerikaner im Eckhaus niederzuhalten und in Richtung Soers aus dem Kessel zu entkommen. Inzwischen brennt auch die Häuserzeile in der Rolandstraße, die von den Soldaten verlassen wor-

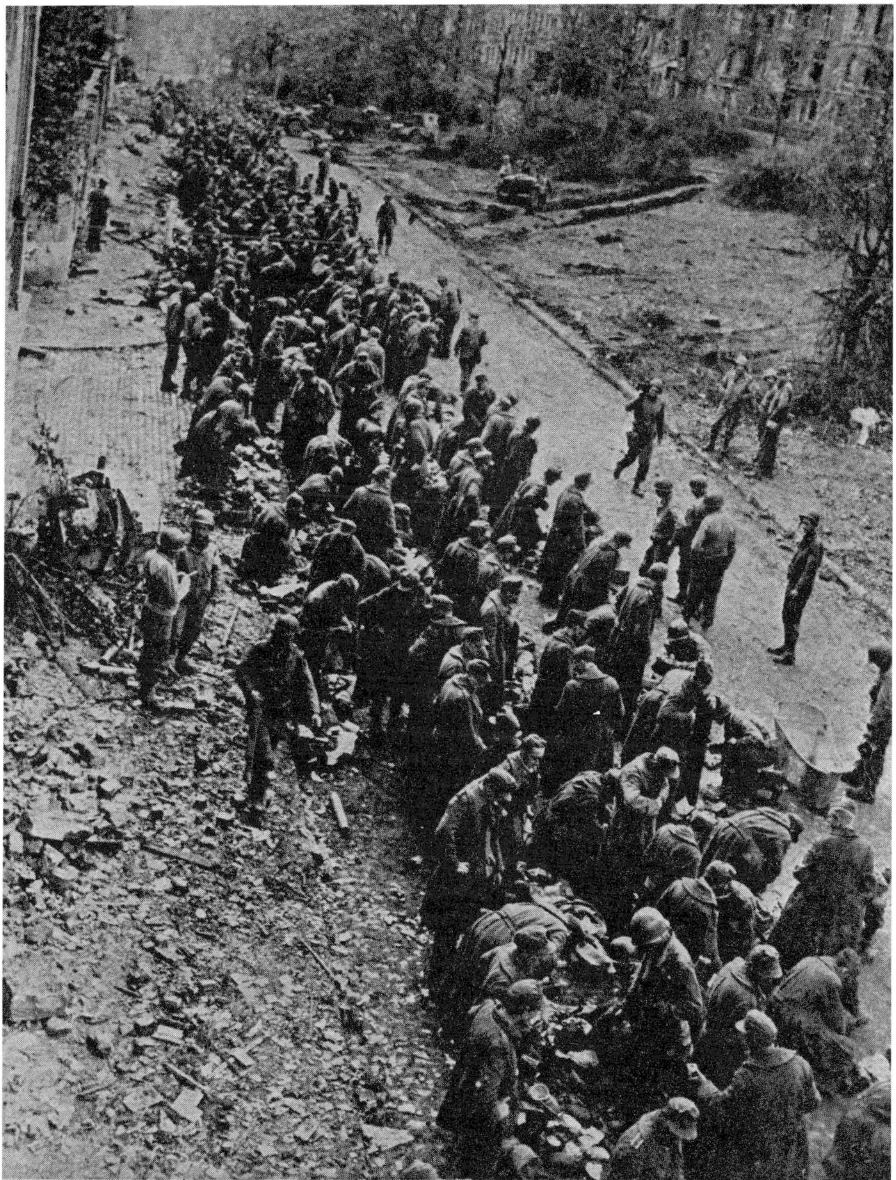

Rolandstraße/Ecke Pippinstraße (links, mit Pflastersteinen) nach Aachens Kapitulation. Im Wiesenstück hinten rechts (mit den Panzerspuren) lagen die SS-Soldaten, die sich bis zuletzt gegen die Amerikaner wehrten. Im Hintergrund rechts oben die Häuser der Krefelder Straße, kurz vor der Bastei. Ganz links am Bildrand das Haus, in dem Waltraud Sayelhi im Keller lebte.

Waltraud Sayelhi im Hauseingang in der Paßstraße, in den sie damals mit den anderen Kellerbewohnern geführt wurde — im Gänsemarsch.

den ist. Das Prinzip „verbrannte Erde“ hat ein paar neue Opfer gefunden...

Aber die Amerikaner haben schon Panzer angefordert. Der Wachposten zeigt den eingesperrten Zivilisten einen Vogel und weist gleichzeitig in die Richtung, aus der die deutschen MG's schießen. Dann sagt er nur zwei Worte: „Wumm! Wumm!“

Wenig später wissen sie, was er gemeint hat. Vom Rolandplatz her rasselt ein amerikanischer Panzer an. Das „Gefecht“ dauert keine fünf Minuten. Dann herrscht Totenstille. Erst am nächsten Morgen, als sie weggeführt werden, sehen sie die tiefen Panzerspuren auf dem Wiesenstück. Alles, was von den deutschen Soldaten übrig geblieben ist, sind ein paar blutdurchtränkte Fleischklumpen.

Der Posten aber, der die ganze Nacht auf einem Stuhl vor ihrer „Zellentür“ gesessen hat, berichtet, daß es dem Rudi gut gehe. Er sei ein robuster Kerl, der sicherlich durchkomme.

Dann kommt der Amerikaner mit dem österreichischen Dialekt und kündigt ihnen an, daß sie in einer Stunde „abgeholt“ werden. „Wir haben letzte Nacht große Verluste gehabt!“ Es gehe zu einer anderen Stelle, weg von der „Front“. Herr Niedlich denkt praktisch und erinnert sich sofort an die Gans, die sie dann ja mitnehmen können. Aber davon ist nichts mehr zu entdecken — die Amerikaner haben sie aufgegessen. Dann werden sie abgeführt — ironischerweise ... im GÄNSEmarsch!

Es ist halb elf am Vormittag des 19. Oktober 1944. Es ist der Donnerstag zwei Tage vor der endgültigen Kapitulation von Aachen.

*

An der Spitze geht Herr Niedlich, ihm folgt seine Frau. Dann kommt Waltrauds Mutter, schließlich Frau Perlia und als Schlußlicht Waltraud selbst. Sie werden durch die Rolandstraße auf den Rolandplatz geführt. Von da aus geht es durch die Margratenstraße rechts ab in den Farwickpark [21].

Am kleinen Rondell erschrickt Waltraud. Hier liegen im Umkreis verstreut die Leichen von dreizehn deutschen Soldaten. Überall sieht sie Reste von Gliedmaßen, die abgerissen sind. Längst nicht jeder Sol-

---

21) Es ist exakt der gleiche Weg, den die Amerikaner zwei Tage später mit den in Aachen kapitulierenden deutschen Verteidigern in die Gefangenschaft gehen. Ein eindrucksvolles Bild dazu vom Rolandplatz, einen Steinwurf von der Ecke Rolandstraße/Pippinstraße entfernt siehe in „Schlachtfeld Rheinland“, Seite 141.

Der Hauseingang Paßstraße 76 vom Hinterhof aus gesehen: Hier am Treppenaufgang, an dem Waltraud Sayelhi steht, war der Eingang zur Sanitätsstation der Amerikaner.

dat ist mit einer Plane notdürftig zugedeckt. Auch im Farwickpark selbst sieht sie das gleiche Bild. Überall Körperteile, Tote, große Blutflecken. Hier und da sind die Bäume zerschossen.

In der Paßstraße machen sie halt. Die Amerikaner gehen zuerst alleine in die Toreinfahrt beim Hause 76. Dann müssen auch sie in den Hinterhof folgen. Rechts ist eine kleine Treppe, die in das Gebäude führt. Gleich links neben dem Eingang ist eine Sanitätsstation eingerichtet. Die Mutter zeigt einem der Sanitätssoldaten die roten Stellen im Gesicht ihrer Tochter. Sie bekommt . . . Jod gegen das Nesselfieber. Aber sonst sind die Soldaten sehr freundlich. Sie händigen ihnen Milch-, Kakao- und Eipulver aus. Im Nebenzimmer sitzen zwei Soldaten und ruhen sich aus – neben ihnen steht ein Käfig mit einem Kanarienvogel, und die Amis spielen mit dem Tier. Es ist 11 Uhr an diesem Donnerstag.

Drei Stunden später, gegen 14 Uhr, kommt ein Jeep gefahren. Sie müssen ihre wenigen Sachen zusammenraffen und in das Fahrzeug steigen. Dann geht die Fahrt nach Brand, zum Auffanglager, das die Amerikaner dort seit Tagen mit den Bewohnern füllen, die aus allen eroberten Vierteln Aachens aus ihrem Unterschlupf hervorkriechen.

Sie werden zu einem der großen Kasernengebäude im Lager geführt, die jetzt als Unterkünfte dienen. Vor der Eingangstür steht ein amerikanischer Wachposten. Deutsche Hilfspolizisten gibt es auch schon. Sie tragen provisorisch weiße Armbinden. Die zerschossenen Fensterscheiben darf Herr Niedlich mit Drahtglas flicken. Zum Schlafen können sie sich Säcke mit Stroh füllen und sich so halbwegs in dem Zimmer einrichten, das man ihnen zugewiesen hat. Einen Ofen basteln sie sich aus einem Mülleimer. Gekocht wird in einem alten Stahlhelm . . .

*

Woche für Woche sind sie im Lager Brand. Wann immer sie sich dem

Am Tag des Falles der Stadt Aachen: Bewohner, die in der umkämpften Stadt ausgeharrt hatten, stehen mit Kannen, Eimern und Schüsseln um Suppe an. Im Lager Brand, Samstag, den 21. Oktober 1944.

Zaun nähern, weil Bewohner von Brand mit ihnen sprechen oder ihnen etwas durch das Gitter reichen wollen, kommt sofort einer der amerikanischen Posten heran und verbietet das. Trotzdem bekommen sie einmal etwas Obst hereingereicht. Als Verpflegung erhalten sie pro Tag einen Teller dünne Suppe und Armeebrot aus den amerikanischen Rationen. Waltraud nennt sie „Manöverplätzchen ...“ Hin und wieder sehen sie, wie über ihnen am Himmel eine der V-2-Raketen ihre todbringende Bahn nach Westen zieht.

Nachts haben sie in ihrem Zimmer hin und wieder unangemeldeten Besuch von amerikanischen Soldaten, die sich in der Türe irren – denn gegenüber ist ein Zimmer voller junger Frauen aus einem bestimmten Aachener Stadtteil, die mit den Amerikanern angebändelt haben. Als ihr Beschützer tritt dann Herr Niedlich auf, der die Amerikaner höflich, aber bestimmt auf ihren Irrtum hinweist.

Nach vier Wochen endlich werden sie entlassen. Die Männer aus dem Lager Brand sind sowieso schon seit einiger Zeit tagsüber bei den Aufräumungsarbeiten in der Stadt eingesetzt. Da die Mutter bei der Entlassung eine Gesichtsrose hat und Waltraud selber hohes Fieber, werden sie zum Karin-Göring-Stift geschickt [22]. Dort werden sie in ein Zimmer eingewiesen, in dem bereits ein junger Mann liegt. Waltrauds Mutter fragt ihn erstaunt, warum er denn nicht Soldat sei. Dabei sieht er doch so blühend aus!

„Nein“, antwortet der Gefragte munter. „Das geht doch nicht. Ich habe nämlich die Schwindsucht!“ Am nächsten Morgen schon machen Mutter und Tochter sich wieder auf den Weg. Sie gehen mit ihrem Ge-

22) Die psychiatrische Klinik innerhalb der Klinischen Anstalten in der Goethestraße.

1945, der Wiederaufbau beginnt – mit Schippen. Hier in der Aachener Monheimsallee. Ganz rechts im Bild Waltraud Barth, heute Frau Sayelhi.

päck nach Burtscheid in die Klara-Fey-Straße, wo eine Tante wohnt. Dort endlich finden sie Unterkunft und Ruhe. Dort bangen sie mit den anderen Aachenern, als die Ardennenoffensive im Dezember 1944 einsetzt und die Amerikaner, nervös geworden, wieder strenge Ausgangssperren verhängen. Dort auch erleben sie das Ende des Krieges im Mai 1945 . . .

Ein Erlebnis, das sie vorher hat, bleibt für sie unvergeßlich. In Burtscheid liegen nämlich auch Amerikaner, und bei ihnen ist ein Italo-Amerikaner, ein Koch, der mit seiner Einheit an der Ecke der Pastorstraße einquartiert ist. Die Möbel haben die Soldaten einfach auf die Straße geworfen, um sich Platz zu verschaffen. Der Koch hat schwarzes Haar und ist schätzungsweise 31 Jahre alt. Er ist ein kleiner Mann. Eines Mittags ruft er die Kinder der Umgebung alle zusammen. Sie kommen schnell. Denn sie denken, daß sie etwas zu essen erhalten. Aber dann wirft er alles auf einen Haufen, Schokoladenreste, Milch- und Eipulver, Speck und die schönsten Essensreste.

Und dann holt er einen Kanister Benzin, gießt eine tüchtige Menge auf den Essenshaufen, nimmt ein Streichholz und zündet das an. Er stellt sich breitbeinig davor und schaut die Kinder triumphierend an! Waltraud ekelt sich. Sie denkt unwillkürlich an den SS-Mann, der sich so sadistisch über den Tod der Amerikaner gefreut hatte, die in der Chlodwigstraße im Keller Karten gespielt hatten, bevor er sie tötete . . .

*

Der Vater Waltrauds kehrt heim, noch bevor der Krieg zuende ist. Er trägt eine Baskenmütze und erzählt, daß er sich als französischer Fremdarbeiter getarnt hat. Zusammen mit einem Transport von Fremdarbeitern, der nach Belgien geht, kann er sich absetzen. Mit einem alten Fahrrad kommt er von Duisburg nach Aachen. Er ist 49 Jahre alt, und als er endlich seine Frau und sein Kind in Burtscheid gefunden hat, dauert der Krieg nur noch ganze vierzehn Tage. Und dann nehmen sie die Schaufeln in die Hand . . . Das große Aufräumen beginnt. Waltraud ist unter anderem beim Schippen in der Monheimsallee eingesetzt.

*

Manchmal, wenn sie heute an der Monheimsallee vorbeikommt, in der Paßstraße, wo sie in die Sanitätsstation der Amerikaner geführt wurde, wenn sie die Wiese zwischen Roland- und Krefelder Straße sieht, dann erinnert sie sich an all' das Schreckliche, das sie als junges Mädchen miterlebt hat.

Hin und wieder hat sie im Omnibus auch schon einmal Partei für einen farbigen Studenten der Technischen Hochschule Aachen ergriffen – „weil die Neger damals zu uns Kindern immer so nett gewesen sind."

Und manchmal träumt sie, daß der Lousberg wie ein Vulkan explodiert. Oder daß der italienische Koch wieder das Essen anzündet. Und dann wieder preschen Pferde aus dem Bunker in der Rütscher Straße, in dem Oberst Wilck kapitulierte.

Waltraud Sayelhi kommt nicht mehr los davon, und ihre Kinder, bald so alt wie sie selbst damals, begreifen es nicht einmal. Sie war eben ein Mädchen zur Stunde Null in Aachen!

Orts- und Sachregister

A

B

M

N

O

P

Q

R

W

Z

Personenregister

A

B

C

D

L

M

N

O

P

Q

R

S

Fotos: Verfasser: 21, 33, 37, 44, 68, 69, 76, 78, 93, 94, 101, 110, 183, 192 (2), 205, 216, 221, 223, 229, 231, 234, 243 (2), 251, 267, 281. J. Richter: 116 (2), 119, 120 (2), 121. Widdershoven: 5, 106, 164, 273, 278. Linckens: 34, 80, 152, 171, 172. Wennmacher: 51 (2), 67, 204. Werker: 22, 35 (2), 36. dpa: 79, 88, 250. Keystone: 47, 100. USIS: 39, 50 (2). Bundesarchiv: 29, 30. Pesch: 83 (2), 87. Belgisch Institut voor Voorlichting en Dokumentatie: 127, 128. Navorsings- en studiecentrum voor de geschiedenis van de tweede wereldoorlog: 130, 131. Demez: 249. A. Jung: 125. Van Gurp: 154. Werek: 151. Gehlen: 125. Görgens: 111. Röhnert: 92. Call: 20. Jünemann: 20. Forschelen: 49. nld: 90. Archiv AVZ: 90. Petersen: 91. **Zeichnungen:** Dünnwald: 117, 188, 285. Nüsser: 300. Marinaz: 191. Theuer: 214, 215, 217. Alle übrigen Fotos sind privat oder aus verschiedenen alliierten Archiven. **Umschlag:** Leo Dünnwald.

Der Autor

Wolfgang Trees M. A. ist Chefreporter der „Aachener Volkszeitung“, deren Redaktionsmitglied er seit 1965 ist. Trees wurde während des Zweiten Weltkrieges als Sohn eines Arztes in Koblenz am Rhein geboren und wuchs in Aachen auf. Nach dem Abitur am Kaiser-Karls-Gymnasium studierte er an der Universität Freiburg im Breisgau und der Technischen Hochschule Aachen Politische Wissenschaften, Soziologie und Psychologie. Abschluß mit dem Magisterexamen. 1972 Europapreis der Stadt Lüttich für die beste Reportage, 1973 „Jahrbuch der Stadt Maastricht“ (in niederländischer Sprache). Bisher acht Bücher.

Anschrift: 5100 Aachen 1, Purweiderweg 5.

IN VORBEREITUNG

Wolfgang Trees/Charles Whiting: **Drei Jahre nach Null.** Geschichte der britischen Besatzungszone. Zahlreiche Fotos von „damals“. (Spätsommer 1978, Droste Verlag, Düsseldorf).

Wolfgang Trees/Charles Whiting: **Entscheidung in St. Vith.** Der Untergang der 106. US-Infanteriedivision in der Winterschlacht in den Ardennen 1944/45. Mit vielen unbekannten Bildern. (Herbst 1978, Doepgen Verlag Eupen-Malmedy-St. Vith).

Wolfgang Trees: **50 mal durch das Dreiländereck.** Wochenendausflüge für die ganze Familie in Deutschland, Belgien und den Niederlanden rund um den Dreiländerpunkt. Mit Fahrtskizzen und Fotos. (Frühsommer 1978, Zeitungsverlag Aachen).

4. AUFLAGE · 30. TAUSEND

Inhalt: Die dramatische Geschichte der Eroberung Aachens im Herbst 1944. Aachen fiel als erste Großstadt im Westen Deutschlands in die Hand der Alliierten. Geschildert wird das Schicksal der Bürger und Soldaten beider Seiten.

288 SEITEN ▪ 250 FOTOS ▪ 15 DM

Ein Bündel packender Reportagen. Die beiden Autoren lassen zahlreiche Augenzeugen, Bürger wie Militärs aus beiden Lagern, ihre Erlebnisse dreißig Jahre später nacherzählen, als ob es erst gestern geschehen sei . . .

De Volkskrant, Amsterdam/NL

Die beiden Verfasser haben sich mit diesem Buch ein Verdienst erworben, das ihnen jeder Historiker, aber auch jeder an Zeitgeschichte Interessierte gerne bescheinigen wird. Es ist ihnen gelungen, die Atmosphäre der damaligen Zeit fast beklemmend realistisch zu schildern. Eine zeitgeschichtliche Dokumentation von Rang!

Deutschlandfunk

Die Augenzeugenberichte, auf die sich das Buch stützt und die zahlreichen Fotos geben ihm den Rang einer beachtlichen Dokumentation.

Kölnische Rundschau

Über die damaligen Ereignisse in und um Aachen gibt es wohl kaum einen farbigeren Bericht als diesen.

Zeitschrift „Neues Rheinland“

Das Buch rollt dreißig Jahre später die Geschehnisse um die Kapitulation Aachens anhand von zahlreichen persönlichen Schicksalen und einer Fülle bisher unbekannten Dokumentationsmaterials auf dramatische Weise vor dem Leser auf.

General-Anzeiger, Bonn

Erhältlich in allen Bezirksgeschäftsstellen der „Volkszeitung“ und der „Nachrichten“ sowie im Buchhandel der Region Aachen. Schriftliche Bestellung über die
Vertriebsabteilung ZVA, Postfach 110, 5100 Aachen, Telefon (02 41) 5 10 11

ISBN 3-921691-00-1